KB167863

레이트
블루머

나이를 뛰어넘어 잠재력을 발휘하는 법

레이트 블루머
LATE BLOOMERS

리치 칼가아드 지음 | 엄성수 옮김

한국경제신문

이솝의 교훈에도 불구하고, 우리 사회는 여전히 거북이보다는 토끼를 더 높이 평가한다. 우리는 인생 출발점부터 앞으로 치고 나가는 사람들을 영웅시하고, 자신의 페이스를 찾는 데 시간이 걸리는 사람들은 무시한다. 그러나 리치 칼가아드는 그건 정말 엄청난 실수라고 전하며 많은 사람들이, 아니 어쩌면 거의 모든 사람들이 신동 시기를 지나서야 절정기에 이른다는 것을 보여준다. 진짜 성취에 필요한 지혜와 회복력, 평정심을 갖춰야 하는 시간이 필요한 것이다. 많은 연구를 거쳐 심혈을 기울여 쓴 이 책이 성공에 대한 패러다임을 바꿔놓을 것이라 믿는다.

– 다니엘 핑크, 미래학자, 《새로운 미래가 온다》, 《드라이브》 저자

이미 오래 전에 나왔어야 하는 책이라고 말하고 싶지만, 사실은 이 책이 나올 더 좋은 시기란 바로 지금일지도 모른다. 리치 칼가아드는 레이트 블루머들의 가장 빛나는 삶을 증명하기 위해 '신동 이상'의 열기에 맞서는 훌륭한 사례들을 이야기한다. 만약 여러분이 간과되거나 과소평가 되어본 적이 있다면, 이 메시지의 중요성을 즉시 깨닫게 될 것이다. 이 책을 읽는 것이 정말 즐거웠다.

– 애덤 그랜트, 와튼스쿨 조직심리학 교수, 《기브 앤 테이크》, 《오리지널스》 저자

리치 칼가아드는 우리 인간과 관련된 아주 중요한 메시지를 들고 나와 우리 사회를 환기시킨다. 조기 성공형 인간이든 대기만성형 인간이든, 우리 모두 자신의 재능을 찾아내 그 잠재력을 맘껏 발휘할 수 있다는 진리를 집중 조명한다. 그가 말하듯, 삶은 경주가 아니라 여정이기 때문이다.

– 아리아나 허핑턴, 스라이브글로벌의 창업자 겸 최고 경영자

보석 같은 책이다. 우리 인간의 독특한 특성들 중 하나는 각자의 감정과 생각과 행동이 주변 사람들에게 전염된다는 것이다. 그런데 우리 문화에서 조기 성취는 터무니없을 만큼 과대평가되고 있어 가끔은 아주 부정적인 영향을 끼치기도 한다. 이 책에서 리치 칼가아드는 바로 이 조기 성취 문제를 정면으로 다룬다. 올바른 사회적 인식과 교육을 통해 아이들이 인내와 경험과 지혜를 중히 여기게 해야 한다고 분명한 목소리를 내면서 용기 있게 "임금님은 벌거숭이다!"라고 외친다.

– 브루스 페리, 노스웨스턴대학교 페인버그의과대학 정신의학 및 행동과학 교수, 차일드트라우마 아카데미 선임 연구원, 《개로 길러진 아이》 저자

리치 칼가아드는 인간 발달과 관련된 진리를 꿰뚫어본다. 우리는 모두 놀라운 재능을 지니고 있으며, 적절한 환경에서 참고 기다리면 훌륭한 방식으로 꽃피울 수 있다는 것이다.

– 토드 로즈, 하버드대학교 교육대학원 교수 겸 마음·뇌·교육 프로그램 책임자, 《평균의 종말》, 《다크호스》 저자

리치 칼가아드는 우리 사회에 가장 뿌리 깊은 잘못된 믿음들 중 하나, 즉 시험 점수와 조기 성취가 삶의 성공을 가늠하는 가장 좋은 잣대라는 잘못된 믿음을 분석한다. 이 책은 영재들을 과대평가하는 것은 오히려 아이들에게 안 좋은 일이며, 또한 정상적으로 자신의 잠재력을 꽃피우는 사람들의 비범한 재능을 보지 못하게 만드는 일이라는 것을 설득력 있게 입증해 보인다. 부모와 교육자, 기업의 임원이라면 꼭 읽어야 한다.

– 로저 맥나미, 엘리베이션 파트너스의 설립자, 《마크 저커버그의 배신》 저자

리치 칼가아드는 오늘날의 문화에 대한 잘못된 믿음을 폭로함으로써 우리 사회에 지대한 공헌을 하고 있다. 이 믿음은 사실도 아닐뿐더러 삶을 억누르기까지 한다. '지금쯤이면 해내야지!' 이는 20대나 30대 때 흔히 들을 수 있는 말이지만, 40대 이후에 듣는다면 아주 불쾌할 수도 있다. 그러나 잠시 생각해보자. 당신은 전혀 잘못이 없다. 최고의 순간이 아직 오지 않았을 뿐! 이 책을 읽고 레이트 블루머가 되는 즐거움을 최대한 즐기길 바란다.

– 데이브 에번스, 스탠퍼드 라이프 디자인 랩의 공동 설립자, 《디자인 유어 라이프》 공동 저자

더없이 소중한 책이다. 이 책이 수백만 명의 아이들과 부모들, 그리고 베이비 붐 세대 등 우리 모두의 삶을 말할 수 없이 행복하게 만들어줄 것이다.

– 스티브 포브스, 포브스미디어의 회장 겸 최고 경영자

밀레니얼 세대의 자녀 둘을 둔 부모이자 많은 대학 졸업생들의 코치인 내게 깊은 울림을 준 책이다. 과학적 근거와 사실을 토대로 한 접근 방식은 우리 모두의 마음을 편안하게 해준다. 불안감을 극복할 수 있는 힘을 주는 강장제 같다.

– 로빈 월래너, 육아 잡지 〈패런팅(Parenting)〉 설립자

이 책에서 리치 칼가아드는 독특한 각 개인의 서로 다른 길을 인정하지 않음으로써 우리 사회와 우리 공동체가 겪는 중대한 문제들을 보여주고 있다. 매우 유익하고 통찰력 있다.

– 다이앤 타베너, 서밋퍼블릭스쿨즈의 공동 창업자 겸 최고 경영자

이 책의 핵심은 명확하다. 성공할 수 있는 우리의 능력은 고갈되지 않는다는 것. 그러니까 너무 늦어서 우리의 잠재력을 발견하지 못하는 경우란 절대 없다. 군에서 젊은 장교들은 전투 경험이 많고 산전수전 다 겪은 상사들한테 조언을 구하는 경우가 많다. 경험에서 배운 지혜를 제대로 활용할 수 있느냐 없느냐의 차이로 성패가 갈리는 경우가 많기 때문이다.

— 스탠리 매크리스털, 퇴역한 미국 통합특수전사령부 사령관, 《팀 오브 팀스(Team of Teams)》 저자

우리는 우리의 젊은이들이 감내해야 하는 터무니없이 높은 성과 관련 압박과 불안에 대해 국민적인 논의를 해야 한다. 우리는 또 참고 기다리는 힘을 바탕으로 각자 나름대로의 속도로 성장할 수 있어야 한다. 리치 칼가아드의 아주 놀랍고도 뛰어난 이 책을 하루라도 빨리 읽기 바란다. 수백만 명이 읽고 내 것으로 만들었으면 좋겠다.

— 존 오트버그, 멘로교회 주임 목사, 《인생, 영생이 되다》 저자

이 책은 세상 사람들이 우리에게 자신들이 바라는 모습을 강요하기 전에 과감히 과거의 우리 자신을 해체할 수 있게 해준다. 마치 희망의 메시지를 읽는 것 같다.

— 에릭 월, 행위 예술가 겸 동기부여 전문 강연자, 《예술가처럼 일하라》 저자

리치 칼가아드는 우리의 발목을 잡는 잘못된 믿음들을 박살낸다. 당신의 나이가 얼마든 어떤 분야에 몸담고 있든, 그 분야에서 뛰어난 인물이 되고 싶다면 이 책을 읽어라.

— 로버트 C. 울컷, 트윈글로벌 회장 겸 공동 창업자, 노스웨스턴대학교 켈로그경영대학원의 혁신 임상 교수

모든 아이들에게 노벨상 수상자가 되고 올림픽 메달리스트가 되고 또 18세 전에 솔로 첼리스트가 되라고 내모는 극도로 경쟁이 심한 우리 사회에서, 이 책은 독자들로 하여금 안도의 한숨을 쉬게 해준다. 우리에게 삶은 놀랍도록 멋진 긴 여정이며, 사람들은 자신의 길을 찾는 건강한 탐구 시간을 가져야 한다는 사실을 상기하게 해준다. 영감을 주는 각종 일화와 과학적 사실은 물론, 경각심을 일깨워주는 이야기와 결국 멋진 성공에 이른 저자 자신의 구불구불한 경험담이 담겨 있어 한번 읽기 시작하면 중간에 내려놓을 수가 없다.

**– 테드 딘터스미스, 벤처 투자자 겸 교육 변화 전문가, 다큐멘터리 〈모스트 라이클리 투 석시드
(Most Likely to Succeed)〉 프로듀서, 《최고의 학교》 저자**

우리의 문화 속에서는 젊은 신동들의 멋진 성공담이 많은 사랑을 받지만, 리치 칼가아드는 축적된 회복력과 통찰력, 그리고 지혜의 힘으로 뒤늦게 큰 성공을 거두는 사람들에게 주목한다. '레이트 블루머'라는 말을 가벼운 칭찬에서 명예 훈장 같은 말로 바꿔놓으며, 자유롭게 성공으로 향하는 당신 자신만의 길을 발견할 수 있게 해준다.

– 톰 켈리, 《유쾌한 크리에이티브》 저자

이 책에서 리치 칼가아드는 레이트 블루머가 실은 전혀 뒤늦게 꽃피는 사람들이 아니며, 우리 사회가 지나치게 중시하는 것들에서 벗어난 개인들에 더 가깝다는 것을 보여준다. 뒤늦게 꽃핀 사람들이나 스스로 그렇다고 생각하는 사람들은 물론, 그런 사람들의 부모와 그런 사람들의 교사, 그런 사람들의 배우자, 그런 사람들의 고용주에게도 중요한 책이다.

– 제프리 프래터, 가족 요법 전문 임상심리학자

얼리 블루머들에 대한 우리 사회의 지나친 집착을 폭로해주어 고마워요, 리치 칼가아드. 또 우리 모든 레이트 블루머들을 대변해주어 고맙고, 모든 사람들에게 믿기 힘들 만큼의 놀라운 잠재력과 멋진 여정, 목적지가 있다는 걸 상기하게 해주어 고맙습니다.

– 대니얼 스트루파, 채프먼대학교 총장

인생의 후반기에 어떻게 자신의 길을 찾는지에 대한 획기적인 탐구를 담은 이 책은 장기적인 성취와 행복에 도움이 되는 길을 제시한다.

– 〈포브스〉

인간의 궁극적인 발전을 위해 더 친절한 잣대와 시간을 고려해야 한다는 근본적인 메시지는 매우 설득력이 있다.

– 〈파이낸셜타임스〉

우리 문화는 뒤늦게 이룬 성숙한 성취에 비해 젊은 시절의 탁월함을 더 높이 평가한다. 이 책은 경험이 모여 지혜를 가져다 줄 때, 재능은 나중에 번창한다는 사실을 일깨운다. 우리의 삶을 지배하는 기관과 단체들은 이 점에 주의를 기울여야 한다.

– 〈월스트리트저널〉

LATE BLOOMERS

모든 나이대의
레이트 블루머들이여,
운명이 우리를 부른다

LATE
BLOOMERS

CONTENTS

그건 우리 잘못이 아니다. 학교에서 올 A를 받지 못한다거나 칼리지 보드College Board(미국 SAT 평가 기관-옮긴이) 평가에서 만점을 받지 못한다거나 처음 선택한 대학에 들어가지 못한다 해도, 그건 우리 잘못이 아니다. 스물한 살 나이에 자신의 재능과 열정에 딱 맞는 멋진 사회 경력을 쌓을 기회를 잡지 못하는 것 또한 우리 잘못이 아니다. 스물두 살까지 수백만 달러를, 서른 살까지 수십억 달러를 벌어 〈포브스〉지 표지에 실리지 못하는 것도 우리 잘못은 아니며, 서른다섯 살까지 말라리아를 근절하지 못하거나 중동 지역의 긴장 상태를 해결하지 못하거나 대통령에게 조언하지 못하거나 세 번째 아카데미상을 받지 못하는 것도 우리 잘못은 아니다.

우리의 운세가 처음부터 술술 잘 풀리지 않는다고 해도 그건 우리 잘못이 아니며, 어떤 의미에서든 우리가 실패자인 것은 아니다. 그럼에도 이 21세기에 사람들은 서로 '공모'라도 한 듯 우리로 하여금 올림픽 단거리선수처럼 출발대에서부터 폭발적인 속력으로 치고 나가지 못하는 것에, 다시 말해 일찍 꽃피지 못하는 데 수치심 같은 걸 느끼게 만든다. 방금 공모라는 말을 썼는데, 그렇다고 해서 수상쩍은 인물들이 밀실 안에서 서로 공모해 경제 문제는 물론 '얼리 블루머early bloomer(본래 '일찍 꽃피는 식물'이라는 뜻으로, 이른 나이에 성공한 사람을 가리키는 말. 앞으로는 '얼리 블루머' 또는 '일찍 꽃피는 사람' 정도로 칭할 것이다-옮긴이)'들에 대한 금전적·사회적 보상 문제까지 조작하고 있다는 얘기는 아니다.

내가 말하는 공모란 현실이다. 악한 일이 아니라 우리 자신의 현실이다. 그러니까 내 말은 지금 부모들과 학교들과 고용주들과 미디어들과 미디어 소비자들이 이른 성취가 최고의 성취인 양, 아니 심한 경우 유일한 성취인 양, 이른 성취를 지나치게 찬양하고 있다는 것이다. 그리고 그 과정에서 '레이트 블루머late bloomer(얼리 블루머에 반대되는 말. 앞으로는 상황에 따라 '레이트 블루머', '늦게 꽃피는 사람', '대기만성형 인간', '늦깎이' 등으로 칭할 것이다-옮긴이)'들에게 굴욕감을 안겨주고 있으며, 또 그렇게 많은 사람들과 사회를 속이고 있다.

그렇다면 예전에도 늘 이랬을까? 그렇지 않다.

53세인 조앤Joanne[1]은 레이트 블루머, 즉 늦게 꽃핀 사람이다. 그녀의 10대 시절은 불안정하고 불행했다. 그녀의 어머니는 다발경화증 환자였다. 그녀의 아버지는 가장으로서 돈은 충분히 벌었지만, 환자인 아내에게 지나칠 정도로 차갑게 대했다. 조앤은 아버지와 얘기를 나누는 일이 거의 없었다.

학교에서도 조앤은 별 존재감이 없었다. 성적은 평균을 넘었지만, 그렇다고 우등상을 받거나 주목받을 만큼 좋은 성적을 낸 적은 없었다. 한 선생님은 그녀를 총명하지만 특별한 점은 없던 학생으로 기억한다. 조앤은 성격도 내성적이어서, 고등학교를 졸업한 뒤 그녀를 기억하는 사람은 몇 없었다. 그녀는 자신이 꿈꿔온 명문대에 떨어졌다. 대신 들어간 대학에서 그녀는 별문제 없이 평범한 학생으로 지냈다. 별다른 특징이 없는 그저 그렇고 그런 학생이었다. 한 교수에 따르면, 조앤은 학교 공부보다는 얼터너티브 록 음악에 더 관심이 많았다고 한다. 실제로 그녀는 하루에 몇 시간씩 꿈꾸듯 음악을 감상했다.

상당히 총명하지만 목적의식이 뚜렷하지 않은 많은 대학 졸업생들 가운데 한 명이었던 조앤은 대학원에 들어가 영어 교직을 전공할 생각도 했었다. 그러나 정작 그녀의 첫 직장은 다소 초라하고 변변찮은 행정직이었다. 잠시 지역 상공회의소에서 비서 일을 했던 것이다.

따분하게 지내던 조앤은 장난삼아 만나던 한 외국인 남자와 충동적으로 결혼을 했다. 두 사람 사이에서 딸이 태어났다. 그런데 두 사람은 모든 면에서 반대였다. 조앤은 공상적이고 수동적이었던 데 반해, 남편은 변덕이 심한 데다 폭력적인 면도 있었던 듯하

레이트 블루머

다. 결국 아이가 있음에도 그들의 결혼 생활은 2년을 넘기지 못했다. 이혼 사유 중에 가정 폭력도 있었던 모양이다.

조앤은 서른이 다 된 나이에 직업도 없이 아이를 길러야 하는 막다른 길로 내몰렸다. 놀랄 일도 아니지만, 그녀는 곧 추락하기 시작했다. 임상 우울증 진단을 받았고, 이따금 자살까지 생각했다. 그러나 우울증 때문에 많은 일을 할 수도, 돈을 벌 수도 없었다. 경제적으로 더는 내려갈 데가 없을 만큼 내려갔다. "노숙만 안 했을 뿐이지, 사실 거지나 다름없었어요." 그녀의 말이다. 게다가 '비만 왔다 하면 소나기'라고, 전남편이 그녀와 딸을 스토킹하기 시작해 법원에서 접근 금지 명령까지 받아야 했다.

그런데 조앤에겐 뭔가 의지할 만한 게 있었다. 그 누구도 몰랐던 그녀만의 재능이 있었던 것이다. 학교교육을 받는 동안에도 드러나지 않았던 재능이었다. 그 어떤 교사도 그걸 보지 못했다. 같은 반 친구들도 전혀 몰랐다. 그녀의 놀라운 재능은 계속 꼭꼭 숨은 채 빛을 볼 순간만 기다리고 있었다. 금전 문제로 한계점에 도달한 그녀는 어린 딸을 먹여 살리기 위해 정부 생활 보조금을 신청한 뒤, 자신의 상상력에 날개를 달아 어린 시절 꿈꿨던 판타지의 세계를 마음껏 날아다녔다. 그것은 우리 사회의 기준으로 볼 때 무책임한 행동이었으며, 일종의 도피였다. 그러나 그녀가 자신의 상상력에 날개를 달아준 그 순간부터 드디어 그녀의 재능이 세상에 멋진 모습을 드러내기 시작했다.

68세인 켄Ken 역시 레이트 블루머. 3형제 중 막내인 그를 집에서는 포코Poco라는 애칭으로 불렸는데, 포코는 스페인어로 '작은little'이라는 뜻이다. 켄의 큰형은 학창 시절 선생님들의 총애를 한 몸에 받던 스타 운동선수로, 인기도 있었고 핸섬했으며 자기 생각도 뚜렷했다. 켄의 큰형은 결국 록펠러재단의 장학금까지 받으면서 명문 스탠퍼드대학교에 들어갔다. 그러나 켄은 일찍 꽃피는 사람이 아니었다. 그의 학창 시절은 그냥저냥 흘러갔고, 그러면서 그는 자기를 부르는 집안 애칭인 '포코'의 뜻이 '하잘것없는'일 것이라고 믿기 시작했다.

켄은 캘리포니아에서 고등학교를 졸업하고 지방에 있는 2년제 대학에 들어갔지만 곧 퇴학당했다. "어디로 갈지 정해놓은 방향이 없었어요."[2] 어깨를 으쓱하며 그가 말했다. 그러다가 정신을 차리고 퇴학당했던 대학에 다시 들어가 졸업을 한 뒤 험볼트주립대학교에 들어가 임학을 전공했다. 그런데 알고 보니 임업 분야에서 실제로 하는 일들은 모험이 가득한 숲속 하이킹이 아니라 사무실 일이었다. 그는 곧 환멸을 느꼈다.

그 뒤 켄은 미국에서 유명한 투자자문가였던 아버지와 함께 사업을 시작했다. 그러나 두 사람은 잘 맞지 않았다. 그는 당시의 일을 이렇게 회상한다. "지금 생각해보면 아버지는 '아스퍼거 장애(자폐증 비슷한 발달 장애-옮긴이)' 비슷한 병을 앓고 계셨습니다. 계속 방 안을 왔다 갔다 하거나 손으로 계속 뭔가를 두들겨대는 등 잠시도 가만 계시지 않았죠. 그리고 다른 사람들의 감정을 헤아릴 줄 모르셨어요. 또 그런 분이 아닌데 더없이 모진 말들을 쏟아내곤 하

레이트 블루머

셨죠."

9개월 뒤 켄은 아버지의 사업에서 손을 떼고 독자적으로 투자 자문 일을 시작했다. 그러나 가뜩이나 몇 되지도 않던 고객들이 몇 년 만에 거의 다 떨어져 나가서 오랜 시간을 하는 일 없이 보내야 했다. 그는 돈을 벌기 위해 건축 일도 했다. 심지어 술집에서 슬라이드 기타도 쳤다. 그럼에도 틈나는 대로 책을 읽었다. "관리와 사업에 대한 책들이었죠. 그리고 몇 년은 다달이 업계 전문지를 읽었는데 아마 30권쯤 읽었을 거예요. 그때의 10년 동안 색다른 기업 가치 평가 이론을 만들어냈죠."

아스퍼거 장애가 있는 아버지 밑에서 자라다 보니 켄에게는 리더십을 배울 만한 롤 모델이 없었다. 그가 처음 고용한 시간제 비서는 9개월 만에 그만두었는데, 아주 오만하고 형편없는 사장이라고 그를 비난했다. 지금 켄은 그 비서의 말을 이렇게 인정한다. "정말 그랬을 거예요."

20대 시절 내내 켄은 자신의 투자자문 회사를 살리려 발버둥을 쳤다. 그러나 자신의 독특한 이론들 때문에 그는 벤처 캐피털 분야에서 몇 건의 소소한 거래들밖에 따내지 못했다. 그런데 그중 한 거래를 통해 어떤 기업의 임시 최고 경영자 역할을 맡게 됐다. 그는 자신의 야망이 꿈틀대며 되살아나는 걸 느꼈다. 그리고 그 일에 올인했다.

●•• 직원이 30명쯤 되는 작은 회사였는데, 나는 관리 경험이 전혀

없었어요. 그런데 관리를 해야 했던 거예요. 어쨌든 그 제안을 받아들였습니다. 그리고 기대했던 것보다 훨씬 더 잘 해냈어요. 내가 뭘 배웠는지 아세요? 리더십에서 가장 중요한 부분은 사람들 앞에 나서는 거라는 사실을 배웠어요. 믿을 수 없었죠. 그간 읽은 책들 어디에도 없던 거였거든요. 분명 아버지한테도 배운 적이 없고요. 알고 보니 열정은 전염성이 있더군요.

나는 최고 경영자 사무실을 모든 사람이 다 들여다볼 수 있는 커다란 통유리로 된 회의실로 옮겼어요. 그리고 날마다 가장 먼저 출근하고 가장 늦게 퇴근하는 사람이 되었죠. 나는 또 늘 직원들을 데리고 식당에 가서 점심도 먹고 저녁도 먹었는데, 비록 저렴한 식당이었지만 그들에게 내 시간과 관심을 쏟았어요. 회사 안을 돌아다니며 직원들과 끝없이 이야기를 나눴고, 한 사람 한 사람에게, 또 그 한 사람 한 사람의 생각에 관심을 쏟았죠.

내 입장에서 그 효과는 놀라웠습니다. 직원들도 마찬가지였죠. 내가 신경을 쓰니 그들도 신경을 써주더군요. 갑자기 리더십이 어떤 것인지 알 것 같았어요.

켄은 30대가 되어서야 비로소 자신의 잠재력을 조금씩 느끼기 시작했다.

이 두 명의 늦깎이가 누구인지 알겠는가? 힌트를 주자면 이렇다. 조앤과 켄은 둘 다 자수성가한 억만장자들이며, 〈포브스〉지가 선정하는 '세계 최고의 부자들' 명단에 자주 등장한다. 먼저 조앤

캐슬린 롤링Joanne Kathleen Rowling은 《해리 포터》 시리즈의 저자다. 그다음 사례의 주인공 켄 피셔Ken Fisher는 전 세계 5만 명 이상의 고객들을 위해 1,000억 달러 상당의 주식과 채권을 관리하고 있다.

1960년대 인기 팝송 〈미시즈 로빈슨Mrs. Robinson〉에서 사이먼 앤드 가펑클Simon & Garfunkel은 "어딜 갔었나요, 조 디마지오?Where have you gone, Joe DiMaggio?(뉴욕 양키스에서 이름난 외야수이자 강타자로 활약했던 미국 프로야구 선수-옮긴이)"라고 묻는다. 이 곡을 쓴 폴 사이먼Paul Simon은 겸손하면서도 조용한 1940~1950년대식 영웅은 격동의 1960년대에 들어오면서 더 이상 문화적 아이콘이 되지 못한다는 걸 알고 있었다. 새로운 영웅은 젊고 유행에 밝고 자신만만했다.

오늘날과 같이 혼란스러운 격동의 경제 시대에 우리는 이렇게 물어야 할 것이다. "어딜 갔었나요, 레이트 블루머?"

내가 이런 질문을 던지는 것은 롤링과 피셔와 같이 젊은 시절엔 수줍게 숨어 지내다가 뒤늦게 느긋한 여정에 나서는 성공한 레이트 블루머들에게는 흥미로운 이야깃거리가 많은 까닭이다. 그러나 이들의 이야기는 오늘날의 소셜 미디어 문화 흐름과는 맞지 않는다. 롤링은 50대이고 피셔는 70대를 바라보고 있다. 그래서 이런 의문이 제기될 수 있다. "영감을 주는 레이트 블루머들은 오늘날 대체 어디에 있는 걸까?" 미국, 영국을 비롯한 서구 유럽 국가들과 일부 아시아 국가들같이 부유한 사회에서는 이제 과거처럼 많은 레이트 블루머 성공 스토리를 만들어내지 못하는 걸까? 아니면 다른 이유가 있는 걸까? 지나칠 정도로 경쟁이 치열하고 모든 게 자료 분석적이며 실시간 압박감이 많은 오늘날과 같은 세상에서 레이트 블루머들의 보다 더딘 자기 발견은 더 이상 맞지 않는 걸까?

나는 레이트 블루머들은 자기 능력을 제대로 인정받지 못하고 있고, 우리 사회와 사람들은 모두 그 때문에 많은 문제를 안고 있다고 믿는다. 그래서 그 문제를 깊이 파고들게 됐고, 또 이렇게 책도 쓰게 됐다. 나는 지금 뒤늦게 꽃피는 사람들의 스토리는 그 어느 때보다 더 필요하고 시급하다고 믿는다.

＊＊＊

성공 스펙트럼에서 레이트 블루머의 반대쪽 끝에는 얼리 블루머, 즉 시작이 보다 빠른 사람들이 있다. 키가 152센티미터밖에 안 되는 라일리 웨스턴Riley Weston의 삶은 극적이었다. 그녀는 19세에 월트디즈니사의 자회사 터치스톤과 30만 달러짜리 계약을 맺었다. UCLA의 한 신입생이 성인이 되기까지의 이야기를 다룬 텔레비전 청춘 드라마 〈펠리시티Felicity〉의 대본을 쓰기로 한 것이다. 그녀는 어린 나이에 메이저급 텔레비전 방송국과 바로 계약을 맺으면서 〈엔터테인먼트 위클리〉지가 선정한 '할리우드에서 가장 창의적인 사람들' 명단에도 이름을 올렸다.

그런데 딱 한 가지 문제가 있었다. 라일리 웨스턴은 19세가 아니었던 것. 그녀의 실제 나이는 32세였고, 그녀의 실제 정체는 뉴욕주 포킵시에서 온 킴벌리 크래머Kimberly Kramer였다. "제가 서른두 살이라는 걸 알았다면 저를 받아주지 않았을 거예요."[3] 그녀는 그런 말로 자신을 변호했다. 아마 그녀의 말이 맞았을 것이다.

조숙한 것이 지금처럼 큰 장점이었던 적은 없다. 2014년에는 17세의 말랄라 유사프자이Malala Yousafzai가 역사상 가장 어린 노벨 평화상 수상자가 되었고, 그 기세를 몰아 그녀는 사하로프 인권상과 시몬 드 보부아르상도 수상했다. 기술 분야에서는 20세에 오큘러스 VR(페이스북이 20억 달러에 인수함)을 창업한 신동 파머 럭키Palmer Luckey가 가상현실을 대표하는 인물이 되었고, 14세의 로버트 네이Robert Nay는 모바일 게임 〈버블 볼Bubble Ball〉로 단 2주 만에 200만 달러 이상을 벌어들였다. 에반 스피겔Evan Spiegel은 26세가 되던 2017년 스냅챗Snapchat을 주식시장에 상장했는데, 주식 시가총액이 54억 달러나 됐다. 그러나 그런 스피겔도 페이스북의 마크 저커버그Mark Zuckerberg를 따라가려면 아직 멀었는데, 전설적인 인물 저커버그는 34세에 이미 주식 시가총액이 무려 600억 달러나 돼 세계 5대 부자 중 한 사람이 되어 있다.

따분한 체스의 세계에서조차 노르웨이의 망누스 칼센Magnus Carlsen이 25세의 나이에 세 차례나 세계 챔피언 자리에 올랐다. 그는 13세에 그랜드마스터 타이틀을 거머쥐었고, 21세에 세계 1위 자리에 오른 최연소 인물이 됐으며, 23세에는 〈타임〉지가 선정한 '세계에서 가장 영향력 있는 100명'에 이름을 올렸다.

오늘날 유력 잡지들은 얼리 블루머를 찬양하는 기사들을 앞다 퉈 내놓는다. 〈포브스〉지는 해마다[4] 오늘의 이단자들이자 내일의 가장 빛나는 별들, 그러니까 일찍 꽃피운 사람들 30명을 선정해 '30 언더 30(30세 이하의 최고 30인)' 명단을 발표한다. 마찬가지로 〈뉴요커The New Yorker〉지의 '20 언더 40', 〈포천〉지의 '40 언더 40', 〈Inc.〉지의 '35 언더 35', 〈타임〉지의 '30 언더 30'가 모두 이른 나이에 큰 성공을 거둔 사람들의 명단을 발표하는 기사들이다.

혹여 내 말을 잘못 이해하진 말기 바란다. 얼리 블루머를 칭찬하고 격려하는 것은 절대 잘못된 일이 아니다. 모든 종류의 성취는 인정과 존경을 받을 가치가 있다. 그러나 오늘날 얼리 블루머에 대한 인정은 단순한 인정을 훨씬 넘어서고 있다. 어린 나이에 성적이나 시험 점수, 멋진 직업, 돈, 명성 등과 관련해 큰 성취를 올린 걸 지나치게 띄워주면서 그 어두운 이면이 감춰지고 있는 것이다. 그래서 예를 들어 우리 자신이나 우리 아이들이 SAT(미국의 대학 입학 자격시험-옮긴이)에서 뛰어난 성적을 내지 못한다거나, 상위 10위 대학에 입학하지 못한다거나, 업계에 혁신을 불러일으키진 못한다거나, 첫 직장으로 세계를 변화시킬 멋진 기업에 들어가지 못한다면, 우리 자신이나 우리 아이들은 실패한 것이며, 남은 삶도 계속 패배자로 살아가야 한다.

나는 바로 이런 분위기 때문에 모든 사람이 얼리 블루머 광기에 빠져 있다고 믿는다. 그 결과, 교육자들과 부모들은 아이들에 대한 잘못된 평가 방식들로 아주 값비싼 대가를 치르고 있고, 아이들에게 엄청난 압박감을 주고 있으며, 각 가정에 무분별한 정신적·심리적 부담을 안겨주고 있다.

레이트 블루머

가뜩이나 압박감이 큰 도시 생활에서, 일부 유치원들이 고작 세 살 내지 네 살 난 아이를 둔 부유한 부모들의 불안감을 어떻게 이용하는지 생각해보라. 애틀랜타에 있는 애틀랜타국제학교에는 세 살 난 아이들을 위한 '제2외국어 완전 몰입 교육 프로그램'[5]이 있다. 1년 수업료가 2만 달러 가까이 된다. 그나마 1년 수업료가 3만 7,000달러인 뉴욕의 컬럼비아문법학교에 비하면 싼 편이다. 이 학교에서 서너 살 난 아이들은 3개의 도서관과 6개의 음악실, 7개의 화실에서 '아주 빡센 교육과정'을 밟는다. 육아 잡지 〈패런팅 Parenting〉은 이렇게 말한다. "컬럼비아문법학교 프로그램의 목표는 100퍼센트 아이들을 미래에 대비시키는, 그러니까 명문 대학에 들어갈 준비를 시키는 것이다."

아, 이제 진실의 속살이 드러나고 있다. 대체 무엇 때문에 부모들은 연간 4만 달러 가까이 써가며 세 살 난 아이에게 조기교육을 시키려 하는 걸까? 엄청나게 비싼 이 유치원들에 따르면, 자신들에겐 그 커다란 비용을 정당화해줄 한 가지 목표가 있다고 한다. "당신의 아이를 15년 뒤 명문대에 들어가게 해준다"는 목표 말이다. 이보다 더 직접적이고 이보다 더 위협적인 메시지가 있을까? 결국 당신의 아이가 나중에 '명문대'에 들어가지 못하면, 남은 삶이 아주 고달파진다는 메시지니까.

압박감은 적절한 유치원에 들어가는 것으로 끝나지 않는다. "저는 열네 살 난 아이가 여름방학을 생산적으로 보내지 않는다며 완전히 멘붕에 빠진 부모들을 여럿 봤습니다."[6] 전직 스탠퍼드대학교 입학 사정관인 이레나 스미스Irena Smith가 〈애틀랜틱Atlantic〉지와의 인터뷰에서 한 말이다. 스미스는 현재 캘리포니아주 팰로앨토에서 대학 입학 상담소를 운영하고 있는데, 이 상담소 고객들은 상담비로 보통 1만 달러 이상을 낸다.

명문대 입학이라는 상을 받기 위해 치러야 하는 대가는 이렇게 크다. 현재 미국 상위 20위 내 사립대학교에 4년 다니고 학위를 받으려면, 방세, 기숙사비, 책값, 수업료 등을 포함해 25만 달러 이상이 든다. 상위 20위 내 공립대학교에 4년 다니고 학위를 받으려면 그보다는 덜 들지만, 그래도 방세, 기숙사비, 책값, 수업료 등을 포함해 평균 10만 달러에서 20만 달러는 든다. 이 같은 차이는 각 대학이 속한 주의 주거 상황에 따른 것이다.

솔직히 말해보자. 조기 성취를 바라는 사회적 분위기로 인해 조기 교육기관 및 2년제, 4년제 대학의 비용은 천정부지로 뛰어올랐다. 그리고 우리는 지금 엄청난 교육비와 막대한 부채에 경악하고 있다. 1970년 이후 대학 학비는 인플레이션 증가율을 세 배나 앞질렀다.[7] 현재 미국의 대학 학비 관련 부채는 1조 3,000억 달러이며, 연체율도 11.5퍼센트나 된다. 결국 얼리 블루머 광풍으로 인해 2008년의 주택 거품보다 더 큰 잠재적 거품이 생겨난 것이다.

과연 그럴 만한 가치가 있을까? 잠깐 모든 걸 멈추고 생각을 해보자. 평생 지속될 성공과 성취를 위해선 얼리 블루머가 돼야 한다는 기본 전제에 문제는 없는 걸까? 솔직히 말해, 나는 그런 증거를 찾지 못하고 있다. 오히려 그렇지 않다는 증거들만 부지기수로 확인하고 있다.

스포츠계의 최근 이야기를 해보면 이해가 될 것이다. 2018년도 슈퍼볼[8]에서 필라델피아 이글스 팀도, 뉴잉글랜드 패트리어츠 팀도 선발 선수 명단에 별 5개짜리 신인 선수(공개 드래프트 과정에서 가장 많은 지명을 받은 신인 선수-옮긴이)는 몇 명 포함되지 않았다. 그러니까 총 44명의 선발 선수들 가운데 고등학교 시절 최고 유망주로 꼽히던 신인 선수는 겨우 6명밖에 안 됐던 것이다.

이제 미식축구에서 공격 팀의 리더인 쿼터백을 살펴보자. 뉴잉글랜드 패트리어츠의 톰 브래디Tom Brady는 고등학교 시절 드래프트 순위 1, 2위에 든 적이 없다. '노 랭킹no ranking', 즉 순위가 없는 게 그의 순위였다. 2018년도 슈퍼볼에서 MVP상을 수상한 필라델피아 이글스의 쿼터백 닉 폴스Nick Foles는 고등학교 시절 드래프트 순위가 3위였다. 그러나 사실 그는 시즌 내내 거의 필라델피아 이글스의 백업 선수였다. 그래서 시즌 끝 무렵에 주전 쿼터백 카슨 웬츠Carson Wentz가 무릎 부상으로 뛸 수 없게 됐을 때 비로소 운동장에 나갈 수 있었다. 브래디와 마찬가지로 웬츠 역시 고등학교 시절 '노 랭킹' 선수였다. 놀랄 일도 아니지만, 고등학교 시절 그의 주 포지션은 쿼터백도 아니었다. 그의 팀 내 포지션은 와이드 리시버로 기록돼 있었다.

카슨 웬츠는 고등학교 시절에 노 랭킹 선수였으며, 그 어떤 미식축구 명문 대학에서도 드래프트하지 않았다. 결국 그는 노스다코타주립대학교로 진학했다. 그런데 대학에 다니는 동안 그는 키가 196센티미터로 자랐고 체중도 104킬로그램이 됐다. 그는 말 그대로 대학 시절에 꽃피웠는데, 미식축구 선수로서는 늦은 나이였다. 자, 이제 우리 자신에게 물어보자. 우리 중 얼마나 많은 사람들이 제2의 카슨 웬츠가 될 잠재력이 있는가? 우리 중 얼마나 많은 사람들이 고등학교 시절 '노 랭킹'이란 꼬리표가 붙었으며, 아니면 사회생활에서 일찌감치 무시당했거나 심지어 지금까지 무시당하고 있을까? 또한 우리에겐 대체 어떤 재능이나 열정이 숨겨져 있어서 그걸 발견하는 순간 날개를 단 듯 훨훨 날 수 있게 될까?

구글은 한때 얼리 블루머의 우월성을 믿었다. 그 이유는 간단하다. SAT에서 아주 높은 수학 점수를 받은 스탠퍼드대학교 졸업생 두 명이 시작한 회사였기 때문이다. 그래서 처음 몇 년간 구글은 그 두 창업자처럼 젊고 뛰어난 컴퓨터 과학자들과 수학 귀재들을 채용했다. 그러다가 그들은 자신들의 인력이 한쪽으로 치우쳐 있다는 걸 깨달았다. 분석적인 IQ는 지나치게 높은 데 반해 예술적 감수성과 상식은 부족했다. 이런 불균형은 결국 구글 홈페이지의 디자인상 값비싼 실수들로 이어졌다. 보다 최근에 구글은 높은 SAT 점수와 명문대 학위가 회사에서의 뛰어난 업무 성과를 보장해주는 충분한 예측 변수가 되지 못한다는 걸 깨달았다.

최근 들어 얼리 블루머들이 대세지만, 레이트 블루머들은 여전히 꿋꿋이 자기 길을 가고 있다. 베스트셀러 소설가 재닛 에바노비치Janet Evanovich는 1943년 뉴저지주의 한 노동자 가정에서 태어나 자랐다. 그녀는 결혼해 30대의 가정주부로 살 때까지도 자신의 진정한 재능과 열정을 발견하지 못했다. 그리고 이후 10여 년간 줄곧 이런저런 일에 실패하고 거부당했다. "저는 제 기이한 이야기들을 출판사 편집자들과 출판 대행사들에 보낸 다음, 거절 편지들을 커다란 골판지 상자 안에 모았어요. 그러다 상자가 꽉 차자 몽땅 다 태워버리고, 팬티스타킹에 몸을 구겨 넣은 뒤 임시직 취업 알선소로 갔죠."[9]

에바노비치는 40대가 될 때까지도 스릴러물 쓰는 법을 배우지 못했다. "2년 동안…… 경찰 비슷한 사람들과 어울려 맥주를 마셨고, 총 쏘는 법을 배웠으며, 욕하는 법도 배웠죠. 그런 생활 끝에 만들어낸 게 스테파니 플럼Stephanie Plum(재닛 에바노비치의 소설들에 등장하는 주인공 이름-옮긴이)이었어요."

낙농업을 하는 부모 밑에서 태어난 억만장자 다이앤 헨드릭스Diane Hendricks[10]는 위스콘신에 있는 집들을 팔고 결혼을 하고 이혼을 했으며, 그러다 10년 뒤 지붕 수리 일을 하던 새 남편 켄Ken을 만났다. 두 사람은 신용카드들을 최대한 동원해 돈을 마련한 뒤 창문, 홈통, 지붕 재료 등을 다루는 회사 ABC서플라이를 만들었다. 오늘날 헨드릭스는 50억 달러 가치를 지닌 회사를 이끌고 있다. 영화 분야 얘기를 하자면, 병원 노동자와 시간제 요리사의 아들인 영화배우 톰 행크스Tom Hanks는 지역 전문대학에 다녔으며, 성적도 부진하고 장래도 불투명한 학생이었다. 미국 우주 비행사들 가운데 가장 긴 시간인 500일 이상을 우주에서 보내 그 방면에서 기록을 세운 우주 비행사 스콧 켈리Scott Kelly 역시 고등학교 시절에는 별 두각을 드러내지 못했다.[11] 제너럴모터스GM의 최고 경영자 메리 바라Mary Barra[12]는 대학 학비를 벌기 위해 GM의 한 공장에서 펜더와 후드를 검사하는 일을 했다. 또한 제록스 최고 경영자였던 우르술라 번스Ursula Burns[13]는 집안이 어려워 공영주택에서 자랐으며, 사회생활 초기에는 비서 일도 했다. 지니 코트니Jeannie Courtney[14]는 나이 50에 문제 많은 10대 여자아이들을 치료해주는 세계적으로 유명한 기숙학교를 세웠다. 그녀는 그 분야에 대해 정식 교육을 받은 적이 없으며, 8학년생들을 가르치고 비디오 대여점을 운영하며 부동산 매매 일도 하는 등 하는 일이 들쭉날쭉하고 아주 평범했다.

"미국인들에게 인생 2막이란 없다." 《위대한 개츠비》의 작가 F. 스콧 피츠제럴드가 남긴 말이지만 이는 잘못된 얘기다. 피츠제럴드 자신은 얼리 블루머였다. 그는 명문 프린스턴대학교를 나왔으며, 20대 중반에 이미 유명한 소설가가 됐다. 그러나 거기까지였다. 30대에 들어서면서 피츠제럴드는 추락하기 시작했다. 그 과정에서 그는 아마 묵묵히 위를 향해 올라가는 다양한 레이트 블루머들과 그들의 인생 2막을 만났을 것이다. 피츠제럴드는 미국 추리소설 작가 레이먼드 챈들러Raymond Chandler가 추리소설을 쓰기 시작한 44세의 나이에 아주 쓸쓸한 최후를 맞았다. 챈들러가 자신의 첫 소설 《빅 슬립》을 출간한 것은 그의 나이 51세가 되던 1939년이었다.

＊＊

지금은 상황이 달라졌을까? 얼리 블루머들의 이름이 여전히 매스 컴에 오르내리는데, 그들은 과연 매스컴에서 떠드는 것만큼 성공적인 삶을 살고 있을까? 사실 많은 얼리 블루머들은 아주 끔찍한 삶을 살고 있다. 명문 스탠퍼드대학교 캠퍼스에서 5킬로미터 정도밖에 안 떨어진 캘리포니아주 팰로앨토에 있는 공립학교 건고등학교 Gunn High School에서는 2014학년부터 2015학년 사이에 학생세 명이 스스로 목숨을 끊었다.[15] 일찍 성공해야 한다는 압박감을 못 견뎌 극단적인 선택을 한 것이다. 전부 얼리 블루머가 되려고 몸부림치던 착한 학생들이었다. 또한 같은 기간 중에 건고등학교 학생 42명이 극심한 자살 충동 때문에 병원에 입원해 치료를 받았다.

이는 이 학생들만의 이야기가 아니다. 미국에서는 지난 50년간 중증 우울증 및 불안 장애를 앓는 젊은이들의 비율이 계속 늘어났다. 오늘날 우울증과 불안 장애 진단 기준에 맞는 미국 고등학생 및 대학생 수는 1960년대보다 무려 5배에서 8배 더 많다. 최근에 행해진 미국 질병관리본부의 한 조사 결과에 따르면, 미국 고등학생들 가운데 무려 16퍼센트가 자살을 심각하게 생각하고 있으며, 13퍼센트는 자살 계획까지 세우고 있고, 8퍼센트는 조사 기간 12개월 이내에 실제 자살 시도를 했다고 한다.[16]

정말 암울한 수치다. 미국의 다른 문화 트렌드들의 경우와 마찬가지로, 우리는 우리의 이런 우울증까지 전 세계에 전파하고 있는 듯하다. 2014년 세계보건기구에서 내놓은 한 조사에 따르면, 우울증은 전 세계 청소년들 사이에 질병과 장애를 일으키는 가장 큰 원인이라고 한다.[17]

그리고 만일 원하는 대학에 들어가면 이런 우울증과 불안감이 수그러진다고 생각한다면, 한 번 더 생각해보도록 하라. 지난 15년간 미국 대학생들 사이에 우울증은 두 배 늘었고 자살률은 세 배나 늘었다.[18] 캘리포니아대학교에서 실시한 한 조사에 따르면, 지난 50년간의 추적 조사 결과 신입생들이 스스로 평가하는 정신 건강 상태가 가장 나빴다고 한다.[19] 실제로 전미 대학카운셀링협회에서 실시한 2013년도 설문 조사에 따르면, 거의 모든 대학들의 정신 건강 책임자들이 자기 대학에서 심각한 정신 문제를 가진 학생들의 수가 계속 증가하고 있다고 말했다고 한다.[20]

정신적 고통을 호소하는 대학생들 자신의 비율도 높은데, 그 비율 역시 계속 늘고 있다. 2014년에 전미 대학건강협회에서 실시한 한 설문 조사에 따르면, 대학생들의 54퍼센트가 설문 조사 실시 이전 12개월간 '엄청난 불안감'을 느꼈다고 답했다고 한다.[21]

이처럼 젊은이들 사이에서 정신 질환이 계속 증가하고 있다는 것은 우려할 만한 일이 아닐 수 없다. 물론 정신 질환이 증가하고 있는 것은 그만큼 진단 방법이 개선되고 치료 받을 길 또한 더 많아졌으며 도움을 청하는 학생들의 수가 더 많아졌기 때문일 수도 있다. 그러나 전문가들 대부분은 이 같은 추세가 상당 부분 변화하는 문화적 기대들 때문이라는 데 동의한다. 그리고 강화된 측정 및 평가에 기초한 이런 문화적 기대들 때문에 더없이 큰 성공을 거둔 학생들까지 과거 그 어느 때보다 더 나약해지는 듯하다. 조기 학습에 성공한 대가가 이렇게 나약해지는 것이라면 되겠는가?

한때 잠재적인 레이트 블루머로 보인다는 말은 활기와 인내와 용기 있는 사람처럼 보인다는 뜻이었다. 그러나 오늘날에는 점점 더 무슨 결점(어쨌거나 시작이 늦다는 것은 그럴 만한 이유가 있을 테니)이나 위로상 같아 보인다. 정말 끔찍한 트렌드다. 우리를 인간답게 만드는 것들, 그러니까 우리의 경험, 우리의 투지, 평생 성장할 우리의 능력 등을 폄하하는 트렌드니까 말이다.

삶이 복잡하게 꼬일 경우, 심지어 얼리 블루머들마저도 예외 없이 결점이 있는 게 아닌가 하는 의심을 받게 된다. 특히 여성들의 경우 얼리 블루머로서의 잠재력을 계속 발휘하며 살아가지 못하면 사회에서 무시를 당하게 된다. 캐럴 피시먼 코언Carol Fishman Cohen은 얼리 블루머였다. 명문 포모나칼리지에서 총학생회 회장을 지냈고, 이후 하버드경영대학원을 졸업했으며, 마침내 로스앤젤레스의 한 투자은행에서 최고 실적을 올리는 스타가 됐다. 이 모든 게 30세 이전에 이룬 일이었다. 세상일이 다 그렇지만, 그러다가 삶이 꼬였다. 코언은 결혼해 아이 넷을 낳고 뒷바라지를 하면서 고속 출세 가도에서 벗어났다. 그리고 다시 투자은행에 돌아가 직장 생활을 하려 했으나, 자신이 들어갈 문은 없다는 사실을 깨달았다. 그렇게 몇 주일 동안 좌절감이 쌓이면서, 그녀는 자신의 능력에 회의감을 갖게 됐다. "자신감이 완전히 상실된 느낌이었어요. 일을 그만두고 있던 사이, 금융 거래 방식부터 이메일과 문자메시지, 파워포인트 프레젠테이션 같은 소소한 일들에 이르기까지, 너무 많은 것들이 변했더군요."[22]

코언은 그렇게 느끼는 사람이 비단 자기뿐만은 아닌 것 같다는 생각이 들었다. 그래서 그녀는 매사추세츠주 케임브리지에서 아이리론치iReLaunch라는 회사를 차렸다. 직장을 떠났다가 다시 들어가 한 번 더 꽃피고 싶어 하는 전문직 종사자들이 주요 고객이었다. 그녀의 회사 직원들은 스스로를 '직장 복귀' 전문가들이라 부르며, 다시 직장 생활을 시작하려는 전문직 종사자들과 그들을 고용하려 하는 기업들을 상대로 컨설팅을 해준다. 코언은 이런 주제들에 대한 글을 써서 〈하버드비즈니스리뷰〉지에 자주 싣는다. 한때 얼리 블루머였던 그녀는 이제 인생 2막을 시작한 레이트 블루머의 대표적인 예로 꼽힌다.

＊＊＊

사실 우리 중 상당수는 일종의 레이트 블루머(또는 잠재적인 레이트 블루머)들이다. 그런데 어느 시점에선가 우리는 옴짝달싹 못 하게 됐다. 내 경우 여러 해 동안 그랬다. 4년제 명문대 학위까지 있는 25

세의 나는 접시닦이, 야간 경비원, 임시직 타이피스트 외의 일자리를 잡지 못했다. 놀랄 일도 아니지만, 삶의 발사대를 떠나 날아오르지 못하는 상황이 계속되면서 나의 내면 깊은 곳에선 열등감이 점점 더 심해져갔다. 돌이켜보면, 뇌 전문가들이 말하는 이른바 '실행 기능'을 하는 부위인 내 뇌의 전두엽 피질이 완전히 발달하지 못해, 나는 20대 초의 나 자신을 점차 잃어가고 있었다. 그러니까 내 뇌는 아직 꽃필 준비가 되지 않았던 것이다.

당신 이야기 같은가? 아니면 당신 아이들 이야기 같은가? 학교에서, 스포츠에서, 사회생활 초기에 성공해야 한다는 심한 압박감 속에서 우리는 패닉 상태에 빠져 있다. 그러나 신경과학 관점에서 우리는 우리 자신을 더 살살 다뤄야 한다. 우리 뇌의 실행 기능이 100퍼센트 제 기능을 발휘하게 되는 나이는 보통 25세 무렵이다. 나는 27세에서 28세가 다 돼서야 비로소 나 자신이 이성적으로 사고하고 차분히 앞날을 계획하고 성인처럼 처신할 수 있다는 걸 자각했다. 그것은 내가 SAT에서 중간 정도의 성적밖에 못 낸 지 10년 뒤, 그리고 좋은 대학을 별 볼 일 없는 학점으로 졸업한 지 5년 뒤의 일이었다. 만일 그 두 가지 실패가 궁극적인 내 분류 기준이 됐다면 어땠을까 생각하면 아찔하다. (나는 우리 사회의 얼리 블루머 분류 기준이 오늘날처럼 잔인할 정도로 효율적이지 않았던 것에 감사한다.)

앞서 잠깐 언급했지만 미국 우주 비행사 스콧 켈리는 레이트 블루머로, 뛰어난 사람과는 아주 거리가 먼 사람이었다. "저는 거의 매일 교실 창문 밖만 내다보며 시간을 보냈어요. 아마 당신이 제

머리에 권총을 들이댄다 해도 별 차이가 없었을 거예요."[23] 그의 말이다. 그의 뇌는 아직 꽃필 준비가 되지 않았던 것이다.

우리 가운데 많은 사람이 마크 저커버그보다는 스콧 켈리에게서 자신의 모습을 더 많이 본다. 또한 어설픈 출발, 혼란, 경력 단절 또는 교육 단절, 나쁜 습관들, 불운, 자신감 부족 등과 관련해 할 얘기가 많다. 그러나 운이 좋은 사람들의 경우, 어느 날 갑자기 일종의 지적 깨우침 내지 영적 깨우침 같은 걸 얻어 전혀 새롭고 더 나은 길을 걷게 된다. 우리는 우리 길을 찾았다. 그러나 어떤 사람들은 워낙 큰 수치심에 사로잡히거나 워낙 철저히 기회를 박탈당했다고 생각해 스스로 꽃피울 능력을 전혀 발전시키지 못한다. 그리고 내가 보기에, 평생 스스로 꽃피는 데 성공하지 못하는 것은 사람들에게도, 또 우리 사회에도 정말 불행한 일이다.

따라서 당신은 아마 우리 사회가 잠재력 있는 레이트 블루머들에게 용기를 줘야 한다고 생각할 것이다. 요즘은 우리가 더 오래 살게 되고 더 늦게 성숙기에 도달하며 점점 더 자주 새로운 취업 가능성을 모색하고 있기에 특히 더 그렇다. 사람들은 자신이 어떤 나이 또는 어떤 단계에서든 스스로 꽃피어 뛰어난 사람이 되고 자기 역량을 십분 발휘할 수 있다는 걸 알아야 한다.

그렇다면 레이트 블루머, 즉 늦게 꽃피는 사람이 된다는 건 정확히 어떤 의미일까? 쉽게 말해, 늦게 꽃피는 사람이란 사람들의 '기대보다' 늦게 자신의 잠재력을 십분 발휘하는 사람이다. 이들은 처음에는 다른 사람들의 눈에 띄지 않는 재능을 가진 경우가 많다.[24]

여기서 핵심어는 '기대보다'다. 그리고 이들은 전혀 예상치 못한 새로운 방법들로 자신의 잠재력을 발휘하며, 그래서 가장 가까운 사람들조차 놀라게 만드는 경우가 많다. 이들은 자기 부모나 사회의 기대를 충족시키려고 이를 악물고 노력하지도, 잘못된 길로 들어서 스스로 무너지지도, 우울증이나 불안 장애 같은 것에 시달리지도 않는다. 이와 관련해 오프라 윈프리Oprah Winfrey는 "모든 사람에게는 최고의 운명이 있다"[25]는 말을 한다. 레이트 블루머는 결국 자기 나름의 방법에 따라 자신의 일정대로 자신에게 주어진 최고의 운명을 찾아내는 사람이다.

이 책을 쓰는 과정에서 나는 학자들과 심리학자들, 다른 사회과학자들에게 레이트 블루머를 어떻게 정의하며, 또 어떻게 보는지 물었다. "레이트 블루머와 관련해 어떤 단서나 익숙한 이정표들을 찾아내는 데 도움이 될 만한 광범위한 연구 같은 게 있을까?"[26] 나는 그게 궁금했다.

간단히 말해, 그런 연구는 없었다. 현재로선 레이트 블루머에 대한 연구는 거의 없다. 학계에서는 발달 장애와 관련된 드문 사례들에나 관심이 있을 뿐, 레이트 블루머라는 인간 발달 과정의 이 특별한 측면은 아예 무시하는 듯하다. 다시 말해, 늦게 꽃피는 현상은 주로 기능 장애나 비정상의 렌즈를 통해서나 탐구되고 있는 것이다. 심지어 학술 연구 차원에서도 늦게 꽃피는 사람들은 별 관심을 받지 못하고 있다.

그런데 최근 들어 학자들이 드디어 레이트 블루머 개념을 탐구하기 시작했으며, '평균의 신화myth of average'가 잘못된 것임을 밝히고 있고,[27] 또 개인 발달의 복잡한 측면들을 연구하기 시작했다. 하버드대학교 마음·뇌·교육 프로그램 책임자 L. 토드 로즈L. Todd Rose와 펜실베이니아대학교 긍정심리학센터 상상력연구소의 과학 부문 책임자 스콧 배리 카우프만Scott Barry Kaufman은 대표적인 레이트 블루머로, 자신들이 쓴 책에서 실토했듯이 고등학교 시절 성적 불량으로 거의 퇴학을 당할 뻔했었다. 그러나 레이트 블루머의 구체적인 정의나 분류법에 따르자면 우리는 레이트 블루머에 포함되지 않는다.

이런 간극을 좁히기 위해, 나는 역사적인 인물들과 현재 살아 있는 사람들, 그러니까 자신의 운명과 성공을 향해 걸어간 걸 볼 때 레이트 블루머라고 부를 만한 사람들을 연구하기 시작했다. 그 밖에 늦게 꽃핀 사람들이나 늦게 꽃피려고 노력 중인 사람들 수백 명과도 인터뷰했다. 그들은 잘못된 출발 등을 비롯해 성공에 이르는 과정들을 어떻게 봤을까? 그들은 흔히 레이트 블루머들을 괴롭히는 문화적 문제들과 자신감 관련 문제들을 어떻게 극복했을까?

＊＊＊

레이트 블루머에 대한 연구를 시작할 때, 내 논지는 지나치게 이른 성공에 집착하는 사회가 사람들의 보다 늦은 성공 잠재력을 과소평가함으로써 관심을 받을 자격이 있는 훨씬 더 많은 사람들을 무

레이트 블루머

시해버린다는 것이었다. 그래서 나는 잠재력 있는 레이트 블루머들이, 그러니까 우리 사회의 효율적인 얼리 블루머 컨베이어 벨트에 의해 덜 중요한 허드레 짐들로 분류된 대부분의 사람들이 그저 새로운 기술, 새로운 습관, 새로운 기법을 가지고 같은 컨베이어 벨트 위로 다시 올려지기만 하면 된다고 생각했다. 나는 레이트 블루머가 해야 할 일은 단 하나, 모든 걸 잊고 다시 하던 게임으로 돌아가는 것이라고 확신했다.

그러나 현실은 그렇지 않았다. 내가 인터뷰한 거의 모든 레이트 블루머들은 내 생각과는 달리 얼리 블루머들의 습관과 기술과 경력을 뒤늦게 따라 함으로써 스스로를 꽃피운 게 아니었다. 사실 그런 식으로 노력한 사람들은 거의 늘 실패의 쓴맛을 봤다.

레이트 블루머의 출발점에 대해 생각해보라. 레이트 블루머의 재능과 열정은 십중팔구 잔인할 정도로 좁은 범위의 능력들을 평가하는 문화 및 교육제도에 의해 무시당했다. 그러니까 발견과 격려와 잠재력이라는 레이트 블루머의 모든 길을 막아버린 것이다. 레이트 블루머들을 아예 쳐다보지도 않음으로써 성공의 문을 열어주지 않았던 것이다. 따라서 레이트 블루머들의 입장에선 새로운 의지와 굳은 결심으로 더 많은 훈련을 받고 더 많은 학자금 부채를 안는다 해도, 얼리 블루머 컨베이어 벨트 위로 다시 오르는 일은 말도 못 하게 힘들 수밖에 없다. 게다가 컨베이어 벨트는 오직 한 방향으로만 돌아간다.

결국 잠재력 있는 레이트 블루머들은 컨베이어 벨트를 벗어나 전혀 새로운 발견의 길을 찾아야 한다. 이 책이 당신 또는 당신의 아이들에게 영감을 주어 그렇게 할 수 있게 되기를 바랄 뿐이다.

✳ ✳ ✳

이 책 《레이트 블루머》는 다음과 같은 순서로 구성되어 있다. 처음 1, 2장에서는 우리가 어떻게 하다가 지금과 같은 얼리 블루밍 광기에 휘말리게 됐는지, 또 그로 인해 개인적으로나 사회적으로 얼마나 큰 대가를 지불해야 하는지에 대해 살펴본다. 3장에서는 최근의 신경과학과 인지 연구가 블루밍(우리의 10대와 청년기뿐 아니라 평생)의 개념을 어떻게 설명하고 있는지 보여줄 것이다. 그러니까 얼리 블루밍에 대한 우리의 집착이 과학적인 근거에서 비롯된 것이 아니라 순전히 우리 인간들이 만들어낸 것임을 알게 될 것이다.

또 나는 당신이 4장에서 다루는 독특하면서도 강력한 6가지 레이트 블루밍의 재능에 대한 설명을 읽으면서, 일견 놀라면서도 안도의 한숨을 내쉬게 될 거라고 믿는다. 그리고 5장 이후부터는 불명확한 레이트 블루머의 추가 장점들을 좀 더 깊이 파고들 것이다. 사실 그 장점들이 처음엔 장애물로 보일 수도 있다. 그러나 통찰력과 연습과 인내심을 가지고 그 장점들을 잘 이용하면, 평생 스스로를 꽃피우는 삶을 살 수 있게 될 것이다.

그런 삶을 향한 여정을 즐겨라. 그리고 그 여정을 마친 뒤에도 계속 논의를 이어가도록 하자.

레이트 블루머

1
얼리 블루머에 대한 집착

대중 신경과학 작가 조나 레러Jonah Lehrer[1]는 그야말로 전형적인 얼리 블루머였다. 로스앤젤레스에서 태어나 쭉 그곳에서 자란 그는 열다섯 살이라는 어린 나이에 나스닥에서 후원하는 에세이 콘테스트에 출전해 1,000달러의 상금을 거머쥐었다. 이후 뉴욕 소재 아이비리그 명문인 컬럼비아대학교에 입학해 신경과학을 전공했으며, 다운증후군의 유전적 기원을 파헤친 논문을 공동 집필하기도 했다. 그러나 어린 레러가 단순히 과학에만 조예가 깊었던 것은 아니다. 처음에는 〈컬럼비아리뷰Columbia Review〉의 작가로, 그리고 이후 2년간은 그 유명한 학술지의 편집자로 일하면서 컬럼비아대학교의 정치 및 문학 세계에도 발자취를 남겼다.

레러는 이후 로즈 장학금(영국 옥스퍼드대학교에서 공부하는 미국·독일·영연방 공화국 출신 학생들에게 주어지는 장학금으로, 세실 로즈Cecil Rhodes의 유언에 따라 만들어졌다―옮긴이)을 받았는데, 그 소식에 놀라는 이는 아무도 없었다. 또한 옥스퍼드대학교 울프슨칼리지에 들어가 울프슨칼리지의 설립자이기도 한 유명한 철학자 이사야 벌린Isaiah Berlin의 뒤를 이어 철학 공부를 하기도 했다. 젊은 레러는 그야말로 박학다식했으며, 토머스 제퍼슨Thomas Jefferson처럼 여러 분야에 해박한 지식을 가진 정말 보기 드문 인재였다. 그는 또 토머스 제퍼슨처럼 설득력 있는 글도 잘 썼다. 그리하여 26세가 되던 2007년에 자신의 첫 번째 저서 《프루스트는 신경과학자였다》를 발표해 호평을 받았다. 그리고 곧이어 다른 두 권의 책을, 즉 2009년에 《뇌는 어떻게 결정하는가》를, 2012년에 《이매진: 초일류들의 뇌 사용법》을 발표했는데, 특히 후자는 〈뉴욕타임스〉 베스트셀러 목록에 올랐다.

레러의 경우 다양한 지적 주제들에 대한 이해력 면에서 박학다식함을 과시했을 뿐 아니라, 멀티미디어 활용 면에서도 타의 추종을 불허했다. 책, 에세이, 칼럼, 블로그 등 다양한 포맷에 맞는 글을 썼을 뿐 아니라 미국 공영 라디오방송 NPR의 프로그램 〈라디오랩Radiolab〉 진행자로서도 뛰어난 재능을 입증해보인 것이다. 텔레비전 방송 분야에서도 〈콜버트 리포트Colbert Report〉 외 여러 프로그램에 게스트로 출연해 재치 있는 입담을 선보였다.

돈은 곧 뒤따라왔다. 레러는 《이매진》의 선인세로 100만 달러를 받은 것으로 알려져 있다. 그는 또 부업으로 꽤 많은 돈을 받는 강연 일도 시작했다. 〈뉴요커〉에 글을 기고하던 작가 말콤 글래드웰 Malcome Gladwell처럼 강연당 8만 달러대를 받는 강연자는 아니었지만 강연료를 시간당 4만 달러까지 받았다. 돈이 쏟아져 들어오면서 레러는 겨우 29세 나이에 건축학적으로 유명한 캘리포니아 할리우드 힐스의 슐만하우스를 220만 달러에 사들였다.

레러는 이렇게 일찍 큰 성공을 거두었는데, 그 성공은 순전히 그 자신의 뛰어난 지적 능력 덕이었다.

《콰이어트》의 저자 수전 케인Susan Cain[2]에 따르면, 이처럼 출판과 저널리즘이 혼재하는 세계에서 거둔 레러의 놀라운 성공은 이른바 '분더킨트 이상Wunderkind Ideal(이하 신동 이상)' 현상을 연상케 하는 데가 있다. 독일어 Wunderkind를 영어로 옮기면 말 그대로 wonder child, 즉 '신동'이란 뜻이다.[3] 2000년대 초에 레러는 재능 있는 학생에서 베스트셀러 작가로 급부상하면서 매스컴의 관심을 한 몸에 받게 되는데, 이는 새로운 문화 영웅, 새로운 얼리 블루머의 출현을 뜻한다. 그리고 새로운 밀레니엄 시대에 들어오면서 이 같은 얼리 블루머의 출현은 분수령을 맞는다. 또한 레러 같은 전형적인 신동은 일찍 꽃피어 일찍 부자가 되고 일찍 유명해져서 우리 모두가 그런 사실을 알게 된다. 신동들은 어려서부터 기술적으로 재능이 있거나, 믿기지 않는 매력을 지니고 있으며, 자기 집안의 쟁쟁한 인맥 덕을 보기도 한다. 그럼에도 신동들은 자신이 선택한 분야에서 다른 누구보다 빨리 정상에 오를 뿐 아니라, 그 과정에서 막대한 부를 쌓는 경우가 많다.

미디어는 일종의 강력한 렌즈로, 그것을 통해 신동들의 급부상을 관찰하고 추적할 수 있다. 지난 몇십 년간 분더킨트, 즉 신동이라는 말은 각종 미디어 플랫폼들에서 폭발적으로 많이 사용됐다.[4] 구글에 따르면, 1960년 이후 '신동'이란 단어가 각종 책과 기사와 신문과 기타 다른 미디어에서 사용된 횟수가 1,000퍼센트 이상 증가했다고 한다. 그렇게 놀랄 일도 아닌 것이, 그 기간 중에 얼리 블루머들은 그야말로 전성기를 맞이한다. 테일러 스위프트Taylor Swift, 아델Adele, 리아나Rihanna, 셀레나 고메즈Selena Gomez, 저스틴 비버Justin Bieber 같은 가수들과 위켄드The Weekend, 찬스 더 래퍼Chance the Rapper 같은 래퍼들, 제니퍼 로런스Jennifer Lawrence, 마고 로비Margot Robbie, 애덤 드라이버Adam Driver, 도널드 글러버Donald Glover 같은 배우들, 그리고 켄달Kendall, 카일리 제너Kylie Jenner, 지지Gigi, 벨라 하디드Bella Hadid 같은 모델들은 경계를 허무는 유명인들로,[5] 자신만의 독특한 문화를 만들어낼 정도로 막강한 영향력을 휘두르고 있다. 이들은 전부 20대 이전에 이처럼 큰 성공을 거두었다.

우리의 가장 새로운 매스미디어 플랫폼인 인터넷은 현재 많은 젊은 '웹 유명인들'[6]에게 지배되고 있다. 릴리 싱Lilly Singh (IISuperwomanII), 제이크 폴Jake Paul(jaekepaul), 마크 피슈백

Mark Fischbach(Markiplier), 조 서그Zoe Sugg(Zoella), 렐레 폰즈Lele Pons(lelepons) 같은 유튜버 및 인스타그램 스타들은 수백만에서 수천만에 이르는 팔로어들을 이끌며 미니 미디어 제국을 건설했으며, 그 제국을 통해 거대 기업들의 후원을 받고 있고, 캐릭터 상품 판매 계약을 맺고 있으며, 돈을 받고 광고에도 출연하고 있다. 이름이 자주 인용되는 웹 유명인들은 전부 10대와 20대 초에 이렇게 큰 성공을 거두었다.

스포츠 분야에서 뛰는 운동선수들의 경우 일찍 꽃피우는 것이 유리하다. 경기장이나 체육관 안에서 일찍 두각을 드러내면, 최고의 팀에 들어가게 되고 최고의 코칭을 받게 되며 최고의 자원들을 활용할 수 있게 되기 때문이다. 이는 늘 그랬다. 변한 게 있다면, 특출한 운동선수를 점찍는 시기가 훨씬 더 앞당겨졌다는 것.[7] 예를 들어 미식축구 스타 오언 파포에Owen Pappoe는 14세에 이미 플로리다주립대학교, 노터데임대학교, 루이지애나주립대학교, 오하이오주립대학교, 앨라배마대학교 같은 미국 미식축구 명문대 30곳에서 장학금 지급 제안을 받았다. 그 밖에도 장학금 지급 제안을 받은 어린 미식축구 스타들로는 카덴 마틴Kaden Martin(13세), 타이탄 라카덴Titan Lacaden(11세), 번치에 영Bunchie Young(10세) 등이 있다. 그러나 이 선수들도 하본 피니 주니어Havon Finney, Jr.에 비하면 전부 나이가 든 편에 속하는데, 하본 피니 주니어가 네바다대학교 미식축구팀에서 장학금 지급 제안을 받은 것은 겨우 9세 때였다. 비단 미식축구 분야에서만 장래가 촉망되는 많은 어린 선수들 속에서 슈퍼스타들이 선발되는 것은 아니다. 라크로스 lacrosse(농구, 축구, 하키가 복합된 형태의 스포츠-옮긴이), 축구, 배구 분야에서 모집되는 선수들의 거의 30퍼센트가 너무 어려서 공식적으로 학교에 들어갈 수도 없는 나이에 장학금 지급 제안을 받는다.

그러나 요즘 들어 매년 젊어지고 있는 건 비단 운동선수들뿐만이 아닌 것 같다. P. J. 플렉 P. J. Fleck은 36세에 미네소타대학교 미식축구팀 골든 고퍼스의 코치로 부임해, '빅 텐 Big Ten' 콘퍼런스(가장 역사가 오랜 미식축구 디비전 I 소속 팀들로, 본래는 10개 팀이었으나 현재는 14개 팀이다-옮긴이) 역사상 가장 젊은 미식축구 수석 코치가 되었다. 링컨 라일리 Lincoln Riley는 33세라는 젊은 나이에 연봉 310만 달러 조건으로 영원한 톱 20위 내 미식축구팀인 오클라호마 수너스의 수석 코치가 되었다. 또한 숀 맥베이 Sean McVay는 30세에 미식축구팀 로스앤젤레스 램스의 코치로 부임해 미국 프로 미식축구 리그 NFL의 현대 역사상 가장 젊은 수석 코치가 되었다.

모든 선수들을 관리하고 코치들을 채용하고 해고하는 등 멋지게 시가를 물고 막후에서 모든 걸 좌지우지하는 프로스포츠 팀단장들[8]의 경우는 또 어떤가? 이 글을 쓰고 있는 지금, 적어도 메이저리그 야구 단장 10명의 나이는 40대가 채 되지 않았다. 특히 그중 최연소인 밀워키 브루어스 팀의 단장 데이비드 스턴스 David Stearns는 31세다. 그러나 그런 스턴스도 26세밖에 안 된 내셔널 하키 리그 NHL의 피닉스 코요테스 팀 단장 존 차이카 John Chayka에 비하면 나이가 많다. 차이카는 현재 메이저 프로스포츠 역사상 가장 젊은 단장이다.

기술 분야는 특히 젊은 사람들의 활약이 눈부신 것으로 유명한데,[9] 실제로 얼마나 젊은지 들여다보면 놀라지 않을 수 없다. 2016년에 미국 시애틀의 온라인 보상 정보 기업 페이스케일PayScale에서 기술 분야 중 가장 큰 성공을 거둔 32개 기업 직원들의 평균 나이를 설문 조사한 적이 있다. 그랬더니 직원 평균 나이가 35세 이상인 기업은 단 6개밖에 안 됐다. 직원 평균 나이가 30세 이하인 기업은 8개였다. 이 같은 결과는 이미 예상했던 것이긴 하나, 그래도 어쨌든 놀라운 일이 아닐 수 없다. 좀 더 시야를 넓혀 미국 노동통계국에서 실시한 조사에 따르면, 미국 노동자 전체의 평균 나이는 42.3세다. 참고로 페이스북(평균 나이 28세, 평균 연봉 24만 달러)과 구글(평균 나이 29세, 평균 연봉 19만 5,000달러)은 페이스케일 설문 조사에서 직원들의 나이가 가장 젊은 기업에 속했다.

그렇다면 기업 소유주, 임원들, 그리고 최고 경영자들의 경우는 어떨까? 현재 〈포브스〉지에 이름을 올린 억만장자 기업가들 가운데 10명이 30세 이하다.[10] 그 대표적인 인물이 스냅의 최고 경영자 에반 스피겔과 공동 창업자 바비 머피Bobby Murphy다. 스냅을 창업했을 때 두 사람은 모두 22세였다.

한 나라의 통제 센터나 다름없는 정치 분야는 또 어떨까? 로렐라 프라엘리Lorella Praeli, 제나 로웬스타인Jenna Lowenstein, 시모네 샌더스Symone Sanders, 벤 웨셀Ben Wessel 등이 모두 35세가 안 된 미국 정치인들이다. 백악관에서는 스티븐 밀러Stephen Miller가 31세의 나이에 대통령 정책 수석 고문이 되었고, 호프 힉스Hope Hicks가 28세에 백악관 홍보 책임자가 되었다. 힉스의 경우 나중에 사임했다.

미디어 분야 역시 이 같은 '신동 이상' 열기와 무관하지 않다.[11] 내가 발행인으로 있는 〈포브스〉지에서는 매년 산업계 전체에서 얼리 블루머 30명을 선정해 '30 언더 30(30세 이하의 30인)' 명단을 발표하며, 전 세계를 대상으로 나라별·분야별로 나눠 명단을 발표하기도 한다. 그리고 현재는 주요 잡지들 거의 대부분이 해마다 얼리 블루머 명단을 발표하고 있는데, 비즈니스, 패션, 광고, 엔터테인먼트, 요리, 시, 그리고 심지어 정육 분야에도 '40 언더 40'와 '30 언더 30' 명단이 있다.

그러나 '30 언더 30' 명단은 잊어라. 성취 문제에 관한 한 30세는 이제 50세나 다름없다. 2014년부터 〈타임〉지는 매년 '가장 영향력 있는 10대들'[12] 명단을 발표하기 시작했다. 그렇다, 10대들! 그리고 젊음과 얼리 블루밍에 대한 이 같은 집착은 워낙 심해져, 패션 평론가인 사이먼 두난Simon Doonan은 이렇게 선언했다. "이제 젊음이 새로운 국제통화다."[13]

잠깐 생각을 좀 해보자. 우리가 얼리 블루머들을 인정하고 높이 평가하는 것은 절대 잘못된 일이 아니다. 그들의 성취는 인정받을 자격이 있다. 그러나 조기 성취에 대한 우리 문화의 집착은 대부분의 사람들, 그러니까 살아가는 방식도 다르고 성취 속도도 다른 많은 사람들에게 해를 끼치고 있다. 신분증을 보여달라는 요청을 받을 만큼 어린 나이에 유명해지거나 자신이 속한 업계를 뒤흔들어놓거나 은행에 수백만 달러를 예금해놓지 못한다면 삶을 잘못 산 것이라는 메시지를 강요하고 있는 것이다. 나는 이런 메시지는 대부분의 사람들이 생각하는 것보다 훨씬 더 위험하다고 생각한다.

＊＊＊

20세기 중반 무렵부터 실력주의가 귀족주의를 압도하기 시작했다(2장 참조). 이런 추세는 20세기 후반 내내 점점 더 강화됐다. 그리고 오늘날에는 실력주의와 귀족주의는 동일한 것이라는 생각이 널리 받아들여지고 있다. 이제 우주의 군주들은 더 이상 신탁 위에 앉아 있지 않다. 그보다 더 현대적인 부를 소유하고 있는 것이다. 대중신경과학 작가 조나 레러와 마찬가지로, 새로운 군주들은 16세에서 17세에 SAT에서 만점이나 거의 만점에 가까운 점수를 받아 명문대 입학 자격을 갖춘다.

그리고 새로 등장한 실력주의에 부합되기 위해 우리는 시험 점수와 대학 서열에 집착하기 시작한다. 10대들은 과거 그 어느 때보다 높은 비율로 대학 준비 시험들,[14] 그러니까 SAT Scholastic Aptitude Test나 ACT American College Testing 를 보거나 두 시험 모두를 치른다. 2017년에는 160만 명이 넘는 학생들이 SAT를 치렀다. 그리고 처음으로 ACT를 치르는 학생들의 수가 SAT를 치르는 학생들의 수보다 2,000명 정도 더 많았다. 많은 학생들이 두 시험을 모두 치르고, 고등학교 2학년과 3학년 때에는 두 시험을 여러 차례 치르며, 그 밖에도 PSAT Preliminary SAT, SAT II 과목들, AP Advanced Placement 시험 등도 치른다. 실제로 2016~2017학년 중에 670만 명 이상의 수험생들이 SAT나 PAST 관련 시험들을 모두 다 치렀다.

점점 더 오르는 학비와 점점 커지는 학자금 융자 부담에 대해서는 많은 관심을 표명하면서도, 대학 입학 준비 과정에 들어가는 많은 비용에 대해서는 별 관심을 두지 않는 경우가 많다. 학생들은 SAT와 ACT를 준비하기 위해 각종 시험 대비반에 들어가거나 개인 교습을 받는 등, 대학에 입학도 하기 전에 벌써 많은 비용을 지불하기 시작한다. 미국에서는 지금 대학 준비 시험 자체가 거대한 산업이어서, 시험 비용과 준비 등에 수억 달러가 들어간다. 시험 준비 관련 업계의 1년 매출액은 10억 달러 가까이 되며, 그 분야에서 일해서 먹고사는 사람도 11만 5,000명이 넘는다.

부유한 부모들을 상대로 하는 직접 교습 또는 일대일 온라인 교습은 비용이 훨씬 더 비싸 수천 달러나 한다. 이렇게 비용이 비싼 이유 중 하나는 개인 교습에 대한 수요가 많다는 것. 부자들은 돈은 얼마든지 낼 수 있다. 실리콘밸리의 부모들은 고등학생 자녀의 개인 교습을 위해 5만 달러 정도는 흔쾌히 쓴다고 한다. 프린스턴 리뷰Princeton Review와 캐플런 테스트 프렙Kaplan Test Prep 같은 회사들이 제공하는 그룹 교습은 비교적 비용이 저렴해 인기가 있다. 예를 들어 프린스턴 리뷰의 30시간짜리 그룹 준비반의 경우, 그룹 인원에 따라 비용이 1,000달러에서 1,600달러 정도 한다. 그러나 개인 교습도 아주 인기가 높으며, 비용이 터무니없을 정도로 비싸다. 뉴욕에서 개인 교습 강사 일을 하는 앤서니 제임스 그린Anthony-James Green은 최근 수업료를 시간당 1,000달러씩이나 받아 많은 관심을 받기도 했다. 수업료가 이렇게 엄청나다는 것은 학생들과 부모들이 그만큼 대학 입학 '군비경쟁arms race'에 열을 올리고 있다는 의미다. (대학 입학 군비경쟁이란 말은 공정한 평가를 촉구하는 단체인 페어테스트FairTest의 공공 교육 책임자 로버트 A. 쉐퍼Robert A. Schaeffer가 한 말이다.) 그러나 대부분의 사람들 입장에서는 표준화된 시험에서 좋은 점수를 올려야 하는 것이 그럴 만한 가치가 있는 일 정도가 아니라 꼭 필요한 일이다. 경쟁이 치열한 대학 입시에서 시험이 가장 중요한 요소로 존재하는 한, 좋은 점수를 올리려고 애쓰는 사람들의 수는 절대 줄지 않을 것이다.

이렇게 측정 가능한 조기 성취에 대한 압박감은 학교 이외의 분야에서도 볼 수 있다. 스포츠 분야를 생각해보자. 최근에 나온 〈워싱턴포스트〉지의 한 기사에 따르면, 70퍼센트의 아이들이 13세 이전에 스포츠를 그만둔다고 한다. 왜일까? 그 아이들에겐 이미 이렇게 준비된 설명이 있다. "더 이상 재미있지 않아요."[15] 그런데 정확히 왜 그런 걸까? 스포츠 분야는 유망주들의 나이가 점점 더 어려지고 있으며, 고도로 전문화되고 있고, 또 잔인할 정도로 경쟁이 심해졌다. 다음과 같이 분명한 두 가지 이유 때문이다.

한 가지 이유는 예전부터 존재했던 이유가 더 심화됐기 때문이다. 어떤 아이들은 단순히 스포츠 분야에서 최대한 뛰어난 선수가 되고 싶어 한다. 지역 육상 대회에 출전하고 싶어 하고, 고등학교 농구팀에서 뛰고 싶어 하며, 대학 미식축구 점퍼를 입고 싶어 한다. 그리고 재능 있고 야망도 있는 아이들은 스포츠를 계속하면서, 자신이 명문대에 들어가서도 경쟁을 할 수 있는지, 전액 장학금을 받을 수 있는지, 또 프로 팀에서 뛰거나 올림픽 팀에 들어갈 수 있는지 그 가능성을 모색한다. 어떤 시대든 아이들은 스포츠 영웅을 다루는 잡지 같은 데 자기 이름을 올리고 싶어 한다. 그런데 사회가 점점 더 풍요로워지면서 이런 트렌드는 점점 더 가속화되고 있다. 어린 운동선수들이 여덟 살 때 여름 스포츠 캠프에 다닐 기회를 갖고, 열 살 때 가장 좋은 운동기구들을 구입하며, 열네 살 때 그룹 코칭을 받거나, 아니면 개인 트레이닝까지 받을 수 있게 된 것이다. 한마디로 말해, 오늘날에는 스포츠에서 두각을 드러내기 위해 필요한 판돈, 즉 시간과 돈이 훨씬 커진 것이다.

스포츠 분야에서 갈수록 조기 성취 열기가 심해지고 있는 두 번째 이유는 보다 미묘하고 보다 파괴적이다. 이와 관련해 〈워싱턴포스트〉의 기사는 이렇게 주장했다. "이런 문화에서는 나이 든 아이들이 더 이상 재미로 운동을 할 수가 없다. '성공한' 아이들로 키워야 한다는 압박감을 느낀다는 건 곧 우리 아이들에게 최고가 되길 기대한다는 뜻이다. 그래서 아이들의 입장에서는 최고가 되지 못할 경우 더 이상의 손실을 줄이고 자신이 잘할 수 있는 분야에 집중하게 된다. 이런 현상은 중학교 관현악단에서 볼 수 있다. 자기 파트에서 수석 연주자가 되지 못한 아이들은 계속 연주 활동을 할 가치가 있는지 회의에 빠지곤 한다."[16]

순전히 스포츠를 사랑해서 운동을 한다? 지금은 그런 시대가 아니다. 많은 아이들에게 스포츠는 순전히 자신의 능력을 일찌감치 입증해 보이는 길일 뿐이다. 이번에도 역시 그 이유는 제대로 된 대학에 들어가 제대로 된 길을 밟아 일찍 성공하기 위해서다.

자기 분야에서 남들보다 뛰어난 이력을 쌓아야 한다는 이런 생각은 스코어 앳 더 톱 러닝 센터Score at the Top Learning Center에서 공인 교육 플래너로 일하고 있는 주디 로비노비츠Judi Robinovitz에 의해서도 확인되고 있다. 그녀는 아이들을 최대한 좋은 대학에 들어갈 수 있게 해주는 일로 먹고살고 있으며,《대학 입학에서 가장 중요한 10가지 요소들The 10 Most Important Factors in College Admissions》이라는 안내서를 쓰기도 했다. 그녀는 고객들에게 "교과과정 점수를 계속 올리고 높은 SAT 점수를 받는 데 집중하라"고 조언한다.[17] 놀랄 것도 없다. 그녀는 또 과외활동을 강조하며, 고객들에게 대학 입학 과정에 최대한 도움이 되려면 어떻게 과외활동을 해야 하는지 조언해주고 있다. 그녀가 제안 4와 제안 6을 통해 어떤 말을 하고 있는지 보라.

●●● 제안 4. 리더십과 진취성과 영향력을 과시할 수 있는 몇 가지 활동들에 열심히 참여하라. 여기서 가장 중요한 것은 경험의 폭이 아니라 깊이다. 대학들은 다재다능한 학생들보다는 한 가지 일에 열정을 보이는 '특화된' 학생을 찾고 있다.

●●● 제안 6. 특별한 재능과 경험을 가진 학생이 모여 흥미롭고 다재다능한 학생들이 된다. 스포츠나 연구, 저술, 예술 분야 또는 경쟁 우위를 가질 수 있는 다른 모든 분야에서 남들보다 한 발 더 나아가 특별한 재능을 기르도록 하라.

여기서도 역시 대학 입학과 관련된 압박감이 오늘날의 아이들을 짓누르고 있다. 위의 두 제안에 '열정'과 '재미' 같은 말들은 없다는 것을 알아챘는가? 재미는 중요한 게 아니다. 아이는 스포츠(아니면 음악, 연극, 토론 또는 심지어 자원봉사) 분야에서 남들보다 뛰어나야 한다. 대학에 입학하려면 자신이 남들보다 뛰어나다는 걸 보여줘야 하기 때문이다. 그래서 자신이 뛰어나서 다른 사람들은 다 쓰레기통에 던져버릴 수 있는 활동을 찾아야 한다. 남들보다 경쟁력도 있고 돋보일 수 있는 활동 말이다.

그런데 그게 왜 안 되는가? 과거 그 어느 때보다 대학에 입학하기가 힘들기 때문이다. 다음 표를 보면, 2001년 이후 미국의 10대 명문 대학에 입학하기가 얼마나 힘들어졌는지 알 수 있다.

2001년에 시카고대학교는 응시생 중 입학생 비율이 44퍼센트였다. 그러나 그 비율은 2015년에 이르러 겨우 8퍼센트로 떨어졌다. 마찬가지로 존스홉킨스대학교는 2001년에 입학률이 34퍼센트였으나, 2015년에 이르러 그 비율이 14퍼센트로 떨어졌다. 펜실베이니아대학교의 경우, 2001년에는 응시자 중 22퍼센트 정도가 입학했으나 2015년에 그 비율이 절반 이하로 떨어졌다. 실제로 단

대학명	2015	2014	2013	2012	2011	2010	2009	2008	2007	2006	2005	2004	2003	2002	2001
컬럼비아 대학교	7	7	7	7	10	10	11	11	12	12	13	13	14	14	N/A
듀크 대학교	11	11	13	14	16	19	22	23	23	24	22	21	23	26	N/A
하버드 대학교	6	6	6	6	6	7	7	8	9	9	9	10	10	10	11
존스홉킨스 대학교	14	16	18	18	19	22	28	26	26	28	35	31	31	35	34
매사추세츠 공과대학교	8	8	8	9	10	10	11	12	12	13	14	16	16	16	17
프린스턴 대학교	7	7	7	8	8	9	10	10	10	10	11	13	10	12	12
스탠퍼드 대학교	5	5	6	7	7	7	8	9	10	11	12	13	13	13	13
시카고 대학교	8	9	9	13	16	19	27	28	38	40	40	40	40	42	44
펜실베이니아 대학교	10	10	12	13	12	14	18	17	16	18	21	21	20	21	22
예일 대학교	7	6	7	8	8	8	9	10	9	10	10	11	13	14	16

15년 사이에 이 표에 있는 10개 대학 가운데 8개 대학에서 입학률이 절반 또는 3분의 2 가까이 줄었다. 한 세대 만에 명문대 입학 경쟁 내지 명문대 독점 상태가 그렇게 심하게 늘어난 것이다. 역사적인 맥락에서 살펴보자면, 스탠퍼드대학교의 1950년 입학률은 85퍼센트에 가까웠다. 1990년에는 22퍼센트가 됐고, 현재의 입학률은 미국에서 가장 낮은 4.6퍼센트밖에 안 된다.

그런데 입학하는 게 눈에 띄게 힘들어진 것은 비단 명문대뿐만이 아니다. 지난 10년간 미국 내 전체 2년제 대학교 및 4년제 대학교의 입학률은 모두 급락했다. 노스이스턴대학교의 입학률은 62 퍼센트에서 32퍼센트로 떨어졌고, 털사대학교는 76퍼센트에서 40 퍼센트로, 툴레인대학교는 55퍼센트에서 26퍼센트로, 콜로라도칼리지는 58퍼센트에서 22퍼센트로, 그리고 밴더빌트대학교는 46퍼센트에서 13퍼센트로 떨어졌다. 이른바 '예비' 학교들의 경우는 어떨까? 샌디에이고주립대학교나 캘리포니아주립대학교 롱비치캠퍼스 같은 대학교들은 지금 모든 응시생들 가운데 3분의 1만 받아들인다. 인가를 받은 모든 2년제 및 4년제 대학들을 통틀어 미국 전체의 대학 입학률은 지난 10년간 10퍼센트 떨어졌다. 쉽게 말해, 원서만 내면 자동으로 들어갈 수 있는 고등교육기관은 이제 더 이상 없다.

이처럼 강도 높은 압박감은 산업계 전반에 퍼져 있으며, 비용과 상관없이 최고의 성취를 이뤄내라고 아이들을 쥐어짜고 있다. 그래서 요즘 아마존 도서 목록을 뒤져보면, 《아이들을 위한 투지Grit for Kids》, 《10대들을 위한 그릿 안내서The Grit Guide for Teens》, 《아이들은 어떻게 성공하는가?How Children Succeed》, 《성공적인 부모 리더십Positive Pushing》, 《나는 어떻게 내 딸을 영재로 만들었나How I Turned My Daughter into a Prodigy》, 《학급의 최고Top of the Class》, 《타이거 마더의 군가Battle Hymn of the Tiger Mother》 같은 책 제목이 수도 없이 많다. 심지어 《바보들을 위한 똑똑한 아이들 키우기Raising Smart Kids for Dummies》

레이트 블루머

를 시작으로《바보들을 위한》시리즈까지 나오고 있다. 게다가 지능을 높여주는 제품들도 상당한 인기를 끌고 있다. 아이를 머리 좋은 영재로 만들기 위한 장난감, DVD, 소프트웨어, 게임, 교육용 프로그램 등이 만들어져 팔리고 있는 것이다.

한때 디즈니 소유였던 연 매출 40억 달러짜리 기업 베이비 아인슈타인Baby Einstein사의 경우, 영유아들의 인지능력을 키워주는 멀티미디어 장난감들을 제작하고 있다. "아기들의 어린 마음을 풍요롭게 만들어준다"는 이 장난감들은 월마트, 타깃, 아마존 등에서 구입할 수 있다. 그러나 이는 아이들의 경쟁력을 높여준다는 스마티 팬츠 비타민과 STEM(과학science, 기술technology, 공학engineering, 수학mathematics의 줄임말-옮긴이) 장난감 같은 첨단 기술 장난감을 파는 '아이들 지능 향상 산업'을 구 성하는 많은 기업들과 제품들 중 한 예에 지나지 않는다. 이런 제품들 덕에 아마 지금 STEM 능력을 갖추지 못한 영유아는 별로 없을 것이다.

아메리칸 익스프레스American Express 설문 조사에 따르면, 매년 여름방학 때마다 부모들은 아이들을 위한 소프트웨어 코딩 캠프, 기술 아카데미, 음악 및 댄스 레슨, 과외 학업 활동, 개인 교습 등에 160억 달러를 쓴다고 한다.[18] 청소년 운동선수 시장은 연 매출 150억 달러 규모의 시장이 되었고, 부모들은 아이들을 위해 시간당 약 100달러짜리 근력 지도 코치나 타력 또는 패싱 능력 향상 개인 코치를 채용하거나 아이들을 올스타 여행 팀all-star traveling teams에 합류시킨다. 이와 관련해 〈타임〉지는 이렇게 말한다.

●●● 지역 리그들이 개인 클럽 팀들에 의해 한옆으로 밀린 양상이다. 관리가 느슨한 이 개인 클럽 팀들은 프로스포츠 팀들과 제휴를 맺고서 각종 아카데미들을 진행할 뿐 아니라 경험이 적은 아르바이트 코치들로 하여금 각종 지역 팀들을 운영하기도 한다. 가장 경쟁력 있는 팀들은 서로 재능 있는 아이들을 차지하려 경쟁을 벌이고 있으며, 또 전국 토너먼트들에도 참여한다.[19]

일부 가정들은 아이들의 클럽 등록비와 여행비, 캠프 참가비는 물론 운동선수로 성공하기 위해 연습하는 데 필요한 각종 장비 구입비로 수입의 10퍼센트 가까이를 쓴다.

그러나 아이들이 막연히 연습하는 것만으로는 충분치 않다. 연구 심리학자 앤더스 에릭슨Anders Ericsson이 말하는 이른바 '의도적 연습deliberate practice'[20]의 개념에 맞게 제대로 연습해야 하는 것이다. 에릭슨은 말콤 글래드웰Malcolm Gladwell의 2008년 베스트셀러 《아웃라이어》에 언급된 그의 '1만 시간 개념'으로도 유명한데, 그의 설명에 따르면 의도적 연습이란 특정한 목표들과 전문 지식 분야들에 집중함으로써 체계적인 방법으로 개인의 발전을 추구하는 것이다. 부모들의 입장에서 아이들에게 의도적 연습을 시키고 싶다면, 아이들을 도와 체스, 발레, 음악 같은 특정 분야에서의 능력을 발전시켜줄 수 있고, 또 끊임없이 피드백을 해줄 수 있는 교사나 코치를 채용해야 한다. 또한 아이들이 현실에 안주하지 않고 끊임없이 연습하도록 독려해야 한다.

　저자 겸 기업가 페넬로페 트렁크Penelope Trunk는 자신의 열한 살 난 아들에 대해 쓴 글에서 의도적 연습을 아주 자세히 설명하고 있다. "줄리아드학교 진학 준비 프로그램 오디션 첼로 부문에 참여한 내 아들은 6개월 동안 4분짜리 음악 한 곡을 하루에 3시간씩 연주했어요. 곡의 리듬을 바꾸면서 연습하는 것도 배웠고, 한 번에 한 음씩 연주하는 법도 배웠죠. 또한 각 마디를 서로 다른 메트로놈 타이밍에 맞춰 연주하는 법도 배웠고, 작품을 아주 느리게 연주해 4분짜리를 20분에 걸쳐 연주하기도 했습니다."[21] 어느 시점에서는 그녀의 아들과 그 아이의 개인 교습 강사는 다섯 마디를 한 시간 내내 연습하기도 했다. 그리고 그녀의 아들은 결국 줄리아드학교에 들어갔다.

　마치 집중적으로 연습하기만 하면 어떤 아이든 프리마 발레리나나 체스 챔피언, 수학 영재 또는 미슐랭 추천 식당 셰프가 될 수 있다는 식이다. 요즘 널리 유행하는 집념, 집중력, 연습 이론에 따르면, 돈 많은 부모를 두어 충분히 의도적 연습을 받을 수 있는 아이는 연주회를 열 정도의 첼리스트도 될 수 있고 올림픽 승마 선수도 될 수 있다고 한다. 그런 수준에 도달하기 위해 연습에 연습을 거듭한 경험은 대학 생활은 물론 훗날 완벽한 직장을 잡는 데에도 도움이 될 것이다.

　그렇다면 이런 트렌드의 단점은 대체 무엇일까?

✳✳✳

워낙 많은 아이들이 조기 성취에 대한 심한 압박감을 받고 있으며, 그 결과 육체적·정신적 건강에 문제가 생기고 있다. 수백만의 미국 아이들이 주의력결핍장애ADD 약을 처방받고 있는데, 주의력 결핍장애가 있을 경우 학교에서 가만히 앉아 정신을 집중하기 힘들어진다. 그 결과, 학교 성적은 물론 표준화된 각종 시험의 성적이 떨어지고, 결국 대학 입학 가능성 또한 낮아진다.[22] 자신의 저서 《위기의 소년들Boys at Risk》(2007년)과 《위기의 소녀들Girls on the Edge》(2010년)에서 10대 문제아들의 이야기를 다룬 의사 겸 심리학자 레너드 색스Leonard Sax 박사는 내게 이렇게 말했다.

••• 지금 미국 아이는 영국 아이에 비해 주의력결핍장애 약을 처방받을 가능성이 14배나 더 높다. 미국 아이는 독일 아이에 비해 조울증 진단을 받고 약을 처방받을 가능성이 40배나 높다. 미국 아이는 이탈리아 아이에 비해 행동 통제에 사용되는 약인 리스페달과 자이프렉사를 처방받을 가능성이 93배나 높다. 그러니까 지금 미국에서는 시험 성적에서 올 A를 받지 못하거나 교실에서 조용히 앉아 있지 못하는 아이들에게 일단 약을 복용시키고 보는 방식을 택하고 있는 것이다. 미국 외엔 이렇게 하는 나라가 없다. 이는 순전히 미국에서나 볼 수 있는 아주 새로운 현상이다.[23]

레이트 블루머

어쩌면 이렇게 말하는 사람도 있을 것이다. 우리가 사는 이 시대에 대학에 낙방한다는 것은 곧 임상학적으로 질환을 진단받는 것이나 마찬가지라고. 사실 요즘처럼 대학 학위가 멋진 삶을 위한 필수 조건 내지 선행 조건으로 여겨진 적은 없다. 그런데 대학 정원은 거의 늘지 않았기 때문에, 부모들은 결국 점점 더 많아지는 아이들을 점점 더 좁아지는 깔때기 속에 밀어 넣어야 하는 상황에 내몰린 셈이다.

여기서 잠깐 이런 질문을 던져보자. 돈을 희생해가며 아이들이 받는 각종 교육들, 가족 저녁 식사의 실종, 아이들을 지칠 대로 지치게 만드는 조직 활동들. 이런 것들로 과연 사람들이 보다 나아지고 보다 생산적이며 보다 행복해질까? 이런 것들 덕에 과연 사람들이 꽃을 피우게 될까? 대부분의 아이들 입장에서 현실은 정반대다. 조기 성취에 대한 이 같은 압박은 부지불식간에 우리 사회에 부정적인 영향을 준다. 아이들의 사기가 땅에 떨어지고 있는 것이다.

우리는 아이들에게 프로처럼 연습하게 하고, 죽을힘을 다해 완벽을 추구하게 하며, 10대에 일생일대의 선택들을 하게(얼리 블루머가 되게) 강요함으로써 사실상 그 아이들에게 해를 끼치고 있다. 지금 우리는 아이들을 상대로 발전을 저해하고 있고, 스스로 뭔가를 발견할 수 있는 길들을 차단하고 있으며, 아이들을 점점 더 취약하게 만들고 있다. 우리가 우리 아이들에게 큰 꿈을 꾸게 해주고 각종 위험을 감수하게 해주며 불가피한 실패들을 통해 삶을 배우게 해줄 때에야 비로소 우리는 아이들에게 사소한 실수에 대한 두려움을 극복하며 살아가는 법을 가르쳐줄 수 있다. 아이들을 신동으로 만들려는 노력이 아이들을 무너뜨리고 있다. 저널리스트 메건 맥아들Megan McArdle은 오늘날 아이들을 괴롭히는 실패에 대한 두려움과 관련해 깊이 있는 글들을 써왔다. 2014년에 그녀는 포부가 컸던 한 고등학교 여학생에 대해 이런 글을 썼다.

●●● 얼마 전 토론을 마쳤을 때, 고등학교 여학생 한 명이 수줍은 얼굴로 다가와 잠깐 시간을 내줄 수 있냐고 물었다. 나는 수줍음을 많이 타는 여고생들과 잠깐이나마 이야기를 나눌 때면 늘 어린 시절 내 모습을 떠올리곤 한다. 그때 그 여학생은 내게 이런 질문을 했다. "새로운 일들, 어려운 일들을 해보라고 말씀하시는 걸로 알고 있는데요, 저는 지금 국제 학력 평가 시험 International Baccalaureate(세계 각국의 18~19세 학생들이 치르는 시험으로, 최대 6과목까지 칠 수 있다-옮긴이)을 치르고 있는데, 우리 가운데 5퍼센트만 4.0을 받게 되거든요. 그러면 A를 받기 힘든 과목은 어떻게 도전하면 좋을까요?"[24]

그 여학생의 질문에 맥아들은 이런 취지로 답을 했다. "지금 새로운 것을 시도할 수 없다면, 언제 그럴 수 있겠니?"

이 문제는 2006년 베스트셀러 《마인드셋: 원하는 것을 이루는 태도의 힘》의 저자인 스탠퍼드대학교 심리학 교수 캐럴 드웩Carol Dweck에게 특히 중요한 문제다. 어느 늦은 여름날 나는 드웩과 마주 앉아 그녀가 수년간 대학 신입생들을 가르치면서 지켜본 변화들에 대해 얘기를 나누었다. 당시 그녀는 내게 이런 말을 했다. "우리 사회는 지금 위기를 맞고 있는 것 같아요. 요즘 아이들은 더 지쳐 보이고 더 불안정해 보여요. 저는 지금 그 어느 때보다 훨씬 더 실패가 두렵고 평가가 두려워요. 많은 학생들한테서 안전하고 싶다는, 그러니까 위험을 무릅쓰고 싶지 않다는 갈망 같은 게 보이거든요. 자신이 평가를 받게 되거나 뭔가를 만들어내야 하는 걸 원치 않죠."[25] 명문 스탠퍼드대학교에 입학한 아이들이, 일찍 성공한 이른바 얼리 블루머들이 안전을 추구한다는 것이다. 젊은이들 특유의 낙천주의가 실패에 대한 심한 두려움으로 변질된 듯하다.

그런데 이런 현상은 갈수록 더 심해지고 있다. 10대들의 우울증 발병률 및 자살률은 2011년 이후 가파르게 증가해왔다.[26] 이것이 특히 비극적인 것은 모든 면에서 젊은이들의 습관들이 개선되고 있기 때문이다. 다른 선진국들의 경우와 마찬가지로 미국에서도 현재 음주와 흡연, 약물 복용이 줄어드는 추세이며, 10대들의 임신 또한 가장 낮은 수치를 기록하고 있다. 그럼에도 10대들의 정신 건강에는 적신호가 켜져 있다.

지난 20년간 10대들 사이의 우울증 및 불안 장애 발병률은 무려 70퍼센트나 늘었다. 2009년 이후 정신병원이나 정신 상담소를 찾는 젊은이들의 수는 두 배 이상 늘었으며, 지난 3년간 섭식 장애로 병원에 입원하는 10대들의 수 또한 두 배 가까이 늘었다. 그리고 지금 우울증 증상으로 고통받는 미국 고등학생 및 대학생들의

수는 50년 전보다 다섯 배에서 여덟 배나 더 많다.[27]

이는 단지 미국만의 문제는 아니다. 지금 전 세계 청소년들이 10대 시절에 각종 우울증 증상들을 겪고 있다. 2016년에 세계보건기구가 실시한 한 설문 조사에 따르면, 우울증은 전 세계 청소년들 사이에서 각종 질병과 장애를 일으키는 가장 중요한 이유였다.[28] 또한 세계보건기구의 후원 아래 실시된 세계 정신 건강 설문 조사에 따르면, 우울증을 비롯해 정신 건강에 문제가 있는 사람들의 절반은 14세 때 처음 그런 증상들을 겪는다고 한다.[29] 미국처럼 소득이 높은 국가들에서 정신 건강 문제를 가진 청소년들 가운데 치료를 받는 청소년은 절반도 안 된다. 놀랄 일도 아니지만, 이 모든 현상은 비극적인 결말로 끝나는 경우가 너무도 많다.

미국 질병통제예방센터에서 2017년 8월에 내놓은 한 보고서에 따르면, 10대들의 자살률은 놀라운 속도로 늘어가고 있는데, 특히 여자아이들의 자살률은 지난 40년간 그 어느 때보다 높았다고 한다. 실제로 2007년부터 2015년 사이 10대 남자아이들의 자살률은 40퍼센트가 증가한 데 반해 여자아이들의 자살률은 무려 두 배 이상 늘었다. 2011년에는 20년 이상의 기간 중에 처음으로 자살로 숨진 10대들의 수가 살인으로 숨진 10대들의 수를 넘어섰으며, 10대 사망자 수를 더 늘린 건 교통사고 사망자 수뿐이었다. 10대들의 경우 다른 사망 원인들은 다 줄어들고 있는데 자살만 계속 늘고 있는 것이다. 자살 미수 역시 마찬가지다. "그런데 사망자 수는 빙산의 일각에 지나지 않아요."[30] 미국 질병통제예방센터에서 일하는 통계학자 샐리 커튼Sally Curtain은 이렇게 한탄했다.

여기서 이해하기 힘든 사실이 하나 있다. 이 모든 변화가 세계적인 실제 위험들과는 별다른 관계가 없다는 것이다. 그러니까 이 모든 변화가 광범위한 기아, 제도적인 빈곤, 전쟁, 안보 위협 또는 정신 건강에 영향을 주는 기타 다른 일들과는 무관하다는 뜻이다. 미국 청소년들과 젊은이들 사이에 나타나고 있는 우울증 발병률은 지금보다 오히려 대공황과 제2차 세계대전, 베트남전쟁(당시 미국은 징병제를 택했다) 때가 훨씬 낮았다. 결국 우울증 발병률 증가는 이런 실제적인 위험들보다는 오늘날 젊은이들이 세상을 살아가며 겪어야 하는 일들과 훨씬 더 관련이 깊은 것이다.

오늘날에는 과거 그 어느 때보다 시험과 성적이 중시된다. 오늘날의 아이들은 그 어느 때보다 많은 시간을 학교에서 보낸다. 그리고 학교 밖에서도 어른들이 시킨 개인 교습과 코치를 받고 등급이 매겨지고 보상을 받는 데 그 어느 때보다 많은 시간을 보내고 있다. 또한 지난 50년간 아이들의 우울증과 불안 장애 발병률은 증가하고 이른바 '자유 놀이free play'(우리는 대개 '시간 낭비'라 부르지만) 시간은 줄었지만, 단체 운동같이 학교와 어른들이 주도하는 과외활동들에 대한 중요성은 더 높아졌다. 이 모든 일에 책임이 있는 건 아이들이나 청소년들이 아니라 성인들이다. 그리고 바로 이것이 그 모든 불행과 불안감과 다양한 정신 질환의 원인이다.

"지금 젊은 세대들이 지난 수십 년 이래 최악의 정신 건강 위기에 처해 있다는 말은 결코 과장이 아닙니다."[31] 10대들에 대한 과학 논문과 책을 140편 넘게 쓴 작가 진 M. 트웬지Jean M. Twenge의 말이다. 트웬지는 젊은 세대들 사이에 우울증이 증가하고 있는 것은 '내적인 목표들'이 '외적인 목표들'로 바뀐 것과 관련이 있다고 보고 있다. 내적인 목표들은 스스로 강력한 자아의식을 선택하거나 발전시키는 능력을 기르는 것처럼 한 개인으로서의 자기 개발과 관련이 있다. 반면에 외적인 목표들은 물질적인 성취와 높은 성적, 높은 시험 점수, 높은 수입, 보기 좋은 외양 같은 사회적 지위 향상과 관련이 있다. 그러면서 트웬지는 오늘날의 청소년들과 젊은이들이 과거보다 외적인 목표들을 더 중시한다는 증거들을 제시한다. 예를 들어 한 여론 조사에 따르면, 요즘 대학 신입생들은 '의미 있는 인생철학을 갖는 것'보다 '금전적인 풍요로움'을 더 중요하다고 보고 있다.[32] 50년 전에는 그 반대였다.

각종 시험과 GPAgrade point average에서 최대한 좋은 점수를 받고 명문대에 입학하고 좋은 직장에 들어가는 등, 얼리 블루머의 삶을 추구하면서 우리는 청소년들에게서 아이답게 살아갈 소중한 시간을 박탈하고 있다. 언젠가 페이스북 창업자 마크 저커버그(당시 그는 22세였다)가 했던 말처럼 "젊은 사람들이 더 똑똑하다"는 인식으로 인해 청소년들은 더 빨리 성공해야 한다는 압박감에 시달리고 있다. 그런데 사실 젊은 사람들이 더 똑똑하지 못한 경우는 많다. 저커버그는 23세에 처음으로 10억 달러를 벌었고, 영화배우 겸 작가 겸 감독인 레나 던햄Lena Dunham은 25세에 HBO의 〈걸스Girls〉 시리즈를 제작했지만, 대다수의 20대들은 부모의 집 지하실에 쭈그리고 앉아 자신은 왜 학교 성적이 안 좋은지, 왜 아직 영화를 제작하지 못하는지, 왜 한 업계를 뒤흔들지 못하는지, 왜 새로운 패션 브랜드를 만들어내지 못하는지 자책하고 있는 것이 현실이다. 그리고 이런 불안감 때문에 젊은 사람들 전 세대가 한참 열정적으로 살아야 할 시기에 무력감에 빠져 있는 것이다.

스위스 금융 그룹 USB에서 실시한 조사에 따르면, 2008년부터 2009년 사이에 발생했던 금융 위기의 여파로 밀레니얼 세대는 대공황 이후 그 어떤 세대보다 위기를 싫어한다고 한다.[33] 그래서 그들은 일생일대의 중요한 결정들은 늦게 내리고 결혼도 더 뒤로 미루며 직장에 정착하는 것도 훨씬 더 오래 걸린다고 한다. 또한 이전 세대들에 비해 성인이 되고 나서도 배우자, 집, 아이, 이 세 가지를 잘 갖지 않으려 한다.[34]

그런데 설사 이처럼 성인으로서 마땅히 져야 할 책임을 회피하게 만드는 요인들 때문이 아니라 해도, 이런저런 책임에 얽매이지 않는 요즘 젊은이들은 이전 세대의 젊은이들에 비해 분가를 잘 하려 하지 않는다. 2016년에는 25세에서 35세에 이르는 젊은이들 가운데 겨우 20퍼센트만 1년 전 부모 집을 나와 다른 주소지에서 살고 있었다.[35] 그런데 더 나이 든 세대들은 같은 나이대에 1년 전 부모 집을 나온 비율이 훨씬 높았다. 예를 들어 1963년에는 이른바 '침묵 세대Silent Generation(1920년대부터 1940년대 사이에 태어난 세대-옮긴이)'의 약 26퍼센트가 25세에서 35세 사이에 1년 전 부모 집을 나왔다. 그리고 2000년에는 X세대(1960년대 초에서 1970년대 중반에 태어난 세대-옮긴이)의 26퍼센트가 20대에서 30대 초 사이에 1년 전 부모 집을 나왔다.

퓨리서치센터에 따르면, 오늘날의 젊은이들은 또 이전 세대의 젊은이들보다 더 오랜 기간 부모 집에 머무는 경향이 있다.[36] 2016년 현재 25세부터 35세까지의 젊은이들 가운데 15퍼센트가 부모 집에서 살고 있었다. 이는 2000년에 부모 집에 머무르던 같은 나이대의 X세대 사람들 수보다 50퍼센트 늘어난 수치이며, 1964년에 부모 집에 머무르던 같은 나이대의 침묵 세대 사람들 수보다 두 배 가까이 늘어난 수치다. 아마 가장 놀라운 사실은 오늘날 18세부터 34세까지의 젊은이들은 대공황이 한창이던 1930년대의 젊은이들보다 부모한테서 독립해 사는 경우가 적다는 것이다.

그러나 조기 성취에 대한 우리 문화의 집착으로 인해 젊은이들이 어린 나이에 더 많은 것을 더 빨리 성취해야 한다는 큰 기대감이 생겨나고 있다. 특히 20대에게 주는 메시지는 다음과 같이 명확하다. "지금 당장 성공하라. 그렇지 않으면 영영 성공하지 못할 것이다."

크리스틴 해슬러Christine Hassler의 책 《20대, 정답은 없다》에는 그녀가 말하는 이른바 "기대감 숙취Expectation Hangover"를 비롯한 젊은이들의 이런저런 경험들이 담겨 있다. 그 책에서 25세 여성 제니퍼

레이트 블루머

는 이렇게 말한다. "내가 성공 비슷한 걸 하기 위해 해야 하는 모든 일들을 생각하면 왠지 겁이 다 나요. 열정을 좇고, 꿈대로 살고, 위험을 감수하고, 제대로 된 사람들과 관계를 맺고, 멘토를 찾아내고, 금전적으로 책임을 지고, 자원봉사를 하고, 열심히 노력하고, 생각하고, 대학원을 가고, 사랑에 빠지고, 개인적인 행복과 정신 건강을 지키고, 영양 섭취도 잘해야 하거든요. 그러니 존재하고 즐길 시간이 어디 있겠어요?" 버지니아주에서 온 24세 청년은 이런 말을 했다. "20대에 남은 삶의 토대가 될 중요한 결정들을 내려야 한다는 압박감을 받게 되죠. 아마 제한된 옵션들이나마 다양한 옵션들을 갖는 게 더 쉬울 겁니다."[37]

이 책을 쓰기 위해 이런저런 조사를 하면서 나는 이와 유사한 생각을 토로하는 많은 20대들을 만났다. 명문대를 졸업한 25세 여성 메그는 부모에게서 독립해 미국 중서부의 한 대도시에서 생활하고 있는 장래가 촉망되는 직장인인데, 그녀는 자신과 비슷한 많은 젊은이들을 대신해 내게 이런 말을 했다. "늘 지금 하고 있는 것보다 더 잘해야 한다는 엄청난 압박감을 느껴요."[38]

이런 일들은 사실 새로운 것도 아니다. 미국을 비롯한 부유한 국가들에서는 그간 외모와 문화적 트렌드라는 측면에서 늘 젊음에 집착해왔다. 1960년대의 문화 혁명기에 히피 대변인 제리 루빈 Jerry Rubin은 젊은이들을 향해 30세가 넘은 사람은 절대 믿지 말라고 촉구했었다. 그러나 루빈의 그런 발언은 주로 베트남전쟁과 10대들을 징발해 전쟁터로 보내는 나이 든(그리고 신뢰할 수 없는) 사람들에 대한 항의성 발언이었다. 그러나 지난 수십 년간 젊음에 대한 우리 문화의 집착은 전쟁과 이상주의보다는 주로 외적인 성공 기준들에 집중되었다. 자기 탐구와 자기 발견에 주어지던 가치들이 이제는 힘겨우면서도 측정 가능한 성취에 주어지고 있다. 그리고 이제는 완벽하거나 완벽에 가까운 시험 점수와 성적을 받고, 명문대에 들어가고, 기막히게 좋은 첫 직장을 얻고, 많은 돈을 벌고, 높은 지위를 얻는 젊은이들이 젊은이들의 롤 모델이 되었다.

페이스북과 스냅챗, 그리고 인스타그램 같은 소셜 미디어 플랫폼들은 이런 변화기에 특히 큰 역할을 하고 있다. 이런 소셜 미디어 플랫폼들은 젊은 성인과 나이 든 성인 모두에게 불안감을 안겨준다. 한동안은 영화와 잡지와 텔레비전이 개인들의 자아상에 영향을 주고 사람들에게 사회적 이상들을 강요했지만, 지금은 소셜 미디어가 사람들에게 가장 큰 영향을 끼치는 문화적 거울이 되었다. '공중 보건을 위한 로열 소사이어티Royal Society for Public Health'에서 행한 광범위한 한 설문 조사에 따르면, 요즘 젊은이들은 페이스북과 인스타그램, 스냅챗 같은 비주얼 플랫폼들을 통해 자신과 다른 젊은이들을 비교해볼 수 있고, 또 외모를 토대로 인정도 받을 수 있게 됐다고 한다.[39] 또한 이 설문 조사에 따르면, 높은 수준의 불안감과 우울증, 그리고 따돌림과 가장 연관이 많은 소셜 미디어 플랫폼은 스냅챗이라고 한다. 이런 소셜 미디어 플랫폼을 통해 다른 사람들과 자신을 비교하고 또 다른 사람들에게서 인정을 받을 수 있게 됐고, 그 결과 앞서 진 M. 트웬지가 얘기한 위기가 생겨나고 있다. 그러니까 20대들은 지금 끊임없이 외모, 부, 지위, 성공 등과 같은 자신의 외적 자아를 성취 불가능한 완벽함의 기준들과 비교하고 있는 것이다.

그런데 서글프게도 나이 든 사람들이라고 해서 별로 다를 것도 없다.

지금 많은 업계에서 나이 든 노동자들을 보다 젊은 노동자들로 대체하려 하고 있지만, 첨단 기술 기업들은 특히 구구절절 긴 구식 이력서들을 믿지 않는다. 실리콘밸리에서 가장 성공한 기업들의 경우, 직원들의 평균 나이는 대개 32세 이하다.[40] 그리고 이런 현상은 몇 안 되는 유니콘 신생 기업unicorn startup(기업 가치가 10억 달러 이상인 신생 기업-옮긴이)들만의 현상이 아니다. 애플, 구글, 테슬라, 페이스북, 링크드인 같은 거대 기업들도 마찬가지다. 이는 여러 해 동안 실리콘밸리에서 회자돼왔던 한 가지 어두운 관습과 깊은 관련이 있다. 2011년에 억만장자 벤처 투자가 비노드 코슬라Vinod Khosla가 사람들 앞에서 이런 말을 했는데, 그게 실리콘밸리에 상당한 영향을 준 것이다. "마흔다섯 살이 넘은 사람들은 새로운 아이디어란 측면에서 죽은 사람이나 다름없다."[41]

저널리스트 노암 셰이버Noam Scheiber는 샌프란시스코에서 활동 중인 성형외과 의사 세스 마타라소Seth Matarasso 박사의 이야기를 통해 실리콘밸리의 이 같은 나이 차별에 일침을 가했다.

●●● 샌프란시스코에서 처음 병원을 개업했을 때, 마타라소는 왕년의 동창회 여왕, 상대가 바람난 배우자, 바람을 피우려는 배우자 등 주로 중년 후반부 환자들의 성형수술을 맡았다. 현재 그는 상상 이상으로 많은 수술을 하고 있으며 돈도 꽤 많이 번다. 그리고 그의 고객들은 나이대가 다양한데…… 마타라소는 첨단 기술 분야에 종사하는 20대 젊은이들을 돌려보내는 경우가 많다. 몇 달 전에는 26세 젊은이가 대머리가 되는 걸 막으려고 모발 이식을 하러 왔었다.[42]

일자리를 찾는 40대 이상의 실리콘밸리 노동자들을 돕고 있는 컨설턴트 로버트 위더스Robert Withers[43]는 나이 든 취업 희망자들에게 전문 사진사를 찾아가 링크드인에 올린 자신의 사진들을 더 젊어 보이게 만들라고 권한다. 그는 또 취업하려 하는 기업의 주차장과 구내식당 등을 찾아가 그 기업에 다니는 사람들의 옷차림을 살펴보라고 조언한다. 그 결과, 50대 구직자들이 양복과 서류 가방을 버리고 후드 티셔츠와 백팩으로 차림새를 바꾸는 경우가 많다.

퇴직자 로비 단체인 미국 퇴직자협회AARP의 변호사 로리 맥캔Laurie McCann은 첨단 기술 기업들은 대개 새로운 아이디어와 극단적인 생산성에 집착한 나머지 고용주들이 나이와 관련해 '나이 든 사람들은 빨리빨리 움직일 수 없고, 순발력 있게 새로운 아이디어들

레이트 블루머

을 짜내지 못한다'[44]라고 생각하는 경우가 많다고 믿는다. 그녀는 또 고용주들은 나이 든 직원들은 워낙 몸에 밴 믿음과 습관 때문에 젊은 사람들과 잘 어울리지 못할 것으로 생각한다고 말한다.

솔직히 실리콘밸리가 워낙 극단적인 비즈니스 축소판이기도 하지만, 어쨌든 이런 사실들 때문에 심각한 문제가 발생한다. 오늘날 중년층 이상이 일자리를 찾는 게 비정상적으로 힘들다는 점이다. 2016년에 실시된 미국 퇴직자협회의 한 조사에 따르면, 45세 이상의 성인들 중 92퍼센트가 직장 내에 어느 정도 또는 아주 흔히 나이 차별이 존재한다고 믿는다고 한다.[45] 나이 차별에 대한 지역별 데이터는 구하기 쉽지 않지만, 2010년 캘리포니아의 '공정 고용 및 주택 문제 부서'에 들어온 1만 8,335건의 고용 관련 불만 사례 가운데 5분의 1은 나이 때문에 차별을 받았다는 내용이었다.[46] 이러한 불만에서는 나이 차별을 인종차별, 성희롱, 성적 성향보다 더 중요한 문제로 꼽는다. 그리고 '평등고용기회위원회'에 따르면, 고용 문제와 관련된 전체 불만 가운데 나이 관련 불만이 캘리포니아주에서는 26퍼센트, 뉴욕주에서는 22퍼센트, 텍사스주에서는 21퍼센트였다. 특히 일리노이주의 경우 나이 관련 불만이 37퍼센트나 되어 가장 높은 비율을 나타냈다.[47]

얼핏 보기에는 오늘날의 경제에서 나이 든 노동자들의 상황은 그리 나쁜 것 같지도 않다. 예를 들어 2018년 현재 55세 이상의 나이 든 노동자들의 실업률은 약 4퍼센트였으며, 나이 든 사람들의 노동 참여율은 1990년대 초 이후 계속 증가해왔다.[48] 그러나 매스

컴에 오르내리는 이런 통계 수치들 때문에 사실 보다 암울한 현실이, 그러니까 나이 든 노동자들이 일자리를 잃으면 더 오래 실직 상태로 지내게 된다는 현실이 가려지고 있다. 게다가 다른 일자리를 찾게 된다 해도 대개 이전보다 급여를 덜 받게 된다. 2015년에 실시된 미국 퇴직자협회의 한 조사는 나이 든 많은 노동자들이 겪고 있는 장기 실직의 고통을 집중 조명하고 있다.[49] 결국 일자리를 찾고 있는 나이 든 노동자들 입장에서는 장기 실직 외에 나이 차별의 어려움까지 겪을 수 있는 것이다.

실제로 45세 이상의 구직자들 가운데 평균 45퍼센트가 장기 실직(27주 이상 실직)의 고통을 겪었다. 그리고 경제 문제 싱크 탱크인 슈바르츠경제정책분석센터SCEPA의 자료에 따르면, 나이 든 사람들은 일자리를 찾는 데도 더 오랜 시간이 걸려서, 젊은 사람들이 26주 걸린 데 비해 36주나 걸렸다.[50] 게다가 나이 든 구직자들의 경우 일자리를 구한다 해도 금전적인 문제들을 해결하는 데 어려움을 겪을 수 있다.[51] 나이 든 사람들 중 상당수는 이전 직장보다 급여도 덜 받는 데다가 근무시간도 더 짧고 복지 혜택도 더 적기 때문이다. 슈바르츠경제정책분석센터에 따르면, 나이 든 실직 노동자들이 새 직장을 찾을 경우 대개 이전에 받던 급여의 75퍼센트 정도를 받고 그 직장으로 돌아간다.

이런 추세 때문에 특히 큰 타격을 받는 집단은 50세 이상의 여성들이다. 이는 다소 의외인데, 최근 들어 의료 및 접대 같은 서비스 부문이 확대되고 석박사 학위를 따는 여성의 비율이 높아져서 직장 생활이 여성에게 유리하다고 여겨지는 상황이기 때문이다. 그러나 2015년에 실시된 한 조사에 따르면, 50세 이상 여성의 취업 전망은 2009년 서브프라임 사태로 인한 대침체 이후 더 나빠졌다. 예를 들어 경기 대침체 이전인 2007년에는 50세 이상의 실직 여성들 가운데 6개월 이상 실직 상태에 있었던 여성들은 4분의 1이 채 안 됐었다. 그러던 것이 2013년에는 나이 든 실직 여성들이 전체 장기 실직 여성들의 절반이나 됐다.[52]

그런데 캘리포니아대학교 어바인캠퍼스와 툴레인대학교에서 실시한 최근 조사에서도 역시 나이 든 여성들의 채용에서 나이 차별이 발견됐다. 연구진은 구직자들의 나이대별로 4,000건의 가짜 구직 지원서를 내보낸 뒤 그 회답률을 모니터링했다.[53] 그리고 다양한 직종에서 들어온 회답률을 분석해본 결과, 관리직에 지원한 49세부터 51세까지의 여성들은 보다 젊은 여성들보다 회답률이 거의 30퍼센트나 낮았다. 그리고 64세 이상의 여성들의 경우 회답률은 좀 더 젊은 여성들보다 무려 47퍼센트나 낮았다.

그런데 나이 든 남성들도 다를 게 없다. 노동 경제학자이자 슈바르츠경제정책분석센터의 책임자인 테레사 길라르두치Teresa Ghilarducci에 따르면, 이런 현실은 재직 기간에 그대로 드러난다고 한다. 지난 5년간 고등학교 이하의 교육을 받은 55세 이상 백인 남성들의 평균 재직 기간은 17.7년에서 16.7년으로 줄었다. 반면에 같은 기간 다른 모든 집단의 재직 기간은 늘어났다.

이들을 '새로운 취업 불능자들'이라 부르기로 하자. 비슷한 주제의 또 다른 광범위한 조사에 따르면, 나이 든 실직자들은 두 가지 딜레마에 빠진다. 새로운 직장을 찾는 게 젊은 실직자들보다 더 힘들 뿐 아니라, 정년퇴직 전에 실직할 경우 경제적 안정감까지 깨질 수 있는 것이다. 그래서 그 조사의 결론은 이랬다. "나이 든 노동자들은 풀타임 일자리를 찾을 수 없기 때문에 어쩔 수 없이 시간제 취업을 한다. 또 어떤 노동자들은 실의에 빠져, 새로운 일자리를 찾지 못할 거란 생각에 스스로 노동시장에서 떨어져 나간다. 그리고 실직에 뒤따르는 금전적 압박감으로 인해 퇴직 및 다른 예금 계정들에 엄청난 타격을 주게 된다. 그런데 실업보험을 활용할 수 있는 여지가 별로 없고, 특히 의료보험 혜택들도 받기 힘들기 때문에 상황은 더욱 악화될 수밖에 없다."[54]

이 같은 추세의 어두운 부조화는 잘 눈에 띄지 않는다. 이런 사람들 중 상당수는 은퇴하기엔 너무 젊고 재취업하기엔 나이가 너무 많다. 그러니까 본의 아니게 한옆으로 밀려난 노련한 노동자들이 너무 많은 것이다. 그들의 경험이 오히려 걸림돌이 되어버렸다. 그리고 많은 사람들에게 잠을 이루지 못하게 만드는 악몽이 되고 있다.

✳ ✳ ✳

때는 2012년 여름. 이 장 도입부에 소개한 얼리 블루머 작가 조나 레러는 천하를 얻은 기분이었다. 그의 가장 최근 저서 《이매진》이

레이트 블루머

날개 돋힌 듯 팔리며 〈뉴욕타임스〉 베스트셀러 목록 1위에 첫 등장을 한 것이다. 〈뉴요커〉 전속 작가였던 레러는 초청 강사로 돈을 받고 강연에 나서 강연당 4만 달러 가까운 수입을 올렸다. 그는 미국 공영 라디오방송 NPR 프로그램에도 나갔고, 스티븐 콜베어Stephen Colbert가 진행하는 텔레비전 프로그램에 초대 손님으로 출연하기도 했다. 그리고 할리우드 힐스에 있는 역사 깊은 주택을 220만 달러에 구입하기도 했다. 또한 대부분의 직업 작가들이 평생 듣는 찬사보다 많은 찬사를 받았고 대부분의 직업 작가들이 평생 버는 돈보다 많은 돈을 벌었다. 로즈 장학금을 받았던 레러는 그만큼 일찍 꽃을 피웠고 그만큼 유리했다.

그러나 그러한 영광은 그리 오래가지 못했다. 그의 몰락은 싱어송라이터 밥 딜런Bob Dylan이 하지도 않은 말을 했다고 자신의 베스트셀러 《이매진》에 조작한 게 밝혀지면서 시작됐다. 레러의 조작은 작가이자 밥 딜런의 열렬한 팬인 마이클 모이니한Michael Moynihan에 의해 들추어졌다. 모이니한은 이렇게 썼다.

●●● "밥 딜런은 한때 창작 과정에 대해 많은 생각을 했다. '뭐라 표현하기 힘든데요. 그냥 이런 느낌이었어요. 그저 뭔가 할 말이 있다는.'"[55]
이 같은 딜런의 말은 신경과학으로 어떻게 창의적인 천재들을 설명할 수 있는지 보여주는 저널리스트 조나 레러의 베스트셀러 《이매진》의 첫 장에서 볼 수 있다. 포스트잇 메모지의 발명가에 대한 명상에서부터 밥 딜런의 마음이 작동하는 법에 대한 탐구에 이르기까지, 레러는 이 문제에 대해 할 말이 많았는데, 그중 하나가 바로 위에서 본 밥 딜런의 말이었다. 그런데 문제는 딜런이 그런 말을 했다는 증거가 전혀 없다는 것이다.

단 한 번 그렇게 모호한 인용을 했다면 좀 찜찜하긴 해도 용서될 수 있었다. 그러나 모이니한은 레러가 조작해낸 밥 딜런의 다른 인용들을 일일이 다 찾아냈다. 모이니한은 이렇게 말했다. "그리고 이 문제를 따지려고 하자, 레러는 계속 피하려 했고 말도 안 되는 변명을 늘어놨으며 급기야 대놓고 거짓말을 했어요." 훗날 레러는 모이니한에게 창의력에 대한 자신의 논지를 뒷받침하고자 딜런의 말들의 자구를 적당히 바꾸기도 하고 딜런이 서로 다른 때 했던 말들을 하나로 합치기도 했다고 고백했다.

그런데 밥 딜런의 말을 조작한 이 사건이 터지기 몇 개월 전에 이미 레러는 자신의 블로그 와이어드닷컴Wired.com에서 표절을 했다는 의심을 받았었다.[56] 그 표절들 중 일부는 자기 작품에 대한 표절이었는데, 저널리스트들은 이를 '재활용recycling'이라 부르며, 대부분의 저널리즘 윤리학자들은 '무단 횡단jaywalking(비윤리적이라기보다는 성의가 부족한 행위)'에 가깝다고 말한다. 그러나 그 밥 딜런 인용 사건 이후 레러는 〈뉴스위크〉의 과학 작가 샤론 베글리Sharon Begley를 비롯한 다른 사람들의 작품도 표절한 것으로 밝혀졌다.

레러가 저지른 '죄'들에 대한 세상의 반응은 신속했다. 〈뉴요커〉

레이트 블루머

와 미국 공영 라디오방송은 그를 해고했다. 그의 책을 출간한 휴튼 미플린 하코트 출판사는 서점 서가에 꽂혀 있던 레러의 책《뇌는 어떻게 결정하는가》와《이매진》을 전부 거둬들였다. 아마존은 킨들Kindle에서《이매진》을 완전히 삭제했다. 현재 아마존은 자신들의 웹 사이트에서《뇌는 어떻게 결정하는가》와《이매진》의 양장본 및 페이퍼백만 판매하고 있다.

그 뒤 조나 레러는 어떻게 되었을까? 2016년 그는 새로운 책《사랑을 지키는 법》을 들고 재기를 시도했다. 그러나 그 반응은 제니퍼 시니어Jennifer Senior의 다음 비평처럼 신속하고도 잔인했다.

●●● 책은 여전히 출판업계의 슬로푸드slow food다. 그런데 여기 레러 씨가 다시 나타나 우리에게 논픽션 맥머핀McMuffin(맥도날드의 샌드위치-옮긴이)을 서빙하고 있다. 나는 레러 씨는 존경할 만한 멋진 재기를 할 것이라 생각한 괴짜들 중 하나였다. 그는 똑똑하다. 그는 품위 있는 스타일리스트다. 그는 자신이 지은 죄들 때문에 한동안 시들해졌었다. 그는 왜 뭔가 개인적인 것, 뭔가 혼이 담긴 것, 뭔가 새로운 것을 시도하려 하지 않는 걸까? 모르겠다. 어쨌든 그는 그런 시도를 하지 않았다. 그의 책은 전혀 독창적이지 않다.[57]

조나 레러는 대체 어떻게 얼리 블루머가 되고 신동이 됐으며, 또 어떻게 그토록 빨리, 그토록 철저히 몰락했는가? 가장 좋은 답은 저작권 대리인 스콧 멘델Scott Mendel에게서 들을 수 있었다. "제 눈에 이는 젊은 저널리스트에게 제2의 올리버 색스Oliver Sacks를 기대한 데서 생겨난 어느 정도 예견된 결과로 보입니다."[58] 그러면서 멘델은 색스는 수십 년간 신경학자 겸 심리학자로 활동한 뒤 비로소 베스트셀러 책들을 썼고, 또 〈뉴요커〉에 다양한 글도 기고했다고 했다. 그런데 레러는 너무 빨리 젊은 스타에 열광하는 문화의 덕을 본 것이다.

지금 레러의 실수들을 되새기는 데서 즐거움 같은 걸 느끼자는 게 아니다. 나는 그가 저작권 대리인과 출판사와 편집자와 대중들을 속이려고 한 나쁜 사람이라고 믿지 않는다. 나는 오늘날과 같은 사회적 압박감과 기대 속에서 레러 역시 희생양이며, 그가 우리 사회의 신동 집착에 경종을 울려주는 존재라고 본다. 그러나 무엇보다 나는 그를 소설가 워커 퍼시Walker Percy의 작품《재림The Second Coming》에 나오는 다음과 같은 한 구절을 직접 구현한 사람이라고 본다. "올 A를 받고서도 여전히 삶에서는 낙제를 할 수도 있다."

서문에서 나는 레이트 블루머를 기대보다 늦게 자신의 잠재력을 십분 발휘하는 사람이라고 정의했다. 이들은 처음에는 다른 사람들의 눈에 띄지 않는 그런 재능을 가진 경우가 많다. 여기서 핵심어는 '기대보다'다. 그리고 레이트 블루머는 자신의 페이스대로 가면서 잠재력을 발휘한다. 그들은 부모나 사회의 기대에 맞추기 위해 이를 악물고 노력하지는 않는다. 레이트 블루머는 기록을 세운 우주 비행사 스콧 켈리처럼 10대 시절에는 무기력한 아이로 보일 수도 있고, 고등학교 시절에 자기 삶을 구하는 문제에 별 관심을 두지 않을 수도 있지만, 나중에 어떤 책이나 주제나 사람에게서 무언가 동기를 찾는다. 부모가 되어 10년간 아이를 키운 뒤 직장에 되돌아갈 수도 있고, 그러면서 남들보다 10년 뒤처졌지만 10년 더 현명해졌다고 느낄 수도 있다. 아니면 퇴직을 한 뒤 마침내 어린 시절의 꿈을 추구하거나 다른 사람들의 멘토가 되어서 보다 깊은 삶의 의미를 발견할 수도 있다. 그러므로 레이트 블루밍, 즉 늦게 꽃피는 일은 어떤 나이에 일어날 수도 있고 평생 한 번 이상 일어날 수도 있다.

활강 코스에서 열리는 스키경기 비슷한 것이라고 생각해보라. 스키 선수들은 한 번에 한 명씩 활강을 하는데, 첫 번째와 두 번째, 세 번째 게이트를 얼마나 빨리 통과하느냐를 보면 각 선수가 어느 단계에서 어느 정도 경쟁력이 있는지 알 수 있다. 그러니까 스키 선수가 예상 시간보다 빠른지 뒤처졌는지 알 수 있는 것이다. 레이트 블루밍 개념을 모든 나이대로 확대해보면, 활강 코스에 우리 사회가 세워놓은 게이트들이 있어서 사람들이 정해진 시간에 정해진 점수들을 따야 한다는 기대에 쫓기는 것과 같다. 물론 어떤 사람들은 다른 사람들보다 각 게이트를 빨리 통과한다. 그들은 초등학교에서 고등학교까지 우수한 성적으로 다니고, 대학 입학 자격

시험인 SAT에서 뛰어난 점수를 따며, 이후 명문대에 입학하고, 이어서 모두가 선망하는 직장에 들어간다. 이들은 활강 게이트들을 일찍 지나 정해진 시간 전에 결승선을 통과해 시상대에 올라 상을 받는다.

우리 삶이 올림픽 활강 경기는 아니지만, 당신이 뛰어난 스키 선수들 중 하나가 아니라면, 그래서 삶의 각 활강 게이트에서 그들보다 뒤처진다면, 다시 그들을 따라잡기란 결코 쉽지 않다. 이런 현상은 현재 우리 사회에서 보통 심각한 문제가 아닌데, 그것은 이런 현상에 영향을 받는 사람들이 워낙 많기 때문이다.

사실 사람들이 일찍 꽃피는 걸 어렵게 만드는 요소는 얼마든지 있을 수 있다. 육체적으로 또는 신경학적으로 더딘 발달, 어린 시절의 트라우마, 뚜렷한 표준이 없는 학습 스타일, 사회경제학적 여건, 지리학적 제한, 질병, 중독, 경력 단절, 그리고 심지어 운이 없는 것 등이 그 대표적인 예다. 우리 중 상당수는 학교에서 자신의 잠재력을 제대로 발휘하지 못하며, 그 과정에서 우리의 학습 능력과 관련해 "넌 과학에는 안 맞아." 또는 "넌 절대 뛰어난 작가는 못 될 거야." 이렇게 부정적인 메시지들을 듣게 된다. 그리고 결국 원하는 대학에도 가지 못하고 좋은 직장에도 들어가지 못한다.

그러다 더 나이가 들면, 결혼과 임신, 육아, 그리고 화급을 다투는 여러 가지 가정사 때문에 이런저런 기회들이 제한되고 직장 경력에도 안 좋은 영향을 받게 된다. 각종 사고와 질병, 우울증, 중독 등도 일찍 꽃피는 걸 가로막는 장애물들이다. 너무도 흔한 이런 장애물들 때문에 우리의 재능과 목표는 일찍 꽃피지 못하며, 그 결과 우리는 이 사회에서 소외감 같은 걸 느끼게 된다.

나도 그렇지만 많은 사람들이 자신을 레이트 블루머라고 생각한다. 어떤 사람들은 막연히 아직 때가 무르익지 않았다고 느끼기도 한다. 우리 모두 자신의 잠재력을 제대로 발휘하지 못하는 누군가를 알며, 그 누군가를 걱정하기도 하고 사랑하기도 한다. 절대 이걸 잊어선 안 된다. 이 사회에서 그게 아무리 감당하기 힘든 일이라 해도 우리는 절대 우리 자신을 또는 다른 사람들을 포기해선 안 된다.

지금 우리 사회가 얼리 블루머들을 찬미하고 있지만, 사실상 모든 분야에서 셀 수 없이 많은 레이트 블루머들의 예를 찾아볼 수 있다.[59] 국제적인 스타가 된 가수 안드레아 보첼리Andrea Bocelli는 34세에 오페라를 부르기 시작했다. LCD 사운드시스템을 결성한 제임스 머피James Murphy는 35세에 첫 앨범을 발표했는데, 사실 35세라면 일렉트로닉 댄스 뮤직 세계에서는 퇴물이나 다름없다. 미국 가수 루신다 윌리엄스Lucinda Williams는 45세 때 다섯 번째 시도 끝에 〈카 휠스 온 어 그래블 로드Car Wheels on a Gravel Road〉란 노래로 기록적인 성공을 거두었다. 영국 오디션 프로그램 〈브리튼즈 갓 텔런트〉의 깜짝 스타 수전 보일Susan Boyle은 48세에야 그 재능이 발견됐다. 여성 기업인 마사 스튜어트Martha Stewart가 친구 집 지하에서 음식 납품업을 시작한 것은 35세 때의 일이며, 첫 요리책을 출간한 것은 42세 때였다. 패션처럼 전위적인 분야에서도 놀랄 만한 레

이트 블루머 이야기들이 많다. 패션 디자이너 릭 오언스Rick Owens
는 39세에 세상에 자신을 알렸고, 같은 패션 디자이너 베라 왕Vera
Wang은 41세에, 비비언 웨스트우드Vivienne Westwood는 42세에 자신
을 세상에 알렸다. 유명한 행위 예술가 마리나 아브라모비치Marina
Abramovic는 30대가 될 때까지도 예술의 세계에서 자신의 길을 찾지
못했지만, 54세에 자신의 행위 예술 작품 〈세븐 이지 피시스Seven
Easy Pieces〉로 전국적인 인정을 받았으며, 59세에 미국 현대미술관
회고전에서 〈예술가가 여기 있다The Artist Is Present〉라는 작품으로 유
명해졌다.

늦게 꽃핀 작가들 역시 아주 뛰어나면서도 다양하다. 척 팔라
닉Chuck Palahniuk은 34세에 자신의 첫 소설 《파이트 클럽》을 출간했
다. 유머 감각이 뛰어난 작가 데이비드 세다리스David Sedaris는 38세
에 자신의 첫 수필집을 출간했다. 토니 모리슨Toni Morrison은 39세
에 첫 소설 《가장 푸른 눈》을 출간했으며, 56세에 퓰리처상을 수상
했다. 재닛 에바노비치는 45세에 스테파니 플럼이 주인공으로 나
오는 베스트셀러 범죄 소설 시리즈를 발표하기 시작했다. 프랭크
맥코트Frank McCourt는 63세에 퓰리처상을 수상한 회고록 《안젤라의
재》를 출간했다.

사업 분야에서 톰 시벨Tom Siebel은 41세에 자신의 첫 번째 기술
기업 시벨시스템즈Siebel Systems를 창업해 성공했고, 57세에 두 번
째 기업 C3를 창업했다. 데이브 더필드Dave Duffield는 66세에 기술
기업 피플소프트PeopleSoft를 창업했다. 개리 버렐Gary Burrell은 얼라

레이트 블루머

이드시그널Allied Signal 같은 엔지니어링 기업들에서 수십 년간 일한 뒤 52세에 GPS 장비 제조업체인 가민Garmin을 공동 창업했다. 존 토로드John Torode는 70세에 항공기 기업인 배션에어크래프트Vashon Aircraft를 창업했다. 억만장자 디트리히 마테시츠Dietrich Mateschitz는 10년을 대학에서 보내고 스키 강사로 일한 뒤 40세에 에너지 음료 제조업체 레드불Redbull을 창업했다. 그리고 오늘날의 가장 위대한 혁신가 스티브 잡스Steve Jobs를 잊어선 안 된다. 엄밀히 말하자면 그는 레이트 블루머가 아니지만, 애플에서 연이어 아이팟, 아이튠 즈, 아이폰, 아이패드를 내놓으며 타의 추종을 불허하는 기술 혁신을 이룬 그의 인생 2막은 45세 이후에 열렸다.

할리우드에서 52세 나이에 결정적인 기회를 잡는다? 상상이 되는가? 영화배우 모건 프리먼Morgan Freeman에게 실제로 일어난 일이다. 그는 여러 해 동안 지역 극장과 소규모 연극 무대를 전전하다가 81세의 제시카 탠디Jessica Tandy와 함께 영화 〈드라이빙 미스 데이지〉에 출연하면서 돌파구를 찾았는데, 이 영화로 제시카 탠디는 생애 첫 아카데미 여우 주연상 후보에 선정됐다. 악역으로 유명한 배우 앨런 릭먼Alan Rickman은 여러 해 동안 그래픽디자인 스튜디오를 운영하다가 42세에 영화 〈다이 하드〉에서 한스 그루버Hans Gruber 역을 맡으면서 처음 명성의 맛을 보았다. 또한 영화배우 존 햄Jon Hamm은 한 영화 에이전트에서 거절당한 뒤 한 소프트코어 포르노soft-core pornography(덜 노골적인 포르노-옮긴이) 영화사 미술부에서 일하다가 36세에 미국 드라마 〈매드 맨Mad Man〉에 출연하면서 돌파구를 찾았다. 궁핍한 어린 시절을 보낸 영화배우 브라이언 크랜스톤Bryan Cranston은 44세에 TV 드라마 〈말콤네 좀 말려줘Malcolm in the Middle〉에 출연하면서 처음으로 인정을 받았다. 제인 린치Jane Lynch는 45세에 영화감독 주드 아패토우Judd Apatow의 영화 〈40살까지 못 해본 남자〉에 출연하면서 돌파구를 찾았고, 마고 마틴데일Margo Martindale은 수십 년간 지역 극장을 전전한 끝에 60세에 미국 드라마 〈저스티파이드Justified〉에 출연하면서 돌파구를 찾았다.

앞에서 나열한 이들은 유명한 레이트 블루머들 중 일부에 지나지 않는다. 유명하진 않지만 개인적으로 큰 성취를 이룬 레이트 블루머는 수백만에 이른다. 그들은 단지 알려지지 않았을 뿐이다.

창의력은 비단 젊은 사람들의 전유물이 아니다. 레이트 블루머들은 길을 찾고 재능을 꽃피우는 데 시간과 경험과 시행착오가 좀 더 많이 필요할 뿐이다. 삶은 갖가지 문제와 좌절, 그리고 우회로와 실망으로 점철된다. 레이트 블루머들의 목표와 지혜와 힘은 이런 다양한 경험들에서 나오며, 그래서 레이트 블루머들은 생각이 더 깊고 배려심도 더 많으며 인내심도 더 강하다. 또한 공감 능력이 더 뛰어난 경우가 많으며, 자신의 감정들을 통제하는 능력도 더 뛰어나다. 레이트 블루머들은 정서 지능도 더 높고, 각종 기술을 습득하는 능력도 더 뛰어나다(이에 대해서는 3~4장에서 좀 더 자세히 다룰 것이다). 놀랄 일도 아니지만, 역경과 좌절에 대처하는 능력 또한 얼리 블루머들보다는 레이트 블루머들이 더 뛰어나다. 스탠퍼드대학교 심리학 교수 캐럴 드웩이 자신의 베스트셀러 《마인드셋》에서

레이트 블루머

말했듯이, 얼리 블루머들은 성공을 앞당기는 과정에서 고정된 사고방식을 갖게 될 가능성이 높다. 자신감에 가득 차서 배우고 성장하기를 중단하는 것이다. 예를 들어 테니스계의 얼리 블루머 존 매켄로John McEnroe는 뒤늦게 꽃핀 테니스 프로 선수들이 코트에서 자신을 앞서나가자 자기감정을 점점 더 통제하지 못하며 스스로 무너지고 말았다.

* * *

우리는 지금 우리의 삶과 관련된 소중한 믿음, 그러니까 우리는 어떤 나이대에서든 또 삶의 어떤 단계에서든 스스로 꽃필 수 있다는 믿음을 잃어버릴 위기에 처해 있다. 지금 우리가 우리 자신에 대해 하는 이야기에서 레이트 블루머들이 사라져가고 있다. 이는 우리 문화가 일찍 꽃피는, 재능 있고 젊고 야심만만하며 똑똑한 신동들을 숭배하고 있기 때문이다. 얼리 블루밍이라는 이 새로운 문화는 전염병처럼 광범위하게 퍼져 가치 및 안전에 대한 우리의 생각들을 조금씩 갉아먹고 있다. 그래서 일부 사람들에게는 이런 문화 때문에 성공에 이르는 전통적인 길들이 좁아지거나 아예 없어져버릴 수도 있다. 지금 우리는 얼리 블루밍 문화 때문에 우리 자신의 삶과 운명에 대한 통제 감각마저 잃고 있는 것이다.

얼리 블루밍에 대한 우리의 광기 때문에 지금 많은 사람들의 재능이 헛되이 쓰이고, 또 많은 사람들의 창의력이 사장되고 있다.

건강한 사회라면 모든 사람들이 자신이 꽃피거나 새롭게 꽃피어 성장하고 성공할 수 있다는 것을 알려주어야 한다.

이는 분명한 사실이다. 그러나 우리가 그걸 아주 어렵게 만들었다. 왜일까?

2
인간 평가의 잔인한 오류

영화 〈기숙사 대소동〉은 2류 배우들이 출연하는 저급 코미디 영화였지만, 놀랍게도 문화적 현상 같은 것이 일어날 정도로 히트를 했다. 애덤스칼리지라는 가상의 대학에서 몇몇 컴퓨터 과학 전공자들이 알파 베타라는 교내 클럽을 상대로 싸움을 벌인다. 누가 이길까? 물론 '샌님nerd'들이 이긴다.

이 영화가 나온 1984년에는 현실 세계에서도 역시 샌님들이 대성공을 거두기 시작한다. 1975년 빌 게이츠Bill Gates는 하버드대학교 3학년을 마치고 중퇴했다. 그는 SAT 수학 시험에서 800점 만점을 받았으나, 하버드대학교의 수업에 따분함을 느꼈다. 결국 그는 하버드대학교를 나온 뒤 시애틀 교외에 사는 친구 폴 앨런Paul

Allen과 함께 마이크로소프트Microsoft를 창업했다. 마이크로소프트는 1986년에 주식 상장을 했고, 1998년에 이르러 세계에서 가장 브랜드 가치가 높은 기업이 되었다. 그리고 2017년까지 빌 게이츠는 세계에서 가장 부유한 사람이었다.[1]

1990년대에 나는 빌 게이츠를 여러 차례 인터뷰했으며, 한번은 5일간 그와 함께 여행을 하기도 했다. 그는 의자에 앉아 말을 하면서도 몸을 계속 앞뒤로 흔드는 묘한 습관을 보였는데, 어떤 사람들은 그게 당시 그가 아스퍼거증후군의 경계에 있었다는 증거라고 생각했다. 당시의 그는 지금과 같은 신중한 박애주의자라기보다는 훨씬 더 자신만만하고 훨씬 더 거침이 없는 인물이었다.

1990년대에 빌 게이츠는 마이크로소프트를 IQ 공장으로 생각했다. "우리는 IQ 면에서 모든 사람을 능가합니다. 우리는 오라클Oracle사보다 낫고 선Sun사보다 낫습니다. 우리는 골드만삭스Goldman Sachs사와 경쟁합니다." 그가 내게 한 말이다. 그러면서 그는 소프트웨어 기업에서 세계 최고 수준의 IQ를 갖는다는 것은 아주 가치 있는 일로, 정말 뛰어난 프로그래머 한 사람은 평범한 프로그래머 1,000명의 가치를 지닌다고 했다. 그는 또 정말 뛰어난 프로그래머들은 IQ도 가장 높다고 했다. 그러니까 그의 논리대로 하자면, 소프트웨어 프로그래머가 IQ가 높다는 것은 프로 미식축구 선수가 40야드(약 37미터)를 빠른 속도로 달릴 수 있다는 것과 같았다. 결국 육체적으로 느린 사람은 내셔널 풋볼리그에서 뛸 수 없듯이, 정신적으로 느린 사람은 마이크로소프트에서 일할 수 없다는 뜻

레이트 블루머

이었다.

이것이 바로 미국의 한 문화적 현상이었다. 세계에서 가장 부유한 사람이 신동이며 인지력이 뛰어난 엘리트들 중 한 사람이었고, 그 증거가 SAT 수학 만점이었다. 그는 IQ가 높은 특별히 선정된 소프트웨어 프로그래머 군단을 이끌고 세계에서 브랜드 가치가 가장 높은 기업을 만들었다. 당신은 이처럼 SAT 점수가 하버드나 스탠퍼드, MIT, 캘리포니아공과대학에 들어가는 관문일 뿐 아니라 〈포브스〉 선정 '세계에서 가장 부유한 400인' 명단에 이름을 올리는 데도 관문이 된다고 생각하는가? IQ와 SAT 점수가 정말 우리 문화에서 그렇게 중요해진 걸까?

우리는 지금 IQ가 가장 높은 사람들이 금전적 보상을 가장 많이 받는 세상에 살고 있다. 그리고 그들은 평생 동안이 아니라 단 10년 이내에 무서운 속도로 돈을 번다. 나는 그간 엄청난 성공을 거둔 얼리 블루머들을 많이 만났으며, 그들의 재능과 직업의식과 비전에 깊은 존경심을 느낀다. 그러나 그들은 워낙 뛰어나서 많은 우려를 낳는다. 우리 사회의 부는 지금 빠른 속도로 표준화된 시험, 그러니까 16세에서 17세에 몇 시간 동안 치르는 시험에서 최고 점수를 올린 IQ가 가장 높은 사람들한테 돌아가고 있다.

어떻게 이런 일이 일어나게 된 걸까?

1905년에 한 독일계 스위스인 특허 신청 심사 위원[2]이 근무를 하지 않는 시간에 세상을 뿌리째 뒤바꿔놓을 일련의 논문들을 썼다. (그는 여섯 살 때까지 말도 제대로 못 했고, 25세가 되어서도 근무시간에 너무 산만해서 특허 사무실에서 번번이 승진이 누락되던 레이트 블루머였다.) 그 논문들 속에는 박사 논문이 한 편 있었고, 광전효과 이론에 대한 논문, 브라운운동 이론에 대한 논문, 특수상대성이론에 대한 논문, 질량과 에너지의 관계에 대한 논문 등 네 편의 논문이 더 있었다. 그는 마지막 논문을 그 유명한 등식 $E=mc^2$로 요약했다. 그리고 이 논문들로 알베르트 아인슈타인Albert Einstein은 우리가 알고 있는 세계의 토대들을 뒤바꿔놓았다.

그런데 1905년은 오늘날 우리가 알고 있는 세계의 토대들을 규정짓는 또 다른 일련의 논문들이 나온 해로 유명하다. 그 논문들의 저자는 아인슈타인과 마찬가지로 독학을 한 아웃사이더였다. 1857년 프랑스 니스에서 태어난 알프레드 비네Alfred Binet[3]는 변호사 공부를 했으나, 그의 관심사는 아주 다양하고 별났다. 그는 신경 클리닉 분야를 연구했고, 뇌가 어떻게 작동하는가 하는 문제에 평생 관심을 보였다. 비네는 창의적이고 기발한 방식으로 자신의 뇌 연구를 진행했다. 그는 체스 선수들이 눈을 가린 상태에서 어떻게 체스를 하는지 보는 기억력 테스트를 만들어내기도 했다. 학자로서의 명성에 금이 가는 것을 무릅쓰고 최면술에 관심을 보이기도 했

레이트 블루머

다. 그는 또 파리 국립도서관에서 각종 논문을 읽어가면서 새롭게 떠오르는 학문인 심리학을 공부하기도 했다.

1899년 프랑스는 6세에서 14세까지의 아이들에 대한 학교교육을 의무화하는 법을 통과시켰다. 박학다식한 비네는 아이들의 능력과 학습 양상들을 평가하는 '아이들에 대한 심리학 연구를 위한 자유 사회'라는 위원회에 참여해달라는 요청을 받았다. 서글픈 일이지만 그는 곧 일부 아이들은 평가 중인 그 어떤 교과과정도 제대로 따라갈 수 없다는 사실을 깨달았다. 이렇게 학습이 부진한 아이들은 어찌해야 할 것인가? 먼저 그런 아이들의 능력에 대해, 그러니까 어떻게 능력이 부족한지 알아봐야 했다. 그래서 1905년 비네와 젊은 의대생 시어도어 시몽Theodore Simon은 3세부터 13세까지의 아이들의 지적 능력을 측정하는 검사를 고안해냈다. 그들은 아이들 50명을 대상으로 연구해서 똑똑한 아이들부터 부진한 아이들의 평균 점수와 최고점, 최저점을 정했다. 이것이 바로 비네-시몽 검사법인데, 우리가 알고 있는 세계 최초의 지능검사다.

여기서 비네와 그의 1905년 검사에 대해 꼭 기억해야 할 중요한 사실이 하나 있다. 그는 비네-시몽 검사법을 시간 속의 스냅사진 정도로 보았다. 그러니까 이 검사는 한 아이의 지적 수준이 시간의 흐름 속에서 어느 한 순간 또래 아이들과 비교해 어느 수준에 와 있는지 보여준다는 것이다. 비네는 3세에서 13세 사이에 딱 한 번 치르는 자신의 IQ 검사가 그 아이의 평생 지능이라고 말한 적이 없으며, 심지어 넌지시 암시한 적조차 없다. IQ 검사를 불행한

쪽으로 발전시킨 것은 한 미국인이었다.

$$* * *$$

1999년 저널리스트 니컬러스 레만Nicholas Lemann(현재 컬럼비아대학교 저널리즘대학 명예 학장)은 SAT, 즉 미국 대학 입학 자격시험의 유래와 IQ 검사와의 직접적인 관계를 고찰한《빅 테스트: 미국 실력주의 역사의 비밀The Big Test: The Secret History of the American Meritocracy》을 썼다. 이 책에서 레만도 말하고 있듯, 20세기 초에 IQ 검사를 국가적으로 아주 중요한 평가 수단으로 본 사람은 스탠퍼드대학교에 몸담고 있던 미국인 심리학자 루이스 터먼Lewis Terman이었다. 레만은 이렇게 적고 있다.

●●● 루이스 터먼은 IQ 검사를 더없이 중요하며 널리 인정될 수 있는 획기적이고 과학적인 평가 수단으로 생각했다. 그리고 IQ 검사를 통해 거의 기적에 가까울 정도로 빨리 뇌의 타고난 능력, 그러니까 그 자신이 현대의 가장 중요한 인간 속성으로 본 유사 생물학적 특징을 측정할 수 있다고 믿었다. 터먼은 IQ 검사를 최대한 활용해야 한다고 끊임없이 주장했다. 그렇게 해서 학생들을 각자의 능력에 맞춰 평가하고 가르칠 수 있다고 믿은 것이다.[4]

레이트 블루머

루이스 터먼은 자신이 스탠퍼드-비네 검사로 변형시킨 IQ 검사를 잘 활용하면 여러 세대에 걸쳐 인간 조건과 인간 자신이 향상될 것이라고 믿었다. 그러나 그의 그런 믿음은 잘못된 씨앗, 그러니까 21세기 초의 많은 저명한 학자들이 공유하고 있던 씨앗에 그 뿌리를 두고 있었다. 그 잘못된 씨앗이란 우생학이다. 높은 지능과도 같이 좋은 자질들을 가진 사람들에게 아이를 낳게 장려해 그 좋은 자질들을 후대에 물려주어야 한다는 우생학 말이다.

우생학에 따르면, 나쁜 자질들을 가진 사람들(20세기 초 미국에서는 북유럽인 이외의 사람들을 의미했다)은 아이를 갖지 못하게 막아야 했다. 우생학 이론에서는 정신적 장애가 있는 사람들처럼 '결함 있는' 자질을 가진 이들은 불임수술을 받아야 한다고 믿었다. 비네의 지능 검사를 스탠퍼드-비네 IQ 검사로 발전시킨 루이스 터먼은 20년 뒤에 '열등한' 인종들의 불임수술을 주장하는 인간향상재단Human Betterment Foundation을 공동 창업했다.

그런데 유감스럽게도 이런 종류의 믿음들이 그 당시에는 별다른 저지를 받지 않았다. 그러나 또 이런 믿음들 때문에 터먼이 심리학에 기여한 점들이 간과되어선 안 된다. 미국이 1917년 제1차 세계대전에 뛰어들었을 때, 군인 170만 명을 대상으로 스탠퍼드-비네 IQ 검사를 실시했다. 정신장애 여부를 신속히 확인함으로써 군인들을 적재적소에 배치하는 데 도움이 된다고 믿은 것이다. 검사 결과, IQ가 높은 사람들은 군 정보 및 장교 훈련 부서 등에 집중 배치됐고, IQ가 낮은 사람들은 참호로 보내졌다. 영국에서는 완전히 다른 배치 방식이 쓰여, 좋은 가문 출신들은 정보 및 장교 훈련 부서 등으로 보내졌고 가난한 노동자 계급 출신들은 참호로 배치됐다. 미국 군인들에 대한 루이스 터먼의 IQ 검사 방식은 보다 효율적이었을 뿐 아니라 출신을 덜 중시해 좀 더 공정해 보이기도 했다.

이후 루이스 터먼의 IQ 검사는 맹위를 떨쳤다. 미국 육군은 원하는 것을 얻었고, 이제 더 많은 것을 원하게 됐다. 그러나 터먼이 맹신한 우생학은 심지어 20세기 초의 기준에서 보더라도 아주 유해한 측면이 있었다. 1916년 그는 자신의 저서 《지능의 측정The Measurement of Intelligence》에서 이런 말을 했다. "미국 남서부의 스페인계 인도 가정들과 멕시코 가정들, 또 흑인들 사이에선 경계선상의 결함이 너무나도 흔하다. 그들의 아둔함은 인종적인 것으로 보이며, 아니면 적어도 그들의 혈통에서 타고난 현상인 듯하고…… 그래서 이 집단의 아이들은 별도의 계급으로 분리해야 하며…… 이들은 추상적인 개념들에는 숙달될 수 없지만, 노동자들로는 효과적인 경우가 많고…… 우생학적 관점에서 볼 때 이들은 정말 심각한 문제인데, 그건 이들이 유난히 아이들을 많이 낳기 때문이다." 계속 읽어나가기 괴로울 정도다.

불행히도 1920년대에 IQ 검사 분야에서 가장 유명한 전문가들은 거의 다 우생학 신봉자들이었다. 미국 프린스턴대학교 심리학 교수인 칼 브리검Carl Brigham[5]은 터먼의 뒤를 이어 1926년 미국 육군을 위해 SAT를 개발했다. 그는 터먼만큼 광신적이지는 않았지

레이트 블루머

만 우생학 지지자였다. 그러나 그는 몇 년 뒤 SAT에 대한 생각을 바꾸게 된다. 아니, 사실 자신이 개발한 SAT를 아주 싫어하게 된다. 그럼에도 SAT는 계속 살아남아 거의 100년 뒤 우리는 지나칠 정도로 이에 집착하게 된다.

$$* * *$$

칼 브리검이 1922년에 펴낸 책 《미국 지능에 대한 연구A Study of American Intelligence》는 출간되자마자 학계에 일대 돌풍을 일으켰다. 루이스 터먼과 다른 유명한 미국 IQ 전문가들과 마찬가지로, 브리검은 일부 인종들이 다른 인종들보다 우월하다는 생각을 그대로 받아들였다. 그는 이렇게 민망한 말도 했다. "흔히 유대인은 지능이 높다고 하지만, 우리의 통계 수치들을 보면 그건 틀린 말이다." 그러면서 그는 당시 이민자들, 특히 지중해 국가들에서 건너오는 흑인 이민자가 많은 걸 한탄하며 이렇게 말했다. "미국의 평균 지능이 계속 떨어지고 있으며, 인종 간의 결합이 점점 더 광범위해지고 있어 이런 추세는 갈수록 가속화될 것이다. 우리의 연구 결과가 보여주는 추한 현실이지만, 부인할 수 없는 현실이다."

서글픈 사실이지만, 그 당시의 대체적인 분위기가 이랬다. 브리검은 이런 주장들을 펴면서도 교수 경력에 아무런 타격도 입지 않았다. 타격을 입기는커녕, 그는 IQ 연구 분야의 선두 주자로 급부상했다. 그리고 미국 육군이 제1차 세계대전 당시의 지능검사를 개선하려 할 때, 도움을 청할 사람들 명단에 스탠퍼드-비네 IQ 검사의 창시자인 루이스 터먼과 컬럼비아대학교의 심리학자 에드워드 리 손다이크Edward Lee Thorndike 말고도 칼 브리검도 포함됐다. 미국 육군은 브리검이 기존의 육군 지능검사를 수정하고 개선한 새로운 검사를 마음에 들어 했다. 브리검은 그 검사를 'SATScholastic Aptitude Test'라고 불렀다. 1926년에 그는 SAT가 보다 길고 보다 실제적인 IQ 검사 버전이라는 사실을 굳이 숨기려 하지 않았다.

미 육군이 SAT를 받아들인 데다가 프린스턴대학교 심리학자라는 브리검의 상당한 학계 권위까지 더해져, 곧 다른 대학들도 SAT를 받아들이기 시작했다. 1930년 미국 웨스트포인트 육군사관학교와 아나폴리스 해군사관학교가 처음으로 SAT를 받아들였다. 그 다음은 예일대학교였다. 그리고 곧 미국 북동부에 있는 거의 모든 대학들이 그 뒤를 이었다.

SAT는 엄청난 히트를 했다. 그러나 SAT를 고안해낸 지 불과 2년 뒤 브리검은 그 검사에 심각한 의구심을 갖게 됐다. 그는 SAT로 순수한 지능을 측정할 수 있다는 확신이 약해졌고, 그 자리에 한 아이 또는 청소년이 노출된 환경을 측정할 수 있을 뿐이라는 확신이 더 강하게 자리 잡았다. 1928년 초대를 받아 일단의 우생학자들 앞에서 강연을 하게 된 그는 자신의 그런 의구심을 털어놨다. 그리고 1929년에는 이런 글을 썼다. "이 분야에서 일하면 할수록 자꾸 우리 심리학자들이 큰 죄를 짓고 있다는 확신이 든다. 나는 우리가 자꾸 이런저런 검사를 만들어내고 뭔가를 측정한다고 말하는 것

레이트 블루머

을…… 전면 중단해야 한다는 생각이 든다." 1934년, 세상을 떠나기 직전에 그는 자신이 만든 SAT를 "잔인한 오류"라 불렀다.

●●● 훈련이나 교육과 관련 없이 이런저런 지능검사로 순수한 타고난 지능을 측정할 수 있다고 믿은 것은 과학 역사상 가장 잔인한 오류들 중 하나였지만, 어쨌든 약 25년에서 30년 전에 이 나라에 지능검사 열풍이 불어닥쳤다. 아마 지금 그걸 믿는 사람은 아무도 없을 것이다. 검사 점수는 절대적으로 교육과 집안 배경, 영어 능숙도, 그리고 관련 있거나 관련 없는 다른 모든 것들의 결과물이다. '타고난 지능' 가설은 이미 죽었다.

그러나 '타고난 지능' 가설은 전혀 죽지 않았다. 사실 계속 살아 있었다. 하버드대학교의 두 혁신가가 시들해져가던 SAT를 되살려 다시 본궤도에 올려놓았다.

SAT 혁신 기운은 1930년대에 나타났다. 1929년 10월부터 1932년 7월까지 주가가 무려 86퍼센트나 폭락했다. 실업률은 25퍼센트까지 뛰어올랐고, 뺨이 홀쭉해진 시민들이 수프를 타려고 길게 늘어선 모습이 담긴 사진들은 그 고난기의 상징이 되었다. 자본주의는 실패로 끝난 듯했다. 그러나 1920년대에 상한가 행진을 이어간 주식과 채권 덕에 부자가 된 사람들과는 반대로 본래부터 부유했던 사람들은 상대적으로 대공황의 영향을 별로 받지 않았다. 많은 부자들이 여전히 대저택과 하인들과 개인 사교 클럽과 호화스러운 요트를 갖고 있었다.

당시 새로 하버드대학교 총장이 된 제임스 브라이언트 코넌트 James Bryant Conant는 총체적인 불평등에 분노했다. 그는 부유한 동부 해안 출신이 아니었다. 그의 아버지는 사진제판소를 소유한 상인이었다. 대학 시절 코넌트는 뛰어난 학점에도 하버드의 부유한 사람들 사이에서 2등 시민 같은 느낌을 받았다. 그런 느낌은 심지어 그가 1933년 하버드대학교 총장이 된 뒤에도 사라지지 않았다. 하버드대학교 내에서 부유한 학생들은 전혀 딴 세상 사람들같이 지냈고, 그걸 보며 그는 격분했다. 이와 관련해 저널리스트 니컬러스 레만은 이렇게 말했다. "당시 하버드의 부유한 젊은이들은 오늘날의 시각에선 도저히 대학생이라고 할 수 없는 삶을 살았다. 미국 노동자들의 4분의 1이 실직해 절망에 빠진 때에 그 젊은이들은 골드 코스트라 불리는 보스턴의 고급 주택가의 개인 아파트에 살았고, 집사들과 하녀들의 시중을 받았으며, 보스턴에서 열리는 무도회에 다녔고, 으레 수업 시간에 출석하지도 않았으며, 학기 말에 잠시 특별 과외 학교에 다녀 시험에 통과할 수 있었다."

코넌트는 하버드대학교 내 계급제도를 송두리째 바꾸기로 마음먹었다. 부와 귀족주의 대신 대체 무엇으로 학생들의 서열을 정할 것인가? 코넌트는 다른 유형의 귀족주의를 믿었다. 지능의 귀족주의를 믿은 것이다. 이는 새로운 아이디어는 아니었다. 그는 이 아이디어를 플라톤의 《국가Republic》에서 따왔다. 그리고 이 아이디어는 이미 중국에서 시도되어 성공한 적이 있었다. 6세기에 중국에

레이트 블루머

서는 '만다린'이라는 고위 관리를 시험으로 선발했다. 또한 미국 역사에서도 이 아이디어의 뿌리를 찾을 수 있었다. 토머스 제퍼슨Thomas Jefferson은 물려받은 특권이 아니라 개인의 자질로써 귀족이 되어야 한다고 주장했었다. 사상가이면서 발명가이기도 했던 제퍼슨은 인간의 자질을 측정해줄 '인체 측정기anthropometer'라는 장치를 제안하기도 했다. "나는 누구나 다 평가를 받아 자신한테 맞는 자리에 들어가는 걸 보고 싶다." 제퍼슨이 한 말이다.

계급과 관련된 분노가 하버드대학교 총장을 앞으로 내몰았다면, 도덕적 정의감은 그를 뒤로 잡아당겼다. 그러던 중 하버드대학교 부학장 헨리 천시Henry Chauncey가 든든한 자기편이 되어주었다. 천시가 태어났을 때 그의 집안은 뉴욕 귀족이었지만 사기를 당해 가산을 탕진한 할아버지 때문에 목사의 봉급으로 돈에 쪼들리는 귀족의 삶을 살고 있었다. 그래서 그는 하버드대학교에 들어갈 수 없었고, 당시 심리학의 온상이던 오하이오주립대학교에 들어갔다. 그는 심리학을 아주 좋아했고, 한 후원자가 장학금을 대줘 하버드대학교로 전학했을 때 심리학과 거기서 뻗어 나온 새로운 분야인 지능 측정 분야를 파고들었다.

하버드대학교의 두 혁신가 제임스 코넌트와 헨리 천시는 SAT를 게으른 귀족들에 대항하는 무기로 발전시켰다. 그리고 두 사람의 노력 덕에 SAT는 미국인들의 삶에 완전한 붙박이로 자리 잡게 된다. 코넌트와 천시는 우생학 운동에 물들지 않았다. 그래서 여느 우생학자들과는 달리 두 사람의 정책들은 사회진화론과 인종차별

주의에 그 토대를 두지 않았다. 두 사람은 프랭클린 D. 루스벨트 시대의 좌파 개혁가들이었다.

특히 코넌트는 IQ 검사가 미국의 국방에 꼭 필요하다고 확신했다. 1940년에 그는 미국 국방연구소위원회 위원으로 임명됐다. 1941년에는 위원회 위원장이 되어 맨해튼 프로젝트를 진두지휘했고, 그 프로젝트를 통해 1945년 원자폭탄이 개발됐다. 코넌트는 1945년 7월 16일 미국 뉴멕시코주 앨라모고도에서 있었던 트리니티 테스트에도 참여해 세계 최초의 원자폭탄 폭발을 지켜보기도 했다.

SAT를 고안해낸 반反유대주의자 칼 브리검과는 달리, 코넌트는 나치를 피해 미국으로 온 유대인 망명자들을 맨해튼 프로젝트 성공에 없어선 안 될 소중한 사람들로 보았다. 당시 히틀러의 극악한 반유대주의와 나치의 정책들 때문에 독일에서 가장 뛰어난 물리학자들이 대거 독일을 떠나 미국으로 들어왔다. 히틀러의 인종차별 정책이 미국인들에게 행운을 안겨준 것이다.

그러나 이후 코넌트는 미국이 그리 운이 좋은 게 아닐 수도 있다는 걸 깨달았으며, 그래서 모든 미국 어린이들에게 IQ 검사를 실시해 소수집단과 가난한 집안과 시골 지역 출신의 재능 있는 수학자와 물리학자와 엔지니어를 찾아내 지원해야 한다는 믿음을 더욱더 굳히게 된다. 그는 미국의 국방과 생존은 대대적인 IQ 검사를 실시하는 데 달려 있다고 믿었다.

그 무렵 SAT는 점점 더 널리 실시되었으며, 빠른 속도로 미국

레이트 블루머

문화에 영향을 끼치게 된다. 1950년대 초까지만 해도 하버드대학교를 비롯한 이른바 아이비리그 대학들에서는 여전히 북동부 지역 집안과 사립 고등학교 출신 젊은이들이 득세했다. 그러나 1960년대에 들어오면서 SAT에서 뛰어난 점수를 받은 유대인과 소도시 출신 젊은이들이 아이비리그 명문대들에 대거 입학하게 된다. 그리고 곧 아프리카계와 아시아계 미국인 젊은이들, 기타 소수민족 출신 젊은이들이 그 뒤를 잇는다.

1950년대부터 1990년대 사이에 미국에서는 SAT가 부유한 귀족 집안 출신이 아닌 일반인들의 명문대 입학을 공식적으로 보장해주는 관문이 되었다. 그리고 SAT가 점점 더 중요해지면서 자연스레 SAT 예비 과정들이 생겨났다. 놀랄 만한 일이지만, 1990년대에 이르러 워싱턴포스트신문사의 시장가치는 신문 그 자체보다는 SAT 예비 과정 판매사인 카플란 테스팅 서비스 Kaplan Testing Services 에서 나왔다. 그 과정에서 SAT와 관련해 몇 차례 논란도 있었는데, SAT 고득점자들의 경우 한국전쟁에 징병 연기를 해주어야 하는가와 관련한 논란, 칼 브리검도 우려한 것처럼 SAT가 가난한 소수 인종들을 차별하는 것이 아닌가 하는 논란이 그 대표적인 예다. 그러나 결국 이처럼 뜨겁게 달아오르던 측정 및 검사 열기에 찬물을 끼얹은 가장 대표적인 인물은 초창기 SAT 지지자들 중 한 사람인 루이스 터먼 자신이었다.

$$* * *$$

오늘날 지능이나 적성 또는 성격유형 검사는 미국인들의 삶 거의 구석구석에 스며들어, 미국에 이런 검사들이 없었던 시절도 있었다는 것이 상상조차 안 될 정도다. 예전에 사람들은 단순히 뛰어난 사람 또는 아둔한 사람, **빠릿빠릿한** 사람 또는 답답한 사람, 재능 있는 사람 또는 꾸준한 사람 정도로 분류됐을 뿐, 경험학상 서로 비교해 등수를 매길 어떤 기준 같은 것이 없었다. 그런데 루이스 터먼의 스탠퍼드-비네 검사가 그런 일을 해냈고, 그래서 타고난 적성과 습득된 지식 모두를 측정하는 검사의 선구자가 되었다. 오늘날 미국에 살고 있는 사람들 가운데 IQ 검사나 성격검사 또는 SAT나 ACT(고등학교 시절에) 또는 MCAT나 LSAT(대학 시절에)를 적어도 하나쯤 해보지 않은 사람은 거의 없다.

이 모든 시험들은 IQ 검사에 대한 루이스 터먼의 선구자적인 연구의 산물일 뿐 아니라, 자신의 IQ 검사를 표준화해 전국적인 검사로 만들고, 또 관공서를 비롯한 주요 국가기관들에 보급하려 한 그의 부단한 노력 덕이기도 하다. 터먼은 단순한 IQ 검사 지지자였던 것이 아니라 중요한 연구가이기도 했던 것이다.

1921년에 그는 '재능 있는 사람들에 대한 터먼 연구'[6]를 시작했는데, 이 연구는 IQ가 높은 개인들에 대한 최초의 연구이자 또 가장 오랫동안 실시됐던 종단 연구longitudinal study였다. 그는 연구 대상으로 삼을 재능 있는 아이들 1,000명을 찾기 위해 자신의 조수

레이트 블루머

들과 함께 캘리포니아주의 공립학교들을 이 잡듯 뒤졌다. 결국 그들은 1,500명의 아이들을 찾아냈는데, 모두 1900년에서 1925년 사이에 태어났으며, 여성보다는 남성이 조금 많았고, 그중 대부분은 백인으로 거의 모두 중산층과 상류층 출신이었다.

그런데 수십 년이 지나고 가장 생산적인 시기도 지나자, 재능 있는 그 연구 대상들은 그저 IQ만 높을 뿐 점점 그리 특별할 게 없는 사람들이 되었다. 물론 그중 일부는 대학교수가 되는 등 성공 스토리도 있었지만, 전체적으로는 재능이 덜한 나머지 동년배들과 다를 게 거의 없었다. 대부분의 사람들이 가정주부가 되거나 경찰, 선원, 타이피스트, 문서 정리원같이 평범한 직업을 갖게 된 것이다. 터먼은 여전히 지능이 유전된다고 확신했지만, 나중에는 그 확신이 흔들린 듯 이렇게 썼다. "어쨌든 우리가 봐온 것에 따르면, 지능과 성취는 100퍼센트 서로 연관이 있는 건 아니다."

그러나 우생학의 폐단과 예측 수단으로서의 스탠퍼드-비네 IQ 검사의 실패에도 불구하고, 미국에선 지능검사에 대한 열기가 식지 않았다. 1951년에 SAT를 치른 학생 수는 8만에 지나지 않았으나, 2015년에 이르면 그 수가 무려 170만으로 급증하게 된다.[7] 그리고 21세기에 들어와서는 미국뿐 아니라 전 세계 많은 대학들에서도 SAT를 치르게 된다.

이처럼 SAT 응시자가 폭발적으로 늘면서 부작용도 생긴다. 워낙 많은 시험들을 제때 처리해야 하는 문제가 생기자, 사람들을 채용해 이루어지던 주관식 채점이 기계를 이용한 사지 선다형 객관식 채점으로 바뀐 것이다. 또 에세이 시험은 간신히 살아남았지만, SAT의 그 나머지 시험에서 미묘한 뉘앙스 차이 같은 것은 모두 사라지고 순전히 경험적 과정만 남게 된 것이다.

IQ 검사나 SAT 또는 ACT 같은 '재능' 검사들을 뒷받침하는 이론에 결함이 있기 때문에, 이 검사들의 결과 역시 대개 기대에는 많이 못 미친다. 1975년 다른 대륙에서 따로 연구 중이던 두 과학자가 우리가 이용하는 이런 종류의 검사들에 분명한 역기능이 있다는 발표를 했다. 미국 사회심리학자 도널드 T. 캠벨Donald T. Campbell은 '캠벨의 법칙Campbell's Law'이라는 걸 만들어냈다. 다음은 그의 주장이다. "그 어떤 수량적 사회지표든 그것을 사회적 의사결정에 더 많이 반영하려 할수록, 그걸 통해 모니터링하려는 사회적 과정은 더 심하게 왜곡되고 망가지는 경우가 많아진다."[8] 다시 말해, 우리가 SAT 같은 시험들을 더 중시할수록 그 결과가 더 심하게 왜곡되고 망가진다는 뜻이다. 또 영국의 경제학자 찰스 굿하트Charles Goodhart는 "그 어떤 측정이든 통제를 목적으로 사용되는 측정은 신뢰할 수 없다"라는 '굿하트의 법칙Goodhart's Law'을 만들어냈다. 그러니까 일단 높은 점수를 얻는 게 측정의 목표가 되어버리면, 그 측정은 더 이상 쓸모가 없어진다는 것이다. 좀 더 간단히, 그리고 극단적으로 말하자면, 무엇이든 측정하고 보상할 경우 게임처럼 변질되게 되어 있다는 뜻이다.

캠벨과 하트의 이 두 법칙은 얄궂은 결과를 보여준다. 그러니까 두 법칙에서 예측됐듯, 우리가 시험에, 특히 시험에서 높은 점수를

레이트 블루머

따는 것에 집착할 경우 그 시험은 잠재적 예측 타당성이 상실되는 것이다. SAT처럼 장기적 성과에 대한 시험은 본래 학생들이 수년 간 배움과 발전을 통해 익힌 지식과 능력을 평가하기 위한 것이다. 그런데 시험의 초점이 수년간의 배움과 발전이 아닌 시험 그 자체에 맞춰질 경우, 그 시험은 더 이상 본래 수량화하려 했던 것을 측정하지 못하게 된다. 그보다는 주어진 시간 안에 사지선다형 객관식 문제들에 답하는 능력을 테스트하는 시간 싸움이 되는 것이다.

굿하트의 법칙에서 본 것처럼, 우리가 시험 결과에 더 많은 인센티브를 주면 줄수록, 사람들은 시험을 게임처럼 생각해 더 심하게 매달리고 빌리고 훔치려 한다. 그래서 부유한 사람들은 개인 교습을 받고 집중적으로 시험 준비를 해서 시험 주제들에 대해 실제로는 많은 것을 배우지 않고도 눈에 띄게 높은 점수를 받게 된다. 16~17세 아이들의 미래를 결정짓는 방법치고는 아주 부당하고 형편없는 방법이 아닐 수 없다.

그런데 같은 시대에 생겨나 지금까지 널리 쓰이고 있는 또 다른 인간 특성 테스트로는 비즈니스용 성격검사인 '마이어스-브릭스 성격유형 검사Myers-Briggs Type Indicator'가 있다. 감각, 직감, 느낌, 생각 등을 두루 다루는 이 검사는 각 개인이 세상을 어떻게 인식하는지 규정하고, 그 인식을 토대로 의사 결정을 하는 데 도움을 주는 검사로 여겨지고 있다.

1917년 캐서린 쿡 브릭스Katharine Cook Briggs는 자기 딸의 남자 친구 성격과 자기 가족들의 성격이 눈에 띄게 다르다는 걸 목격하게 됐다. 주로 독학으로 공부한 브릭스는 유명인들의 전기를 읽으며 나름대로 연구를 했고, 그 과정에서 서서히 '4가지 기질 이론'을 만들어냈다. 1923년 그녀는 어떤 영감 같은 걸 받았다. 스위스의 전설적인 심리학자 칼 융Karl Jung이 쓴《심리유형론Psychological Types》의 최신 영어 번역판을 읽고서 인간의 성격유형에 대한 융의 유형들을 알게 됐고, 그게 꼭 자기 자신을 비추는 것 같다고 생각한 것이다. 이후 그녀는 곧 자기 이론의 기본 사항에 대한 논문들을 발표했다.

1920년대 말에 브릭스의 딸 이사벨 브릭스 마이어스Isabel Briggs Myers가 브릭스의 연구에 합류했다. 작가인 마이어스는 어머니를 도와 함께 '성격유형론' 연구를 했을 뿐 아니라, 1929년에 상까지 받는 추리소설을 발표하면서 어머니의 이론을 널리 알리는 데 일조하기도 했다. 한때 스워스모어칼리지 우등생이었던 마이어스는 스스로 유명한 관리 컨설턴트인 에드워드 헤이Edward Hay의 제자로 들어가 검사 및 통계 분석, 자료 검증 등 자기 어머니의 이론을 발전시키는 데 도움이 될 만한 모든 기술을 배웠다.

그리고 1944년에 그 모녀는 마침내 마이어스-브릭스 성격유형 검사를 만들어냈다. 두 사람은 이 검사가 전쟁에 참전한 남편들 대신 일터로 나선 여성들에게 도움이 되길 바랐다. 그런데 이 검사가

지니고 있는 비즈니스적 측면이 기업들의 필요에 맞았고, 그래서 10년도 채 안 돼 이 검사는 인사 및 채용 전문가들이 두루 활용하는 검사 도구가 되었다. 그리고 1962년 마이어스가 쓴 검사 안내 책자는 SAT를 주관하는 기관인 ETS의 승인을 받게 된다.

마이어스-브릭스 성격유형 검사는 심리학 분야에서 채택된 적이 없다. 비판론자들은 이 검사의 주관성과 사용자 편향성, 그리고 반증 가능성 결여에 주목한다. 연구 전문가 애니 머피 폴Annie Murphy Paul은 이 검사를 "무책임한 탁상공론식 철학"이라 불렀으며, 베스트셀러 작가이기도 한 사회과학자 애덤 그랜트Adam Grant는 이렇게 주장했다. "정확성 문제와 관련해 한쪽 끝에는 별점을 그리고 다른 한쪽 끝에는 심장 모니터를 갖다 댄다면, 마이어스-브릭스 성격유형 검사는 아마 그 중간 어디쯤에 떨어질 것이다." 그러나 질문 93개와 정사각형 모양 격자들로 구성된 이 검사는 현재 세계에서 가장 널리 쓰이는 성격유형 검사로, 전 세계에서 하루에 수천 번씩 치러진다.

1950년대에서 1960년대에 이르면, 이런 여러 가지 검사 방법으로 인해 미국 사회는 마치 검사에 미친 사회처럼 보이게 된다. 예를 들어 IQ 검사는 심지어 아이들이 학교에 들어가기도 전에 치러졌고, 아이들이 받은 IQ 점수에 따라 반을 배정하기도 했다. SAT나 ACT 결과 또한 어떤 대학에 들어가느냐를 결정짓는 데 점점 더 큰 역할을 하게 됐다. 그리고 성인이 되어 사회생활을 하는 동안에도 직장에 들어갈 때마다 이런저런 성격검사나 적성검사를 받게 됐다.

이제 학생들뿐 아니라 직원들을 분류할 때도 몇 가지 또는 한 가지 검사로 개개인의 등급을 매기는 일이 아주 흔해졌다. 1990년대 초에는 제너럴일렉트릭General Electric과 마이크로소프트 같은 기업들에서 전 직원들의 등급을 종 모양의 곡선 그래프 모양으로 분류하는 일이 아주 흔했다. 제너럴일렉트릭의 최고 경영자이자 회장인 잭 웰치Jack Welch는 매년 그 그래프에서 최하위에 속하는 직원들을 10퍼센트씩 해고하겠다는 말까지 공공연하게 했다. 당연한 일이지만, 제너럴일렉트릭과 마이크로소프트는 세계에서 가장 브랜드 가치가 높은 5대 기업에 들었기 때문에, 뒤이어 많은 기업들이 각종 검사를 통해 직원들에게 등급을 매기기 시작했다.

하지만 그 기업들은 자신들이 무슨 일을 하고 있는지 알아야 한다. 직원들을 대상으로 각종 검사를 해서 등급을 매기는 것이 객관적이며 수학적인 공정성이 있다고 믿는다면 착각이다. 검사를 통해 등급을 매기고 등급에 따라 승진이나 봉급 인상을 하지 않는 것이 객관적이고 정당하다고 생각한다면 그건 착각이다. 검사를 통해 등급을 매기는 것이 일리 있다고 믿는다면 그 역시 착각이다.

구글을 비롯한 일부 기업들에서는 등급에 기초한 채용이나 승진 제도가 공식 폐지됐다. 또한 표준화된 검사들처럼 각종 능력을 측정할 목적으로 만들어진 논리 퍼즐이나 말로 된 수학 문제들[9]이 GPA와 SAT 점수를 대체하기도 했다. 그러나 많은 응시자들과 비판론자들은 변화는 아직 말뿐이라고 주장한다. 이처럼 뭔가 제대로 해보려는 노력도 있긴 하나, 많은 기업들은 여전히 기존 검사들의 편리함에서 벗어나지 못하고 있다.

IQ 검사와 SAT, ACT, 그리고 마이어스-브릭스 성격유형 검사 같은 성격검사들은 각종 비판을 받고 있고 또 부정확한 것으로 입증됐지만, 지금도 여전히 살아남았으며 심지어 번성하기까지 한다.[10] 21세기에 들어와 SAT와 ACT처럼 표준화된 대학 시험들은 미국 고등학생들과 부모들의 삶에서 그 어느 때보다 더 중요해졌다. 그리고 마이어스-브릭스 성격유형 검사가 널리 쓰이면서 '빅 5 성격검사', '에니어그램 성격유형 검사Enneagram Type Indicator', DISC(Dominance, Influence, Steadiness, Conscientiousness의 줄임말) 검사 등등, 다른 유형의 성격검사들이 줄지어 등장했다. 각종 검사가 이처럼 생명력이 강한 것은 사실 놀랄 일도 아니다. 한때 루이스 터먼이나 칼 브리검, 에드워드 리 손다이크 같은 사람들이 각 개인의 잠재력을 수량화하려고 애쓴 트렌드가 있었듯이 이제 미국에서 또 다른 강력한 트렌드가 모습을 드러내고 있었던 것이다.

다음에 이어질 이야기가 왠지 짐작되지 않는가? '새로운 기술'이 창조되어 세상을 연결한다. 새로운 기술은 비전을 가진 1세대 리더들에겐 막대한 부를 안겨주지만, 그 기술과 거리가 먼 가난한 노동자들에겐 엄청난 좌절감만 안겨준다. 그리고 부자와 가난한 사람들 간의 격차는 기록적인 비율로 벌어진다. 박탈감을 느낀 시골의 가난한 사람들은 도시로 몰려가고, 그 결과 도시는 전염병과 범죄로 들끓는다. 좌파든 우파든 가리지 않고 모든 사람들이 분노를 터뜨린다. 점점 더 많은 사람들이 아메리칸드림은 허황된 꿈일 뿐이라고 의심한다.

내가 말한 '새로운 기술'이란 19세기 말에 출현한 철도 기술을 가리킨다. 1890년대에는 철로 덕에 엄청난 부와 대저택들과 요트들이 생겨나고, 그래서 이 시대를 이따금 '도금 시대Gilded Age'라고 부른다. 그러나 1890년대에는 1894년부터 1897년 사이에 불경기도 발생하는데, 이 불경기는 미국 경제가 금융 측면에서 최악의 재난을 겪은 시대이기도 하다. (그러나 이 시기의 고통도 1930년대에 발생한 대공황 때의 고통에 비하면 별것 아니었다.)

고통스러웠던 1894년부터 1897년까지의 불경기 기간 중에, 또 그 뒤에 점점 더 많은 교육자들과 사회과학자들이 기업들의 탐욕, 부침이 심한 경제, 그 결과 나타나는 사회 병폐들을 제어할 보다 나은 방법들을 찾기 시작했다. (오늘날 '진보적'이라는 말은 민주당 상원의원 코리 부커Cory Booker와 엘리자베스 워런Elizabeth Warren에 의해 대중화된 진보적인 좌파 사상을 의미하지만, 1890년대에는 경제에서부터 기업 행동, 교육, 공중 보건, 사회학, 심리학 등 모든 분야에 과학 중심의 관리 방식을 적용한다는 의미였다.) 정치적인 관점에서 진보주의는 사회 다윈주의는 물론이고 유럽에서 생겨난 집산주의와 무정부주의도 배격했다. 사실 그건 정치적으로 양당주의였고, 그 양당주의는 공화당의 대통령 시어도

어 루스벨트와 민주당의 대통령 우드로 윌슨에 의해 뒷받침됐다.

진보주의는 그 의도가 좋았으며, 공중 보건, 노동자 안전, 독점 규제, 여성의 참정권 등 필요한 많은 개혁들을 이루어냈다. 또한 교육과 비즈니스 관리 분야에도 지대한, 그러나 보다 복잡한 영향을 끼쳤다. 비즈니스 분야에서 진보주의는 획일적인 순응을 강요함으로써 인간들을 살아 움직이는 부품으로 전락시켰다. 그 예를 확인하려면 그 시대에 가장 영향력 있는 비즈니스 사상가였던 프레더릭 윈즐로 테일러Frederick Winslow Taylor의 연구를 보면 된다.

테일러는 1911년에 발표한 자신의 저서 《과학적 관리법》에 이렇게 썼다. "과거에는 인간이 우선이었다. 그러나 미래에는 시스템이 우선되어야 한다."[11] 관리자들이 쓸데없는 시간 낭비 요인들을 찾아내 제거할 수 있다면 작업 현장의 노동생산성을 끌어 올릴 수 있다는 게 단순한 듯하면서도 매력적인 그의 생각이었다. 그의 이론에 따르면, 관리자들은 자기가 감독하는 노동자들의 행동을 관찰하고 기록하고 평가하고 분석해야 한다. 작업 현장에서 빈둥대는 노동자는 더 이상 없어야 한다. 장인의 솜씨 같은 것도 더 이상 필요 없다. 테일러는 복잡한 제조 공정들을 최대한 단순한 반복 작업들로 바꿔 어떤 노동자든 쉽게 할 수 있게 만들려 했다.

테일러의 이 같은 과학적 관리법은 노동자들과 노동 관행들에 대한 권위적인 통제가 필요한 것이었다. 그러나 테일러는 생산성이 더 높은 노동자는 더 많은 돈을 받을 수 있으므로, 자신이 고안한 방법이 노동자들에게도 아주 큰 도움이 되리라 믿었다. 그의 이론들은 헨리 포드Henry Ford의 자동차 조립 공장에서 최대한 실현되었고, 그 결과 그의 영향력은 20세기 들어 첫 10년간 그야말로 하늘을 찌를 듯했다. 그리고 테일러가 예견한 대로, 포드는 가장 생산성이 높은 자기 노동자들에게 다른 노동자들보다 두 배나 많은 돈을 주었다. 또한 그는 자기 직원들에게 포드 자동차를 구입할 기회를 주고 싶다고 했다.

테일러는 과학적 관리라는 요정을 병 밖으로 꺼냈다. 그의 과학적 관리법 덕에 새로운 부기 및 회계 기법들이 생겨나고, 또 작업 흐름 도면, 슬라이드 계산기, 동작 연구, 조립 속도 측정기 등의 발전이 이루어진 것이다. 그는 관리자들로 하여금 노동자들의 노동 시간을 분 단위까지 관찰하고 평가하고 분석하고 통제할 수 있게 해주었다. 그것이 테일러의 과학적 관리의 핵심이었으며, 그 가치는 어느 누구도 부인하기 어려웠다. 클라우드 컴퓨팅, 사물 인터넷, 빅데이터 분석, 인공지능, 작업 흐름 앱, 로봇 같은 오늘날의 기술들은 테일러와 그의 스톱워치에서 몇 세기는 멀어진 것처럼 보일 수도 있지만, 그의 아이디어들 중 상당수는 아직도 산업계를 지배하고 있다.

묘한 일이지만, 테일러의 과학적 관리법은 교육 분야에도 깊게 뿌리내렸다.[12] 1세기 전에 미국 교육자들은 대거 밀려드는 이민자 자녀들을 다루는 최상의 방법으로 테일러의 관리법을 채택했다. 1912년 존 프랭클린 보빗John Franklin Bobbitt은 《교육에서의 낭비 제거The Elimination of Waste in Education》라는 책을 출간함으로써 학교에

레이트 블루머

과학적 관리를 도입 및 시행하는 데 필요한 토대를 닦았다. 보빗은 기업에서와 마찬가지로 학교에서도 효율을 중시하고 낭비를 없애고 결과에 집중해야 한다고 주장했으며, 교과과정 또한 학생들을 효율적인 노동자처럼 만들 수 있게 짜야 한다고 주장했다.

테일러와 마찬가지로 보빗은 효율적인 결과를 내리면 중앙집권화된 권위와 정확한 하향식 지시가 필요하다고 믿었다. 컬럼비아대학교의 에드워드 리 손다이크 같은 다른 교육계 리더들도 컨베이어벨트식 교육 구조를 공공연하게 지지했다. 특히 손다이크는 사람들의 생각에 영향을 주어 학교의 교과과정과 교수법, 조직 구조 등을 과학적 관리 원칙들에 맞춰 변화시켰다. 그리고 손다이크가 변화시킨 이 모든 것들은 곧 지배적인 교육 모델이 되었다.

하버드대학교의 토드 로즈 교수가 다양한 인간의 재능에 대한 책 《평균의 종말》에서 말했듯이, 오늘날의 경직된 교육제도들은 공장관리 아이디어들에서 비롯된 것들이다.

●●● 우리 학교들은 여전히 100년 전처럼 경직된 테일러 관리 방식을 따르고 있다. 그리고 정해진 수업 시간, 정해진 학기, 경직된 '핵심' 과정 등을 통해, 모든 (정상적인) 학생들이 같은 나이에, 그리고 또 같은 지식들을 가지고 고등학교를 졸업한다.[13]

1962년 역사학자 레이먼드 캘러핸Raymond Callahan[14]은 과학적 관리가 미국 학교들에 어떤 영향을 주었는지 자신의 의견을 피력했다.

그의 저서 《교육과 효율성 숭배Education and the Cult of Efficiency》에서 테일러의 원칙들이 학교 건물 및 교실 공간의 보다 효율적인 활용에서부터 수위 업무의 표준화에 이르는 모든 교육행정에 어떤 영향을 주고 있는지 설명했다. 또 다른 개혁을 위해서는 교사들이 자신들의 교수 활동을 세세히 점검해 '낭비'를 최소화할 필요도 있었다.

테일러 시대 이후 우리가 더 개화됐다고 생각할 수는 없으며, 그걸 입증이라도 하듯 최근 들어 아동 낙오 방지법, 필수과목, 상향식 경쟁 같은 교육개혁 움직임을 통해 공교육에서 표준화된 시험의 역할이 더 커졌다. 그러나 표준화된 시험은 테일러의 아이디어들이 교육 현장에서까지 활용되고 있다는 걸 가장 잘 보여주는 예에 지나지 않는다. 사실 우리의 교육제도는 지금 주로 산업계의 요구들에 따라 보다 강력한 표준화 및 평가 추진, 실용적인 STEM 중심 교과과정에 대한 공공연한 지지, 쉬는 시간 등을 알리는 벨소리 활용 등의 물리적 동기화에 따라 운영되고 있다. 테일러가 고안한 조립라인에서 포드의 조그만 모델 T 자동차들이 줄지어 굴러나오듯, 우리 아이들이 지금 학교에서 그렇게 대량생산되고 있는 것이다.

대부분의 사람들에게 이는 정말 말도 안 되는 소리다. 사람마다 배우는 방식이 다 다르다는 것은 상식이다.[15] 배움이란 신경학적 발달과 생리학적 발달과 정서적 발달 등이 누적된 결과다. 결국 사람들은 저마다 다른 속도로 지식을 흡수하고 통합하고 활용한다

레이트 블루머

는 얘기다. 어떤 사람들은 자신이 어떤 지식의 토대들에 노출되자마자 그 지식을 활용하기 시작한다. 그러나 또 다른 사람들, 특히 나를 포함한 레이트 블루머들은 마지막 조각까지 다 맞추고 난 뒤에야 그 지식을 활용한다. 그리고 이처럼 복잡미묘했던 무언가가 갑자기 이해되는 순간은 깨우침의 순간처럼 느껴진다. 그러나 이런 이유로 학생들을 추적하고 등급을 매기고 분류하는 과정이 왜곡될 수도 있다. 어떤 아이들은 학습 모델들에 딱 들어맞는 프로필을 갖고 있지만, 다른 대다수 아이들은 사람들의 기대에 잘 맞지 않는 프로필을 갖고 있기 때문이다.

표준화된 시험들로는 학생들의 비판적인 사고 능력이나 어떤 주제에 대한 몰입도를 제대로 측정하지 못한다. 또한 표준적인 시험들은 교사들로 하여금 표준화된 시험으로 평가 가능한 내용만 다루게 강요하고 좀 더 분석적인 내용은 피하게 만들어서 제대로 된 교육이 어려워진다. 게다가 테일러의 이론에서는 공장 내에서 노련한 장인들의 역할이 평가절하되기 때문에, 표준화된 시험 제도 아래에서는 가르치는 직업도 평가절하된다. 결국 표준화된 시험들을 통해 교육이 시험 준비 과정으로 전락하고, 그 결과 교과과정의 질과 가르치는 기술의 수준이 떨어진다. 교육에서 인간성이 고갈돼버리는 것이다.

∗∗∗

검사에 대한 우리의 집착이 불러온 결과는?

오늘날의 성공은 빌 게이츠의 마이크로소프트나 골드만삭스, 구글, 아마존 같은 다른 'IQ 농장'들이 총애하는, IQ도 높고 SAT 점수도 높은 신동들의 소유물이나 다름없다. 그리고 사람들 가운데 가장 높은 점수를 받은 이들이 돈도 가장 많이 벌고 또 가장 빨리 벌기도 한다. 오늘날에는 IQ와 데이터가 바로 학생들의 등급으로 이어지며, 그로써 우리 아이들은 얼리 블루머가 되어야 한다는 사상 유례없이 심한 압박감에 시달리고 있다. 그리고 '승리자들', 즉 GPA와 SAT 점수가 높은 학생들을 뽑는 우리의 위태위태한 교육제도 때문에, 여러 세대의 젊은 남성과 여성이 성인이 되기도 전에 남들에게 뒤처지는 참담한 기분을 맛보고 있다.

젊은이들, 특히 젊은 남성들이 성인의 세계를 거부한 채 부모 집에 얹혀살며 매일 몇 시간씩 컴퓨터게임이나 하고 있다. 그러면서 많은 젊은이들이 폭음과 마약중독에 빠져 지낸다. 혼란스럽고 스트레스 많고 불만족스러운 자신의 삶에서 위안할 만한 것을 찾으려고 몸부림치고 있는 것이다. 또한 각종 설문 조사를 보면, 많은 직장인들이 제대로 인정받지 못하고 있으며, 또 자기가 맡은 일에 제대로 집중하지도 못한다고 느끼는 듯하다. 게다가 우리 사회는 다양한 기술, 규범에서 벗어난 발달, 레이트 블루밍에 낙인을 찍는다.

레이트 블루머

많은 학교와 기업에서 여전히 지능 중심의 검사들이 실시되고 있는 걸 보면, 우리는 아직 입증 가능한 효과적인 평가보다는 얼핏 보기에 객관적이고 정당화될 만한 평가에 더 목을 매는 것 같다. 여기서 중요한 사실을 짚고 넘어가자면, 아직 그 누구도 한 개인의 잠재력이나 재능을 정확히 측정할 수 있는 검사를 만들어내지 못하고 있다는 것이다. 그리고 너무도 당연한 말이지만, 인간의 발달처럼 복잡하고 다면적인 것에 어떤 한 가지 기준이나 1차원적인 검사를 적용한다는 건 그야말로 어불성설이다. 우리 사회는 지금 과거 그 어느 때보다 더 우리 스스로를 평가하고 등급을 매기고 분류하고 있다. 왜일까?

＊＊＊

이 장 앞부분에서 나는 세계에서 두 번째 부자인 빌 게이츠가 SAT 수학 시험에서 800점 만점을 받았다는 얘기를 했다. 높은 IQ가 돈 벌어들이는 마법을 발휘한다는 그의 믿음이 마이크로소프트의 초창기 직원 채용 결정에 어떤 영향을 주었는지도 설명했으며, 마이크로소프트는 IQ를 코딩 재능과 사업 감각의 예측 변수로 봤고, 그것을 이후 다른 많은 기업들이 따라 했다는 얘기도 했다.

구글을 창업한 래리 페이지Larry Page와 세르게이 브린Sergey Brin 역시 각각 SAT 수학 시험에서 만점과 만점에 가까운 점수를 받았다. 스탠퍼드대학교를 졸업한 두 사람은 1998년에 구글을 시작했으며, 2014년까지 구글 응시자들에게 SAT 점수를 요구했다고 알려져 있다. (구글의 모기업인 알파벳Alphabet은 지금은 더 이상 SAT 점수를 요구하지 않으려고 이런저런 시도를 하는 중이다. 그러나 사실 구글은 지금도 취업 희망자들의 빠른 인지능력을 평가하기 위해 다양한 퍼즐과 수수께끼, 기타 수단들을 활용하고 있다.)

아마존 창업자이자 최고 경영자이며 세계에서 가장 부유한 사람이기도 한 제프 베조스Jeff Bezos 역시 SAT 수학 시험에서 800점 만점을 받았다. 기자 브래드 스톤Brad Stone은 베조스에 대해 이런 말을 했다. "그는 가장 뛰어난 인재들을 채용한 게 아마존이 성공을 거둔 열쇠라고 느꼈다. 초기에 그는 응시자 면접을 직접 봤으며, 그들에게 SAT 점수를 요구했다. 그는 '우리가 누군가를 채용할 때마다 그 사람으로 인해 다음 채용 기준은 더 높아지며, 그래서 우리의 전체 인재 풀은 늘 더 강력해지고 있습니다'라고 말했다."[16] 베조스는 한 기자에게 농담 삼아 자기 아내도 SAT 점수가 높아 서로 호환이 된다고 말한 적도 있다.

페이스북의 창업자 마크 저커버그는 SAT 수학과 영어 시험 파트에서 만점인 1,600점을 받았다. 애플의 공동 창업자 스티브 워즈니악Steve Wozniak은 어땠을까? 그 역시 SAT 수학 시험에서 800점 만점을 받았다.

입이 쩍 벌어질 만한 숫자들이 두 개 더 있다. 바로 앞서 말한 SAT 수학 신동 6명의 개인적인 부를 다 합치면 3,000억 달러가 넘는다. 그리고 그 6명이 만든 기업들의 기업 가치는 총 3조 6,000억

레이트 블루머

달러로, 상위 9개 국가를 제외한 나머지 모든 국가들의 GDP를 합한 것보다 더 많다.

이는 틀림없이 칭송받을 만한 일이다. 그러나 잠깐 모든 걸 멈추고 그 대가를 생각해보자. 비판적인 한 유명 사상가의 주장에 따르면, 지금 미국 경제는 부를 창출해내는 알고리즘 천재들과 SAT 점수에 대한 사람들의 집착 탓에 몇십 년간 제 능력을 십분 발휘하지 못하고 있으며, 그래서 지금 미국 사회가 해답을 찾고자 안간힘을 쓰고 있다고 한다. 혹 그 비판적인 사상가가 실리콘밸리에, 또 그곳 신동들이 터무니없을 정도로 큰 부자가 되는 데 악감정을 갖고 있다고 생각할지 모르나, 사실 그 사상가 역시 그런 신동들 중 한 사람이다.

페이팔PayPal의 공동 창업자이며 페이스북 이사이기도 한 피터 틸Peter Thiel은(그는 고등학교 시절 체스 영재였고, 스탠퍼드 법학대학원 졸업생이며, SAT 수학 시험 800점 만점자이기도 하다) 전반적인 경제 번영에 좋은 일과 투자자들에게 투자를 받기 쉬운 일 사이에 부조화가 존재한다고 주장한다.[17] 그러니까 그가 생각하기에 미국 경제에서는 '비츠bits' 기업들[18]에 너무 많은 투자 자본이 쏟아져 들어가고 있다는 것이다. 비츠 기업은 MIT대학교의 니컬러스 네그로폰테Nicholas Negroponte가 1990년대에 만들어낸 말로, 이를테면 구글, 페이스북, 아마존처럼 알고리즘을 이용해 서비스를 제공함으로써 수익을 올리는 기업 또는 이를테면 모건스탠리, 골드만삭스, 기타 많은 헤지펀드들처럼 알고리즘을 이용해 금융시장을 선도하는 기업을 뜻한다. 비츠 기업들은 대개 물리적인 제품을 만들지 않는다. 주로 보다 똑똑한 알고리즘을 이용해 제품이 아닌 시장을 만들어내는 것이다.

니컬러스 네그로폰테와 피터 틸의 용어에 따르면, '애텀즈atoms' 기업은 좀 더 오래된 기업으로, 곡물을 수확하고 연료를 추출하고 강철을 주조하고 자동차를 제조하며 책을 제본하고 TV를 조립하고 육지와 바다 또는 하늘로 제품을 운송하는 등 물리적인 물질들을 취급한다. 제너럴모터스가 대표적인 애텀즈 기업이다. 이 기업은 현재 17개 국가에서 수십 개의 공장을 운영하고 있고, 20만 명 이상을 고용하고 있으며, 매년 수천만 대의 자동차와 트럭을 생산하고 있다.

그러나 애텀즈 기업들은 물리적 자원들을 이용하고 공장과 매장이 있어야 하며 폐기물을 만들어내고 업무 관련 부상 사고도 자주 발생하는 까닭에 규제를 심하게 받고 세금도 많이 낸다. 반면에 비츠 기업들은 직원들이 컴퓨터 앞에 앉아 알고리즘을 쓰고 최소한의 자원들(전기는 예외여서, 연료 기업과 수도·전기·가스 기업 등의 규제를 받는다)을 이용하며 오염 물질도 거의 배출하지 않고 업무 관련 사고도 거의 없다. 그래서 규제를 거의 받지 않는다. 또한 오래된 애텀즈 기업들에 도전하는 우버Uber와 에어비앤비Airbnb 등과 같은 비츠 기업들은 워낙 새롭고 파괴적이어서, 구식 규제 시스템으로는 제대로 대처하기 힘들 정도다. 비츠 기업들의 또 다른 장점은 세금 혜택을 받는다는 것이다. 비츠 기업 창업자와 투자자들은 보다 높은 개인소득세율 대신 보다 낮은 양도세율에 따라 세금을 낸다. 또 기업 수익 측면에서도 혜택을 받는다. 스탠더드앤드푸어 선정 500대 기업의 평균 법인소득세는 21퍼센트인 데 반해 페이스북과 구글의 법인소득세는 15퍼센트밖에 안 된다.

피터 틸은 현재의 경제 체제에서는 비츠 기업들이 필요 이상의 혜택을 받고 있다고 보는데, 이는 그가 좌우 이념 중 어느 한쪽에 치우쳐 있어서가 아니다. (틸은 유명한 자유주의자이자 보수주의자다.) 민주당 여론 조사 전문가인 마크 펜Mark Penn도 다음과 같은 말로 그의 관점에 동의한다. "오래된 오프라인 경제[19]는 지금 각종 규제 때문에 죽어가고 있다. 반면에 기술 중심의 새로운 온라인 경제는 각종 규제에서 자유로워 막대한 가치를 쌓아 올리고 있다."

상황이 이렇다 보니, 투자 자본이 애텀즈 경제를 피해 비츠 경제로 쏟아져 들어가는 건 놀랄 일이 아니다. 온라인 차량 공유 서비스 업체인 우버의 경우, 생긴 지 9년밖에 안 됐고 풀타임 직원이 1만 명 정도밖에 안 되는데도 2018년도 시가총액이 무려 720억 달러에 달했다. 반면에 역사가 110년이나 되는 제너럴모터스의 현재 시가총액은 520억 달러다. 잠시 생각해보라. 우버가 제너럴모터스보다 200억 달러나 더 가치가 있다. 비츠 기업들이 누리고 있는 막대한 시가총액 이점이 자가 증식하고 있는 것이다. 결국 많은 투자를 받는 비츠 기업들은 미래를 바라볼 수 있어서 애텀즈 기업들보다 더 많이 투자하고 더 많이 인수하고 인재들에게 돈을 더 많이 쓸 수 있다. 이처럼 시장가치와 관련해 비츠 기업들에 일방적으로 유리한 이점들은 지난 30년 동안 계속 더 많아졌다.

이 모든 것이 얼리 블루머와 레이트 블루머에게 끼친 영향은 무엇일까? 이 같은 투자수익률의 부조화를 감안할 때, 당신이 만일 야심 찬 10대 또는 그 부모라면 자연스레 다음과 같은 의문을 가질 것이다. '비츠 기업에 입사하려면 무엇이 필요할까?' 그 답은 간단하다. 앞서 살펴봤듯이, 비츠 기업들은 인지능력이 뛰어난 엘리트를 원한다. 그들은 평가 가능한 가장 똑똑하고 가장 기민한 최고 중의 최고를 원한다. 그리고 그들이 생각하기에 SAT의 수학 시험만큼 효과적으로 알고리즘 능력을 보여주는 시험이나 평가는 없다. 젊은이들과 부모들, 교사들, 그리고 고용주들 가운데 그 누구도 세계에서 가장 가치 높은 21세기의 기업들이 SAT 수학 신동들에 의해 시작됐다는 사실을 부인할 수는 없다. 그런 얘기를 노골적으로 하는 사람은 거의 없지만, 우린 너 나 할 것 없이 그게 사실이라는 걸 안다. 불확실성이 높은 경제 상황 속에서 우리 사회는 아이들에게 최대한 높은 점수를 따내라고 엄청난 부담을 준다. 그래야 가장 수지맞는 업계에서 수익을 가장 많이 올리는 기업에 들어갈 수 있기 때문이다.

그러나 높은 점수를 따내 얼리 블루머가 되라는 이 같은 압박감 그 자체로 많은 부작용이 생겨났다.

2014년 〈포브스〉지는 30세의 스탠퍼드대학교 중퇴자를 세계에서 가장 돈이 많은 자수성가한 여성으로 선정했다. 엘리자베스 홈즈 Elizabeth Holmes와 그녀의 기업 테라노스Theranos는 정맥에서 혈액을 채취하지 않고 거의 무통증으로 손가락 끝에서 피를 아주 소량만 뽑아 수백 가지 질병을 검사해내는 기술을 개발했다.[20] 홈즈는 자기 회사가 수백만 명의 목숨을 구할 수 있다고 믿었다.

투자자들 역시 테라노스에 투자하면 수십억 달러를 벌 수 있으리라 생각했다. 그래서 그들은 몇 차례에 걸쳐 테라노스에 투자해 기업 가치를 100억 달러까지 올려놓았다. 홈즈는 선망의 대상이 됐다. 그녀는 자신의 영향력을 행사하기 위해 테라노스 주식의 절반을 유지해 50억 달러의 순자산을 확보했고, 그 바람에 바로 〈포브스〉의 부자 명단 꼭대기까지 뛰어올랐다.

그러나 2016년이 시작되면서 모든 게 순식간에 무너져내렸다. 〈월스트리트저널〉 기자 존 캐리루John Carreyrou가 20개가 넘는 기사를 통해 테라노스의 기술이 무용지물이라고 폭로한 것이다. 손가락 끝에서 채혈한 소량의 피는 손가락 끝에서 떨어져 나온 피부 조각에 오염되는 경우가 많았다. 게다가 오염되지 않은 깨끗한 피로 한 검사 결과도 정맥에서 피를 몇 통씩 뽑아 검사하는 구식 방법의 정확도를 따라가지 못했다. 다시 말해 소량의 피 샘플이 아무짝에도 쓸모가 없었고, 잘못하면 치명적인 증상을 놓치거나 엉뚱한 치료를 하게 되는 일이 벌어질 수도 있었던 것이다. 처음 이런 문제를 발견한 사람은 테라노스의 수석 과학자 이안 기번스Ian Gibbons였다. 홈즈에게 이를 보고한 테라노스의 최고 운영 책임자는 기번스에게 입을 다물고 있으라고 지시했다. 그러나 테라노스의 비밀은 결국 밖으로 새어 나갔고, 곧 FBI가 수사에 착수했다. 그리고 기번스는 홈즈가 해고하기 위해 자기 사무실로 호출한 것으로 짐작되는 날 바로 전날 밤에 스스로 목숨을 끊었다. 미망인이 된 기번스의 아내 로셸이 홈즈와 테라노스로부터 위로의 말을 들으리라 기대했다면, 아마 큰 충격을 받았을 것이다. 테라노스의 변호사들은 기자들에게 알릴 경우 소송을 당할 것이라는 협박을 담은 편지를 로셸에게 보냈다.

얼리 블루머가 되는 데 집착했던 홈즈의 운명은 처음부터 정해져 있었던 듯하다. 그녀는 아홉 살 때 아버지한테 이런 편지를 썼다. "내가 정말 원하는 것은 그 누구도 생각지 못한 새로운 걸 발견하는 거예요."[21] 그녀는 어릴 때 표준 중국어를 공부했고, 휴스턴에서 고등학교에 다니면서 자신의 첫 사업을 시작했다. 중국의 대학들에 컴퓨터 코딩 언어를 판매하는 사업이었다. 그녀는 또 명문 스탠퍼드대학교에 들어가면서 총장 장학금 외에 자신이 원하는 연구 프로젝트를 진행하는 데 필요한 돈까지 받았다. 스탠퍼드대학교에서 1학년을 마치고 여름방학에는 싱가포르 게놈연구소에서 일했다. 그리고 18세에 웨어러블 스타일의 약물 투여 패치로 첫 특허를 냈다.

홈즈는 재능도 남달랐지만 의욕도 남달랐다. 그녀의 롤 모델은 애플을 공동 창업했으며 후에 애플 신화를 쓴 영재 스티브 잡스였다. 그녀는 스티브 잡스의 독특한 특징들까지 바로 따라 했다. 그래서 검은색 폴라 티를 즐겨 입었다. 가슴 앞에 두 손을 모아 탑 모양을 만드는 것까지 따라 했다. 그녀는 또 눈을 거의 깜빡이지 않고 똑바로 응시해 상대를 당혹스럽게 만들기도 했다. 또한 그다지 존경스럽지 못한 잡스의 특징들까지 따라 했다. 직원들끼리 서로 자기가 하는 업무에 대해 얘기하지 못하게 막는 일에 집착함으로써, 테라노스를 마치 경찰국가처럼 운영한 것이다. 그녀는 또 자신의 이른바 '천재적이고 놀라운' 테라노스 제품들을 부풀려 얘기하면서 잡스의 '현실 왜곡장reality distortion field(〈스타 트렉〉에서 나온 말로, 잡스의 일하는 방식이 너무 독특해 외계인 같다는 의미다-옮긴이)'까지 그대로 흉내 냈다.

스티브 잡스는 겨우 21세에 애플을 공동 창업했고, 25세에는 애플을 처음 상장해 젊은 유명인이자 억만장자가 되었다. 홈즈는 점점 자신의 롤 모델인 잡스보다 빨리 부와 명예를 손에 쥐어야 한다는 압박감에 시달렸다. 그래서 자신이 만들어낸 테라노스 혈액검사 기법이 무용지물이라는 게 입증됐음에도, 그 기법의 잘못을 바로잡는 게 아니라 계속 밀어붙이려 했다. 그리고 종종 임대한 걸프스트림 150 제트기를 타고 혼자 세계 각국을 돌아다니며 연설을 했다. 그녀는 비판론자들을 향해 소송을 제기하겠다고 위협했고, 〈월스트리트저널〉 회장 루퍼트 머독Rupert Murdoch을 찾아가 기자 존 캐리루의 테라노스 보도를 중단시키려 했으며, 테라노스 관계자들에게 월그린Walgreens(미국의 식품 잡화 판매 회사-옮긴이) 같은 고객들을 만족시키기 위해 비밀리에 혈액 샘플을 과거 방식으로 검사하라고 지시했다.

그러나 곧 〈월스트리트저널〉이 심층 기사들을 내놨다. 그 뒤를 이어 〈포브스〉와 〈베니티페어〉도 심층 기사들을 냈다. 2016년에 이르러서는 모든 비밀이 다 드러났다. 테라노스 측은 할 수 있다고 주장한 일들을 하지 못했고, 그에 대해 거짓말을 했으며, 누구든 진실을 알리면 협박을 했다. 결국 〈포브스〉지는 엘리자베스 홈즈를 세상에서 가장 부유한 자수성가 여성으로 선정한 지 2년 만에 그녀가 가지고 있는 테라노스의 주식들이 휴지 조각이나 같다고 선언했다.

우리는 엘리자베스 홈즈에 대해 무슨 말을 할 수 있을까? 그녀는 엄청난 재능을 지녔었다. 100만 명 중에 한 명 나올까 말까 할 정도로 뛰어난 그녀의 알고리즘 기술들 덕에 그녀는 고등학교 시절에 이미 표준 중국어를 완전히 익혔고 컴퓨터 프로그램 전문가가 되었다. 그녀는 스탠퍼드대학교에서 총장 장학금을 받았고, 18세에 특허 신청을 했으며, 기업가로서도 워낙 똑똑하고 카리스마가 강해 19세에 자신이 다니는 스탠퍼드대학교 자문을 설득해 자기 회사에 합류시켰다. 그러나 타고난 거짓말쟁이며 사기꾼이었던 버니 매도프Bernie Madoff(희대의 다단계 금융 사기꾼-옮긴이) 같은 인물이 되고 싶었던 걸까?

내 생각은 좀 다르다. 그러니까 적어도 처음부터 그럴 생각은 아니었던 것 같다. 얼리 블루머가 되겠다는 집념이 강했던 데다가 너무 조급했던 게 그녀의 가장 큰 문제였다고 생각한다. 테라노스가 자신의 바람대로 일찍 꽃피지 못하게 됐을 때, 그녀는 문제를 바로잡기 위해 잠시 멈춘 게 아니라 오히려 더 강하게 밀어붙여 개인 제트 비행기를 타고 TED 강연을 하러 돌아다녔고, 비판론자들에게는 법적 대응을 하겠다고 위협했던 것이다.

엘리자베스 홈즈는 나쁜 사람일까? 많은 사람들이 그렇게 생각한다. 그러나 나는 그녀의 행동들은 흑백논리로는 설명할 수 없을 만큼 복잡하다고 생각한다. 그러니까 조기 성취라는 자기 자신의 이야기에 갇힌 것일 가능성이 크다. 성공에 대해 좁은 시각을 갖게 부추기는 이 사회에서 환영받을 이야기에 말이다.

미국을 비롯한 전 세계 부유한 국가들에서는 지금 아주 다양한 방식으로 1~2세대 전까지만 해도 받아들여지지 않던 인종 및 생활방식 측면에서의 다양성이 자연스레 받아들여지고 있다. 소외된 적이 있던 많은 사람들에게 이 같은 변화는 의미가 아주 크다. 우선 지난 30년간 아프리카계 미국인들의 대학 졸업률은 배로 뛰었다.[22] 마이클 조던Michael Jordan과 매직 존슨Magic Johnson같이 유명한 아프리카계 미국인들은 단순히 전직 운동선수가 아니다. 그들은 지금 팀 소유주다.[23] 가장 최근에 〈포브스〉지가 선정한 '미국에서 가장 부유한 자수성가 여성들' 목록에는 17명의 억만장자가 포함되어 있으며, 그들이 하고 있는 사업은 지붕 재료 판매업에서 트럭 수송업, 소매업에 이르기까지 다양하다.[24] 또한 현재 동성 결혼은 미국 50개 주 모두에서 연방헌법에 의해 보장되고 있으며, 애플 최고 경영자 팀 쿡Tim Cook 같은 유명한 기업 리더들은 공개적으로 자신이 동성애자라는 사실을 밝히고 있다.[25]

그리고 요즘 우리 사회가 대중적 관용과 정치적 관용 측면에서는 한 걸음 물러선 상황임에도, 각종 여론 조사 결과를 보면 지난 몇십 년간 교육 및 직장, 성 평등, 동성 결혼 등의 측면에서 우리 사회는 점차 다양성을 받아들이는 쪽으로 변화하고 있다.[26] 이런 추세는 점차 우리 사회가 개개인의 스타일과 특이한 관심사들과 급진적인 정체성 정치identity politics(인종·성·종교·계급 등 여러 기준으로 분화된 집단의 권리를 인정해주는 정치-옮긴이)까지 받아들이는 쪽으로 확대되고 있다. 그 결과, 우리는 이제 몸에 문신과 각종 피어싱을 하고서도 좋은 직장에 그대로 다닐 수 있다. 이제 복장 등에서 남녀 성 경계를 뛰어넘을 수 있으며, 후드 티에 샌들을 신고서도 직장에 갈 수 있고, 성인이 되어서도 만화책을 수집하고 비디오게임을 할 수 있다. 이 모든 게 그 어느 때보다 문화적으로 훨씬 더 잘 받아들여지고 있는 것이다.

그런데 조기 성취와 인지능력의 다양성 문제에 관한 한, 우리는 정반대의 길을 걷고 있다. 인지능력 및 각종 능력 발달 속도가 더

딘 사람들이 취업 시장에서 인정받지 못하는 등, 인지능력이 저마다 다른 사람들이 우리 사회에서 제대로 받아들여지지 않고 있는 것이다.

우리 사회의 모든 사람들이 놀랄 만큼 독립적이 됐고 사고도 보다 다양해졌다고 자화자찬한다. 그리고 우리가 지금 서로 다른 정체성과 생활방식도 받아들이고 있기에, 당연히 서로 다른 학습 및 인지능력 발달 과정도 받아들일 것이라고 추정한다. 지금은 과거 그 어느 때보다 더 많은 사람들에게 더 많은 기회가 있을 것이라고 추정한다. 그러나 우리의 그런 추정은 근본적으로 잘못됐다. 온라인 기업과 금융 기업들이 탐내는 뛰어난 알고리즘 능력이 지나치게 과대평가되고 있고, 그럼에도 지금 사람들이 그런 현실에 맹목적으로 순응하고 있는데, 그런 사실을 간과한 데서 오는 오해 또는 착각이다. 보다 심각한 문제는 이처럼 맹목적인 순응이 한 가지 평가나 애매모호한 백분율에 의존하는 경우가 많다는 것이다. 그런 것들은 절대로 인간의 잠재력처럼 복잡한 것을 평가할 만한 자료가 될 수 없다.

IQ 검사와 SAT가 어떻게 모든 것을 결정하는 검사가 됐는지 살펴보라. 이 검사들은 애초에 삶의 성공 여부를 결정짓는 최종 검사로 고안된 게 전혀 아니다. 몇십 년 전만 해도 IQ 점수나 SAT 성적이 삶의 궤적을 결정짓는 절대적인 요소는 아니었다. 또한 SAT 점수가 당신이 돈을 얼마나 많이 벌고 어떤 상대와 결혼을 하고 다른 사람들이 당신에 대해 어떻게 생각하는지를 결정짓는 중요한 요소도 아니었다. 공장 일자리든 사무실 일자리든 좋은 일자리를 가질 자격 요건은 대개 진실성, 열의, 경험, 직업의식, 신뢰성, 팀워크, 끈기 이런 것들이었다. 비단 IQ뿐이 아니라 정서 지능도 중요했다. 그것을 현재와 비교해보라.

오늘날에는 표준화된 시험 결과에서 하위 75퍼센트, 그러니까 전체 시험 응시자의 4분의 3이 힘겨운 시간을 보내게 된다. 그리고 부모들이 당신을 대안 학교에 보내거나 당신에게 여러 가정교사를 붙여줄 형편이 안 된다면, 또는 당신을 집에서 교육할 시간이 없다면 비표준적인 학습 기회를 갖기가 아주 어렵다. 게다가 우리가 깨닫든 그렇지 못하든, 아니면 또 우리가 인정하고 싶어 하든 그렇지 않든, 이런 상황으로 우리는 심각한 문화적 퇴보를 하게 된다.

오늘날에는 모든 걸 제대로 하고도, 그러니까 열심히 공부하고 SAT를 치르고 지방 또는 주립대학에 들어가고도 여전히 뒤처질 수 있다. 또한 여러 세대 동안 '성공으로 향하는 에스컬레이터'였던 길을 따라가고도, 여전히 사회에서 소외되거나 경제적으로 배제될 수도 있다. 왜 그럴까? 충분히 똑똑히 또는 충분히 빨리하지 못했기 때문이다. 표준화된 시험을 치르는 기술이 17세에 남들보다 단연 뛰어나지 못했기 때문이다. 불행히도 그렇게 해서 삶의 낙오자들 중 하나가 될 수도 있는 것이다.

과거에는 고등학교나 대학교 때 뜻하지 않은 장애물에 부닥쳐도 헤쳐 나갈 있는 길이 얼마든지 있었다. 예를 들어 미국 군대는

레이트 블루머

한때 얼마든지 변신이 가능한 곳이었다. 군인들, 특히 노동자 계급 출신의 남성들이 훈련을 통해 성장하고 롤 모델을 발견해 목표를 높일 수 있는 곳이었던 것이다. 그러나 이제는 더 이상 그런 얘기들은 들을 수 없다. 그런 얘기들이 미국인들의 대화에서 아예 사라져버렸다. 2016년에 베스트셀러 《힐빌리의 노래: 위기의 가정과 문화에 대한 회고》를 발표해 사람들을 놀라게 한 작가 J. D. 밴스J. D. Vance를 생각해보라. 힘든 어린 시절과 사춘기를 보낸 뒤 그는 해병대에 들어갔다. 군 복무를 마치고는 오하이오주립대학교에 들어갔다가 다시 예일 법학대학원에 들어갔으며, 이후 실리콘밸리의 한 주요 투자회사에서 중책을 맡았다. 이는 아주 특별한 탐구와 성장, 그리고 자기 계발의 이야기다.[27] 그런데 밴스의 이야기가 더없이 특별한 것은 오늘날에는 인지능력이라는 폭압적인 기준이 성공과 성취에 이르는 다른 많은 길들을 모조리 막아버리고 있기 때문이다.

게다가 이런 상황은 우리로 하여금 인간의 잠재력은 놀라울 정도로 폭넓다는 만고의 진리에 눈감게 한다. 물론 어떤 사람들은 일찍이 학창 시절에 자신의 능력을 인정받고, 또 자신의 가장 뛰어난 재능들이 1차원적이고 표준화된 시험이나 검사를 통해 발견된다. 운이 좋은 사람들이다. 그러나 대부분의 사람들은 그나마 운이 따라야 훨씬 뒤에나 자신의 능력들이 발견되거나 인정받거나 뒷받침된다. 그 결과, 대부분의 사람들한테 재능이나 야심이 덜한 사람이라는 잘못된 꼬리표가 붙는다. 게으르거나 패기 없는 사람으로 평가절하되는 것이다.

그러나 이 모든 게 실은 우리의 진정한 능력들에, 그리고 우리가 남들보다 잘할 수 있는 일들에 빛이 비춰지지 않기 때문이다. 이른 성취에 심한 압박과 각종 시험 및 검사에 대한 맹목적인 순응이라는 두 독소가 합쳐져 우리를 일개 기계로 전락시키고 있는 것이다. 그리고 그 결과 우리는 십중팔구 패배할 수밖에 없는 경쟁에 뛰어들게 된다.

$$* * *$$

우리는 끔찍한 딜레마에 빠져 있다. 해가 거듭될수록 기계들은 그야말로 거침없이 똑똑해지고 있다. 현대적인 자동화가 처음 시작된 지난 세기까지만 해도 기계들은 지식 기반의 경제에는 별 위협이 되지 않을 듯했다. 기계의 이점들이라는 게 주로 육체노동자들에게만 타격을 주었기 때문이다. 로봇들이 점점 더 많은 자동차 부품들을 용접하고 조립하자 자동차 조립라인의 노동자들이 불안해했다. 그러나 로봇과 인공지능이 전문적인 업무 현장까지 파고들자, 대학과 미디어계에 몸담고 있는 사람들이 긴장하기 시작했다. 그리고 지금에 와서야 점점 위기의 실체가 분명해지고 있다.

2016년 가을, 전직 미국 재무장관이자 세계은행 수석 이코노미스트인 로런스 서머스Lawrence Summers는 이런 글을 썼다. "내 예상에 21세기 중반쯤 되면 25세부터 54세 사이의 모든 남성들 가운

레이트 블루머

데 3분의 1 이상이 실업자가 될 것으로 보인다.[28] 그리고 아마 남성들의 절반 이상이 적어도 5년마다 1년은 실직 상태로 지내게 될 것이다." 그가 말한 수치들은 미국의 저명한 인구 통계학자들 가운데 한 명인 니컬러스 에버스타트Nicholas Eberstadt의 연구를 토대로 나온 것인데, 그는 이런 현상을 '미국의 보이지 않는 위기'[29]라고 불렀다.

2016년 크리스마스 직전에 미국 백악관은 〈인공지능, 자동화, 그리고 경제Artificial Intelligence, Automation, and the Economy〉라는 제목의 50쪽짜리 보고서를 발행했는데, 거기에 이런 내용이 적혀 있다. "미국은 인공지능에 투자하고, 또 인공지능을 개발해야 한다. 미래의 일들에 맞춰 미국인들을 교육 및 훈련시키고, 노동자들과 고용주들로 하여금 미래의 성장을 공유할 수 있게 해주는 등 많은 이점이 있기 때문이다."[30] 그리 나빠 보이지 않는다. 안 그런가? 그러나 다음을 읽어보라. "그러나 보고서 저자들은 인공지능이 어떤 영향을 주게 될지, 또 인공지능이 얼마나 빨리 현실화될지 아직 알려지지 않은 사실이 너무 많다는 걸 인정했다. 연구원들의 추산에 따르면, 앞으로 10~20년간 위협을 받게 될 일자리의 규모는 전체 일자리의 9~47퍼센트 사이가 될 것이라고 한다." 이 이야기를 전하면서 웹 사이트 마켓워치MarketWatch는 이렇게 농담조의 제목을 뽑았다. "백악관: 로봇들이 우리 일의 절반을 가져갈 텐데, 우린 그걸 받아들여야 한다."[31]

앞으로 수년에 걸쳐 자신의 일자리는 자동화에도 끄떡없을 거라 생각했던 화이트칼라 노동자 수백만 명이 아주 존경받는 자신들의 일자리를 값싼 소프트웨어 프로그램이 대신할 수 있다는 사실을 깨달을 것이다. 사실 인공지능이나 컴퓨터 자동화로 대체될 위기에 처하지 않은 일자리를 찾기란 쉽지 않다. 의학, 방사선학, 종양학, 심지어 몇 종류의 수술들도 자동화로 대체될 가능성이 높다. 이는 곧 고액 연봉을 받는 가장 유망한 일자리들이 사라지게 될 거란 얘기다. 종신직 대학교수들은? 온라인 학습 분야에서는 이미 디지털화된 강의들이 제공되고 있다. 변호사들은? 웹 사이트 리걸줌LegalZoom을 통하면 고객들이 직접 유서를 작성하고 유한책임회사를 만들며 이혼소송을 제기하고 상표등록 등을 할 수 있다. 건축가와 엔지니어는 어떨까? 건축계에서는 이미 오토데스크Autodesk와 레빗Revit 같은 BIMbuilding information modeling(건축 정보 모델링)과 VDCvirtual design and construction(가상 디자인 및 시공) 프로그램을 이용해 구조물들을 디자인하고 청사진을 만들고 있다.

어떤 일자리들이 위협받고 있는지 추측해보는 과정에서 MIT 공대의 경제학자 프랭크 레비Frank Levy는 '원칙들에 기반을 둔'[32] 화이트칼라 일자리들, 즉 소송 준비 서류를 작성하고 회로도를 읽고 구조적 디자인을 만들어내는 것처럼 복잡한 지시나 원칙을 따라야 하는 일자리들을 집어냈다. 아직까지는 그런 일자리를 가진 사람들도 잘 살고 있지만, 그들 역시 지금 실직 위기에 처해 있다. 아마 조만간 그런 상황에 직면할 것이다.

그러나 나는 대부분의 사람들은 결국 새로운 환경에 잘 적응할

레이트 블루머

것이라고 낙관한다. 그럼에도 이런 함정이 하나 있다. 우리 사회는 현재 STEM, 즉 과학, 기술, 공학, 수학의 길을 선호해서 아이로니컬하게도 젊은 사람들이 인공지능 때문에 곧 사라질 일자리를 가지려 애쓰고 있다. 엔지니어링에서부터 은행업, 또 연구실 일에서부터 컴퓨터 코딩에 이르는, '원칙들에 기반을 둔' 많은 일자리들은 한때 실직할 위험이 없는 안전한 일자리로 여겨졌었다. 그러나 사실 그런 일자리들도 위험하다. 앞으로 닥쳐올 변화는 정말 심각하다.

우리 사회는 지금 위기를 맞고 있다. 시험 점수, 완벽한 성적, 측정 가능한 조기 성취에 대한 우리의 집착은 본래는 좋은 취지에서 비롯됐다. 그리고 인간의 다양한 재능들을 보상해주는 실력주의를 택하는 대신 IQ와 SAT라는 편협한 두 가지 검사 제도를 만들어냈다. 그러자 이 새로운 질서 안에서 얼리 블루머들이 엄청난 성공을 거두고 있으며, 대부분의 젊은 남성과 여성은 미처 성인도 되기 전에 뒤처져버리고, 그들의 타고난 능력은 알고리즘 중심의 성공 컨베이어 벨트에 의해 발견되지 못한 채 잠들어 있다.

조기 성취를 이처럼 과도하게 강조하는 건 잘못된 일이다. 인간의 예상 수명은 더 길어졌다. 최근에 태어난 사람들은 대부분 22세기까지 살 것이다. 그리고 대부분의 사람들은 이제 뛰어난 SAT 점수나 STEM에 의해서가 아니라 각자의 진정한 재능에 의해 평가될 것이며, 그래서 꼭 어린 나이가 아니라 삶의 어떤 단계에서든 꽃을 피우게 될 것이다.

4년제 대학의 비싼 학비와 치솟는 대학 학자금 융자는 현재 우리가 빠진 딜레마의 일부에 지나지 않는다. 오늘날 미국인들의 대학 학자금 융자액은 1조 3,000억 달러에 달하며(서문 참조), 연체율도 11.5퍼센트나 된다. 2008년의 주택 담보대출 거품보다 더 큰 거품이다. 우리 아이들이 성인의 세계로 오르는 계단을 잃어버린 최초의 유일한 세대가 될지 모른다는 두려움이 엄연히 존재하는 것이다. 그리고 계급 세습제도 없고 공식적인 신분 상승 사다리도 없는 상황에서, 우리는 IQ 점수와 명문대 학위를 중심으로 한 속물스러운 새 시스템을 만들어냈다.

이런 위기를 완화하기 위해, 우리는 조기 성취를 과도하게 찬미하는 것은 물론이고, 인간의 발달을 조기 성취에 이르는 빠른 길로 보는 것도 그만두어야 한다. 그것은 대다수 사람들에게 부당한 일일 뿐 아니라 더없이 비인간적인 일이기도 하다. 우리의 타고난 재능들을 무시하는 일이기도 하며, 우리의 숨어 있는 재능이나 열정 또는 좀 더 늦게 꽃피는 재능이나 열정에 이르는 길을 막아버리는 일이기도 하다. 또한 조기 성취에 대한 집착은 사람들의 성격, 경험, 공감 능력, 지혜, 신뢰도, 끈기, 그리고 우리에게 성공과 성취감을 안겨줄 다른 많은 존경할 만한 특징들의 가치를 평가절하하기도 하며, 레이트 블루머가 될 잠재력이 있는 대부분의 사람들을 과소평가하기도 한다.

대신 우리는 인간의 다채로운 능력을 높이 평가해야 하며, 성공과 성취에 이르는 게 빠를 수도 있고 늦을 수도 있고 다 다르다는 걸 인정해야 한다. 또한 어린 나이에 자기 발견에 이르는 길을 멋대로 막아버리지 말고, 가능한 한 모든 길들을 활짝 터주어야 한다. 우리가 만일 인공지능과 자동화로 대변되는 미래에 번성하고 싶다면, 이는 꼭 해야 하는 일이다. 그리고 우리 각자가 나름대로의 방식으로 서로 다른 일정표에 따라 발전한다는 사실을 감안하더라도 이것이 더 적절한 방향이다.

그러나 우리 사회는 사람들이 저마다 다르다는 사실을 받아들이기보다는 알고리즘에 아주 뛰어나거나 어린 나이에 집중력을 발휘할 수 있다는 걸 스스로 입증해 보이는 사람들을 지나치게 선호한다. 좋은 학교에 다니고 좋은 수업을 듣고 좋은 코치들을 찾아내 어린 나이에 각종 시험에서 재능을 입증해 보이는 사람들을 지나치게 밀어주는 것이다.

과거에는 부자가 되거나 유명해지는 것 또는 최대한 일찍, 최대한 많은 것을 이루는 게 성공이 아니었다. 그보다는 자신의 잠재력을 최대한 발휘하며 살아갈 기회를 가지는 것이 성공이었다. 개인으로서 각자 어떻게 살아가는지를 중시했던 것이다. 그러나 그것이 이제 '신동 이상'의 출현과 젊은이들에 대한 시험 및 등급 매기기, 분류 때문에 변질됐고, 특히 어린 나이에 성공하는 젊은이들에 열광하는 우리 문화 때문에 변질됐으며, 또 경험과 지혜보다는 점점 더 빠른 속도에 보상을 해주는 알고리즘 경제 때문에 변질됐다.

그런데 불행히도 대부분의 사람들은 SAT에서 엄청나게 높은 점수를 올리지 못하며, 아니면 연회비가 4만 달러나 되는 유치원에 다니지 못한다. 또한 대부분의 사람들은 최신 학습 모델에 맞지 않으며, 과학적 관리 원칙들에 따라 발전하지도 못한다. 우리 대부분은 경이로운 운동선수도 아니고 극단적으로 외향적인 사람도 아니며 야망을 위해 다른 사람들을 밟고 올라가는 무자비한 사람도 아니고 인지능력이 엄청나게 뛰어난 사람도 아니다.

이 모든 것들이 인맥이 없는 사람들, SAT 수학 시험에서 800점 만점에는 미치지 못하고 그냥 높은 점수 또는 중간 점수를 받는 사람들, 특히 배우는 게 더딘 사람들, 그러니까 우리 같은 레이트 블루머들에게 의미하는 것은 무엇일까?

그것이 바로 이 책에서 앞으로 중점적으로 다룰 내용이다. 그리고 희소식이 하나 있다. 우리 상황은 오늘날의 신동 문화가 시사하는 것보다 놀랄 만큼 더 고무적이다.

레이트 블루머

3
보다 따뜻한 인간 발달 평가

애슐리Ashley[1]는 15세에 손목을 그었고 가출을 했으며 나이 든 남자들과 위험한 밀회를 즐겼다. 그러면서 그녀는 우울증과 자학과 마비의 악순환에 빠졌다. 그러나 지금 그녀는 전문 카운슬러이자 대중 연설가로 활동하고 있다.

현재 32세인 애슐리는 한 휴양지 호텔의 무도회장 무대 위에서 자기가 살아온 이야기를 들려주고 있다. 때는 1월의 어느 토요일 저녁, 600명쯤 되는 참석자들이 자신에게 주어진 치킨과 디저트를 방금 막 다 먹었다. 이제 다들 의자를 돌려 애슐리 쪽을 쳐다본다. 그녀의 몸에서는 건강미와 자신감이 발산된다. 아무리 봐도 한때 '습관적으로 모든 책임을 내던지고 손목을 긋고 도망치던' 사람의 모습은 아니다.

분명히 밝히지만, 애슐리는 문자 그대로 손목을 긋고 도망쳤다. 그녀는 청중들에게 자신이 중학생 시절부터 면도칼로 손목을 긋기 시작했다고 말한다. 그녀의 부모는 너무 놀라 자해와 그런 충동을 억제하려고 온갖 애를 썼다. 훈계도 하고 보상도 하고 카운슬러들한테 데리고도 가봤다. 그러나 다 소용없었다. 결국 애슐리의 부모는 고등학교 1학년인 딸을 학교에서 데리고 나와 피닉스에서 북쪽으로 한 시간 거리에 있는 여학생 기숙학교 스프링리지아카데미에 입학시켰다.

스프링리지아카데미에 있을 때 애슐리는 몰래 기숙사를 빠져나와 히치하이킹하는 걸 좋아했다. 그녀는 피닉스에서 꼬박 24시간을 보낼 정도로 오래 사라지기도 했다. 그녀는 그렇게 충동적인 행동 때문에 실제로 위험에 빠지기도 했다. 그러나 마음을 열고 그녀의 말에 귀를 기울여주는 스프링리지아카데미의 한 카운슬러가 개입하면서, 애슐리는 건강하고 정상적인 상태로 되돌아가기 시작했다.

그녀는 고등학교 졸업장을 받았고, 그런 다음 대학에 진학해 임상심리학 분야에서 박사 학위를 취득했다. 몰래 기숙사를 빠져나와 피닉스로 도망가곤 했던 날로부터 거의 20년이 지난 지금 애슐리는 문제가 많은 10대 여학생들을 대상으로 카운슬러 일을 하고 있다. 그녀는 이렇게 말한다. "나는 늘 두려움 없는 삶을 살고 싶었어요. 하지만 그런 욕구 때문에 결국 건강하지 못한 길로 가게 됐

레이트 블루머

죠. 하지만 지금은 훨씬 더 건강한 방법으로 두려움 없는 삶을 살 줄 알아요. 리더가 되어 다른 사람들을 도울 줄도 알고요."

애슐리의 이야기에서도 알 수 있듯, 오늘날에는 얼리 블루밍에 대한 사람들의 집착 때문에 다음과 같은 세 가지 추세와 관련해 현실과의 충돌이 불가피하다. 첫째, 오늘날의 청소년들은 인지능력 및 정서 측면에서 이전 세대의 청소년들보다 더 늦게 성인이 된다는 걸 보여주는 증거가 점점 더 많아지고 있다. 둘째, 무자비할 정도로 빠른 기술 발전으로 인해 개인적으로, 또 직업적으로 지속적인 변화가 필요하다. 진실은 극명하다. 오늘날 젊은이들이 대학에서 또는 SAT에서 보여주는 능력은 보다 빠른 변화의 시대에 무용지물이 될 가능성이 높다. 셋째, 최근의 연구들이 보여주듯, 나이 들면서 잃는 인지능력은 우리가 죽는 날까지 획득하는 다양한 능력으로 상쇄된다. 건강한 사람이라면 거의 다 서로 다른 나이에 서로 다른 방식으로 꽃필 수 있다. 따라서 개개인이 성취감을 느끼는 번영하는 사회를 만들려면, 보다 따뜻한 인간 발달 평가 수단을 갖는 게 바람직하다. 그러니까 모든 사람이 나름대로의 시간표에 따라 각자 자신의 뇌와 재능과 열정을 발전시켜나갈 수 있는 기회를, 사실상 여러 차례의 기회를 가져야 하는 것이다.

10대를 포함한 젊은이들은 성장 속도가 다 다르다. 현재 모든 부모가 이 사실을 알며, 또한 점점 더 많은 신경학자들과 심리학자들이 이를 확인해주고 있다. 많은 심리학자들은 18세부터 25세까지는 독특한 시기로, 이 시기에는 진정한 청소년도 아니고 진정한 성인도 아니라고 믿는다. 18세부터 25세까지는 법적으로는 성인이지만, 현실적으로 많은 사람들, 특히 레이트 블루머들의 경우 제대로 된 성인이라고 하기엔 뭔가가 부족하다.

이런 사실은 다소 당혹스러운 나의 이야기에서도 드러난다. 나는 어린 시절에 내가 좋았다. 초등학교 시절엔 뛰어났고, 모든 스포츠를 즐겼으며, 부모님과 형제들, 그리고 친구들에게 사랑도 많이 받았다. 그러다가 청소년기가 오자 내 조그만 세계는 모두 무너져 내렸다. 중학교는 감옥 같았다. 같은 또래의 다른 남자아이들은 다 육체적으로 성장하기 시작하는데, 나는 꼬마에 머물러 있는 것 같았다. 그 아이들은 여자아이들에게 관심을 보였고, 여자아이들 또한 남자아이들에게 관심을 보였다. 우리 반의 많은 남자아이들과 여자아이들이 어느 순간 갑자기 나는 도통 이해 안 되는 방식으로 대수와 기하학을 이해하기 시작했고, 나는 뒤처졌다. 나는 아무리 해도 《앵무새 죽이기》같이 진지한 책들을 읽을 수가 없었다. 그럭저럭 학교생활을 했지만 더 이상 뛰어난 학생은 아니었다.

5학년 때는 올 A를 못 받았고, 중학교에 들어가서는 거의 B를 받았다. 체육 시간에도 대기 선수로 벤치를 지켰다. 아이들 사이에선 따돌림 대상이 되어 괴롭힘을 받았다. 아이들은 뒤에서 내 바지를 확 잡아 내리는 장난도 쳤다. 어느 날 오후에는 중학교 3학년 아이가 내게 주먹을 휘둘러 안경이 깨지기도 했다. 그런데도 나는 전혀 대들지 못했고, 곁에서 지켜본 아이들 눈에 비겁한 패배자로 낙인찍혔다.

그러나 고등학교에 올라가 달리기와 크로스컨트리 팀에 들어가면서 어느 정도 체면을 되찾았다. 중·장거리달리기의 경우, 치밀어 오르는 분노를 고통을 참고 견디는 쪽으로 돌릴 줄 아는 깡마른 아이들이 유리하다. 나는 1마일(약 1.6킬로미터)을 4분 36초에 달렸다. 나쁜 기록은 아니었지만, 주 챔피언 팀인 우리 팀에서는 4위밖에 안 됐다. 코치들은 내게 별 관심이 없어 보였다. 학교 공부는? 나는 평균 3.2점으로 총 521명 가운데 94등인가로 졸업을 했다. 특히 고등학교 수학의 경우 나는 최악의 학생이었다.

평범함과 소외가 마치 내 운명 같았다. 집에서 세 블록 떨어진 지역 2년제 대학에서 나는 경제학과 미적분학과 화학 때문에 악전고투를 벌였다. 달리기와 크로스컨트리 대회에 나가 상을 받기도 했지만, 내가 속한 대학 팀은 인구가 얼마 안 되는 미국 북중서부 주들의 2년제 대학 팀들 사이에서도 경쟁력이 최하위였다.

그러다가 4년제 대학으로 편입을 하게 됐는데, 그건 그야말로 웃지 못할 실수 덕에 찾아온 행운이었다. 2년제 대학에서의 내 애매한 1,000야드(약 914미터) 실내 달리기 기록은 2분 21초로, 고등학생 평균 정도의 기록이었다. 그런데도 2년제 대학 전국 실내 달리기에 나갈 수 있는 기록이었고, 그 대회에 나갔다가 스탠퍼드대학교 중·장거리달리기 팀 코치의 눈에 띄었다. 그 코치는 내가 전국 대회에서 뛰었기 때문에 1,000야드 기록을 1,000미터 기록인 줄 잘못 알고 전도유망한 전미 대학체육협회NCAA 달리기 선수로 생각한 것이다. 그러니까 내가 실제보다 10퍼센트 더 빠르다고 생각한 것이다. 그리고 실제보다 10퍼센트 빠르게 본 기록조차 장학금을 받기에는 부족했는데, 실수를 한 그 스탠퍼드대학교 코치는 나를 위해 또 다른 호의를 베풀어주었다. 대학 입학 담당 부서에 전화를 걸어서 장래가 촉망되는 전미 대학체육협회 주최 중거리 달리기 선수이니 2년제 대학에서의 평균 학점 B와 장학금 지급 기준에 못 미치는 SAT 점수를 눈감아달라고 부탁한 것이다. (나는 훗날 그 코치와 스탠퍼드대학교 교내 달리기 대회에서 잠깐 여담을 나누다가 이 모든 사실을 알게 됐다.)

나는 이쯤에서 내가 너무도 기막힌 행운에 힘입어 뛰어난 대학의 달리기 선수로 꽃피었으며, 또 로즈 장학금 지급 후보로 선정됐다는 식의 말을 하고 싶다. 그러나 아니었다. 나는 그 황금 같은 기회를 그냥 날려버렸다. 나는 무기력한 학교생활을 이어갔다. 수강 신청을 하는 날마다 미식축구 선수들을 따라다녔다. 그들이 이른바 '미키 마우스Mickey Mouse' 교육과정이라고 학점을 따기 가장 쉬운 과목들을 수강 신청한다고 생각했기 때문이다. 그런데 나는 그렇게 학점 따기 쉽다는 미키 마우스 과목들을 들으면서도 간신히 B학점을 받았고, 딱 한 번 영상미학 과목에서 A-를 받았다.

졸업 후 내 룸메이트들은 큰 꿈을 안고 법학, 화학, 공학, 신학 같은 분야를 전공하기 위해 대학원에 진학했다. 그런데 나는 경비

레이트 블루머

원, 접시닦이, 임시 타이피스트 같은 일들을 시작했다. 7개월간 〈러너즈월드Runner's World〉 잡지 편집 보조로 일하기도 했다. 그나마 실제 직장 경력으로 이어질 가능성이 있는 일이었다. 그러나 나는 허구한 날 술에 절어 지내고 동료들과 싸움박질이나 하고 달리기 대회 결과에 선수들의 이름을 잘못 쓰는 등 한심한 날들을 보내다 해고되기 직전에 알아서 그만두었다. 그러고 나서는 그야말로 하루 벌어 하루 먹고살았다. 러너즈월드사를 그만두고 몇 개월 뒤 나는 한 포도주 양조장에서 야간 경비원 일을 하며 포도주를 훔쳐 근무 시간 중에 마시곤 했다. 그리고 낡은 포드 팰콘을 몰고 허름한 아파트로 돌아가는 퇴근길에 잠시 편의점에 들러 아침으로 먹을 정크 푸드를 샀다.

그러던 어느 추운 날 밤, 나는 꽃피우지 못한 내 굴욕스러운 삶을 직시하면서 깨달음을 얻게 된다. 어둠이 짙게 깔린 밤에 나는 경비실에서 나와 시간마다 하는 순찰을 시작했다. 나는 검은색 바지에 가슴 주머니에 반짝이는 경비원 배지가 달린 회색 반팔 셔츠를 입고 있었고, 그 위에 아메리칸 패트롤 서비스 제복을 걸치고 있었다. 얼핏 보기에 무슨 쇼핑몰 경비원 같았지만, 그날 밤 내 경비 구역은 캘리포니아주 새너제이 북부의 한 렌털 트럭 주차장이었다. 내게 무기는 전혀 없었지만, 커다란 하키공 같은 디텍스Detex 시계가 하나 있었다. 내가 할 일은 울타리가 쳐진 주차장 주변을 순찰하면서 울타리에 부착된 10여 개의 박스들 안에 디텍스의 열쇠를 집어넣어 매시간 정해진 순찰을 돌았음을 입증하는 것이었다.

그날 밤 어디선가 개 한 마리가 짖기 시작했다. 커다란 개가 위협을 하는 듯했는데, 짖는 소리가 멈추질 않았다. 나는 소리 나는 쪽으로 손전등을 비쳤고 곧 그 개를 발견했다. 바로 옆 목재 집하장에 있는 초대형 로트와일러였다. 그 순간 퍼뜩 이런 생각이 들었다. 바로 옆 목재 집하장의 경비원은 사람이 아니라 개다. 정말 정신이 번쩍 드는 일이었다. 그때 나는 스물다섯 살이었고, 스탠퍼드 대학교 졸업생이었다. 몇 달 뒤면 같은 나이의 스티브 잡스가 애플을 상장하고 컴퓨터 업계를 뒤흔들며 엄청난 부자가 되는데, 나는 찢어지게 가난한 덫에 걸려 있으며, 개가 내 직장 동료다. 그게 스물다섯 살의 나였다.

생각이 거기에 이르자 곧 모든 게 바뀌었다. 26세가 되어서야 내 뇌는 깨어났다. 그렇다. 정말 그런 것 같았다. 그리고 나는 어렵게 한 연구소에 기술 작가로 일자리를 잡았다. 29세에는 결혼을 했고, 친구 한 명과 실리콘밸리에 훗날 최고의 홍보 조직이 될 조직을 만들었다. 34세에는 실리콘밸리 최초의 비즈니스 잡지를 공동 창간했다. 38세에는 〈포브스〉가 새로운 기술 잡지를 만들기 위해 나를 채용했다. 44세에는 〈포브스〉의 발행인이 되었고, 강연 일을 시작하면서 세계 곳곳을 돌아다녔다. 46세에는 비행기 조종법을 배웠고, 49세에는 내 비행 모험에 대한 책을 써서 베스트셀러로 만들었다. 초등학교 5학년 때 품었던 꿈을 이룬 것이다.

지금 와서 되돌아보면, 나의 사회생활에서 전환점이 된 시기는

20대 후반이었다. 어쨌든 그 무렵에 중학교 때부터 시작된 오랜 잠에서 깨어난 것이다. 그리고 내 뇌는 29세에 이르러서야 비로소 기능을 충분히 발휘하기 시작한 것 같다. 그 당시 나는 TV 뉴스를 보는 대신 〈월스트리트저널〉과 〈뉴욕타임스〉를 읽었다. 모든 이념을 아우르는 다양한 정치 전문 잡지들도 읽었다. 나는 직관적인 사고도 하고 또 논리적인 사고도 했으며, 그 둘 사이의 차이도 알았다. 간단한 문장과 단락은 물론 긴 글도 쓸 수 있었다. 사업을 계획하는 법도 배웠고 직접 사업을 하는 법도 배웠다. 또 나는 사업 기회들을 내다볼 수 있었고 사업 제안도 할 수 있었다. 나보다 더 나이 많고 더 많은 것을 성취한 사람들과도 잘 어울릴 수 있었다.

나에게 완전히 새로운 세계가 열렸다. 대체 그 무엇이 20대 후반에 나를 깨어나게 한 것일까? 대체 그 무엇이 멍하게 지내던 청년 후반기의 나를 깨워 성인다운 책임감을 가지고 이런저런 가능성을 추구하게 만든 것일까?

최근 연구에 따르면 인간 발달 과정, 즉 인간 청소년기에서부터 성인기에 이르기까지 성숙 과정에서 우리가 놓치고 있는 게 하나 있다고 한다.[2] 대부분 18세부터 25세 사이에는 불안정한 청년 후반기를 보낸다는 것. 그러니까 일부 인지능력들이 완전히 발달된 성인 수준에 도달하지 못해 아직 완전한 성인이라고 할 수 없다는 뜻이다. 청소년기와 청년기에 있는 젊은이들의 뇌에서 전두엽 처리 센터에 해당하는 전전두엽 피질은 가장 늦게 완전히 발달되는 부위로, 20대 중반 이후까지도 발달되는 경우가 많다. 이마 바로 뒤에 위치한 전전두엽 피질은 계획, 조직, 문제 해결, 기억 소환, 반응 억제, 관심 할당 같은 복잡한 과정들을 주관한다.

인지 연구자들은 신경 촬영법 연구를 통해 전전두엽 피질의 두 가지 중요한 특징을 결론지었다. 즉 전전두엽 피질은 발달이 늦고 크기가 크다는 것.[3] 기본적으로 전전두엽 피질 안 전두엽의 인지 능력은 뒤쪽에서부터 앞쪽으로 발달한다. 그러니까 인지능력 발달은 일차 운동 피질에서 시작해 두정엽과 측두엽으로 퍼져나가 전전두엽 피질에서 끝나는 것이다. 전혀 놀랄 일이 아니겠지만, 우리 인간의 전전두엽 피질은 다른 종들의 전전두엽 피질보다 아주 크다. 인간 성인의 경우 전전두엽 피질은 더욱 고차적인 뇌 기능들을 주관하는 뇌 전체 부위인 신피질의 3분의 1 가까이 차지한다. 참고로 전전두엽 피질이 신피질에서 차지하는 비중은 침팬지가 17퍼센트밖에 안 되며, 개가 13퍼센트, 고양이가 4퍼센트 정도다.

여기서 꼭 알아두어야 할 사실은 10대 후반에서 20대 초반까지 전전두엽 피질에 여러 가지 중요한 변화들이 일어난다는 것이다. 예를 들어 수초화는 신경섬유들이 미엘린이란 물질로 좀 더 폭넓게 뒤덮이는 과정인데, 이때 미엘린은 신경섬유들을 절연시켜 신경 신호들이 더욱 효율적으로 전달되게 하는 역할을 한다. 이 기간에 광범위한 시냅스 가지치기도 일어난다. 가지치기라 하니 안 좋은 일처럼 여겨질 수도 있지만, 그렇지 않다. 폭발적인 신경 발달로 인해 신경들이 복잡하게 뒤얽힐 수 있는데, 시냅스 가지치기를 통해 그걸 정리해줌으로써 나머지 신경들이 갖가지 신경 신호를 보다 효율적으로 전달할 수 있게 되는 것이다. 그와 동시에 전전두엽 피질이 발달하면서 뇌의 다른 부위들, 특히 다양한 감정 및 충동과 관련된 부위들과 커뮤니케이션을 보다 잘할 수 있게 되며, 그 결과 뇌의 모든 부위들이 계획 및 문제 해결 같은 복잡한 과정들에 원활히 참여할 수 있게 된다.

다양한 감정과 충동을 통제하는 능력, 복잡한 과정을 계획하는 능력, 그리고 갖가지 문제를 이해하는 능력, 이런 것들이 바로 우리를 성인으로 만들어주는 능력들이다. 심리학자들은 이 같은 신경학적 성숙을 '집행 기능Executive function'이라고 부른다. 그런데 이런 능력들이 대개 18세부터 25세 사이에 제대로 형성되지 못한다. 이 집행 기능이 부족하면 애슐리처럼 충동적으로 손목을 긋거나 가출을 하거나 나처럼 미성숙한 젊은 시기를 보내게 된다. 집행 기능은 IQ나 잠재력 또는 재능과는 아무 상관이 없다. 집행 기능이란 그저 앞을 내다보며 효율적인 계획을 짜고 행동할 때 그 결과를 예측하며 위험과 보상의 개연성을 볼 줄 아는 능력이다. 자아감(자기 정체성, 개인적인 믿음들, 개인적인 가치들)을 키우고 감정들을 조정하며 목표들을 세우는 등의 일도 집행 기능에 속한다. 이 모든 집행 기능들이 우리 뇌에서 가장 늦게 가장 마지막으로 발달하는 가장 큰 부위인 전전두엽 피질을 통해 조정되고 통제된다.

미국 국립정신건강연구소NIMH에서 3세부터 16세(평균적인 입학 나이는 10세)까지의 아이들 5,000명 가까이를 대상으로 뇌 발달에 대한 종단 연구를 진행한 적이 있다. 그 결과, 과학자들은 아이들의 뇌가 25세 이후까지도 완전히 발달하지 못한다는 사실을 알아냈다. 또 감정들이 생겨나는 대뇌변연계와 그 감정들을 관리하는 전전두엽 피질의 발달에 시차가 있다는 사실도 알아냈다. 대뇌변연계는 사춘기 때 그 활동이 폭발적으로 느는 데 반해, 전전두엽 피질은 이후에도 10년 정도 더 성장하는 것이다. 대뇌변연계가 제 기능을 충분히 발휘하고 있는데 비해 전전두엽 피질은 아직 성장 중이니, 합리적인 사고나 전략적인 사고 또는 결과에 대한 숙고보다는 감정들이 훨씬 더 앞서게 된다.

생각해보라. 18세에서 25세 사이의 대부분의 젊은이들이 문자 그대로 책임 있는 판단을 할 수 없고 뭔가에 충분한 관심을 쏟을 수도 없으며 자기감정을 관리할 수도 없다는 얘기다. 그런데 바로 그 시기에 갖가지 시험, 점수, 취업 면접 등과 같이 여생의 궤적을 결정지을 평가들을 받게 된다. 정말 말도 안 되는 얘기다.

잊지 마라. 25세는 모든 집행 기능이 뿌리를 내리는 평균연령이다. 어떤 사람들은 21세에 모든 집행 기능이 완전히 발달하지만, 또 어떤 사람들은 집행 기능이 25세를 지나 30대에도 발달한다. 내 경우 청년 후반기의 유령을 완전히 벗어던진 게 20대 후반이었다. 만일 당신이 나처럼 미성숙한 10대와 책임 의식도 거의 없는 청년 시절을 보냈다면, 당신 역시 집행 기능이 늦게까지 발달했을

레이트 블루머

가능성이 크다. 혹시 부모 입장에서 지금 10대인 당신의 아이가 집 중력도 규율도 없는 게 걱정되거나, 청년기의 아이가 아직 생산적이고 책임감 있는 삶을 살지 못하고 있는 게 걱정되는가? 환영한다. 그렇다면 당신의 아이는 21세기의 인류다.

지금 심리학자들은 집행 기능이 아직 제대로 발달하지 못한 젊은이들도 완전한 성인이라고 할 수 있는가 하는 문제를 놓고 갑론을박하고 있다. 그렇다. 물론 우리는 18세의 수학 영재들과 체스 마스터들도 본다. 18세부터 25세 사이의 젊은이들 중에서도 위대한 운동선수들과 용감한 군인들, 뛰어난 배우들과 가수들, 그리고 기업가들을 본다. 그러나 그들의 성공은 대개 집행 기능의 의사 결정 덕은 아니다. 렌터카 업체들은 이런 사실을 잘 안다. 그래서 25세 이하의 젊은이들에게 차를 빌려줄 때는 할증료를 많이 물린다. 대부분의 사람들은 20대 중반부터 후반까지도 집행 기능이 제대로 발달하지 못한다. 우리 전전두엽 피질의 성숙기에 따르면 그렇다. 또한 꽤 큰 집단의 경우 집행 기능은 훨씬 뒤, 그러니까 20대 말에서 30대 초까지도 완전히 발달하지 못한다.

우리 사회는 지금 능력을 발견한다는 명목 아래 갈수록 어린 나이에 각종 시험을 치르게 하는 경향이 그 어느 때보다 심한데, 이는 전전두엽 피질이 더디게 발달한다는 사실과 극명한 대조를 이룬다. 고등학교 때 하는 운동에 참여하고 싶어서, 그러기 위해 그때까지 기다리는 청소년은 없다. 미식축구나 농구, 축구, 야구 같은 팀 스포츠를 하고 싶다면, 훨씬 일찍 체계적인 훈련 프로그램을 시작해야 한다. 그리고 만일 테니스나 수영 또는 체조 같은 개인 스포츠를 하고 싶다면, 개인 코칭이나 운동 프로그램, 여름 캠프, 그리고 각종 대회나 토너먼트에 참여하기 위해 많은 돈을 투자해야 한다.

학교 또한 마찬가지다. 당신 아이를 명문대에 보내고 싶다면 그때까지 기다려서 그런 계획을 세울 여유가 없다. 명문대에 입학하려면 최고의 학교 성적, 거의 만점에 가까운 SAT 점수, 리더십과 사회참여, 다양한 업적을 보여주는 기록 등이 필요하다. 명문대 입학 계획은 중학교 1~2학년 때 세우기 시작해도 이른 게 아니다. 미국의 경우 수백만 명의 부모들이 가정교사와 SAT 준비 과정 등을 위해 매년 10억 달러에 가까운 돈을 쓰고 있다.

완전한 성인이 되는 시기는 늦어지고 아이들의 능력을 검사하는 시기는 빨라져서, 지금 그 두 흐름이 정반대로 향하고 있다. 25세 이하의 젊은이들 가운데 극소수만 이 같은 얼리 블루밍 경주에서 성공을 거두고 있다. 그러나 대부분의 젊은이들은 그렇지 못하며, 교육자들과 불안한 부모들이 정해놓은 원칙들에 따라 압박감이 큰 이판사판의 경주를 벌이면서 상처 받을 가능성이 아주 크다. 부모들과 다른 성인들이 너무 큰 가치를 두고 있는 경주에서 실패할 경우, 일부 젊은이들은 완전히 낙오돼버릴 수도 있다. 그럼에도 우리 사회는 10대와 청년들을 대상으로 미래의 잠재력을 보기 위해 계속 시험을 치르고 평가하고 등급을 매기고 있다. 그들의 인지능력은 이제 막 발달하기 시작해 20대 중반이 넘을 때까지 계속

레이트 블루머

발달할 텐데 말이다.

✳ ✳ ✳

각 세대가 학교 공부를 마치고 경제적으로 독립하고 결혼해 아이를 갖는 시기가 갈수록 늦어지고 있다. 1970년대 말부터 실시한 전국적인 대규모 조사에 따르면, 오늘날의 25세 젊은이들은 같은 나이 때의 자기 부모 세대보다 여전히 학교 공부를 하고 있을 가능성이 두 배나 높고, 부모에게 돈을 받아 쓰고 있는 경우가 50퍼센트 더 많으며, 배우자가 있을 경우는 절반도 안 된다고 한다.[4]

왜 많은 20대 젊은이들이 완전한 성인이 되는 데 이렇게 오랜 시간이 걸리는 걸까? 지금 이런 의문이 도처에서 제기되고 있다. 이제 부모들이 자식들의 '발사 실패failure to launch(젊은이들이 집을 떠나 독립하지 못하는 현상-옮긴이)'를, 또 독립했다가 집으로 되돌아오는 '부메랑 아이boomerang kid'의 증가를 걱정하는 것은 아주 흔한 일이 되어버렸다.

이제 전통적인 사이클은 궤도를 벗어난 듯싶다. 연애 상대나 영구적인 가정에 얽매이지 않는 경우가 많아지면서, 어떤 젊은이들은 더 나은 선택의 여지가 없어 학교로 되돌아가고 있다. 어떤 젊은이들은 여행을 다니고 책임을 지지 않으려 하며 무보수 인턴이나 임시직 일자리를 놓고 치열한 경쟁을 벌이고 있고, 아니면 남들보다 먼저 성인처럼 살려고 애쓰기도 한다. 베이비 붐 세대가 성인이 된 1970년대 초 초혼을 하는 평균 나이는 여성이 21세, 남성이 23세였다. 그러나 2009년에 이르러 여성의 초혼 나이는 26세, 남성의 초혼 나이는 28세로 높아진다. 뇌는 20대 후반까지, 아니 심지어 30대 초반까지 계속 발달하기 때문에 우리가 흔히 성인이라고 부르는 시기가 지금 과거 그 어느 때보다 더 늦어지고 있는 것이다.

이 모든 것들은 대체 무얼 의미할까? 우리의 20대는 발견의 시기이며, 그래서 여러 가지 결과들이 나올 수 있다는 것이다. 20대는 거의 모든 정식 교육을 받는 시기이기도 하고, 미래의 배우자를 만나고 성인이 된 뒤에 만나게 될 친구들을 만나는 시기이기도 하며, 또 사회 경력을 쌓기 시작하는 시기이기도 하다. 아마 앞으로 다시는 느끼기 힘들 자유 속에 모험과 여행을 즐기고 인간관계를 맺는 시기이기도 하다.

클라크대학교의 심리학 교수 제프리 아넷Jeffrey Arnett은 사람들을 향해 이른바 '신흥 성인기emerging adulthood'[5]를 별개의 인생 단계로 인정해줄 것을 촉구하고 있다. 쉽게 말해 사회적·경제적 변화들 때문에 18세부터 30세 사이의 기간 중에 별도의 새로운 단계를 설정해줄 필요가 생겼다는 것이다. 또한 늘어난 교육의 필요성, 좁아진 취업 기회, 젊은이들 사이에 결혼이 줄어드는 사회적 추세 등은 '신흥 성인기'를 생겨나게 하는 문화적 변화들이라고 할 수 있다.

스스로를 레이트 블루머라고 일컫는 아넷은 신흥 성인기가 자기 발견에 더없이 중요한 시기라고 말한다. 이 시기에 젊은이들은

레이트 블루머

자신의 정체성을 탐구하고 불안정한 상태로 지내며 또한 자기 자신에 몰두한다. 탐구는 청소년기의 특징이기도 하지만, 20대 시절에는 새로운 중요성을 띠게 된다. 그리고 이런저런 가능성이 좁혀지고 장기적으로 책임감을 가져야 할 나이가 되면서 그 어느 때보다 위험성이 높아진다.

논란의 여지는 있지만, 아넷은 청소년기가 오래 지속됨으로써 좋은 점도 있다고 주장한다. 어찌 보면 청소년을 오래 품 안에 품고 애지중지하라는 말처럼 들릴 수도 있지만, 그런 의미는 아니다. 그보다는 오히려 지속적인 자극들 속에 좀 더 큰 도전들을 하는 '슈퍼 청소년'이 되게 해주어야 한다는 말이다. 인지능력을 자극하는 새로우면서도 아주 힘든 활동들에 몰두할 경우 뇌의 유연성을 유지할 수 있어, 뇌의 유연성을 기를 기회가 전혀 없는 단순하면서도 반복적인 일이나 쉬운 인턴 일을 하는 것보다 더 도움이 되기 때문이다. 결국 완전한 성인이 되는 시기를 늦추는 게 오히려 더 도움이 될 수 있다는 얘기다. 그 경우 독립적인 사고를 기르고 새로운 기술들을 습득할 수 있게 된다. 게다가 동기부여도 해주고 추진력도 키워준다.

대학 생활 이전이나 이후 또는 대학 생활 중에 1~2년간 휴가를 보내는 것이 좋다는 흥미로운 신경학적 근거가 있다. 청소년기에 뇌의 유연성을 조금이라도 더 오래 유지하는 사람들이 나중에 직장 생활을 할 때 그렇지 못한 사람들보다 지적 능력이 더 좋아지기 때문이다. 연구 결과들에 따르면, 더 많은 걸 성취한 사람들의 경우 새로운 시냅스들이 계속 급증하는 시기가 더 길어진다고 한다.[6] 증거는 분명하다. 뇌의 전전두엽 피질이 유연성을 유지하는 동안 새로운 일과 도전에 노출되면, 장기적인 관점에서 봤을 때 사회생활에 성공할 가능성이 더 높은 것이다.

일부 단체나 집단에서는 이런 사실을 잘 안다. 예를 들어 모르몬교에서는 남녀 젊은이들에게 대학 재학 중에 휴학계를 내고 2년간 선교 활동을 할 것을 권한다. 그 결과, 젊은이들은 22세가 아닌 24세에 대학을 졸업한다. 신경학적인 관점에서 보자면, 그들은 성인의 역량을 더 많이 갖춘 뒤에 일자리를 찾든 결혼을 하든 대학원에 진학하든 결정을 하게 되는 것이다.

모르몬교 신도인 오브리 더스틴Aubrey Dustin은 일본에서 2년간 선교 활동을 했다. 그는 초등학교부터 중·고등학교 교육까지 그야말로 가까스로 마쳤다. 그는 읽기와 쓰기는 물론 철자법도 엉망이었다. 그러나 그를 회의적인 눈길로 바라보던 교사들, 친구들과 거리가 멀리 떨어진 일본에서 그는 활짝 꽃을 피웠다. 그는 마음을 단단히 먹고 공부했다. 모르몬교 경전에 나오는 시 200편을 일본어로 외웠고 포르투갈어도 공부해, 브라질 이민자들에게 일본어를 가르칠 수 있게 되었다. 선교 활동을 마치고 귀국한 뒤 더스틴은 미 육군 방위언어연구소에 들어갔다. 그리고 지금 육군 장교로 대학원에서 공학을 공부하고 있다. 그는 자신의 레이트 블루밍을 이렇게 설명한다. "선교 활동 중에 사람들과 어울려 일하면서 익힌 기술들이 그 이후 해온 모든 일에 중요한 역할을 했어요."[7]

나이키Nike 창업자 필 나이트Phil Knight는 뛰어난(그리고 놀라운 고해서 성격을 띤) 자서전 《슈독》에서 자신은 대학을 졸업하고 나서 사회생활을 시작하기 전에 '갭 이어gap year(학업이나 직장 생활을 잠시 중단하고 여행이나 봉사 활동 따위를 하면서 자아를 성찰하고 진로를 탐색하는 기간-옮긴이)'를 가졌는데, 그 시기에 신발 회사를 창업할 아이디어를 떠올렸다고 설명한다.[8] 나이트는 오리건대학교에서 달리기 선수로 뛰었다. 그는 육군에 2년간 복무했고, 그런 다음 스탠퍼드 경영대학원에 들어갔다. 그리고 거기에서 1960년대의 일본이 제2차 세계대전으로 잿더미가 된 지 20년도 채 안 된 상태에서 어떻게 한창 커져가던 전 세계 스포츠용품 시장에서 두각을 나타내게 됐는가 하는 주제로 논문을 썼다. 그는 스탠퍼드에서 경영학 석사 학위를 딴 뒤 아버지가 대준 경비로 세계 여행을 했다고 한다. 이후 그는 정착해 회계 분야의 일을 할 거라고 다짐했다. 그러나 일본에 가 있는 동안 그는 운동화 공장들을 찾아다니며 자신이 쓴 석사학위 논문을 테스트했다. 그리고 결국 처음에는 오니츠카 타이거Onitsuka Tigers(지금의 아식스)라는 일본 운동화를 수입하는 미국 회사로 자신의 사업을 시작한다.

필 나이트가 자기 자신의 브랜드 운동화 나이키를 만든 것은 그로부터 10년 뒤의 일이었다. 그에게 사업은 일종의 자기 발견의 길이었다. 그가 만일 대학원에서 바로 사회생활을 시작했다면, 어쩌면 기존의 어떤 기업에서 회계사로 일하게 됐을 테고, 그러면서 자기 아버지처럼 좌절감만 느끼고 성취감은 전혀 못 느꼈을지도 모른다. 나이트는 사실 갭 이어를 두 차례 가졌다. 먼저 대학에서 학사 학위를 딴 뒤 2년간 군 복무를 했다. 그래서 그는 22세가 아니라 24세에 스탠퍼드 경영대학원에 들어갔다. 그리고 26세에는 일본제 스포츠용품이 두각을 나타낼 것이라는 자신의 경영대학원 논문 내용을 확인하고자 현실 세계를 탐구하면서 두 번째 갭 이어를 가졌다.

＊＊＊

"밖으로 나가 성장한다"는 생각은 새로운 게 아니다. 평화봉사단, 풀브라이트장학재단, 티치아메리카Teach America 같은 단체들도 여러 세대에 걸쳐 젊은이들을 세계로 내보내고 있다. 군 복무 기간 중에 성인이 됐을 때의 이점들을 경험하게 된다는 생각도 새로운 것이 아니다. 실제로 이스라엘, 스위스, 노르웨이, 덴마크, 싱가포르 같은 국가들에서 단순한 국방 목적 이상의 목적으로 의무 군 복무 제도를 채택하고 있다. 그래서 이 국가들의 경우 마찬가지로 풍요롭지만 의무 군 복무제를 채택하고 있지 않은 미국이나 영국, 프랑스, 독일 같은 국가들보다 젊은이들의 실업률이 낮다.

정말 놀랍도록 새로운 현상이다. 하지만 이제 대중문화 분야는 물론 뭐든 받아들이는 게 느린 대학에서조차 갭 이어의 이점들을 인정하고 있다. 대학 신입생이던 18세에 고군분투를 벌인 카일 디누치오Kyle DeNuccio의 이야기를 예로 들어보자. 그는 봄 학기를 마친 뒤 부모에게 학교를 그만두겠다고 말했다. 그의 아버지는 이렇게 경고했다. "지금 떠나면, 영영 돌아가지 못한다." 그런데도 디누치오는 학교를 그만두었다. 그리고 훗날 이렇게 적었다. "학교를 그만두라는 말을 들을 만큼 학점이 나쁘진 않았는데, 최소한의 필수 과정들도 끝내기 힘들 만큼 의욕 자체를 상실했어요. 비싼 학비만 축내고 있다는 양심의 가책을 느꼈고, 또 그런 생활을 3년이나 더 할 생각을 하니 끔찍했죠."[9]

신입생 시절에 디누치오 같은 반응을 보이는 건 드문 일이 아니다. 다행히 그의 아버지는 경고를 하면서도 축복해주었다. 대신 젊은 디누치오는 경제적으로 모든 걸 혼자 해나가야 했다. 부유한 부모가 자식을 그렇게 엄하게 대하는 경우는 아주 드물지만, 자기 아들에게 필요한 건 바로 그런 것이었다. 디누치오는 〈서프매거진Surf Magazine〉의 인턴 자리를 찾아냈고, 자동차 안에서 잠을 잤으며, 바닷물로 몸을 씻으며 지냈다. 그는 곧 재정 상태가 아주 안 좋은 잡지사에서 말단직으로 일하는 게 자신이 원하는 미래가 아니라는 걸 깨달았다. 캘리포니아에서, 그리고 나중엔 푸에르토리코에서 주방 접시닦이 일을 하며 혼자 힘든 나날을 보내는 동안 나이도 들고 지혜로워진 그는 다시 대학으로 돌아가고 싶다는 뜨거운 열망에 사로잡혔다.

디누치오가 이런저런 모험을 하면서 보낸 갭 이어 이야기는 뭔가 영감을 준다. 그리고 새로운 연구 결과 역시 갭 이어의 이점들을 뒷받침해준다.

338명의 학생들을 대상으로 연구를 진행한 앤드루 J. 마틴Andrew J. Martin은 젊은이들이 카일 디누치오처럼 갭 이어를 갖기 전에는 또래 젊은이들보다 삶의 의욕 같은 게 덜했다는 사실을 발견했다. 그러나 갭 이어를 가진 뒤에는 대부분 새로운 의욕이 생겼다. 이와 관련해 마틴은 이런 말을 했다. "그들은 성취도도 더 높고 직장 선택의 폭도 더 넓으며 취업 성공률도 높고 좀 더 다양한 능력을 갖고 있어…… 적절한 갭 이어는 개인의 발전을 위해 여러 능력을 기르는 하나의 교육과정으로 볼 수도 있습니다."[10]

그러면서 마틴은 갭 이어를 가지면 개인의 경제적·사회적·문화적 자산이 커지며 취업 시장에서의 경쟁력도 높아지고 더 높은 교육을 받게 될 가능성도 커진다고 말한다. 또한 갭 이어를 가지면 동기부여가 전혀 되지 않던 젊은이들이 활기를 되찾게 되는데, 그건 그들이 스스로 모든 일에 책임을 질 경우에만 그렇다. 카일 디누치오의 아버지가 아들이 여러 해 동안 이런저런 모험을 할 때 돈을 대주지 않은 것은 최선이었는지도 모른다. 그 덕에 디누치오는 자기 자동차 안에서 잠을 자고 접시를 닦아 돈을 버는 등 자기 책임 아래 경제적 독립을 꾀하고 이런저런 결정을 내렸다.

이미 동기부여가 잘되고 있는 학생들은 대개 더 큰 동기부여를 위해 갭 이어를 가질 필요가 없다고 할지도 모른다. 그러나 갭 이어가 모든 사람에게 필요하다고 믿는 사람들은 생각이 다르다. 모르몬교의 선교 활동, 평화봉사단의 활동, 의무적인 군 복무 등이 행해지는 것은 그런 경력이나 교육적인 '우회로들'이 보다 성숙하고 보다 원만하고 보다 책임감 있는 개인을 만드는 데 도움이 된다는 믿음 때문이라는 것이다.

그런데 연구 결과들을 보면 이런 주장은 틀리지 않다. 자발적이든 의무적이든 갭 이어를 갖고 각종 봉사 활동이나 군 복무 등에 전념하는 젊은이들은 다른 또래보다 일은 더 열심히 하고 술은 덜 마시며 범죄도 덜 저질렀다. 2015년에 실시된 전미 갭협회 설문 조사에 따르면, 응답자의 97퍼센트가 갭 이어를 가지면 더 성숙해진다고 답했으며[11] 96퍼센트는 자신감도 더 커진다고 주장했다. 84퍼센트는 갭 이어를 가지면 이런저런 기술들을 습득해 사회생활에서 더 큰 성공을 거둘 수 있다고 주장했다. 또한 75퍼센트는 취업을 하는 데도 도움이 된다고 답했다. 학생들이 갭 이어를 갖는 걸 공개적으로 지지하고 있는 전직 영국 외무장관 잭 스트로Jack Straw는 이 문제에 대해 이렇게 말했다. "젊은이들이 갭 이어를 갖는 건 시야를 넓힐 수 있는 좋은 기회이며, 보다 성숙하고 책임감 있는 시민이 되는 데도 도움이 됩니다. 또한 우리 사회는 인격과 자신감, 그리고 의사 결정 능력을 키워주는 여행을 통해 많은 도움을 받을 수 있습니다."[12]

갭 이어를 갖는 데 따른 효과가 워낙 강력해서 이제는 가장 느리게 변화하는 고등교육기관들조차 갭 이어를 받아들이게 되었다. 미국에서는 현재 하버드대학교, 예일대학교, 프린스턴대학교, 터프츠대학교, 미들베리칼리지, 스키드모어칼리지 등 160개 가까운 2년제 대학과 4년제 대학이 갭 이어의 개념을 받아들이고 있다.[13]

버락 오바마 전 미국 대통령의 딸 말리아는 하버드대학교에 들어가기 전에 1년간 갭 이어를 가지면서 독립 영화사 미라맥스 Miramax에서 일했다.[14] 당시 말리아의 갭 이어 소식은 트위터상에서 엄청난 관심을 끌었었다.

어떤 갭 이어들은 아주 도움이 될 수도 있다. 소프트웨어 분야 벤처 투자가이자 뉴욕 맨해튼 인스티튜트의 선임 연구원 마크 밀스Mark Mills는 캐나다 위니펙 근처에서 자랐다. 그의 아버지는 아들이 교육을 제대로 받지 못해도 먹고살 수 있으려면 숙련공이 되어야 한다고 생각했다. 그래서 밀스는 용접 기술을 배웠다. 그는 내게 이렇게 말했다. "고등학교 졸업 후 숙련공이 되어야 한다는 건 아주 일리 있는 말입니다. 북미 지역에는 숙련공이 50만 명 이상 부족합니다. 인력이 필요한 데 사람이 없는 겁니다. 그러니 그동안 급여도 계속 올랐죠. 숙련된 전기 기사나 용접공 또는 배관공이 시간 외 근무를 조금만 하면 연간 10만 달러를 버는 건 드문 일이 아닙니다. 1만 달러에서 1만 5,000달러를 들여 2년 정도 훈련하면 나이 스물에 그만한 돈을 벌 수 있습니다. 정말 수지맞는 투자죠. 게다가 원하면 언제든 그만두고 대학에 갈 수도 있고요."[15]

보다 따뜻한 인간 발달 평가를 받아들여 갭 이어를 갖는다면, 우리 젊은이들은 뭔가 도전적이고 전혀 다른 일을 해볼 기회를 가질 수 있다. 외부 세계는 물론 내면의 능력들까지 두루 탐구해 새로운 길들을 찾아낼 기회가 생기는 것이다. 그러나 오늘날 우리 사회가 워낙 얼리 블루밍에 집착하는 바람에 많은 학생들과 젊은 대학 졸업생들은 삶의 속도를 늦추거나 갭 이어를 갖는 일에 주저하고 있다. 대학원 입학 담당자나 기업 고용주에게 구구절절 설명해야 하는 상황을 꺼리기 때문이다. 또 그들은 다른 젊은이들보다 뒤처지거나 장기적인 관점에서 예상 수입이 줄게 될까 두려워하기도 한다. 다람쥐 쳇바퀴 도는 것 같은 생활에서 벗어나는 걸 두려워하는 사람들에게 몇 가지 좋은 소식이 있다. 아마 그 모든 두려움을 누그러뜨리는 데 도움이 될 것이다.

연구 결과에 따르면, 우리는 나이가 들수록 더 똑똑해지고 더 창의적이 된다. 우리 뇌의 구조와 신경망과 인지능력이 나이를 먹고 인생 경험이 쌓이면서 더 좋아지기 때문이다. 그러니까 실리콘밸리의 신화와는 반대로, 나이 든 직원들이 젊은 직원들보다 훨씬 더 생산적이고 혁신적이고 협조적일 수도 있는 것이다. 결국 인지능력은 서서히 퇴조하기 때문에, 또는 미국 작가 솔 벨로Saul Bellow가 소설 《험볼트의 선물Humboldt's Gift》에서 말한 것처럼 "먼지투성이의 긴 비탈길을 따라 무덤까지long dusty slide to the grave"가기 때문에 우리의 인지능력이 일찍 정점에 이른다는 것은 잘못된 생각이다.

사실 대부분의 사람들은 평생 동안 여러 차례 인지능력의 정점에 이른다. 이와 관련해 로라 저민Laura Germine(매사추세츠 종합병원의 박사 후 선임 연구원)과 조슈아 하트숀Joshua Hartshorne(MIT 공대의 박사 후 선임 연구원)은 획기적인 발견을 했다. 두 사람은 2015년에 testmybrain.org와 gameswithwords.org 같은 뇌 관련 테스트 웹 사이트들을 통해 5,000명에 가까운 사람들을 대상으로 인지능력 검사를 했다. 그리고 그 검사 결과, 지능의 서로 다른 측면들이 서로 다른 나이에 정점에 도달한다는 사실을 발견했다. "어떤 나이대에서든 우리는 어떤 측면들에서는 더 나아지지만 어떤 측면들에서는 더 나빠지며, 또 어떤 측면들에서는 그 상태를 그대로 유지합니다. 그러니까 어떤 나이에서든 대부분의 측면들에서 정점에 도달하는 경우란 없으며, 모든 측면에서 정점에 도달하는 경우는 더더욱 없습니다."[16] 조슈아 하트숀의 말이다.

자료를 검토해본 결과에 따르면, 각 인지능력은 서로 다른 나이에 정점에 도달했다. 예를 들어 정보처리 속도는 18~19세의 이른 나이에 정점에 도달했다. 단기 기억력은 25세 정도까지도 계속 나아졌고, 그러다가 이후 10년간 그 상태를 유지했다. 반면에 다른 사람들의 감정 상태처럼 복잡한 패턴들을 평가하는 능력은 훨씬 늦게, 그러니까 조사 참여자들이 40대나 50대가 됐을 때 정점에 도달했다.

연구진은 어휘 테스트를 활용해 평생 동안 축적되는 사실 및 지식인 이른바 '결정체적 지능'을 측정했다. 그랬더니 심리학자들의 예상대로 결정체적 지능은 뒤늦게 정점에 도달했다. 그러나 보다 새로운 자료에 따르면, 결정체적 지능은 사람들의 예상보다 훨씬 늦게, 즉 조사 참여자들이 60대 말에서 70대 초가 될 때 정점에 도

어린이를 위한 한

부정신호를 차단하고 한 가지의

치저은 지음 | 180쪽 | 13,000원

《하버드 상위 1퍼센트의 비밀》의 오리이면
부정신호를 차단하고 긍정신호를 '학수해라'

《20만 독자의 사랑을 받은 베스트셀러

아이들이 주변에서 느끼게 되는 부정신호를 이
받아들여야 하는지, 전쟁 위치에 되는 것이 무엇인지 알
하고 변화가게 행동, 사회의 친구들이 하나 생활하는 아
적 거기에 삶 앞의 불행하는
에 하라는 삶을 배울 수 있다.
는 법의 이들을 배울 수 있다.

《 수업》의 마지막 3부작

···요하다!"

···상의 모든 이들을 위한 치유서

사람의 죽음을 겪는다. 누구도 죽음을 피할
··· 든 슬픔도 함께 받아들여야 하지 않을까? 누
··· 담겨진 사람들의 삶도 있기 때문이다. 세계적인
··· 스피스 운동의 선구자인 엘리자베스 퀴블러 로스
··· 수업》을 쓴 슬픔과 애도 분야의 최고 전문가인 데
··· 놀라운 통찰력으로 기존에 알려진 죽음과 슬픔의 다섯
··· 번째 단계인 '의미'를 찾아내 집대성한다. 수십 년간 슬
··· 해 깨달은 지혜와 지식뿐 아니라 힘들게 얻은 귀중한 경험
··· 슬픔을 이기는 대단히 중요하고도 강력한 '의미'를 통해, 남
··· 꼭 필요한 위로와 따뜻한 치유의 방법을 제시한다.

결과가 증명하는
20년 책육아의 기적
몸마음머리 독서법

서안정 지음 | 320쪽 | 16,800원

영재로 자란 세 자매는 어떤
책육아의 시작과 끝을 함께

집이 학교가 되는 시대
는 교육 불평등 시대
란 속에서 어떻게 이
개성이 강한 세 아
그 답을 '책'에서
마음머리 독서법
상황별 책육아
학고, 한의
통해 누구

푸름아빠 거울육아
엄마의 감정을 거울처럼 비추

최희수 지음 | 380쪽 | 16,800원

푸름아빠의 지혜가 모두 담
왜 사랑하는 아이를 키우는 것이

다른 사람에게는 친절하면서 왜 아이에
분노를 쏟아내게 될까? 우리의 무의식에 상처
내면아이가 있기 때문이다. 아이가 밥을 안 먹을 때,
잠을 안 잘 때, 징징댈 때… 특정 상황에 분노가 올라
온다면 나의 어린 시절과 어떤 연관성이 있는 건 아
닌지 살펴봐야 한다. 나를 거울처럼 그대로 비추는
아이를 통해 상처를 만나고, 이를 치유하는 법을 다
룬 최초의 책인《거울육아》를 통해 육아와 성장을 함
께 이루는 법을 배울 수 있다.

인생을 바꾸는 90초

생명경제로의 전환
자크 아탈리 지음 | 양영란 옮김 | 336쪽 | 18,000원

코로나 바이러스가 불구하는 담대한 비전과 전망

팬데믹 이후 다시 쓰는 인류의 성장과 안전

유럽 최고 석학 자크 아탈리가 말하는,
앞으로 우리가 살아가게 될 세계에 대한 전망과 비전

10대 후반	인지 처리 속도
20대 초반	학습 능력 및 이름 기억력
25~35세	단기 기억력
30대 초반	얼굴 인식 기억력
45~55세	사회적 이해
65세 이상	언어 지식

달했다. 로라 저민은 자신들의 연구 결과를 요약해 다음과 같은 표를 만들어냈다.

저민의 말에 따르면, 저민-하트숀 연구는 사람들이 평생 변화되는 과정을 서로 다른 그림으로 나타내고 있다. 또 다른 연구 결과들을 봐도, 인간의 뇌는 평생 놀라운 적응력을 발휘한다는 걸 알 수 있다.

1950년대 초에 캘리포니아대학교 버클리캠퍼스 학부생 K. 워너 샤이에K. Warner Schaie[17]는 성인의 발달 과정을 연구하기 시작했다. 현재 90세인 샤이에는 당시 자신이 그 연구를 할 수 있었던 계기는 샌프란시스코만의 한 인쇄소에서 야간작업을 하고 있었던데다가 가족 주치의가 노인병학 전문의였기 때문이라고 회상했다. 젊은 샤이에가 어떻게 인간의 뇌와 노화에 관심을 갖게 됐든, 그는 자신에게 딱 맞는 분야를 선택해 겨우 21세 나이에 이미 다양한 국제 노인병학 콘퍼런스에서 강연을 하게 된다. 그리고 이후 워싱턴대학교 대학원생 시절에는 그의 경력에 큰 도움이 된 '시애틀 종단 연구'라는 유명한 프로젝트에 착수했다.

종단 연구란 장기간 조사 대상들을 추적 관찰하고 조사하며 행하는 연구다. 샤이에와 그의 연구 팀은 살면서 배우자의 죽음이나 질병에서의 회복 같은 중요한 일들이 각각 다른 나이에 사람들의 인지능력에 어떤 영향을 주는지 조사했다. 그 결과, 그는 인지능력이 여러 가지 요인들에 의해 퇴화가 촉진되지만, 배우자의 죽음을 받아들이려는 노력 등을 통해 그 퇴화를 늦추거나 아니면 오히려 인지능력을 나아지게 할 수도 있다는 걸 깨달았다. 이와 관련해 샤이에는 〈시애틀타임스〉에서 이렇게 말했다.

●●● 당신이 당신 삶을 어떻게 살아가느냐에 따라 어떻게 나이를 먹게 되느냐가 달라지는데…… 당신은 나이가 든다고 갑자기 다른 종으로 변하진 않는다. 머리가 빨리빨리 잘 돌아가고 생각이 경직되지 않은 사람이 유리한 건 분명하다. 세상 모든 건 변한다. 그러나 당신이 젊은 시절에 문제 해결을 잘하고 개인적인 위기를 잘 극복한다면, 아마 나이가 들어서도 계속 그럴 것이다.[18]

시애틀 종단 연구는 우리 뇌가 얼마나 적응력이 뛰어난지와 관련해 계속 새로운 연구 결과들을 보여주고 있다. 현재 시애틀 종단 연구를 이끌고 있는 셰리 윌리스Sherry Willis는 항공교통 관제사들의 경우 나이가 들면서 정신적 처리 속도와 단기 기억력이 천천히 꾸준히 퇴화되지만 업무 처리 능력은 그대로라는 사실을 알게 됐다. 대체 어떻게 그게 가능할까? 항공교통 관제사들에게 가장 중요한 두 가지 능력인 공간 추론 능력과 침착성 유지 능력이 중년을 지나면서 더 나아지기 때문이다. 이와 관련해 미국 심리학협회에서는 이렇게 말한다.

●●● 중년에는 우리의 뇌가 젊은 시절의 능력들 가운데 많은 능력들을 그대로 유지할 뿐 아니라 실제 새로운 능력들을 익히기도 하는 것 같다. 그러니까 성인의 뇌는 수십 년간의 경험들과 행동들을 받아들이면서 중년까지도 계속 발전하는 것으로 보인다. 연구 결과에 따르면, 예를 들어 중년의 뇌는 더 차분하고 덜 신경질적이며 주어진 상황들을 더 잘 분석한다. 심지어 어떤 사람들은 중년기에 오히려 인지능력이 개선되기도 한다.[19]

미시간대학교의 인지신경 과학자 퍼트리샤 로이터 로렌즈Patricia Reuter-Lorenz는 이렇게 말한다. "중년기에도 다양한 능력들의 가소성plasticity(생체가 외부 변화에 대응해 정상 상태를 유지하는 성질-옮긴이), 재구성 능력, 보전 능력 등이 그대로 유지되는 것이다."[20]

이는 모든 레이트 블루머들에게 좋은 소식이다. 문제는 우리가 적극적으로 참여해야 한다는 것이다. 우리의 건강, 주변 세상에 대한 우리의 호기심, 그리고 우리의 배움에 많은 시간과 노력을 투자

해야 한다. 그렇게 한다면 우리는 살면서 여러 차례 인지능력의 절정기를 누릴 수 있고, 여러 차례 스스로를 꽃피울 수 있다.

＊＊＊

인지 연구에 따르면, 우리에겐 두 종류의 지능이 있다고 한다. 유동 지능fluid Intelligence(줄여서 Gf)와 결정체적 지능crystallized Intelligence(줄여서 Gc)이 바로 그것이다.[21] 유동 지능이란 과거에 익힌 지식과 관계없이 새로운 문제들을 풀고 추론할 수 있는 능력이다. 추상적인 패턴들을 알아보고 논리를 활용하고 귀납적이고 연역적인 추론을 하는 것이 바로 유동 지능이다. 이 지능은 이른 나이에 정점에 도달한다. 반면에 결정체적 지능은 각종 기술과 지식과 경험을 활용할 수 있는 능력이다. 대부분의 성인들에게 있는 결정체적 지능은 직업 관련 지식(업무)과 취미 관련 지식(다양한 취미, 음악, 예술, 대중문화 등)으로 나뉜다. 유동 지능과는 달리 결정체적 지능을 측정해보면 중년 이후까지도 그 능력이 올라가는 걸 알 수 있다.

조지아공과대학교 심리학 교수 필립 애커먼Phillip Ackerman과 그의 동료들은 성인의 나이와 지능의 수준 사이에 밀접한 관련이 있다는 걸 밝혀냈다. 그러니까 나이 든 성인들이 젊은 성인들보다 지식이 더 많은 것이다. 애커먼에 따르면, 나이 든 성인들이 젊은 유동 지능의 쇠퇴를 상쇄할 수 있는 최선의 방법은 자신의 유동 지능, 그러니까 기존의 지식과 기술들을 극대화해줄 수 있는 일과 목

표들을 갖는 것이라고 한다.[22]

항공교통 관제사들이 하는 일을 생각해보라. 아마 대개 그 일에는 젊고 빠릿빠릿한 유동 지능이 도움이 된다고 생각할 것이다. 그런데 희한하게도 법 규정에 따르면 유동 지능이 이미 쇠퇴하는 31세 이후에는 항공교통 관제사가 되기 위한 훈련조차 받을 수 없다. 시애틀 종단 연구에서 밝혀졌듯, 항공교통 관제사들은 30대에서 50대 사이에 오히려 공간 추론 능력과 침착성 유지 능력이 향상되어 유동 지능의 쇠퇴가 어느 정도 상쇄된다. 그래서 미국 연방항공국에서는 공간 추론 능력과 침착성 유지 능력이 저하되는 56세를 관제사들의 퇴직 나이로 정해놓고 있다. 그러나 교사, 의사 또는 변호사, 정치, 저술, 컨설팅같이 많은 지식이 필요하고 결정체적 지능에 의존하는 일들의 경우 끝까지 안정적인 상태를 유지한다.

물론 대부분의 일들이 최고의 성과를 내려면 유동 지능과 결정체적 지능이 잘 조화되어야 한다. 수술과 재무분석 같은 일이 그 대표적인 예다. 유동 지능은 나이가 들면서 쇠퇴되지만, 업무 지식 또는 결정체적 지능이 그걸 상쇄해주는 정도가 아니라 더 향상되므로 중년의 나이를 넘기면서 오히려 더 좋은 성과를 내게 된다. 일이 달라지면 유동 지능과 결정체적 지능 능력 간의 균형 상태 또한 달라질 수 있다. 예를 들어 의학 분야에서 간 이식은 다른 장기 이식보다 더 힘들고 복잡한 것으로 악명이 높은데, 이는 간에 미세한 혈관들이 많이 연결되어 있기 때문이다. 메이오클리닉의 한 간 이식 전문가는 내게 외과의로서 자신이 능력이 정점에 달한 시기는 50대 초였다면서 이런 말을 했다. "간 이식은 '두더지 잡기' 게임과 같습니다. 여기저기서 막 출혈이 일어나죠. 정말 빠르게 움직여야 합니다."[23] 눈과 손의 빠른 통합 능력(유동 지능)이 퇴화했지만, 그의 진단 능력(결정체적 지능)은 70대까지도 계속 향상됐다고 한다. 그렇다면 병원 측에서는 이 같은 변화에 어떻게 대처해야 할까? 메이오클리닉은 결정체적 지능이 풍부한 나이 들고 노련한 외과의와 유동 지능이 정점에 달한 보다 젊은 외과의를 한 팀으로 묶어주는 게 그 해결책이라 믿고 있다.

소프트웨어 코딩 같은 일에서는 대개 유동 지능이 중시되며, 그래서 보다 젊은 소프트웨어 코딩 전문가를 선호한다. 구글과 아마존 같은 기업들에 젊은 직원들이 그렇게 많은 가장 큰 이유다. 그러나 소프트웨어 프로젝트와 소프트웨어 비즈니스를 관리하는 일은 유동 지능에서 결정체적 지능으로 능력의 균형이 바람직하게 이동한다. 이것이 바로 구글의 가장 중요한 사업들 중 하나인 구글 클라우드를 60대 초인 다이앤 그린Diane Greene이 이끌고 있는 이유다. 또한 이것이 바로 60대 중반인 억만장자 톰 시벨이 경쟁이 엄청나게 치열한 인공지능 및 사물 인터넷 분야에서 자신의 최신 소프트웨어 기업인 C3를 이끌고 있는 이유이기도 하다.

어떤 의미로 우리 뇌 속에서는 시냅스 형성이 왕성한 젊은 시절에도 갖지 못했던 패턴 인지능력과 신경망들이 끊임없이 형성된다. 그러니까 나이가 들면서도 계속 사회적 인지능력, 감정 통제 능력, 공감 능력, 유머 능력, 귀 기울여 듣는 능력, 위험-보상 교정

능력, 적응 지능 능력 같은 새로운 능력들이 개발되고 또 다른 능력들이 개선되는 것이다.[24] 그리고 우리의 잠재력은 이 모든 능력들을 통해 꽃피고 다시 또 꽃핀다. 우리의 창의력은 어떻고, 또 예기치 않은 통찰력을 갖게 되는 능력은 어떨까?[25] 다시 한번 말하지만, 우리는 생각보다 그런 능력을 훨씬 더 오래 유지한다.

스웨덴 카롤린스카연구소의 공동 설립자 헥토 제닐Hector Zenil은 2008년, 4세부터 90세까지의 3,400명을 대상으로 그들의 무작위 사고를 연구했다. 이 연구의 기본 아이디어는 무작위 사고가 창의적 사고와 관련이 있다는 것이다. 예를 들어 나무에서 사과가 떨어질 때 창의적인 사람이라면 단순히 '이 사과가 푹 익었나 보군.' 이런 생각을 하진 않는다. 아이작 뉴턴과 마찬가지로 사과가 떨어지는 걸 보며 보이지 않는 중력을 생각한다.

헥토 제닐과 그의 동료들은 어떻게 무작위 사고 테스트를 했을까? 그들은 12차례의 동전 튕겨 올리기 시뮬레이션, 10차례의 주사위 굴리기 시뮬레이션, 격자판 위에 상자 정렬하기 시뮬레이션 등, 컴퓨터로 하는 다섯 가지 간단한 '무작위 아이템 생성'[26] 과제들을 개발했다. 일련의 답들이 논리적인 컴퓨터 프로그램에 최대한 예측 불가하게 나타나도록 만드는 것이 테스트 참여자가 할 일이었다. 연구 결과, 가장 심한 무작위(창의성)를 만들어낸 나이는 예상대로 25세였다. 그러나 놀랍게도 그 이후부터 60대까지 무작위 사고 능력(창의력)은 아주 미미하게 떨어졌다.

뉴욕대학교의 신경심리학자 겸 인지신경과학자이며 2018년에

《창의성》이란 책을 펴내기도 한 엘코논 골드버그Elkhonon Goldberg 박사는 우리의 창의력 수확량은 나이를 먹을수록 늘어난다고 말한다. 그는 뇌의 우반구와 좌반구가 이른바 '현출성 신경망salience network(좌뇌에 저장된 이미지 및 패턴들과 비교해 우뇌로 새로 받아들인 인식들을 평가하는 데 도움을 주는 신경망)'[27]으로 연결되어 있다고 믿는다. 그래서 아이들은 중년 성인들보다 새로 받아들이는 인식은 더 많지만, 그 인식을 유용한 통찰력이나 창의력으로 변화시키는 능력은 부족하다.

그런데 이런 연구 결과들이 현실 세계에 어떻게 적용될 수 있을까? 그리고 사람들은 나이가 들면서도 여전히 혁신을 이룰 수 있을까? 여기서 적어도 내겐 놀라운 또 다른 사실이 하나 있다. 현재 젊음을 지나칠 정도로 찬미하고 있음에도 권위 있는 상을 수상하는 과학자나 발명가, 기업가는 거의 다 나이 든 사람들이라는 사실이다.

1세기 전 물리학자 알베르트 아인슈타인과 폴 디랙Paul Dirac은 20대 중반에 했던 연구 결과로 노벨 물리학상을 수상했다. 물리학자 윌리엄 로런스 브래그William Lawrence Bragg는 22세에 했던 연구 결과로 25세가 되던 1915년에 노벨 물리학상을 수상했다. (그는 엑스선을 이용해 결정체의 원자구조를 연구한 최초의 물리학자들 중 한 사람이었다.) 폴 디랙이 다음 시에서 찬미한 것도 바로 이처럼 젊은 과학자들에게 있다고 믿어지는 우월함이었다.

레이트 블루머

●●● 물론 나이는 오싹한 오한이다,

모든 물리학자가 두려워해야 할.

그러나 일단 30년을 지난 물리학자는

살아도 죽은 것이나 다름없다.[28]

그러나 오늘날 과학이나 과학에 바탕을 둔 다른 중요한 혁신 분야에서 연구를 해 노벨상을 수상하는 이들은 대개 나이 든 사람들이다. 2008년 노스웨스턴대학교의 벤저민 존스Benjamin Jones와 브루스 와인버그Bruce Weinberg가 실시한 조사에 따르면, 사람들이 훗날 노벨상을 수상할 일을 행한 평균 나이는 39세였다.[29] 다시 말해 현재 55세인 사람이 과학 분야에서 큰 쾌거를 이룰 가능성은 25세인(아인슈타인, 디랙, 브래그 등의 나이) 사람만큼 높은 것이다. 벤저민 존스는 오늘날 큰 혁신을 이루는 사람들의 나이가 점차 높아지고 있는 이유는 오늘날의 학문들이 그만큼 심오해지고 있기 때문이라고 생각한다. 그래서 뭔가 큰일을 이루려면 그만큼 더 많이 배우고 더 많은 시간을 쏟아야 하는 것이다. 신경과학 용어들을 사용하자면, 노벨상을 받을 정도의 일을 하려면 얼리 블루머의 유동 지능과 레이트 블루머의 결정체적 지능이 모두 필요하다는 뜻이다.

미국 정보기술혁신재단에서 최근 발표한 한 조사에 따르면, 실제로 혁신의 정점을 찍는 나이는 노스웨스턴대학교의 연구 결과보다 거의 10년이나 더 늦은 40대 말이라고 한다.[30] 혁신의 정점을 찍는 나이가 40대 말이라는 주장은 미국 내 특허 신청자들의 평균

나이가 47세라는 사실로도 뒷받침된다.[31]

과학자나 혁신가가 아닌 우리 같은 일반인들의 경우, 보다 중요한 의문은 우리의 인지능력이 정점을 찍은 뒤 얼마나 오래 계속 높은 수준에 머물러 있을 수 있느냐 하는 것이다. 이 문제에 대한 새로운 연구들과 증거들을 봐도 고무적이다. 앞서 잠깐 언급한 헥토 제닐 무작위 사고 연구 결과에 따르면 거의 정점을 찍은 창의력은 60대까지도 그대로 유지되는데, 이는 하버드-MIT-매사추세츠 연구 및 시애틀 종단 연구와도 비슷한 결과다. 어떤 사람들은 정점을 찍은 창의력이 80대까지도 그대로 유지되며, 놀라운 다음 이야기에서 볼 수 있듯이 아주 예외적으로 그보다 더 오래 유지되기도 한다.

전기가 저장되는 리튬 이온 배터리는 스마트폰과 전기 자동차에 없어선 안 될 중요한 부품이다. 당신은 스티브 잡스와 일론 머스크라는 이름은 들어봤어도, 아마도 존 구디너프John Goodenough라는 이름은 들어본 적이 없을 것이다. 시카고대학교에서 교육을 받은 물리학자 구디너프는 57세라는 비교적 늦은 나이에 리튬 이온 배터리를 공동 발명했다. 그로부터 수십 년이 지난 2017년에 구디너프는 새로운 배터리에 특허를 출원했는데, 당시 〈뉴욕타임스〉는 이에 대해 이렇게 보도했다. "이 배터리는 워낙 싸고 가볍고 안전해서 전기 자동차 업계에 혁신을 불러일으킴은 물론 휘발유 자동차들의 목을 죌 것이다."[32] 리튬 이온 배터리 특허를 냈을 때 구디너프의 나이는 94세였다. 그리고 그는 이 혁신적인 연구를 노인

은퇴센터에서 한 것이 아니라 텍사스대학교 오스틴캠퍼스에서 한 연구 팀과 함께 진행했다.

캔자스시티에 있는 카우프만재단은 사람들로 하여금 사업에 뛰어들게 만드는 기업가 정신에 대한 연구를 진행하고 있다. 카우프만은 기업가들의 평균 나이는 47세라고 말한다.[33] 의료와 정보 기술처럼 성장이 가장 빠른 분야들에서는 더 낮지만, 전통적으로 나이대가 젊은 분야들에서조차 기업가의 평균 나이는 20대가 아니라 40대. 특히 놀라운 사실은 25세 이하보다는 50세 이상의 기업가가 두 배나 더 많다는 것이다.

기업가의 절정기는 40대라는 생각은 20세기의 발달심리학자 에릭 에릭슨Erik Erikson[34]의 연구로 뒷받침되었다. 에릭슨은 40세부터 64세까지는 삶을 더 의미 있게 만들고 싶다는 인간의 보편적인 갈망에 창의력과 경험이 더해지는 독특한 시기라고 믿었다. 그는 기업을 시작한다는 것은 많은 사람들이 이른바 '생성generativity'이라는 것을 추구할 수 있게, 즉 잠재력 있는 사람들로 하여금 유한한 삶을 뛰어넘어 뭔가 긍정적인 기여를 할 수 있게 해주는 일이라는 것이다.

우리가 알고 있는 인간의 뇌와 노화에 대한 이 모든 사실들로 미루어볼 때, 인간에겐 아주 늙을 때까지도 계속 창의적이고 혁신적인 생각을 할 수 있는 놀라운 능력이 있음을 알 수 있다. 그러나 우리는 이런 사실에 대한 깨달음과 함께 사회 경력에 대한 우리의 접근 방식 또한 변화시켜야 할 것이다. 그러니까 뒤늦게 사회 경력을 시작할 방법들을 찾고, 중년 이후의 경력을 보다 융통성 있게 관리하며, 경력을 끝낼 무렵 우리 자신의 페이스를 서서히 줄여나갈 방법들을 찾아야 한다.

그러나 서글프게도 사회 경력에 대한 오늘날의 전형적인 사고는 20세기 초의 조립라인 사고에서 벗어나지 못하고 있다. 직장에 들어가고, 승진을 하면서 더 많은 책임과 급여를 받고, 그러다 갑자기 퇴직을 강요당하거나 60세쯤 해고를 당하는 것이다. 법률 회사와 회계 기업들에는 '업 앤 아웃up-and-out(계속 승진하다가 나간다는 뜻-옮긴이)'이라는 용어가 있다. '보다 따뜻한 인간 발달 평가' 방식에서는 이런 '업 앤 아웃' 사고는 한옆으로 치워두고 한 사람의 경력이 둥근 활 모양이 되게 해주어야 한다. 우리는 어떤 면들(시냅스 생성 속도, 단기 기억력 등)에서는 퇴화되지만, 또 어떤 면들(현실 패턴 인식 능력, 감성 IQ, 지혜 등)에서는 향상된다. 나이가 들어도 우리의 창의적인 능력과 혁신적인 능력은 다른 방식들로 강하게 유지되는 것이다.

나는 나이가 들어 깨달음을 얻은 직원들은 자신이 하는 일에서 더 큰 창의력을 발휘할 기회가 많을 것이라고 믿는다. 나는 저널리즘 분야에서 일해오며 수많은 기업체 임원들과 시간을 함께 보냈는데, 그들은 내게 이구동성으로 "가장 중요한 건 재능 있는 직원들을 채용하고 유지하는 일"이라고 말했다. 그 일에 실패하는 기업들은, 그리고 일정한 나이에 이르른 직원들을 내보내는 기업들은 그 직원들의 능력을 100퍼센트 활용하지 못하는 것이다. 최고로 일 잘하는 최고의 직원들을 두고 싶다면, 이제 '업 앤 아웃' 사고를 재고해야 한다.

나이 든 직원들의 문제는 그들 자신의 문제라기보다는 대부분의 조직 안에 팽배한 사회 경력에 대한 편견의 문제다. 기업들은 일 잘하는 직원들에게는 보다 높은 직책과 보다 많은 권한, 보다 많은 급여를 주지만, 그러다가 때가 오면(때는 늘 오지만) 이런 관행은 더 이상 통하지 않게 된다. 운동선수, 외과 의사, 소프트웨어 전문가, 비행기 조종사, 교사 등 어떤 직업의 사람이든 우리는 다 우리의 능력, 연봉 수준, 장시간 일할 의욕 등의 측면에서 일정 시점에 정점에 이른다. 물론 고용주 입장에서는 효율성이나 생산성 면에서 이미 정점에 이른 사람들에게 계속 급여를 인상해줘야 한다면 적절치 않다. 그러자면 돈도 너무 많이 들어갈 뿐 아니라 보다 젊은 사람들이 보다 책임이 큰 자리로 올라가지 못하게 되기 때문이다. 바로 이러한 이유로 고용주들이 정점에 도달한 사람들을 내보내는 것이다.

그러나 이는 고용주와 직원들 모두에게 비극적인 손실이다. 우선 고용주는 오랜 세월 훈련이 되어 일 처리 방법을 아주 잘 아는 재능 있고 경험 많은 직원을 잃는다. 그 직원들은 조직에 기여할 수 있는 것이 아직 많다. 아직 일을 잘할 수 있고 또 계속 일하고 싶어 하는 사람들을 내보낸다는 것은 그야말로 인적 자본의 낭비다.

업 앤 아웃 관행은 여러 차원에서 볼 때 인간이 활짝 꽃피는 걸 막는 장애물이다. 그래서 다음과 같은 혁신적인 생각이 나오게 된다. 사회 경력을 한 가지 방향의 업 앤 아웃 모양으로 보지 말고 활 모양(또는 일련의 활 모양들)으로 보면 어떨까?

이 이야기를 좀 더 진전시키기 위해, X 업계에서 일하는 사람들이 40대나 50대 때 정점에 도달한다고 해보자. 여기서 '정점에 도달한다'는 말은 직업 관련 기술, 팀 구축 및 관리 기술, 생산성, 커뮤니케이션 기술, 장기간 일할 수 있는 열의, 비행기를 타고 1주일간의 세일즈 미팅에 참석하러 갈 열정 등이 최고조에 달한다는 의미다.

전통적인 업 앤 아웃 방식의 경력에 대한 관점은 대개 이렇다. "55세가 넘으면 그만두어야 한다. 우리는, 그리고 당신의 고용주는 55세가 넘은 직원인 당신에게 급여를 줄 여력이 없다." 그러나 보다 따뜻한 활 모양의 경력 관점에서는 거의 모든 직원들이 일정 시점에 정점에 도달하지만, '정점을 지난' 나이 많은 직원들조차도 여전히 중요한 기여를 할 수 있다는 사실을 인정해야 한다. 그렇다면 일정한 시점에 도달한 뒤 급여 인상이 중단될 뿐 아니라 오히려 급여 수준이 내려가며, 직책도 더 오르는 게 아니라 '부사장'에서 '선임 컨설턴트'로 바뀌는 식의 경력 패턴을 만들면 어떨까?

활 모양의 경력 패턴에서는 강제적인 퇴직 나이 같은 건 없다. 직원들도 적정 수준의 급여를 받으며 더 일하고 싶어 하고 고용주

레이트 블루머

도 그들의 기여도를 높게 평가한다면, 나이가 65세나 72세라고 해서 일을 하지 못할 이유가 무엇인가? (최고 경영자에게 남기는 말: 만일 당신 회사의 인사부나 법률 팀에서 적정 수준의 급여를 산출하지 못한다면 그럴 수 있게 만들어라.)

경력 패턴을 업 앤 아웃 패턴에서 활 모양 패턴으로 바꿔야 할 또 다른 이유는 나이의 다양성이다. 활 모양 패턴에서 내리막길에 자리한 나이 든 직원은 굳이 자리에 연연할 이유가 없다. 그들은 이제 자유롭게 다음과 같이 직관에 반하는 조언이나 경고도 할 수 있다. "아주 멋진 아이디어이긴 한데, 값비싼 실패를 맛보지 않도록 판매에 대한 당신의 기본 전제들을 다시 한번 검토해보길 바랍니다." 자리에 연연해야 하는 나이 든 직원이라면 아마 이런 식의 조언은 하지 않을 것이다. 기업이 저지를 수 있는 가장 안 좋은 일은 재능 있는 젊은 직원들의 창의적인 에너지를 무시해버리는 것이다. 그다음으로 안 좋은 일은 젊은 직원들로 하여금 (나이 든 지혜로운 직원의 조언을 듣고) 피할 수도 있는 함정을 못 보고 빠져들게 내버려두는 것이다.

우리는 모두 자기 나름의 방법으로 꽃필 기회를 가질 자격이 있다. 다시 말하지만, 나는 이제 '보다 따뜻한 인간 발달 평가'의 도입을 진지하게 생각해볼 때가 됐다고 본다. 다시 말해 표준화된 검사들을 지나치게 중시하지 않고 모든 사람들에게 자신의 잠재력을 십분 발휘할 수 있게 해줄 그런 평가를 도입할 때가 된 것이다.

우리는 우리 자신에게 휴지기를 줄 필요가 있다. 우리는 모든 사람은 다 다르며, 능력도 발달 과정도 배경도 다 다르고, 스스로를 꽃피우는 방법도 다 다르다는 사실을 인정하고 자축해야 한다. 그러나 현재 우리는 그 정반대의 길을 가고 있다. 우리 사회는 스스로 자신의 인지능력이 남다르며 어린 나이에 뛰어난 집중력을 발휘할 능력이 있음을 입증하는 개인들에게 지나칠 정도로 경도되어 있다. 우리는 아직도 뇌가 발달 중인 10대와 젊은이들에게 유망한 대학에 들어가고 유망한 분야를 전공하고 유망한 직장에 들어가 스스로의 가치를 '입증'하라고 요구한다. 그러면서 우리는 그렇지 못한 10대와 젊은이들의 발목을 잡고 성공으로 향하는 길들을 가로막는다.

그러니 육체적·인지적·감정적 발달이 느린 우리는, 어린 나이에 두각을 드러내지 못한 우리는, 얼리 블루머가 되지 못한 우리는 대체 어찌해야 한단 말인가? 기뻐하라! 다음 장에서 설명하겠지만, 우리 레이트 블루머들에겐 나름대로 독특한 힘과 장점이 있다.

4

레이트 블루머의 6가지 장점

캠퍼스 안에 '어글리Ugly'라는 곳이 있었는데, 나와 내 친구들은 월요일부터 목요일까지 밤마다 그곳에 모였다. 이는 Undergraduate Library, 즉 '학부생 도서관'의 줄임말인데, 그 건물은 이름 그대로 추했다. 강철과 유리로 만들어진 1960년대식 건물들 중 하나로, 책들보다는 고리타분한 주 정부 관료주의를 떠올리게 하는 건물이었다. 그럼에도 어글리는 스탠퍼드대학교 학생들이 매일 밤 가서 공부하고 싶어 하는 곳이었다. 우리는 서가에 꽂힌 책들을 보기 위해서가 아니라, 기숙사와 룸메이트들, 섹스하는 소리와 잡담, 기숙사 옆 잔디밭에 모여 떠들어대는 술꾼들 등을 피하려고 어글리를 찾았다. 게다가 스탠퍼드에서 우리는 거의 매일 밤 4시간에서 6시간 정도씩 공부를 해야 했다. 우리는 공부도 어글리에서 했다.

내 룸메이트인 아이언벗 밥Ironbutt Bob은 배구를 하지 않는 밤이면 거의 날마다 어글리를 찾았다. 그에겐 정해진 원칙 같은 게 있었다. 그는 자신의 배낭 속에 책, 펜, 노란색 형광펜, 노트들 말고도 펩시콜라도 꼭 두 병씩 집어넣었다. 그리고 당과 카페인으로 에너지 충전을 한 뒤 도서관 개인 열람실에 앉아 몇 시간이고 화장실도 안 가고 심리학, 경제학, 법학 교재들을 수십 페이지씩 독파했다. 공부할 때는 그 무엇도 그의 주의력을 깨뜨리지 못하는 듯했다. 논문을 써야 할 때는 앉은자리에서 노란 줄이 그어진 종이 40여 장에 빼곡히 글을 썼으며, 그런 다음 화장실에 갔다가 우리 방에 돌아와 펩시콜라 한 병을 더 마시고 나서 손으로 쓴 글들을 전부 타이핑했다.

밥은 대학 3학년 때 학술 친목 단체 '파이 베타 카파Phi Beta Kappa'를 만들었다. 그는 자신의 지적 습관 및 공부 습관들을 그대로 가지고 스탠퍼드 법학대학원에 올라갔으며, 자기 반에서 거의 최고 성적으로 졸업했다. 이후 그는 세계적인 법률 회사 파트너 변호사로 큰 성공을 거두었다.

나는 밥의 공부 습관들을 따라 해보려 애썼으며, 얼핏 보기엔 성공한 듯했다. 나는 그의 배낭과 비슷한 배낭을 구입해 각종 교재와 읽기 과제물들, 펜, 노트, 노란색 형광펜 등을 집어넣었다. 그러고는 종종 저녁 식사 후 스포츠와 여자 얘기를 하면서 그와 함께 어글리까지 걸어갔다. 그런 다음 그는 자신이 좋아하는 개인 열람실

레이트 블루머

로 들어가 자기 일에 몰두했다. 나 역시 밥처럼 개인 열람실을 하나 찾아 똑같이 해보려 했다.

그러나 어글리에서 내가 하는 일들은 밥과는 좀 달랐다. 아니, 어쩌면 많이 달랐다. 아이언벗 밥은 이따금 펩시콜라를 마셔가며 몇 시간이고 계속 책만 팠지만, 나는 15분도 가만히 앉아 있지를 못했다. 한 시간, 아니 어쩌면 30분 정도 일본의 지방 행정 지역들이나 초기 산업 시대가 영어 소설들에 끼친 영향에 대해 공부해보려 안간힘을 썼지만, 소용없었다.

결국 나는 늘 얼마 못 버티고 개인 열람실을 나와 딱딱한 표지를 씌운 잡지들이 꽂혀 있는 서가 쪽으로 향하곤 했다. 그러고는 스포츠 잡지 〈스포츠일러스트레이티드Sports Illustrated〉 과월 호들을 몇 시간씩 탐독했다. 당시 그 잡지들은 달리기와 필드경기는 물론 다른 여러 올림픽경기들에 많은 지면을 할애하고 있었다. 나는 매디슨 스퀘어 가든에서 열린 실내 장대높이뛰기 경기들과 스위스 생모리츠에서 열린 4인 봅슬레이 경주 이야기에 푹 빠졌다. 〈스포츠일러스트레이티드〉에 실린 컬링 경기는 정말 멋져 보였다. 나는 그 모든 스포츠에 심취했다.

너무도 당연한 얘기지만, 밤늦게 어글리의 잡지 서가에서 했던 공부는 내 학점에 아무런 도움도 안 됐다. 일본 지방 행정 지역들에 대한 내 이해도는 여전히 낮았다. 나는 필요한 최저 학점만 딱 맞춰 취득한 채 가까스로 정치학 학위를 받으며 제때 대학을 졸업했다. 내 평균 학점은 3.1이었으며, 영상미학 과목만 A-, 나머지는 전부 B학점을 받았다. 내가 받은 B학점들은 '젠틀먼즈 C(부유한 집 자녀에게 낙제점 대신 주는 아슬아슬한 합격점-옮긴이)' 학점에 더 가까웠다. 스탠퍼드대학교에서는 최종 시험 2주 전쯤에 한 과목을 포기하는 게 가능했다. C 학점 밑으로 받게 될 것 같은 과목을 포기하면 성적이 기록에 남지 않았던 것이다.

밥은 올 A를 받고 스탠퍼드 법학대학원에 올라갔고, 나는 억지 평균 B학점을 받고 〈러너즈월드〉의 편집 보조(그나마 곧 그만두었지만)가 되었고 경비원이 되었고 또 접시닦이가 되었다. 나는 어글리의 잡지 서가에서 시간을 낭비하며 황금 같은 기회를 날려버린 것이다. 정말 그럴까?

시간을 빨리 돌려 10여 년 뒤로 가보자. 그때쯤에 내 전전두엽 피질은 완전히 발달해 있었고 내 집행 기능 또한 제대로 작동하고 있었다. 둘 다 아주 늦게 꽃피었지만, 나는 책임 있는 성인으로서 모든 걸 아주 잘하고 있었다. 나는 팰로앨토연구소의 기술 작가였고, 실리콘밸리의 한 광고대행사를 위해 카피라이터 일도 했다. 결혼을 해 내 아파트도 가지고 있었고, 새 폭스바겐 제타와 매킨토시 컴퓨터에 레이저프린터도 있었다. 모든 게 나쁘지 않았고, 나름대로 잘나가고 있었다.

내 친구 토니Tony는 훨씬 더 많은 것을 갈망했다. 그는 나보다 훨씬 더 포부가 컸다. 대놓고 그런 말도 했다. 그는 실리콘밸리 뱅크 대출 담당자였는데, 승진이 더딘 것에 좌절감을 느끼고 있었다. 그는 은행 부사장이 되고 싶어 했고, 그런 뒤 성공적인 벤처 투자

레이트 블루머

가나 부유한 기업가가 되고 싶어 했다. 명예와 권력을 원했고 조급했다. 그는 실리콘밸리의 유력가가 되고 싶다는 말을 여러 차례 했다. 그런 토니가 어느 날 내가 실리콘밸리의 다양한 고객들을 위해 매킨토시를 이용해 제작 중이던 소식지를 보고는 물었다. 쿼크익스프레스 같은 페이지 레이아웃 프로그램과 어도비의 글씨 폰트들과 레이저프린터를 이용하면 매킨토시 컴퓨터로 잡지를 만드는 게 가능하냐고. 나는 "그럼, 가능하지"라고 대답했다.

그러자 토니가 말했다. "실리콘밸리 비즈니스 잡지를 만들자. 틀림없이 사람들이 관심을 가질 거야." 그는 진지했다. 그는 내게 몇 가지 레이아웃을 디자인해보게 했고, 그런 다음 그것들을 자신의 어린 시절 친구인 팀 드레이퍼Tim Draper라는 젊은 벤처 자본가에게 가져갔다. 토니는 결국 팀의 도움으로 6만 달러를 투자받았다. 6만 달러는 그가 실리콘밸리 뱅크를 그만둬도 좋을 만한 큰돈이었다. 그리고 1년 뒤 그는 실리콘밸리 최초의 비즈니스 잡지인 〈업사이드Upside〉를 창간했다.

토니는 돈을 끌어모으고 광고를 판매하는 비즈니스맨이었고, 나는 편집자 겸 디자이너였다. 처음 우리에게 가장 중요했던 일은 〈업사이드〉를 어떤 잡지로 만들지 결정하는 것이었다. 내 느낌은 비즈니스 잡지는 뭔가 자극적인 게 필요하다는 것이었다. 내가 생각하는 비즈니스 잡지는 일반 잡지보다 더 자극적이어야 했고, 신생 벤처 기업과 벤처 자본, 투자은행, 상장 기업 등이 맞닥뜨리게 될 위험과 치열한 경쟁, 그리고 부와 영광을 위한 처절한 싸움 등을 가감 없이 보여줄 수 있어야 했다. '아하!' 어느 날 이런 생각이 떠올랐다. '비즈니스 잡지는 일반 잡지보다는 스포츠 잡지에 더 가까워야 해.' 그때 난 마음을 굳혔다. 〈업사이드〉는 외형도 내용도 스포츠 잡지 〈스포츠일러스트레이티드〉 같아야 한다고.

10여 년 전 나는 스탠퍼드의 어글리 서가에서 1954년 창간호부터 〈스포츠일러스트레이티드〉 과월 호를 다 읽었고, 그 이후에도 계속 즐겨 봤다. 사실 나는 〈스포츠일러스트레이티드〉의 여러 호를 읽고 또 읽었으며, 그러면서 많은 것들을 알게 됐다. 우선 조지 플림턴George Plimpton, 댄 젠킨스Dan Jenkins, 애니타 버쇼스Anita Verschoth, 프랭크 데포드Frank Deford 등이 글을 잘 쓴다는 걸 알게 됐다. 그 잡지 특유의 글씨 폰트들과 사진 설명들도 알게 됐고, 사진들과 삽화들이 아주 멋지다는 것도 알게 됐다. 내가 좋아하는 그 잡지의 디자인 기법 중 하나는 아널드 로스Arnold Roth나 로널드 설Ronald Searle 같은 삽화가들의 캐리커처를 잘 활용한다는 것이었다. 골퍼가 중요한 토너먼트에서 커브 진 6피트(약 183센티미터) 내리막길 퍼팅을 하면서 얼마나 노심초사하는지를, 뛰어난 캐리커처 작가처럼 생생히 잘 표현할 수 있는 사진작가는 없다. 나는 캐리커처를 무척 좋아했으며, 캐리커처야말로 내가 〈업사이드〉에서 직면한 큰 문제를 해결해주리라 믿었다.

비즈니스 잡지가 스포츠 잡지만큼 재미있지 않은 가장 큰 이유는 비즈니스 활동은 스포츠 활동처럼 경기장 안에서, 그리고 왁자지껄한 팬들과 텔레비전 카메라들 앞에서 일어나지 않는다는 점

레이트 블루머

이다. 스포츠의 경우, 구기 종목이나 매치플레이에서 이기거나 지는 결정적인 순간을 팬들이 현장에서 지켜볼 수 있다. 그리고 그 장면은 스포츠 기자들의 눈과 카메라에 기록되어 나중에 다시 재현될 수도 있다. 그런데 비즈니스의 경우는 어떤가? 비즈니스에서 결정적인 순간이란 큰 거래를 성사시키거나 그렇지 못한 순간일까? 아니면 아주 중요한 직원이 머릿속에 온갖 뛰어난 아이디어들을 담고 회사를 나가 경쟁력 있는 회사를 차리는 순간일까?

나는 비즈니스에서 그렇게 결정적인 순간들을 보여줄 수 있는 방법은 단 하나, 캐리커처 작가에게 그 순간을 재현하게 하는 것이라고 생각했다. 그리고 〈업사이드〉의 외양과 내용을 〈스포츠일러스트레이티드〉와 비슷하게 만들기로 마음먹었다. 물론 스포츠 잡지처럼 경기 사진들을 담을 수는 없지만, 스토리가 있는 만화와 캐리커처 등 그 밖에 다른 것들은 모두 담기로 했다. 여러 해 전 어글리 서가에서 이미 수없이 봤던 까닭에, 내가 정확히 무엇을 원하는지 너무나 잘 알았다.

〈업사이드〉에 대한 내 느낌은 적중했다. 창간하고 1년도 채 되지 않아 나는 선마이크로시스템스Sun Microsystems의 최고 경영자 빌 조이Bill Joy의 소년 같은 얼굴을 표지에 실었는데, 그의 캐리커처를 해부학적으로 세밀한 미켈란젤로의 〈다비드〉 조각상처럼 표현했다. 나는 또 오라클에 대해 아주 긴 심층 기사를 의뢰했다. 그 기사에서 오라클 설립자 래리 엘리슨Larry Ellison을 칭기즈칸으로 묘사했다. 그 그림에서 칭기즈칸은 다른 장수들과 작전을 짜고 있고 그들의 발밑에는 잘린 머리들이 나뒹굴고 있었다. 애플의 최고 경영자 존 스컬리John Suclley는 모래를 뒤집어쓴 모래 놀이통 안의 소공자처럼 그렸다. 〈업사이드〉를 창간하고 2년도 안 돼 기술 업계와 벤처 자본 업계의 모든 사람들이 잡지에 관심을 가졌다. 마이크로소프트의 빌 게이츠는 장장 네 시간 동안 내 인터뷰에 응해주었다. 〈포브스〉는 〈업사이드〉 인수에 관심을 보였다. 하지만 포브스미디어의 회장이자 최고 경영자 스티브 포브스Steve Forbes는 그 대신 나를 채용해 멋진 경력을 쌓을 기회를 주었다.

결국 내가 어글리 잡지 서가에서 보낸 그 많은 시간은 결코 헛되지 않았다. 내 학점을 엉망으로 만들어버렸는지는 몰라도, 당시의 왕성한 호기심이 훗날 내 사회 경력에 결정적인 도움을 준 것이다.

지금까지 우리는 레이트 블루머가 직면한 문제들, 그러니까 각급 학교들과 고용주들이 조기 성취를 지나치게 과대평가하는 경향, 레이트 블루밍을 때늦은 성취나 무슨 결함으로 취급하는 경향 등을 집중적으로 들여다보았다. 레이트 블루머 입장에서는 사회의 이런 편견들이 평생을 좌우한다. 워낙 많은 사람들이 어린 시절에 치르는 몇 가지 편협한 평가들을 토대로 열등한 사람으로 낙인찍혀버리는 것이다. 자, 그러니 이제부터 마땅히 받아야 할 관심을 못 받고 있는 레이트 블루머의 많은 장점들을 살펴보기로 하자.

레이트 블루머의 여러 장점 가운데 첫손가락에 꼽는 것은 '호기심'이다. 건강한 아이들이라면 모두 호기심이 많지만,[1] 미국의 얼리 블루밍 컨베이어 벨트는 호기심에는 별 관심 없다. 무조건 빨리 빨리 성장하길 바라며 젊은 호기심이 아닌 결연한 집중력을 원한다. 우리가 컨베이어 벨트에서 내려 도서관 잡지 서가 등으로 빠져서 시간 낭비하는 걸 원치 않으며, 그렇게 하면 A학점이 아닌 B학점을 준다. 또한 우리 사회는 즐거운 레크리에이션 활동이나 대학입학 또는 취업 때 리더십을 보여줄 수 있는 활동 등 교과과정 이외의 과외활동은 아예 하지 못하게 가로막는다.

그렇다면 레이트 블루머는 얼리 블루머보다 호기심이 더 많을까? 연구 결과로는 정확히 알 수 없지만, 관찰한 바에 따르면 레이트 블루머들의 경우 어린 시절의 호기심은 물론 어린 시절의 모든 특징들이 더 오래 유지되는 것으로 나타났다. 그러나 이러한 특징들이 레이트 블루머들의 조기 성공에는 별로 도움이 되지 않은 듯하다. 조기 성공 컨베이어 벨트는 가장 빠르고 뛰어난 젊은이들을 선호하기 때문에 이런 호기심은 학교 행정가들과 고용주들의 눈에 걸림돌로 비칠 뿐이다. 그래서 결국 우리는 도서관 잡지 서가에서 시간을 보내지 못하고 개인 열람실로 돌아가게 된다. 호기심을 억누른 채 현실적으로 꼭 필요한 일들만 하고 진지하게 살기를 강요받는 것이다.

그러나 20대가 되면서 재미있는 현상이 벌어진다. 뇌의 전전두엽 피질이 완전히 발달하고(3장 참조) 집행 기능도 제 기능을 십분 발휘하게 되면서 충동적인 면이 사라지며, 장기적인 결과들에 대해 더 많은 생각을 하게 된다. 쉽게 말해, 사람에 따라 이를 수도 있고 늦을 수도 있지만 어쨌든 20대 때 우리는 성인으로서 이런 저런 책임들을 걸머질 수 있는 상태가 된다. 그렇다면 이 무렵 성공, 성취, 행복, 건강 같은 것들을 이루기에 어떤 사람들이 더 유리할까? 어린 시절의 호기심을 누르고 집중력을 발휘하는 법을 배운 컨베이어 벨트 위의 얼리 블루밍 슈퍼스타들이 더 유리할까? 아니면 어린 시절의 호기심을 더 많이 간직한 채 이제 드디어 집행 기능이 제 기능을 발휘하게 된 레이트 블루머들이 더 유리할까?

해마다 발표하는 '가장 일하고 싶은 100대 미국 기업' 2017년 명단에서 〈포천〉지는 여러 최고 경영자들에게 직원들의 어떤 면을 가장 중시하느냐고 물었다. 바이오테크놀로지 분야 선두 기업인 제넨텍Genentech의 빌 앤더슨Bill Anderson은 "호기심, 자기 분야에 대한 열정, 위대한 것을 성취하려는 욕구와 추진력" 등을 중시한다고 했다.[2] 인튜이트Intuit의 최고 경영자 브래드 스미스Brad Smith는 "우리 회사의 가치를 구현하는 사람들, 실패를 배우는 기회로 삼는 사람들, 그리고 자신의 지능지수보다는 감성지수, 호기심지수를 더 중요하게 여기는 사람들"을 중시한다고 밝혔다. 비즈니스 컨설턴트인 마이클 흐비스도스Michael Hvisdos와 재닛 게르하르트Janet Gerhard는 호기심은 비즈니스 혁신에서 간과되고 있는 열쇠라고 주장한다.[3] 글로벌 마케팅 컨설턴트 돈 페퍼스Don Peppers는 미국 비즈니스 잡지 〈Inc.〉를 통해 거기서 한 걸음 더 나아가 이런 말을 했다.

●●● 사람들은 이런저런 것들에 호기심을 갖는 걸 도덕적인 의무로 여겨야 한다. 호기심이 없다는 건 지적으로 나태한 것일 뿐 아니라 의도적으로 진실을 능멸하는 것이기도 하다. 뭔가에 대한 진실을 알고 싶어 하지도 않으면서 어떻게 도덕적인 사람이라고 할 수 있겠는가?

또 호기심은 저항 행위이기도 해서 도덕적 용기가 필요하기도 하다. 어떤 분야에서든 호기심 없이는 혁신이 일어날 수 없고, 혁신 없이는 그 어떤 기업도 살아남을 수 없다. 이런저런 것들에 호기심을 갖는다는 것은 이미 존재하는 그 어떤 부적절한 것도 거부하고 더 나은 걸 찾는다는 의미다. 그런 점에서 호기심은 본질적으로 사고의 독립성을 보여준다.[4]

혁신에서 호기심이 어떤 역할을 하는지 자세히 설명하자면, 한 장 전체 또는 책 한 권을 다 할애해야 할 수도 있다. 호기심은 우리에게 동기부여를 해주는 것 외에 삶을 보다 낫게 만들어주는 특징들도 갖고 있다. 이와 관련해 런던에서 발행되는 과학 잡지 〈큐브 Cube〉는 이렇게 설명한다. "호기심은 하나의 인지 과정으로, 동기부여로 인식되는 행동으로 이어진다.[5] 그리고 인간의 관점에서 볼 때 호기심과 동기부여의 관계에서는 피드백이 생겨난다. 누구든 호기심이 더 많아질수록 동기부여가 더 되며, 동기부여가 더 되면 될수록 더 많은 걸 배우고 호기심 또한 더 많아지게 된다." 그러면서 〈큐브〉지는 호기심은 도파민과 같다고 설명한다.

그러나 우리가 입으로 삼키거나 몸에 주입하는 약과는 달리, 호기심은 우리가 살아가는 내내 도파민처럼 계속 주어져 기분을 더욱 좋게 만든다. 미국 국립보건원에 따르면, 호기심은 나이 든 성인들의 인지 기능과 정신 건강, 육체 건강을 유지하는 데 중요한 역할을 하는 등 우리의 건강에 장기적인 도움을 준다.[6] 또한 각종 연구 결과에 따르면, 어린 시절의 호기심은 더없이 소중한 선물로 오랜 기간 계속 우리의 삶을 꽃피우게 해준다고 한다.

그럼 이제 앞서 제기했던 질문으로 되돌아가보자. 어린 시절에는 호기심보다 집중력이 중요하다고 배웠으나, 20대 중반을 넘기면서 자신이(그리고 자신의 고용주와 다른 모든 사람들이) 덜 쫓기는 삶을 살았으면 좋겠다고 바라게 되는 얼리 블루머가 더 좋을까? 아니면 처음에는 무시당할지라도 어린 시절의 호기심을 계속 간직해 남은 인생을 살아가는 동안 자신에게 그런 호기심이 있음을 감사하게 되는 레이트 블루머가 더 좋을까?

* * *

레이트 블루머의 두 번째 장점은 '연민compassion'이다. 다른 사람들의 입장에서 생각할 줄 알며, 그러면서 그들의 어려움을 이해하고 그들을 가장 잘 도와줄 방법을 알아내는 능력 말이다. 연민에는 힘든 기분을 참고 견디는 능력도 포함되어 있다. 공감empathy은 다른 사람이 겪고 있는 감정들을 그대로 느낄 수 있는 능력이지만, 연민의 경우 공감에서 한 발 더 나아가 다른 사람을 돕기 위한 행동까지 취한다. (링크드인의 최고 경영자 제프 와이너Jeff Weiner도 연민과 공감을 이런 식으로 구분한다.) 공감의 경우, 우리는 다른 사람의 고통을 느끼고 그 결과 함께 아파한다.[7] 연민의 경우, 상대의 고통에 동참해 표현하고 행동한다. 우리의 공적인 삶과 사적인 삶에서, 특히 의료, 교육, 사법 등의 분야에서 연민의 중요성을 의심하는 사람은 거의 없다.

그러나 연민은 조기 성공을 위한 경주에서 너무 자주 희생되어 왔다. 보다 높은 시험 점수나 보다 많은 부를 손에 넣기 위한 치열한 경쟁 과정에서 많은 사람들이 따뜻한 마음과 연민의 중요성을 도외시해온 것이다. 대학생들의 경우 다른 사람들의 행복에 대한 관심도가 사라져서 현재는 지난 30년 중 관심도가 가장 낮다.[8] 조기 성공을 위한 컨베이어 벨트가 연민의 위기를 만들어낸 것이다.

그런데 살면서 산전수전 다 겪어본 많은 레이트 블루머들은 연민이 많다. 그들은 자신을 더 많이 되돌아보며,[9] 이기적인 모습을 덜 보이고, 다른 사람들의 어려움을 더 깊이 이해한다. 심리학자들이 말하는 이른바 '친사회적인 행동'을 더 많이 하는 것이다. 또한 친사회적인 행동을 하는 사람들은 여러 모순과 결함, 인간 본성의 부정적인 측면들을 더 잘 이해하게 되고, 다른 사람들을 더 잘 용서하고 이해하게 되며, 상대적으로 연민도 더 많아지게 된다. 레이트 블루머들은 살면서 '보다 먼 길을' 걷게 되고 발을 잘못 디뎌 다치는 일도 많으며, 그로 인해 인간관계의 통찰력과 균형감을 갖게 된다. 그리고 그런 통찰력을 활용해 다른 사람들을 이해하고 도울 수 있게 된다. 연민은 이처럼 자기 자신은 물론 주변 사람들에게도 도움이 된다.

한 전문가는 이처럼 경험을 토대로 한 진화를 '이기심의 축소'로 본다.[10] 《EQ 감성지능》의 저자 대니얼 골먼Daniel Goleman은 이를 "넓은 지평선을 갖는 것"[11]이라고 말한다. 뭐라고 정의하든, 어쨌든 연민이 많아지면 우리가 교류하거나 함께 일하거나 이끄는 사람들을 더 잘 이해할 수 있게 된다.

연민이 이타주의와 같은 말로 들릴 수도 있지만, 연민의 경우 주는 사람에게 큰 이득을 안겨준다. 대니얼 J. 브라운Daniel J. Brown은 2013년에 펴낸 자신의 논픽션 소설 《배 안의 소년들The Boys in the Boat》에서 1936년 베를린 올림픽에 출전한 8인 1조의 미국 조정팀[12] 이야기를 들려준다. 대공황 시대에 워싱턴대학교의 젊은이 여덟 명이 전통적인 조정 선수들도 아니면서 한 자유분방한 코치를 중심으로 한데 뭉친다. (이 소설은 1920년대에 아마추어 스포츠의 불문율을 어긴 채 전문 코치를 고용한 케임브리지대학교의 한 영국인 단거리달리기 선수의 이야기를 다룬 1981년 영화 〈불의 전차〉와 비슷하다.)

브라운은 이 책을 쓰는 과정에서 조정 선수들 중 한 사람인 조 랜츠Joe Rantz의 집이 무척 가난했으며, 심지어 열두 살 때 입을 하나 덜기 위해 집에서 쫓겨나기까지 했다는 사실을 알게 됐다. 열두 살 난 소년은 혼자 힘으로 살아가야 했다. 브라운은 그 모든 사실을 조 랜츠의 살아 있는 누나와 얘기를 나누다가 알게 됐다. 조가

레이트 블루머

집에서 쫓겨난 지 70년이 넘게 지났는데도, 그의 누나는 동생이 소지품들을 담은 자루 하나만 들고 집을 나서는 걸 지켜봐야 했을 때 가슴이 찢어지는 듯했다며 흐느껴 울었다.

조 랜츠의 가슴 아픈 이야기는 《배 안의 소년들》에서 더 깊은 울림을 주었다. 그 어린 소년이 어떻게 살아남았을까? 얼마나 커다란 마음의 상처를 받았을까? 팀원들이 한몸처럼 노를 저어야 하는 조정 경기는 서로 간의 신뢰가 생명인데, 그는 어떻게 다시 인간에 대한 신뢰를 회복하고 조정팀의 일원이 될 수 있었을까?

브라운은 50대 말에 《배 안의 소년들》을 쓰기 시작했고, 이 책이 출간됐을 때 그의 나이는 62세였다. 이 소설은 〈뉴욕타임스〉 베스트셀러 목록에 올랐으며, 2년 연속 그 목록에서 내려오질 않았다. 당시 그는 이렇게 말했다. "저는 30대나 40대에는 이 책을 쓸 수 없었을 겁니다. 그때 썼다면 전혀 다른 책이 됐겠죠. 연륜이 부족했을 테니까요." 이 책에서 볼 수 있는 풍부한 감정적 연륜은 젊은 조 랜츠의 고통에 대한 그의 연민에서 나왔던 것이다.

어떤 사람들은 우리가 다른 사람들에게 연민을 갖는 이유를 심약하거나 지나치게 감정적이기 때문이라고 생각하는데, 그건 잘못된 생각이다. 연민은 브라운 같은 작가들에게 유형의 이익을 안겨주기도 한다. 비정한 비즈니스 세계에서는 그렇지 않지만, 문학 세계에서는 인간의 경험을 재연하는 일이 중요하기 때문이다. 그러나 현실적으로 연민을 느낀다는 건 쉬운 일이 아니다. 용기가 필요하다. 진정한 연민을 보이려면 어렵게 결정을 내린 뒤 힘겨운 현실에 맞닥뜨려야 하는 경우가 많다.

비즈니스 분야든 군사 분야든 정치 분야든, 가장 효율적인 리더들 가운데 상당수는 관습에 얽매이지 않고 새로운 길을 가면서 뜨거운 연민을 지니게 되는 경우가 많다. 노스캐롤라이나대학교의 시물 멜와니Shimul Melwani는 연민을 느끼는 관리자들과 중역들이 보다 뛰어난 리더로 인식된다는 사실을 알아냈다. 또한 연민을 느끼는 리더들은 보다 강하며,[13] 보다 높은 수준의 몰입도를 보이고, 보다 많은 사람들이 기꺼이 그 뒤를 따른다.

연민과 권위와 진실성을 결합한 관리 스타일은 직원들의 이직률을 낮추고[14] 업무 성과를 높여 순이익을 늘리는 데 직접적으로 도움이 된다. 2012년에 실시된 한 조사에 따르면, 리더들에게 연민이 있을 경우, 병가가 27퍼센트 감소하고[15] 장애 연금이 46퍼센트 줄었다고 한다. 많은 사례연구들을 분석한 또 다른 연구에 따르면, 멀리 내다볼 줄 알고 참을성과 인정이 많고 실용적인 최고 경영자들은 10년간 수익을 무려 758퍼센트 올렸다고 한다.[16] S&P 500의 평균 수익 상승률 128퍼센트에 비하면 엄청난 상승률이다. 이와 관련해 미시간대학교 교수 킴 캐머런Kim Cameron은 이렇게 설명한다. "연민을 느끼는 리더들은 재무적 성과, 고객 만족도, 생산성 등의 측면에서 조직 효율성을 상당히 향상시킵니다."[17]

연민은 아주 실제적인 이익들을 안겨준다. 레이트 블루머가 될 경우의 장점들 가운데 하나는 수년에 걸친 시행착오와 이런저런 실수와 재출발을 통해 보다 깊은 연민을 느낄 수 있게 되고, 그 결과 비판적 사고 능력이 향상된다는 점이다. 그렇게 되면 우리는 더 큰 그림을 보는 것은 물론이고 더 나은 결정도 내릴 수 있다. 또 우리는 더 예리한 예술가, 더 뛰어난 리더, 더 효율적인 기업 소유주가 될 수도 있다. 이는 정말 축하할 만한 일이며, 더 많은 기업과 인사부와 조직들이 주의를 기울일 만한 일이다. 《해피니스 트랙》의 저자 에마 세팔라Emma Seppala는 이렇게 주장한다. "연민은 수익성을 높이는 데 좋고, 인간관계를 개선하는 데도 좋으며, 지속적으로 충성심을 불어넣어준다. 그뿐 아니라 연민은 건강에도 아주 좋다."[18]

✳✳✳

마이클 마다우스Michael Maddaus는 여덟 살 때 가난한 집안에서는 드물지 않게 벌어지는 트라우마를 겪었다. 그가 미니애폴리스에서 어린 시절을 보낼 때, 그의 어머니는 웨이트리스로 투잡을 뛰었고, 그녀가 없는 시간에는 할머니가 그를 돌보았다. 세 식구는 엘리베이터도 없는 낡은 벽돌 아파트 2층에 살았다. "간신히 버티던 상황이었는데, 드디어 둑이 터졌어요. 할머니가 돌아가시면서 큰 구멍이 뚫린 거예요. 거기다 새아버지가 들어오면서 알코올의존증 문제까지 불거졌죠."[19]

그의 어머니는 주야장천 술을 마시기 시작했고, 몇 주일이고 침대에 누운 채로 음식과 다른 마실 걸 가져오라며 어린 아들을 불러댔다. 그의 새아버지는 주방 안에서 칵테일을 마시며 창문 밖만 내다봤다. "술 때문에 엄마를 잃었어요. 내가 거리를 배회하며 문제를 일으키기 시작한 것도 바로 그때였죠." 10대 소년 마다우스는 또래 집단과 어울려 다니며 상점을 털고 자동차를 훔쳤다. 그는 열여덟 살 때까지 스물네 번이나 경찰에 체포됐다.

반면에 릭 앤키엘Rick Ankiel은 10대 때 그야말로 마법의 보호를 받는 듯 화려한 삶을 살았다.[20] 플로리다주 세인트루시의 한 고등학교 3학년 시절 그는 야구팀의 스타급 투수였다. 그는 11경기에서 이기고 단 한 경기에서만 패했으며, 평균 자책점이 0.47이었다. 상상하기도 힘든 일이지만, 그는 회당 평균 2.2명의 타자를 스트라이크아웃시켜 매 9회당 20회의 스트라이크아웃을 이끌었다. 1997년에는 〈USA투데이〉지가 그를 '올해의 최우수 고등학교 선수'로 선정했다. 그리고 고등학교를 졸업하면서 바로 250만 달러를 받고 세인트루이스 카디널스에 들어갔다. 마이너리그에서 그는 곧 아주 굉장한 반향을 불러일으켰고, 1999년에는 최우수 마이너리그 선수로 선정됐다. 20세가 되는 해에는 드디어 메이저리그로 진출해 세인트루이스 카디널스의 선발투수가 되었다. 그는 또 2000년에 세인트루이스 카디널스 팀에 내셔널리그 센트럴 디비전 우승컵을 안겼으며, 올해의 메이저리그 신인 선수 2위에 올랐다.

하지만 그 뒤 그의 야구 인생은 갑자기 추락하기 시작했다. 그의 몰락은 부상이나 약물 남용 탓이 아니었다. 메이저리그 투수로서 그의 빛나는 선수 생활에 종지부를 찍은 것은 그야말로 미

레이트 블루머

스터리한 병이었다. 갑자기 원하는 방향으로 공을 던질 수 없게 된 것이다.

릭 앤키엘의 날개 없는 추락은 2000년 플레이오프 때 시작됐다. 세인트루이스 카디널스의 감독 토니 라 루사Tony La Russa는 애틀랜타 브레이브스와의 경기에서 앤키엘을 선발투수로 내보냈다. 두 이닝 동안 그는 아주 능수능란하게 상대 팀 타자들을 공략했다. 그런데 세 번째 이닝에서 앤키엘은 네 명의 타자를 포볼로 내보냈고 폭투를 다섯 개나 던졌으며 안타를 네 개 허용했다. 그 바람에 앤키엘은 1890년 이후 한 이닝에서 폭투 다섯 개를 기록한 최초의 메이저리그 투수가 되었다.

오프 시즌에 팀의 의사들이 앤키엘을 검사했지만 그 어떤 육체적 문제도 발견하지 못했다. 그는 새로운 희망을 가지고 2001년 시즌을 시작했지만, 그 희망은 곧 산산조각이 났다. 그는 계속 포볼로 타자들을 내보내며 폭투를 던졌다. 마이너리그에 속했던 세인트루이스 카디널스가 AAA팀으로 강등됐지만, 거기서 그의 문제는 더 심각해졌다. 단 4와 3분의 1이닝 동안 포볼로 17명의 타자를 내보냈고 폭투를 12개나 던졌다. 결국 카디널스 팀은 자신들의 수백만 달러짜리 영재 투수를 프로야구계의 최하위 리그인 루키리그까지 내려보냈다. 이렇게 해서 릭 앤키엘은 ESPN 텔레비전과 스포츠 토크 라디오에 농담거리로 오르내릴 정도로 전락했다.

재닛 에바노비치는 미국 뉴저지주 사우스리버의 한 육체노동자 집안에서 태어났으며, 집안 식구들 가운데 처음 대학에 진학했다.[21] 그녀는 미술사 학위를 받고 졸업했으나, 곧 결혼해 두 아이를 낳고 아이들을 기르는 일에만 전념했다. 30대에 위대한 소설을 쓰겠다고 마음먹었지만, 소설 세 편의 원고를 완성한 뒤에도 그걸 출간하겠다는 출판사를 찾지 못해 낙담했다. 그러다 한 친구가 로맨스 소설을 써보라고 권했다. 그녀는 처음으로 로맨스 소설 두 편을 썼는데 출간해주는 데가 없었다. 이후 그녀는 임시직 타이피스트로 일하게 됐고, 거기서 7개월간 일했다. 그 무렵 그녀는 두 번째 로맨스 소설을 한 출판사에 2,000달러에 팔았다. 그때 그녀는 스테피 홀Steffie Hall이라는 필명을 만들었는데, 그 이름이 더 로맨스 소설 작가답다고 느꼈기 때문이다. 재닛은 이후 로맨스 소설 11편을 더 썼으며 어느 정도 성공을 맛보기 시작했다.

일견 성공한 듯 보이긴 했지만, 그녀는 로맨스 소설이라는 장르에 싫증이 나기 시작했다. 진부한 섹스 장면을 묘사하는 데 더 이상 흥미를 느끼지 못했다. 그녀는 액션 스릴러를 쓰고 싶었다. 그러나 그녀의 출판사는 그런 그녀의 생각에 반대했고, 이제 40대가 된 재닛은 이후 18개월 동안 쉬면서 어떻게 하면 액션 스릴러를 쓸 수 있을지 고민했다.

대만 출신의 한 10대 소년은 대학 입학시험에서 두 차례 쓴맛을 봤고, 그 일로 대학교수인 아버지를 크게 실망시켰다.[22] 이 소년은 예술에 더 관심이 많았다. 의무 군 복무를 마친 뒤 그는 미국으로 건너가 일리노이대학교 어버너-샘페인캠퍼스에서 드라마와 영화를 공부했다. 그는 배우가 되고 싶었다. 그러나 영어 발음 때문에 애를 먹다가 관심을 연출 쪽으로 돌렸는데, 그 분야에서 한 가닥 가능성을 나타냈다.

일리노이대학교를 졸업한 그는 박사 학위 취득 후 분자생물학 공부를 하고 있던 미래의 아내를 따라 뉴욕대학교에 들어가 거기서 티쉬예술대학에 다니면서 영화 연출 재능을 인정받기 시작했고, 자신의 단편영화 〈호수의 그늘Shades of the Lake〉과 〈파인 라인Fine Line〉으로 각종 상도 받았다. 또 윌리엄모리스에이전시와 계약도 맺었다. 영화감독이라는 새로운 길이 눈앞에 펼쳐지는 듯했다. 그러나…… 그것으로 끝이었다. 할리우드는 대만에서 온, 더 이상 젊지 않은 남자에게 관심이 없어 보였다. 36세의 나이에 그는 집안에 틀어박혀 지내는 아버지이자 좌절한 영화제작자가 됐고, 생계 문제는 분자생물학자인 그의 아내가 관련 일을 하면서 해결했다.

자, 이제 희소식이다. 얼핏 보면 절망스러운 이 세 가지 실패 이야기는 전부 해피 엔딩으로 끝난다. 미니애폴리스 출신의 불량 청소년 마이클 마다우스는 현재 미네소타대학교 흉부외과 책임자다. 릭 앤키엘은 여러 해 동안 마이너리그의 조롱거리로 수모를 당한 뒤 20대 후반에 다시 세인트루이스 카디널스의 스타급 외야수 겸 홈런 타자로 부활했다. 재닛 에바노비치는 로맨스 소설 쓰는 걸 중단하고 18개월간 쉬면서 액션 스릴러 쓰는 능력을 길렀으며, 이후 《스테파니 플럼》 시리즈를 베스트셀러 목록에 올리면서 미국 역사상 가장 성공한 여성 스릴러 작가가 되었다. 대만 출신의 이안Ang Lee은 36세 나이에 마침내 기회를 잡아 〈결혼 피로연〉, 〈와호장룡〉,

〈헐크〉, 〈브로크백 마운틴〉 같은 영화들을 발표하면서 유명한 영화 감독이 되었다.

레이트 블루머들이 갖고 있는 세 번째 장점은 '회복력'이다. 〈사이콜로지투데이〉는 회복력을 이렇게 정의한다. "회복력이란 완전히 무너졌던 사람을 예전보다 더 강한 모습으로 일어서게 해주는 특성이다."[23] 캘리포니아대학교 샌디에이고캠퍼스의 임상심리학자 모턴 셰비츠Morton Shaevitz는 회복력이란 수동적인 특성이 아니라 일관되게 역경에 맞서는 지속적인 과정이라고 말한다.[24]

그렇다면 레이트 블루머들은 얼리 블루머들보다 회복력이 더 강할까? 레이트 블루머들은 확실히 역경에 더 익숙하다. 그리고 사람은 나이가 들면 역경을 헤쳐 나가는 데 필요한 관점과 수단들을 더 많이 갖게 된다. 와튼스쿨의 경영학 및 심리학 교수 애덤 그랜트는 회복력을 기르는 문제에 관한 한 감정 통제를 잘하는 성숙한 사람들이 젊은 사람들보다 더 유리하다고 믿는다며 이렇게 말한다. "회복력에 도움이 되는 행동들 중에 자연스레 배울 수 있는 것들이 있습니다. 나이가 들수록 더 끌리게 되는 행동들이죠."[25]

우리가 우리 자신한테 들려주는 삶의 이야기들 속에서 역경을 재구성하는 것은 시간이 지나면서 익히게 되는 또 다른 중요한 전략이다. 하버드대학교에서 실시한 한 조사에 따르면, 자신이 맞닥뜨린 역경을 인정하고 그것을 성장의 기회로 삼는 학생들은 역경을 무시하게끔 훈련받은 학생들보다 매사에 성과도 더 좋고 육체적 스트레스도 덜하다고 한다.[26]

레이트 블루머

얼리 블루머들은 풍요로운 사회에서 많은 이점을 누린다. 그러나 그들에겐 큰 단점이 하나 있는데, 어린 나이에 많은 것을 이루었기 때문에 성공을 자기 덕이라고 생각하는 경향이 다른 사람들보다 더 심하다는 것이다. 이해 못 할 일도 아니다. 청소년과 젊은 이는 이기적이기 쉬우며, 이는 부모 중심의 어린 시절에서 독립적이고 성숙한 성인 시기로 진화하는 과정에서 필요한 것이기도 하니까.[27]

문제는 얼리 블루머들이 어떤 장애물에 부딪힐 때 생겨난다. 그들은 모든 걸 자기 탓으로 돌리며 자책하고 무기력해지거나, 아니면 다른 모든 사람을 탓한다. 그러나 레이트 블루머들은 대개 보다 신중하다. 그들은 자신이 맞닥뜨린 역경 속에서 자신이 해야 할 일이 무엇인지 알며, 결코 자책을 하지도 남 탓을 하지도 않는다. 스탠퍼드대학교 심리학 교수 캐럴 드웩은 내게 2018년의 스탠퍼드 신입생들은 2008년의 신입생들보다 더 "부서지기 쉽다"고 말했다.[28] 그들은 어린 나이에 활짝 꽃을 피운 얼리 블루머들로, 각자 자신의 나이와 상승된 신분에 맞추어 행동하며, 아주 거만한 경우가 많다. 반면 회복력과는 아주 거리가 멀다. 자아상에 조금만 손상이 가도 신기루 같은 신동 이미지 전체가 산산조각 날 위험이 높은 것이다.

그러나 레이트 블루머들은 회복력 측면에서 자기 자신이 속한 단체나 모임 말고도 더 강력한 지지자 네트워크가 있다. 청소년들은 대개 자기 또래를 통해 방향을 정하고, 사회적 신분 상승을 놓고 또래와 경쟁하며, 매사에 자신을 또래와 비교한다. 그래서 그들에게 사회적 신분 상실은 자신의 사회적 모임 내에서 견딜 수 없는 고통이자 영원한 고통이며, 역경을 맞아 전문가들에게 도움의 손길을 내미는 일도 어렵게 만든다. 그러나 같은 상황에서 레이트 블루머들은 어떨까? 그들은 이미 많은 사회적 거부를 경험하면서 자신을 믿어주는 지지자 네트워크를 구축해놓았을 가능성이 크며, 얼리 블루머들은 찾아내지 못한 각종 해결 방법을 터득했을 가능성 또한 크다.

***

컨베이어 벨트에 올라타 만점에 가까운 SAT 점수를 받고, 갈라파고스제도의 여름 프로젝트에 참여하고, MIT 공대나 프린스턴대학교에 입학하고, 골드만삭스에 인턴으로 입사하는 얼리 블루머들. 아마 그들 중에서 태미 조Tammie Jo 같은 이름을 가진 사람은 찾을 수 없을 것이다.

태미 조 보넬Tammie Jo Bonnell는 1945년 7월 최초의 원자폭탄이 폭발한 트리트니 사이트에서 80킬로미터 정도 떨어진 뉴멕시코 툴라로사 외곽에 있는 한 목장에서 어린 시절을 보냈다.[29] 바람이 많이 부는 건조한 마을 툴라로사는 인구가 2,900명밖에 안 됐고, 마을에서 가장 높은 구조물이 높이 90미터가 조금 넘는 스투코 피스타치오 너트 조각상이었다. 그녀는 툴라로사에서 고등학교를 다

레이트 블루머

넜고, 그다음 캔자스에 있는 조그만 대학인 미드아메리카내저린대학교MANU에 들어갔다. 2018년 〈US뉴스앤드월드리포트〉에 따르면, 이 대학은 미국 중서부에서 75번째로 좋은 지방 대학교였다. 분명 조기 성공에 이르는 컨베이어 벨트는 아니었다. 미드아메리카내저린대학교를 졸업한 태미 조는 길라국립삼림지대 남단의 한구석에 박혀 있는 이름도 없는 대학인 웨스턴뉴멕시코대학교WNMU 대학원에 진학했다. 이 대학은 가장 최근에 발표된 〈US뉴스앤드월드리포트〉 선정 141개 서부 지방 대학 명단에도 올라 있지 않았다.[30]

보다 넓은 세상으로 나오려는 태미 조 보넬의 첫 시도는 실패로 끝났다. 미드아메리카내저린대학교 재학생 시절, 공군에 지원했는데 불합격된 것이다. 그녀는 이후 웨스턴뉴멕시코대학교 대학원 시절에 해군에 지원했고, 펜서콜라 해군 항공기지의 장교 후보생 학교에 입학할 수 있었다. 그녀는 비행 훈련을 받았고, 거기서 자신의 재능과 열정을 찾아내 드디어 꽃을 피우기 시작했다.

전투기 조종사와 프로젝트 머큐리Project Mercury(미국 최초의 유인위성 발사 계획-옮긴이) 우주 비행사들에 대해 쓴 톰 울프Tom Wolfe의 기념비적인 책 《더 라이트 스터프The Right Stuff》에서, 울프는 최고의 전투기 조종사가 되려면 얼마나 대단한 기술과 배짱이 필요한지 자세히 기록했다.[31] 태미 조는 그런 기술과 배짱은 물론 강인한 의지까지 갖추고 있었고, 결국 F/A-18 호넷 전투기를 모는 최초의 여성 조종사들 중 하나가 되었다. 1991년에 일어난 걸프전 때는 여성들은 전투기를 몰고 전투에 참여할 수 없었고, 그래서 태미 조는 가상 적기 조종사로 비행 훈련 임무를 수행하면서 남자 조종사들과 모의 공중전을 벌이는 것으로 만족해야 했다.

지금쯤이면 짐작한 사람들도 있겠지만, 태미 조 슐츠Tammie Jo Shults(결혼을 하며 남편 성을 따라 슐츠로 바뀌었다-옮긴이)는 2018년 승객을 가득 태운 보잉 737 민간 항공기를 무사히 착륙시켜 유명해진 사우스웨스트항공 조종사다. 당시 그 비행기는 왼쪽 엔진이 폭발하면서 비행기 창문 하나가 터지며 구멍이 났고, 승객 중 한 명은 치명적인 부상을 입기까지 했다. 찢겨 나간 창문 때문에 기내 압력이 떨어진 사우스웨스트 항공기는 5분도 안 되는 시간에 3만 1,000피트(약 9,449미터) 높이에서 1만 피트(약 3,048미터)까지 떨어졌으며, 승객들은 비명을 지르며 토했다. 슐츠 기장이 항공기를 안전하게 착륙시키자, 전 세계 언론은 그 급박한 상황에서 그녀가 보여준 침착한 태도와 놀라운 담력에 찬사를 보냈다.[32]

당시 언론은 그녀를 새 떼와의 충돌로 양쪽 엔진이 고장 난 상태에서 승객들이 가득 찬 민간 항공기를 허드슨강에 무사히 착륙시킨 US 에어웨이즈항공의 조종사 체슬리 '설리' 슐렌버거Chesley 'Sully' Sullenberger와 비교했다. 이렇게 침착한 기적을 만들어냈을 당시 슐츠 기장은 56세였고, 체슬리 '설리' 슐렌버거 기장은 58세였다. 이들의 이야기는 레이트 블루머의 또 다른 장점을 보여준다. '평정심'이라고 말하는 게 가장 알맞을 듯하다. 평정심이란 '특히 힘든 상황에서 침착하고 차분하며 평온한 마음'을 뜻한다. 그런데

레이트 블루머

어째서 평정심이 레이트 블루머의 장점일까? 평정심은 그야말로 순수하게 나이와 함께 향상되는 특성일까?

우리의 뇌는 나이가 들면서 평온함을 추구하게 된다. 컬럼비아 대학교의 사회심리학자 하이디 그랜트 할버슨Heidi Grant Halvorson은 평온함은 행복의 열쇠라고 주장한다. 그녀는 이렇게 말한다. "나이가 들면, 우리가 느끼는 행복은 부모가 집을 비우고 멀리 갔을 때 파티를 여는 10대의 그 넘치는 에너지와 들뜬 느낌과는 더 멀어지고, 과로에 지쳐 온종일 따뜻한 온천물에 몸을 담그는 꿈을 꾸는 엄마의 그 평화롭고 편안한 느낌에 더 가까워집니다. 그렇다고 후자의 행복이 전자의 행복보다 덜한 것은 아니며, 행복이 무엇인가에 대한 생각이 서로 다를 뿐입니다."[33]

UCLA와 스탠퍼드대학교의 심리학자 캐시 모길너Cassie Mogilner, 스탠다르 캄바르Sepandar Kamvar, 제니퍼 아커Jennifer Aaker에 따르면, 흥분과 기쁨은 젊은 사람들의 행복을 나타내는 감정들이고, 평화로움과 차분함과 편안함은 나이 든 사람들의 행복을 나타내는 감정들이라고 한다.[34]

한 연구 결과에 따르면, 차분한 리더들이 보다 효율적이라고 알려져 있다. 박사 학위 취득 후 신경과학을 연구 중이던 캘리포니아대학교 버클리캠퍼스의 엘리자베스 커비Elizabeth Kirby는 감정이 너무 앞설 때 성과가 얼마나 빨리 떨어지는지 보여주는 다음과 같은 그래프를 만들었다.[35]

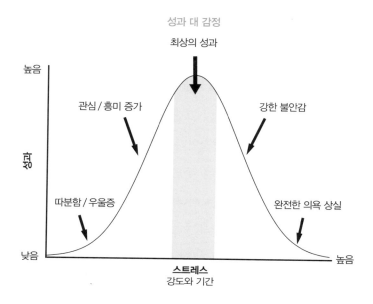

성과 대 감정

최상의 성과

높음

관심 / 흥미 증가

강한 불안감

성과

따분함 / 우울증

완전한 의욕 상실

낮음

높음

스트레스
강도와 기간

《감성지능 2.0Emotional Intelligence 2.0》을 쓴 베스트셀러 작가 트래비스 브래드베리Travis Bradberry는 우리는 차분할 때 문제를 더 잘 해결하며 다른 사람들의 말도 더 잘 경청한다고 말한다.[36] 또한 해군 특수부대 네이비씰 출신인 브렌트 글리슨Brent Gleeson은 사람들은 스트레스를 받을 때 차분한 리더에게 끌린다고 말한다.[37] 이런 장점들은 사실 놀랄 만한 일도 아니다. 다시 말하지만 평정심은 침착하고 차분하며 평온한 마음, 즉 균형 잡힌 마음이다. 이는 그 어떤 리더나 조종사, 특수부대원 또는 극심한 압박감에 시달리는 사람에게도 도움이 되는 특성이며, 우리 레이트 블루머들이 자연스레 갖게 되는 특성이기도 하다.

레이트 블루머

전통적인 관점에서 보자면, 36세의 미식축구 코치는 한물갔다고 할 수 있다. 바로 그 전해에 그는 프로 미식축구팀 오클랜드 레이더스 러닝백스running backs(미식축구에서 라인 후방에 있다가 공을 받아서 내달리는 공격 팀 선수-옮긴이) 코치였으나, 늘 수석 코치가 되고 싶었다. 그리고 이제 드디어 수석 코치가 되었는데, 그의 팀은 내셔널 풋볼 리그 팀이 아니었다. 그보다는 일찍 정점에 도달했지만 대학에선 전혀 두각을 드러내지 못한 고등학교 스타 선수들로 가득한 세미프로 리그 팀이었다.[38]

새너제이 아파치 팀 선수들은 거의 다 경기당 50달러를 받고 뛰었고, 빈약한 수입을 보충하기 위해 대개 체육 교사, 보험회사 세일즈맨, 공사장 인부, 술집 기도 같은 일을 했다. 아파치 팀은 한 2년제 대학 운동장에서 새크라멘토 버커니어스, 유진 버머스, 빅토리아 BC 스틸러스 같은 팀들과 경기를 했다. 그들이 뛰고 있는 웨스트코스트 리그는 왠지 버림받은 미식축구 스타 지망생들의 집합 장소 같았다.

아파치 팀은 새너제이의 한 고등학교 체육관 옆에 있는 울퉁불퉁한 운동장에서 연습했다. 어느 날 아파치 팀 코치는 연습이 끝난 뒤 무심코 바로 옆에 있는 고등학교 체육관 곁을 지나다가 고함 소리와 호루라기 소리를 듣고 체육관 안으로 들어갔다. 그 안에선 고등학교 농구팀이 풀 코트 프레스full-court press(전면 압박 수비-옮긴이)

연습을 하고 있었다. 아파치 팀 코치는 약간 호기심이 생겨 관람석에 앉았다.

농구에서 풀 코트 프레스는 공격적인 전략으로, 상대 팀이 인바운드(경기장 밖에서 코트로 공을 던지는 것-옮긴이) 패스를 하거나 하프 코트 라인 너머로 몰고 들어오는 것을 수비 팀이 막는 것이다. 프레스, 즉 압박은 인바운드 패싱을 막기 위해 두 손을 마구 흔들어대는 것으로 시작된다. 그러나 설사 상대 팀의 인바운드 패스가 성공한다 해도 풀 코트 프레스를 하는 수비 팀은 공을 쥔 선수가 하프 코트 라인을 넘기지 못하게 계속 저지해야 한다. 그래서 풀 코트 프레스는 육체적·정신적 에너지 소모가 아주 크다. 일반적으로 풀 코트 프레스는 경기 종반에 큰 점수 차를 줄이기 위해 쓰는 전략이다.

풀 코트 프레스는 종종 패닉 상태를 야기함으로써 효과를 낸다. 그러나 이미 풀 코트 프레스 작전에 대비되어 있는 팀은 '블록block'과 '스크린screen'을 활용해 공간이 생긴 선수에게 공을 패스함으로써 그 작전을 무력화한다. 관중석에 앉아 고등학교 농구팀의 풀 코트 프레스 연습을 흥미롭게 지켜보던 새너제이 아파치 팀의 미식축구 코치는 새로우면서도 익숙한 느낌을 받았다. 무언가 기발한 아이디어가 떠오른 것이다. '풀 코트 프레스를 뚫고 나아가려는 농구팀의 패스 작전을 미식축구 팀의 패스에 응용하면 어떨까?'

지난 50년간 프로 미식축구 역사상 가장 큰 혁신을 이끌어낸 빌

레이트 블루머

월시Bill Walsh 수석 코치의 아이디어, 그러니까 성공 가능성이 높은 쇼트패스 공격인 '웨스트코스트 공격West Coast Offense'의 아이디어는 이렇게 탄생했다. 고등학교 농구팀의 풀 코트 프레스에서 '웨스트코스트 공격' 전술의 아이디어를 얻은 지 15년이 지나, 빌 월시는 드디어 그 전술을 이용해 역사적인 승리를 거둔다. 처음에 농구 선수로 스포츠계에 두각을 드러냈던 키 크고 깡마른 쿼터백을 앞세워 슈퍼볼 우승컵을 들어 올린 것이다. 그 쿼터백의 이름은 조 몬태나Joe Montana, 슈퍼볼 우승 팀의 이름은 샌프란시스코 포티나이너스San Francisco 49ers다.

빌 월시는 레이트 블루머였다. 어쩌면 프로스포츠 코치 역사상 가장 위대한 레이트 블루머였는지도 모른다. 레이트 블루머들이 흔히 가지고 있는 장점이기도 하지만, 그의 큰 장점은 '통찰력'이었다.

통찰력이란 무엇인가? 흔히 통찰력은 빌 월시가 고등학교 체육관 안에서 그랬던 것처럼, 갑작스러운 깨달음의 형태로 나타난다고 한다. 그러나 통찰력은 천재들이 어느 한 순간 느끼는 새로운 인식 그 이상이다. 사실 우리의 통찰력은 온갖 경험과 패턴과 맥락들이 모여 있는 마음의 도서관에서 끌어오는 것으로, 거기에서 아주 뛰어난 아이디어가 나올 수 있다. 이를 좀 더 깊이 살펴보기 위해, 이제 뉴욕대학교의 신경과학자이자 신경심리학자인 76세 엘코논 골드버그의 이야기를 해보겠다.

2018년에 펴낸 책《창의성》에서 골드버그는 창의력에 관여하는 것은 뇌의 우반구(좌반구는 추론 능력에 관여)라는 일반적인 믿음이 잘못됐다는 사실을 밝혔다. 실제 이야기는 좀 더 복잡하고 뒤엉켜 있다. 우뇌는 어린 시절에 성숙된다. 좌뇌의 발달은 전전두엽 피질의 발달과 깊은 연관이 있는데, 전전두엽 피질은 일부 과학자들에 따르면 20대 중반까지도 완전히 성숙되지 않으며, 골드버그의 경험에 따르면 30대 초반에서 중반까지도 완전히 성숙되지 않는다.[39] 우뇌는 시각 인식과 새로운 걸 처리하는 능력에 관여하며, 좌뇌는 기억과 패턴, 언어 등을 저장하는 일에 관여한다. 또한 좌뇌는 '생성적'이라 기존 패턴들에서 새로운 것을 상상해냄으로써 골드버그가 말하는 이른바 '미래의 기억들'을 만들어낼 수 있다. 언어 그 자체도 생성적이다. 그래서 뇌 속에 이야기의 기억이 존재하지도 않는데, 작가들은 글자들과 단어들, 그리고 문법적인 구조에서 이야기를 만들어낼 수 있다.

그런데 생성적인 좌뇌가 기존 기억들과 패턴들에서 새로운 것들을 만들어낼 수 있긴 하지만, 새로운 것들은 오직 우뇌에 의해서만 이해될 수 있다. 그렇다면 뇌는 새로운 것을 어떻게 처리하고 최우선시할까? 새로운 것이 우뇌에 인지된 뒤 어떤 일이 일어날까? 골드버그는 뇌간 신경망이 우뇌와 좌뇌를 중재한다고 믿으며, 그 뇌간 신경망을 '현출성 신경망salience network'이라 부른다. 이 신경망이 하는 일은 좌뇌로 하여금 새로운 인식들을 중요시하게 만드는 것이다. (더 자세한 설명은 골드버그의 책 《창의성》을 참조하라)

골드버그가 《창의성》에서 하고자 하는 말은 분명하다. 나이가 들어가면서 우리 뇌는 어떤 새로운 인식들이 우리에게 유용한지 보다 정확히 판단할 수 있게 된다는 것이다. 즉 우뇌와 좌뇌 간의 커뮤니케이션 과정에서 현출성 신경망에 의해 어떤 새로운 인식들이 더 중요한지가 결정된다는 것이다.

우리의 뇌는 어떤 새로운 인식들이 더 중요한지 결정하기 위해 우리가 알고 있는 모든 것들, 즉 우리 마음의 도서관에 저장된 온갖 기억과 패턴들에 의존한다. 다시 말해, 어린아이들과 10대들, 그리고 젊은 성인들의 경우 나이가 더 들었을 때보다는 새로운 인식들을 더 많이 갖고 있을 수 있지만, 어떤 인식들이 유용하고 또 어떤 인식들이 덧없는지를 판단하는 능력은 아직 완전히 발달되지 않은 상태라는 것이다. 예를 들어 디즈니랜드에서 여섯 살 난 아이를 마음껏 돌아다니게 놔두고 지켜보면 그걸 알 수 있다. 반면에 그 아이의 엄마와 아빠는 어떨까? 아마 디즈니랜드 지도를 펴놓고 어떤 길로 가면 가장 효율적일지 검토하고, 아이가 어떤 놀이기구나 테마 구간에 가장 흥미를 느낄지 등을 판단할 것이다.

내가 스탠퍼드대학교 도서관 잡지 서가에서 〈스포츠일러스트레이티드〉 과월 호들에 푹 빠져 지내던 때로 되돌아가보면, 내 입장에서 당시의 그런 몰입은 득보다는 실이 더 많았다. 잡지들을 읽느라 공부를 못 했기 때문이다. 학점에도 안 좋은 영향을 주었다. 당시 잡지 서가에서 그렇게 '낭비한' 시간에 대한 기억에서 더없이 소중한 통찰력을 얻은 것은 10년도 더 지나서였다. 왜 그렇게 긴 시간이 필요했을까? 그 기간 중에 나는 실리콘밸리에 대해, 신생 벤처 기업들 간의 격렬한 경쟁에 대해, 벤처 자본 투자에 대해, 그리고 주식 상장에 대해 많은 걸 배웠다. 비즈니스 잡지들에 대한 것도 배웠다. 사실 그 당시의 나는 그 대부분의 일들이 따분하다고 결론 내렸었다.

내 머릿속에 비즈니스 잡지의 외형과 내용을 스포츠 잡지처럼 보이게 만들자는 아이디어가 떠오른 것은 〈스포츠일러스트레이티드〉에 대한 오래전 기억을 최근의 인식과 경험들과 비교해본 이후의 일이었다. 작가들처럼 좌뇌의 생성력을 활용해 〈스포츠일러스트레이티드〉와 비슷해 보이는 비즈니스 잡지에 대한 '미래 기억'을 만들어낼 수 있었던 것이다.

그렇다면 통찰력은 레이트 블루머들의 장점일까? 모차르트에서부터 마크 저커버그에 이르는 얼리 블루머들은 아주 뛰어난 통찰력을 보일 수 있지만, 새로운 인식들을 유용한 통찰력으로 바꾸는 능력은 우리의 좌뇌가 성숙되면서 함께 향상되는 경향이 있다. 다시 말해 유용한 통찰력은 나이가 들면서 향상되며, 그래서 레이트 블루머들 특유의 장점이 된다는 뜻이다. 내가 통찰력이야말로 레이트 블루머들의 또 다른 큰 장점이라고 믿는 이유이기도 하다.

＊＊＊

모든 시대와 문화에서 '지혜'는 인간이 성취한 것들 중 최고의 것으로 여겨져오고 있다. 또한 규정하기 힘든 이 지혜라는 개념은 고

레이트 블루머

대 시대 이후 많은 철학 및 종교 서적들에서 아주 중요하게 다루어져오고 있다. 실제로 '철학'을 뜻하는 그리스어 philosophia는 '지혜의 사랑'을 뜻한다. 고대 그리스 문화보다 몇 세기 이전에 이미 힌두교, 불교, 도교 같은 인도와 중국의 종교 전통에서는 지혜라는 개념을 깊이 파고들었고, 또 감정의 균형이라는 개념을 아주 중시했다. 그리고 우리는 아직도 계속 이런 의문을 제기하고 있다. "지혜란 정확히 무엇인가?" 그 의문에 나는 이런 의문을 하나 더 추가하고 싶다. "지혜는 레이트 블루머들에게서 어떤 식으로 드러나는가?"

인류가 이처럼 오랜 세월 지혜라는 개념에 매료됐음에도, 지혜가 처음 실증 연구의 주제가 된 건 겨우 40년 정도밖에 안 됐다. 1970년대에 캘리포니아주 오린다에서 대학원을 다니던 노인병학 신경심리학자 비비언 클레이턴Vivian Clayton은 지혜를 수량화하고 정의하기 위한 노력의 일환으로 고대와 현대의 문헌들을 연구하기 시작했다.[40] 그 연구를 통해 그녀는 지혜는 주로 사회적 상황들과 관련된 사려 깊은 행동이라고 생각하게 됐다. 그녀는 나중에 이같은 지혜의 개념에 지식에서 비롯되는 행위와 사려 깊은 연민의 행위도 포함시켰다. 그녀의 연구는 이후에 이어진 지혜 관련 연구들의 초석이 되었다.

1980년대에 이르자 다른 심리학자들이 지혜 문제를 더 깊이 파고들고, 또 그걸 삶에 적용하기 시작했다. 많은 심리학자들은 우리가 나이 들면서 숱한 삶의 경험들을 통해 지혜를 얻는다고 추정했

다. 1980년대에 독일 심리학자 파울 발테스Paul Baltes는 동료 심리
학자 우르술라 슈타우딩거Ursula Staudinger와 함께 지혜의 본질을 규
명하기 위해 '베를린 지혜 프로젝트'라는 선구자적인 프로젝트에
착수했다. 오늘날 컬럼비아대학교의 로버트 N. 버틀러 컬럼비아
노화센터 소장인 슈타우딩거는 프로젝트와 관련해 이렇게 말했다.
"이 프로젝트는 인간 발달의 이상적인 종착역인 지혜에 대한 관심
에서 비롯됐습니다. 그리고 결국 지혜는 삶의 근본적인 실용론과
관련된 전문적인 지식 체계라고 정의하게 됐습니다."[41]

지혜에 대한 최근의 학문적 연구 결과는 엑센츄어 노스 아메리
카의 최고 경영자이자 비즈니스 리더인 줄리 스위트Julie Sweet가
2018년에 내게 했던 다음 말과 거의 같다. "뛰어난 기업체 임원이
라면 모호성을 어떻게 다루어야 하는지 잘 압니다."[42] 나는 이 말
을 지혜에 대한 아주 훌륭한 정의라고 생각한다.

광범위한 연구 결과가 입증해주는 사실이지만, 지혜는 우리가
태어날 때부터 갖고 있거나 몇 년 사이에 가질 수 있는 게 아니다.
SAT 만점을 받았다거나 명문대에서 학위를 받았다고 해서 생겨
나는 것도 아니다. 현대사회에선 다소 짜증 나는 일이겠지만, 은행
계좌에 몇백만 달러가 들어 있다거나 인스타그램 팔로어가 100만
명이라고 해서 생겨나는 것도 아니다.

그게 아니라, 지혜는 우리가 삶의 어려운 문제들을 헤쳐 나가면
서 갖게 되는 개인적 특성과 경험의 복잡한 패턴들을 통해 생겨난
다. 또 지혜는 오랜 세월 산전수전을 다 겪으면서, 평생 새로운 도

레이트 블루머

전들과 맞닥뜨리면서 축적된다. 지혜란 결국 우리가 평생 쌓게 되는 지식과 경험과 직관력을 모두 합친 것이다. 작가 대니얼 J. 브라운이 내게 말했듯, 지혜는 우리가 젊을 때는 잘 보지 못하던 삶의 여러 층들을 보게 되는, 나이가 들어야 비로소 볼 수 있는 능력이다.[43] 그래서 지혜는 나이가 들고 경험이 쌓이면서 줄어드는 게 아니라 늘어난다. 슈타우딩거는 이렇게 말했다. "우리의 인지 속도는 줄어들지만, '지식과 경험에 기반을 둔 추론 및 인지능력'은 줄어들지 않습니다."[44] '지식과 경험에 기반을 둔 추론 및 인지능력', 이것이야말로 지혜의 가장 정확한 정의인지도 모른다.

지난 여러 해 동안 행해진 지혜에 관한 연구에 따르면, 중년의 사람들은 젊은 사람들보다 다른 사람들과의 상호작용 능력이, 즉 다른 사람들의 진의를 파악하고 자신의 감정을 조절하는 능력이 훨씬 더 뛰어나다고 한다. 그리고 그런 능력은 40~50대 사이에 정점에 도달한 뒤 생의 마지막 날까지 계속 그렇게 높은 상태를 유지한다. 이렇게 경험에서 우러나오는 전문 지식에는 많은 이점들이 있다고 입증되고 있다. 그러니까 보다 현명한 결정을 내릴 수 있고, 긍정적이면서도 보다 나은 대처술들을 쓰는 데 집중할 수 있으며, 평정심이 더 깊어지고, 다양한 패턴들을 보다 빨리, 그리고 정확히 해석할 수 있게 되는 것이다.

또한 당연한 말이지만, 우리 뇌 속에 더 많은 정보를 저장하면 할수록 그만큼 더 쉽게 익숙한 패턴들을 찾아낼 수 있게 된다. 노화와 창의력에 대한 일반적인 생각들과는 반대로, 나이가 든 많은 성인들이 패턴들을 더 빨리 찾아내 중요한 것과 사소한 것을 더 빨리 가려내며, 그 결과 합당한 해결책을 더 빨리 찾아낸다. 뉴욕대학교 신경과학자 엘코논 골드버그는 이런 말을 했다. "패턴 인식 능력 덕에 '인지능력'은 오히려 나이 든 뇌에서 발달되며, 그 결과 현명한 행동과 보다 나은 결정의 토대가 된다."[45]

자신의 책《지혜 패러독스The Wisdom Paradox》에서 골드버그는 '마음속 마법' 같은 것에 점점 더 익숙해지게 됐다면서 이렇게 썼다. "지금 내 마음 안에서 과거에는 일어나지 않던 뭔가 흥미로운 일이 일어나고 있다. 외부에서 뭔가 도전적인 문제가 발생하면 마치 마법이라도 일어난 것처럼 머릿속에서 골치 아픈 계산이 저절로 행해지는 듯한 경우가 많은 것이다. 그러니까 별 노력 없이도 자연스레 해결책이 나오는 것이다. 말도 안 될 만큼 빨리 바로바로 통찰력이 생겨나는 능력이 생긴 듯하다. 혹시 이게…… 그렇게 갈망하던 특성인 지혜 아닐까?"

노스캐롤라이나 주립대학교 심리학 교수인 토머스 헤스Thomas Hess는 이른바 '사회적 전문 지식social expertise'[46]에 대해 많은 연구를 해왔다. 그의 연구에 따르면, 사회적 세계에서 일어나는 일들을 해석하는 방법에 따르자면 사회적 전문 지식은 중년기에 정점에 도달하는 것으로 보인다. 젊은 사람들보다 중년기의 사람들이 다른 사람들의 성격을 판단하고 사회적 경험을 해석하는 데 훨씬 더 능하기 때문이다. 우리 뇌는 오랜 세월 연결을 늘려오며, 그 과정에서 아주 애매한 유사 패턴들도 정확히 구분해 적절한 결론들을 이

끌어낼 수 있게 된다. 이와 관련해 MIT 공대 신경과학자 존 가브리엘리John Gabrieli는 이런 말을 했다. "우리 뇌는 정말 놀라울 정도로 패턴들을 잘 인지합니다. 그리고 특히 중년이 되면 그 인지능력이 조금 쇠퇴하지만, 대신 연결 관계들을 보는 능력은 엄청나게 향상됩니다."[47]

우리는 나이가 들면서 많은 정보를 수집하고 저장한다. 우리가 특정 사실들을 회상하는 데 더 오랜 시간이 걸리는 이유이기도 하다. 기억해야 할 일이 자꾸 더 많아지는 것이다. 나이 든 사람들은 젊은 사람들보다 뇌 속에 훨씬 더 많은 정보를 저장하고 있으며, 당연히 그 정보들을 뒤지는 데 시간이 더 많이 걸린다. 게다가 나이 든 사람들의 뇌 속에 있는 정보는 좀 더 미묘하다. 한 연구에 따르면, 젊은 사람들은 인지 속도를 재는 테스트들에서 뛰어난 능력을 보이는 데 반해, 나이 든 사람들은 아주 미세한 차이들을 감지하는 데 뛰어난 능력을 보인다고 한다.[48]

우리의 신동 문화는 얼리 블루머들의 뛰어난 인지능력을 지나칠 정도로 높이 평가하고 있는데, 레이트 블루머들의 이런 장점들은 대체 어디에서 비롯되는 것인지 묻지 않을 수 없다. 연구 결과에 따르면, 지혜에 해당하는 특정 신경 회로는 여러 해에 걸친 경험들을 통해 발달되는 것으로 보인다.[49] 캘리포니아대학교 샌디에이고캠퍼스의 샘 앤드 로즈 스타인 노화연구소 소장 딜립 제스테Dilip Jeste는 수십 년간 인지 노화와 지혜 발달에 관한 연구를 해왔는데, 그는 전전두엽 피질이 지혜를 관장하는 뇌신경망 부위들의 일부인 것 같다고 추정한다.

　지혜와 예상 가능한 그 신경학적 토대를 제대로 알기 위해, 제스테와 그의 동료들은 먼저 지혜와 그 정의에 대해 쓴 현존하는 문헌들을 광범위하게 조사했다. 그런 다음 전문가들의 의견을 취합해 '지혜'의 특징 목록을 작성했다. 그 과정에서 그들은 지혜의 6가지 요소를 알아냈다. 삶에 대한 실용적인 지식, 감정을 조절할 수 있는 능력, 연민과 이타주의와 공감이 수반되는 친사회적인 행동, 자신의 장점과 한계를 알기 등이 바로 그것이다. 이어서 제스테 연구팀은 지혜의 이 같은 요소들을 좀 더 깊이 파고들기 위해 뇌 영상학, 유전학, 신경화학, 신경병리학 등에 대한 연구들을 살펴보았다.

　그 결과는 흥미진진했다. "이 모든 것들(뇌 영상 연구들)을 토대로 우리는 지혜를 관장하는 뇌신경 회로가 있다는 결론을 내렸다." 제스테의 말이다. 그가 얘기하는 신경 회로 속에는 전전두엽 피질(집행 기능 향상), 전측 대상회(전전두엽 피질의 각 부위들 간의 갈등 중재), 편도체가 딸린 선조체 등 뇌의 여러 부위가 포함된다. 제스테는 지혜는 이 뇌 부위들에서 일어나는 활동들 사이의 균형에서 비롯된다며 이렇게 말한다. "어떤 면에서 지혜는 균형이다. 당신이 너무 친사회적이라 모든 걸 다른 사람들에게 줘버린다면, 아마 살아남기 힘들 것이다. 물론 그 어떤 것도 남들에게 주지 않는다면, 그래도 역시 살아남기 힘들 것이다. 결국 적절히 균형을 맞춰야 한다."

　왜 지혜는 나이와 함께 늘어나는 걸까? 노화는 뇌 활동의 변화와 관련이 있다. '노인의 뇌반구 비대칭성 감소HAROLD'[50]라는 것을 생각해보자. 이는 젊은 시절에 덜 활동적인 전전두엽 피질의 절반이 나이가 들면서 활동이 늘어난다는 것이다. 그렇게 되면 결국 전전두엽 피질 내에서 전반적인 활동이 늘어난다. 그리고 젊은 시절에는 어떤 일들을 할 때 한쪽 뇌반구만 활용하지만 나이가 들면 양쪽 뇌반구를 다 활용하는 경향이 있는데, 이를 '양측 편재화'라고 한다.[51] 가장 뛰어난 성과를 보이는 나이 든 사람들은 양측 편재화 현상을 보이는 경우가 아주 많다.[52] 게다가 중년기에 들어서면 뇌 활동이 감각 정보를 관장하는 후두엽 부위에서 확률 계산, 감정 통제, 목표 설정 등의 일을 관장하는 전전두엽 피질 부위로 옮겨 간다. 전문가들은 이런 변화와 균형 증대를 '뇌 통합brain integration'[53]이라고 부른다.

가장 열정적인 지혜 연구자들 중 한 사람인 UCLA 신경과학자 조지 바조키스George Bartzokis는 뇌 통합과 그에 따른 판단력, 전문 지식, 지혜의 증대 현상은 우리가 중년에 접어들면서 일어난다고 믿는다. 나이가 들면서 뇌 속에서 회백질은 줄어들고 백질은 늘어난다. 기본적인 인지 신경망을 이루는 회백질은 절대 필요하지만, 그 신경망을 지탱해주는 백질이야말로 우리에게 정말 도움이 되는 것인지도 모른다. 바조키스를 비롯한 많은 과학자들은 우리가 언어 구사같이 복잡한 기술을 익힐 수 있는 것이 백질 덕이라고 믿는다. 백질은 수많은 신경섬유들의 바깥쪽을 에워싼 지방질인 미엘린으로 이루어져 있다. 또 백질은 전선 피복 같은 절연체 역할을 하면서 보다 효과적인 신경학적 연결을 가능하게 해준다.

바조키스는 미엘린이 중년기에 증가한다고 믿는다. 19세에서 76세의 사람들 70명의 뇌를 스캔해본 결과, 미엘린의 양이 뇌의 두 부위, 즉 전두엽과 측두엽에서 중년까지도 계속 증가한다는 사실을 발견했다. 바조키스는 미엘린이라는 이 절연체 덕에 뇌는 '더 큰 대역폭'을 갖게 된다면서 이런 말을 덧붙였다. "나는 지금 쉰 살인데, 시야가 훨씬 더 넓어졌다. 전체적인 큰 그림이 더 쉽게 보인다. 중년기의 뇌는 이토록 놀랍게 성숙된다. 이게 바로 지혜다."

우리는 오랜 세월 나이와 뇌신경 발달과 지혜는 서로 연관이 있다고 생각해왔는데, 현재 그게 사실이라는 것이 과학적으로 밝혀지고 있는 중이다. 그러니 렌터카 회사들이 25세 미만의 성인들에게 자동차를 빌려주기 꺼리는 데에도 그럴 만한 이유가 있으며, 또 미국 헌법에 대통령이 되려면 적어도 35세가 넘어야 한다고 규정되어 있는 데에도 다 그럴 만한 이유가 있어서다. 두 세기 전에 이미 미국 건국의 아버지들은 더 나이 들어 현명해지는 뇌의 가치를 잘 알고 있었던 것이다.

마지막으로 레이트 블루머들에게 반가운 연구 결과가 하나 더 있다. 지혜의 축적은 우리 사회가 그렇게 열망하는 얼리 블루밍과는 아무 관계 없다는 것이다.[54] 플로리다대학교의 지혜 연구가 모니카 아델트Monika Ardelt는 성인기 초반의 성숙한 개인 특성들은 나이가 더 들었을 때 그 사람의 지혜 수준에 긍정적인 영향을 줄 것이라고 추측했었다. 그런데 종단 연구 결과, 그녀의 추측은 틀렸다는 사실이 밝혀졌다. 초기의 성숙함 또는 초기 블루밍은 나이가 더

들었을 때의 성숙도 및 지혜와는 아무 관계가 없었던 것이다. 결국 지혜는 날 때부터 타고나는 게 아니라 후천적으로 습득되는 것이라는 얘기다.

＊ ＊ ＊

오늘날의 신동 문화는 얼리 블루머들에게 유리하며 레이트 블루머들에겐 불필요한 장애물들을 만들어내는 것처럼 보이지만, 사실 우리 레이트 블루머들은 자신만의 놀라운 장점들을 가지고 있으며 결국 원하는 걸 성취하게 된다. 이 6가지 장점들, 즉 호기심, 연민, 회복력, 평정심, 통찰력, 지혜는 나이가 든 뒤에나 가질 수 있는 것이기 때문이다.

그래서 부득이 우리 레이트 블루머들은 얼리 블루머들과는 달리 더 도전적이며 힘든 길을 걷는다. 삶의 여정 중에 순응 강요, 집단 사고 억압, 자기 회의감의 고통 같은 장애물들과 맞닥뜨리게 되는 것이다. 그러나 앞으로 이 책을 통해 배우겠지만, 모든 도전 속에서 우리는 숨겨진 보물을 찾게 된다. 각자의 개성을 발견하게 될 것이다. 그리고 우리 앞에 성공에 이르는 길, 진정한 잠재력을 발휘하는 길이 열려 있다는 사실도 깨닫게 된다. 그 모든 도전 속에서 우리의 진정한 힘, 우리의 숨겨진 재능, 레이트 블루머로서의 은밀한 장점들이 우리를 기다리고 있음을 알게 될 것이다.

조금만 참고 기다리면, 우리는 이 모든 것을 찾아내게 된다.

LATE BLOOMERS

5
당신 자신의 건강한 문화를 만들어라

성공에 대해 아주 편협한 정의를 내리고 있는 얼리 블루머 광풍은 그 뿌리가 20세기 초의 IQ 검사 및 과학적 관리 시대까지 거슬러 올라간다(2장 참조). 그러나 얼리 블루밍에 대한 오늘날과 같은 집착은 개인용 컴퓨터가 탄생하고 낡은 체제를 뒤엎으며 극히 짧은 시간에 갑부가 된 빌 게이츠와 스티브 잡스 같은 20대의 영웅들이 등장한 1980년대에 생겨났다.

　스티브 잡스가 관찰자들의 눈에 매력적인 메시아로 비쳤다면, 빌 게이츠는 전형적인 천재 같아 보였다. 젊은 마이크로소프트 공동 창업자 게이츠는 상류층이 모여 사는 시애틀 교외에서 성장했고, 인맥이 좋았으며, 사립학교인 레이크사이드 프렙Lakeside Prep에 다니면서 SAT 수학 시험에서 800점 만점(쓰기 시험에선 790점)을 받았고 학교 성적도 최고였다. 밤과 주말이면 자기 집 건너편 호수 너머에 있는 워싱턴대학교 내 컴퓨터 실험실에서 수천 시간을 보냈다. 당시 그는 교통 데이터를 수집하는 소프트웨어 프로그램을 만들었으며, 레이크사이드 프렙의 성적 기록을 해킹하기도 했다. 그는 하버드대학교에 가기로 마음먹었고, 실제로 갔다. 젊은 시절에 그가 한 유일한 반항 행위는 1년 일찍 하버드를 떠나 1975년에 마이크로소프트사를 공동 창업한 것이다. 그리고 그로부터 20년 뒤 그는 세계에서 가장 부유한 사람들 중 하나가 되었다.

스티브 잡스는 세상에 마법 같은 제품들을 내놓았지만, 빌 게이츠는 우리에게 다음과 같은 의미를 가진 로드 맵을 제시했다. "여기 아주 어린 나이에 엄청난 성공을 거두기 위해 당신이 해야 할 일들이 있다. SAT를 정복하고, 최고 점수를 받고, 교과과정 외의 프로젝트에서 발군의 실력을 발휘하라." 오늘날 우리가 살고 있는 알고리즘 위주의 초능력주의 문화는 빌 게이츠의 문화다. 스티브 잡스가 온 우주에 영향을 주길 열망했다면, 빌 게이츠는 젊은이들의 성공에 대한 우리 사회의 인식을 바꾸는 데 실제로 성공했다. 우리가 큰 성공을 거두고 싶고, 또 우리 아이들 역시 큰 성공을 거두는 걸 보고 싶다면 게이츠의 방법을 참고하면 된다는 것을 보여준 셈이다.

게이츠는 잡스보다 더, 그리고 그 어떤 정치인이나 팝 스타보다 더 오늘날의 시대상을, 그러니까 말 그대로 우리 시대의 시대정신

레이트 블루머

을 만드는 데 결정적인 역할을 했다. 현재 측정 가능한 조기 성취에 대한 집착은 우리 문화의 큰 부분이다. 그러니 이제 이 문화를 살펴보고, 이 문화가 어떻게 사람들을 순응하게 만드는지, 또 이 문화가 어떻게 레이트 블루머에 대한 우리의 인식에 영향을 주는지 살펴보도록 하자.

우리 문화는, 그리고 그 문화가 우리 가족과 동료들과 사회에 끼치는 영향은 우리를 강하게 만들어주기도 하고 무너뜨리기도 하며, 우리의 노력을 응원해주기도 하고 우리의 발목을 잡기도 한다. 그리고 대개 이 모든 일을 다 한다. 우리 문화는 또 우리 어깨에 온갖 기대를 얹어놓기도 한다. 우리는 그런 기대들을 의식하지 못할 수도 있지만, 그 기대들은 수십 년에 걸쳐 우리의 사고와 행동에 영향을 줄 수도 있다. 또한 그 기대들은 말로 또는 무언으로 전해지기도 하며, 때로는 아주 미묘한 방법들로 전해진다. 그리고 우리가 우리 자신을 보는 방식에 대해, 또 우리 스스로 가능하다고 상상하는 것들에 대해 부인할 수 없는 영향을 준다.

레이트 블루머들에게 문화는 아주 중요한데, 그 이유는 다음과 같다. 우리가 스스로 아직 완전히 꽃피지 못했다고 생각된다면, 다시 말해 우리 자신의 운명을 발견하지 못하고 있고, 또 자신의 잠재력을 십분 발휘하지 못하고 있다고 생각된다면 문화의 영향을 잘 살펴서 혹시 문화가 우리의 발목을 잡고 있는 것은 아닌지 알아봐야 한다. 나는 이미 레이트 블루머들의 발목을 잡고 있는 것을 하나 찾아냈는데, 바로 조기 성취에 대한 우리 사회의 집착이다. 현재의 우리 모습에 영향을 주거나 또는 앞으로의 우리 모습에 영향을 줄 다른 문화적 영향들도 찾아보라.

문화적 영향은 먼저 우리의 가정에서부터 오기 시작한다. 아무리 좋은 가정이라고 해도 우리에게 도움이 되는 만큼 해를 끼치는 규범들도 주입할 수 있다. 세계적으로 잘 알려진 행위 예술가 에릭 월Erik Wahl[1]의 경우가 좋은 예다. 그도 말했지만, 어린 나이에 성공해야 한다며 그를 압박한 가정적 가치들과 문화적 가치들은 결국 역효과를 낳았다. 그를 비참한 상태 직전까지 몰고 간 것이다. 그의 말을 들어보자.

●●● 나는 능력주의와 성취, 그리고 성공이 중시되는 문화 속에서 자랐다. 메시지는 점점 분명해져갔다. 뛰어난 성적을 올려라. 만점을 받아라. 명문대에 들어가라. 멋진 직장을 잡아라. 돈을 많이 벌어라. 중요한 인물이 되어라.

대학을 졸업하자마자 나는 연예 기획사에 들어가 연예인이나 다른 기조연설자 등을 섭외하는 일을 했다. 그래서 어떤 무역 박람회에서 머라이어 캐리Mariah Carey나 비치 보이스Beach Boys를 원한다면, 내가 나서서 그 중개를 했다. 1년도 안 돼 나는 회사에서 파트너 대우를 받게 됐다. 나는 젊었고 열정적이었고

레이트 블루머

승승장구했다.

그러다가 갑자기 추락이 시작됐다. 회사에서 무역 박람회에 연예인들을 섭외하는 걸 중단했다. 몇 주일도 안 돼 나는 갖고 있던 모든 걸 잃었다. 미친 듯이 일하며 쌓아온, 그리고 내 자신을 송두리째 바쳐 일궈온 모든 걸 잃었다. 당시 나는 서른 살이었는데 보여줄 게 아무것도 없었다. 창피했다. 당혹스러웠다. 나 자신이 쓸모없는 인간처럼 느껴졌다. 사람들이 있는 곳에 가고 싶지 않았다. 앞으로 뭘 해야 할지 막막했다. 나는 욕실 구석에 웅크리고 앉아 울기만 했다.

현실을 직시해야 했다. 예전의 신념 체계는 더 이상 먹히지 않았다. 다른 길을 찾아내야 했다. 어린 시절 내 부모님들과 우리 문화는 내게 상황이 힘들어지면 강한 사람은 더 강해진다는 믿음을 심어주었지만…… 그게 내겐 통하지 않았다. 나는 화가 났다. 비즈니스 세계에 화가 났다. 이런 일을 예측하지 못한 주식 분석가들에게 화가 났다. 돈과 관련된 주변 모든 것들에 화가 났다. 내가 돈과 부의 개념에 대해 얼마나 많은 믿음을 쏟아 부었는데, 이렇게 철저히 실망을 안겨주다니.

그후 나는 좌절을 겪은 사람들과 많은 대화를 나누었다. 내 좌절은 금전적인 것이었다. 어떤 사람들은 인간관계에서 좌절을 겪는다. 또 어떤 사람들은 건강 문제로 좌절을 겪는데, 고통이 따르는 워낙 심각한 문제여서 그 고통을 잊게 해줄 뭔가를 찾기도 한다. 그리고 그 고통을 잊기 위해 취할 수 있는 건강하지 못한 방법들도 많다.

나는 이제 안다. 고통이 왜 그렇게 극심한지, 또 고통을 잊게 해줄 뭔가를 왜 찾아 나서는지 안다. 나는 운이 좋았다. 내 해결책은 뜻하지 않게도 예술이었다. 나는 예술가들과 어울려 다녔다.

내가 예술 쪽으로 방향을 튼 건 예술은 비즈니스와 전혀 달랐기 때문인 것 같다. 예술가와 철학자와 근심 걱정 없는 사상가는 물질적 부나 이 세상의 것들에 매달리지 않는다. 나는 그냥 그런 사람들과 어울려 시간을 보내고 싶었다. 그리고 그 과정에서 그들의 관점에 매료되었다. 그들의 재능에 매료되었다. 그리고 나도 그들과 같은 일을 해야 할 운명이라는 걸 깨달았다. 처음에 내 그림들은 훨씬 오랜 세월 작품 일을 해온 다른 예술가들의 그림들에 비해 형편없었다. 그러나 나는 아주 빠른 속도로 인물화, 명암, 균형, 가치 같은 요소들을 배웠다. 눈앞에 완전히 새로운 세상이 펼쳐진 기분이었다. 처음으로 모든 게 다시 새롭게 보이기 시작했다.

내가 갖고 있던 모든 것들은 허상에 불과했다. 그저 돈을 벌기 위해 일했기 때문이다. 나는 갑자기 눈을 크게 뜨고 세상을 보기 시작했다. 내 새로운 세상은 온통 아름다움과 저녁노을과 꽃과 색깔, 그리고 빛의 세상이었다. 난생처음 이 모든 것들이 내 눈앞에 펼쳐졌다. 모든 것들을 제대로 보기 시작한 것이다.

레이트 블루머

우리의 문화는 어린 시절의 에릭 월을 조기 성공과 부의 길로 내몰았다. 그러나 그런 문화에 순응하라는 압박이 그에게서 더 큰 재능들을 앗아 갔고 결국 그를 절망 속에 밀어 넣었다. 몰락 끝에 그는 자신을 둘러싼 문화의 가치들을 재평가하면서 험한 감정의 지뢰밭을 지났다. 그건 그에게 꼭 필요한 과정이었고, 그 과정을 거쳐 반대쪽에 이르게 된다. 그리고 놀랍게도, 에릭 월은 비즈니스맨과 투자자일 때보다 행위 예술가로 활동하면서 더 많은 돈을 벌었다.

만일 아직 꽃피질 못해 자신의 잠재력을 완전히 발휘하지 못하고 있거나 스스로 잘못된 길로 가고 있다고 느껴진다면, 우리는 당연히 그 이유를 자문해봐야 한다. 당연하지만 쉽지 않은 일이다. 왜 꽃필 기회를 잡지 못하고 있는지 알기 위해 자신이 몸담고 있는 사회의 규범들에 반기를 들고 싶은 사람이 어디 있겠는가? 자기 부모와 친구와 선생님이 어떻게 자신을 상자 안에 집어넣어 꽃피지 못하게 했는지 파헤치고 싶은 사람이 어디 있겠는가? 그러나 우리 자신의 문화에 대해 알아보기를 회피하는 것은 우리 자신의 믿음, 우리 자신의 본성, 우리 자신의 운명에 영향을 주는 가장 강력한 힘들 중 하나를 애써 외면하는 것이나 다름없다. 그러니 우리가 꽃피는 것을 가로막는 우리 자신에 대한 문화적 기대치들을 알아내도록 하자. 이제 나는 우리 문화, 그러니까 우리 가정과 우리 공동체와 우리 사회가 어떻게 개개인이 가는 길을 좌지우지하는지 집중적으로 알아볼까 한다.

＊＊＊

우리가 가장 먼저 접하게 되는 문화는 가족 문화다. 일부 불운한 사람들은 가난한 가정이나 자식을 방치하는 가정 또는 자식을 학대하는 가정에서 자라지만, 우리 대부분은 완벽하지도 않고 그렇다고 아주 끔찍하지도 않은 가정에서 자랐다. 그런 가정의 경우 설사 불합리한 사고나 사소한 편견, 해로운 신념 체계, 부모의 탈선 등 바람직하지 않은 일들이 벌어지더라도 어느 정도 제 기능을 발휘하며 아이에게 도움도 된다.

내 부모님들은 대학 교육을 받았지만 아주 심각한 맹점들이 있었다. 어머니의 장점은 논리력이 아니라 공감 능력이었다. 어머니는 할아버지가 미적분학 교사였고 고등학교도 수석으로 졸업했지만, 세상 모든 일을 아주 신비주의적으로 해석했다. 예를 들어 말발굽 소리를 듣고서 말이 아니라 얼룩말을 떠올리는 식이었다. 아버지는 고등학교 시절 아주 뛰어난 운동선수였으며, 나중에 체육교사가 되었고 코치가 되었으며 다시 고등학교 체육 감독이 되었다. 아버지는 우리 주, 우리 고향에서 고등학교 스포츠의 왕이었지만, 비즈니스에 관한 한 문외한이었고, 그래서 경제적으로 성공한 고향 사람들 앞에서는 주눅이 들었다. 나는 아버지가 의사나 변호사, 자동차 딜러, 석유 기업가, 컨트리클럽 회원 등과 함께 있을 때 불편해하는 모습을 자주 봤다. 그러나 내가 이 모든 일들의 의미를 이해하게 된 건 훗날 나이가 든 뒤의 일이다.

지금 생각해보면, 어머니의 비이성적인 신비주의와 아버지의 사회적 지위에 대한 열등감 때문에 좀 더 화목할 수도 있었을 가정이 그렇지 못했던 것 같다. 또한 내가 레이트 블루머가 된 것은 당시 내가 무엇을 모르는지 몰랐기 때문이며, 또 실제로 알 필요도 없었기 때문이다. 우리 중 상당수는 이와 비슷한 지식 간극 속에 자란다.

우리가 우리의 재능과 잠재력을 완전히 꽃피우려면 가족에게서 독립을 선언해야 한다. 그렇다고 가족의 사랑을 거절해야 한다거나, 가족의 영향력에서 완전히 벗어나야 한다거나, 가족의 기대에 반기를 들어야 한다는 뜻은 아니다. 그보다는 우리의 재능과 잠재력을 완전히 꽃피우려면 무엇이 도움이 되고 무엇이 도움이 되지 않는지 스스로 결정해야 한다는 의미다. 가족의 기대에 순응하는 것은 가족에게 충실한 것과는 전혀 별개의 일로, 결국 우리의 발목을 잡아 잠재력을 충분히 발휘하지 못하게 만들 가능성이 크다. 그러므로 가족에게서 진정한 독립을 한다는 건 결코 쉬운 일이 아니다.

가족은 우리에게 문화적 규범을 가르쳐주는 최초의 스승이다. 부모는 우리가 좀 더 넓은 세상에 대해, 또 그 세상과 관계를 맺는 방법에 대해 배우는 데 중요한 역할을 한다.[2] 그들은 우리가 개인으로서, 집단의 한 일원으로서 정체성을 확립하는 데 도움을 준다. 그들은 또 세상에 대한 우리의 기대치에 영향을 주며, 우리에게 어떻게 행동할 것인지를 가르쳐준다. 우리의 우선순위 및 대학 전공,

사회 경력, 친구, 배우자 선택에도 영향을 준다. 어떤 가족들은 미래의 여러 가지 가능성에 마음을 열게 해주고, 또 어떤 가족들은 그렇지 않다.

영화 〈백 투 더 퓨처〉와 〈포레스트 검프〉를 만든 감독 로버트 저메키스Robert Zemeckis는 시카고 남부의 한 노동자 계급 가정에서 자랐다. 12세가 되었을 때 그는 부모에게 언젠가 영화계에서 일하고 싶다고 말했다. 어린 소년이 자기 꿈을 털어놓은 것이리라. 그러나 부모의 반응은 그저 뜨뜻미지근했다. 그는 이렇게 회상한다. "제 가족과 친구들, 그리고 제가 자란 세상의 관점에서 그건 그야말로 실현 불가능한 꿈이었습니다. 제 부모님은 시큰둥한 말투로 '네 집안이 어떤지 안 보이니? 넌 영화감독이 될 수 없어'라고 말했어요."[3]

어린 시절에 우리는 자기 집안의 가치와 기대치를 보면서 그것들을 내면화한다. 심리학자와 사회학자와 사회과학 연구자들이 말하는 이른바 '사회화'는 우리의 정체성 형성과 자아감 발달에 큰 역할을 한다. 사회화는 우리 주변 사람들의 가치와 믿음을 우리 속에 주입한다. 그리고 어린 시절에, 성인이 된 뒤에 우리는 사회화된 우리의 행동을 테스트하고 또 테스트한다. 또 우리는 우리 자신도 모르는 사이에 가족들처럼 행동하는 경우가 많다.

좋든 싫든, 가족들은 우리에게 긍정적인 영향도 주고 부정적인 영향도 준다. 그들은 우리 주변에 첫 번째 경계들을 그어주는데, 그 경계들 중 상당수는 우리에게 도움이 된다. "담배 피우고 술 마시는 애들과는 어울리지 마라"가 그 좋은 예다. 그러나 다음과 같은 경계들은 우리 발목을 잡는 제약이 될 수도 있다. "너, 사업하면 절대 행복해지거나 성공하지 못할 거다." 또는 "네 아버지는 늘 의대에 가고 싶어 했지만 그럴 형편이 못됐어. 지금 우리는 널 의대에 보내려고 우리 자신을 희생하고 있단다."

＊ ＊ ＊

그러나 성장하면서 우리는 가족들에 의해 사회화되는 데서 한 걸음 더 나아가 보다 넓은 공동체에서 인정을 받고 또 정체성을 쌓으려 하게 된다. 처음으로 커뮤니티community(또는 고대 그리스어로 polis), 즉 '공동체'라는 말을 '공통된 가치를 가진 사람들이 만든 집단'이라고 정의한 사람은 아리스토텔레스였다.

　한 사람이 속할 수 있는 공동체로는 사교 모임이나 단체, 파벌, 소수민족 또는 부족 등을 꼽을 수 있다. 뉴잉글랜드 사람들이나 미국 남부 사람들처럼 지역을 중심으로 한 공동체들도 있다. 특정 도시나 마을 또는 동네에 사는 생각이 비슷한 사람들도 공동체가 될 수 있고, 뚜렷한 하위문화를 가진 인종 집단들도 공동체가 될 수 있다. 학교 내 또래 집단에서부터 직장 동료들, 매주 모이는 뜨개질 모임 회원들에 이르는 모든 사람들도 다 공동체다. 공동체는 오토바이(예를 들어 할리데이비슨)나 만화책 같은 특정 제품은 물론, 대학 미식축구 경기, 록 밴드 그레이트풀 데드Grateful Dead 공연, 오프라 윈프리 북 클럽 등을 중심으로 형성되기도 한다. 공동체는 또 〈스타 트렉〉, 〈버피 더 뱀파이어 슬레이어Buffy the Vampire Slayer〉, 〈닥터 후Dr. Who〉 같은 옛날 TV 드라마를 중심으로 형성되기도 하며, 자신의 정치 신념에 맞는 케이블 TV 네트워크(예를 들어 보수주의자들의 경우 폭스뉴스Fox News, 진보주의자들의 경우 MSNBC)를 중심으로 형성되기도 한다.

그렇다면 우리가 속한 공동체는 우리에게 영향을 줄까? 그렇다. 공동체는 우리의 성취와 건강, 수입, 행동, 행복에 영향을 준다.[4] 모든 사람은 자신이 어떤 공동체에 속해 있다는 느낌을 가지고 싶어 한다. 우리는 누구나 친구들과 동료들에게, 그리고 교회와 독서 클럽, 소프트볼 팀, 총기 클럽 등 우리가 속한 단체의 구성원들에게 영향을 받는다.

가족을 뛰어넘어 우리 자신보다 더 큰 공동체의 일부가 되고, 또 거기에 자신을 맞추려는 갈망은 청소년기 때부터 시작된다. 언제, 어디서 자랐든 관계없이 우리는 거의 다 특정 브랜드의 신발을 신고, 특정 종류의 음악을 듣고, 여러 가지 것들에 순응하는 등 10대 시절에 또래 압력을 받았던 것을 기억한다. 모든 부모들이 잘 알고 두려워하는 일이기도 하지만, 그 시기에는 또래 친구들이, 그리고 우리에 대한 또래 친구들의 인식이 우리의 사고방식과 행동에 부모들보다 더 큰 영향을 끼친다. 그래서 또래 친구들에게 잘 보이려고 폭음을 하고 불법적인 약물을 복용하고 난폭 운전을 하는 등 위험한 행동을 하는 경우가 많다.

그런데 또래 압력은 10대를 넘겼다고 사라지지 않는다.[5] 성인이 되어서도 자신과 비슷한 사람들에 둘러싸여 계속 또래에게서 영향을 받는 것이다. 예를 들어 많은 친구들이 석박사 학위를 받는다면, 그들의 일원으로 남기 위해 자신도 석박사 학위를 딸 생각을 하게 될 가능성이 크다. 우리가 아는 사람들이 거의 다 집을 사고 아이를 낳고 직장에서 승진한다면, 우리 역시 그 비슷한 삶을 살려고 할 가능성이 크다. 그렇게 함으로써 상호 이해와 공통된 이야기와 대화 속에 인간관계를 계속 이어나갈 수 있는 것이다.

사실 성인들도 어린아이나 10대들과 마찬가지로 또래 압력에 영향을 받는다. 우리가 속한 어떤 집단 안에서 특정 행동이나 복장을 따르라는 무언의 압력을 느낀다면 또래 압력을 받는 것이다. 또한 별로 내키지 않는 패션 트렌드를 따르거나 이해 안 되는(또는 우습다고 생각되지 않는) 농담에 웃을 때 우리는 그 집단에 속하고 싶다는 신호를 보내는 것이다. 예를 들어 우리가 하이킹 클럽에 가입하거나 금연 프로그램에 등록할 경우, 이는 건강하고 긍정적인 영향이다. 그러나 모든 또래 압력이 우리로 하여금 더 나은 우리가 되게 도와주는 것은 아니며, 모든 공동체가 성장과 긍정적인 변화를 뒷받침해주는 것도 아니다.

베스트셀러 작가 J. D. 밴스가 자신의 저서 《힐빌리의 노래》에서 말했듯, 러스트 벨트rust belt(미국 북동부 5대호 주변의 쇠락한 공장 지대-옮긴이)와 애팔래치아산맥의 공동체들은 워낙 도시로서의 기능을 상실해서 개인의 성공을 뒷받침해줄 수가 없다. 이와 관련해 밴스는 이렇게 말했다. "미들턴 지역에선 사람들이 늘 일 얘기를 한다. 그러나 이 지역 젊은이들 가운데 30퍼센트는 일을 1주일에 20시간도 안 하며, 그러면서도 스스로 게으르다는 생각을 하지 않는다."[6] 시골이든 도심이든 교외 지역이든 쇠락한 공동체에 사는 사람들이 이런 환경에서 스스로 꽃피려면 그야말로 고군분투를 해야 한다. 또한 이런 환경이 주는 영향들에서 벗어나려면 공동체에서 과감히 독립하겠다는 선언을 할 수 있어야 한다. 그러나 그것은 쉬운 일이 아니다.

많은 연구와 책과 보고서에서도 지적하고 있는 사실이지만, 어린 시절의 가난은 신체 건강과 성취도와 행동에 많은 영향을 끼친다.[7] 그리고 그런 영향은 상당히 폭넓게 적용된다. 우선 신체 건강 측면에서 가난한 가정의 아이들은 부유한 가정의 아이들에 비해 출생 시 몸무게가 미달일 가능성이 1.7배 높고, 납중독에 걸릴 가능성이 3.5배 높으며, 유아사망률은 1.7배, 병원에 잠시 입원해 있어야 할 가능성은 2배 더 높다. 가난은 성취도에도 많은 영향을 끼친다. 가난한 가정의 아이들은 부유한 가정의 아이들에 비해 고등학교 시절 유급이나 중퇴를 할 가능성이 2배 높고, 학습 장애를 경험할 가능성도 1.4배 높다. 또한 사회경제적 배경이 뒤떨어지는 가정의 아이들은 윤택한 가정의 아이들에 비해 정서 및 행동 문제가 있을 가능성이 더 크고, 학대를 당하거나 방치될 가능성도 더 크며, 폭력 범죄를 당할 가능성도 더 크다.

가난한 사람들은 순전히 금전적 자원 부족으로 발목을 잡히는

레이트 블루머

경우가 많다고 생각하기 쉬운데, 1920년대 이후 빈부 격차가 가장 크게 벌어진 오늘날에는 특히 더 그렇다.[8] 그러나 사실 이 문제는 생각보다 복잡하다. J. D. 밴스도 지적했듯이, 가난한 지역사회의 문제들은 문화적인 문제이기도 하다. 지역사회에서 신분이 상승한 몇 안 되는 젊은이들은 그 지역사회를 떠나고, 그 결과 성공한 롤모델들 또한 사라지게 되는 경우가 많다. 그리고 뒤에 남겨진 다른 많은 젊은이들은 운명론적 체념에 빠져 약물이나 알코올에 의존하게 된다. 능력이 뛰어난 직원들이 부족하다면서 고용주들마저 떠나면, 그 지역사회의 신뢰는 붕괴되고 미래에 대한 희망도 사라진다. 이 같은 문화적 상황에서는 그 누구도 힘을 내 일하거나 장기적인 투자를 하기 힘들어진다. 그 결과, 지역사회에는 분노와 저항심만 팽배하게 되고, 숙련도 낮은 일을 하러 출근하는 것마저 무슨 '변절 행위'처럼 여겨지게 될 수도 있다.

심지어 사람들에 대한 기대치도 높고 성과를 중시하는 도시나 교외를 비롯해 잘나가는 지역사회들조차 다 좋은 것은 아니어서 때로는 지울 길 없는 상흔을 남긴다. 어떤 면에서는 성과를 중시하는 문화는 아이들을 한계점까지 내모는 일종의 특수한 덫일 수도 있다. 아이들은 야심만만하고 투지 넘치며 언어와 수학에 밝은 성인들로 자라 명문대에 들어가며, 연봉을 많이 받는 전도유망한 직장인이 된다. 그러나 이런 아이들은 자기 탐구를 할 시간이나 여유가 없는 경우가 많다. 이들은 컨베이어 벨트 위로 올려져 계속 한 방향으로만 나아가며, 다른 사람들의 관심사에는 관심을 가지지 않게 된다. 그리고 컨베이어 벨트는 이들을 좁은 성공의 길로 실어 나르면서 자기 발견의 기회를 아예 박탈해버린다.

건강심리학자 실라그 미르가인Shilagh Mirgain은 이렇게 말한다. "또래에게서 압력을 받으면 계속 그들을 따라가야 할 것 같은 느낌이 들고, 그 결과 본의 아니게 우리 자신의 삶이 아닌 남의 삶을 살게 되며, 우리 자신이 아닌 남의 관점에서 바라본 '성공'을 거두려고 안간힘을 쓰게 된다."[9] 이런 종류의 압력을 받는 사람들 중에는 이 장 도입부에서 만난 에릭 월같이 '출발이 잘못된' 블루머들도 있다. 그들은 모두 성공할 요소들을 가지고 있지만, 마음을 들뜨게 만들지도 않고 자신의 진정한 재능이나 열정, 사명감에 맞지도 않는 일을 하면서 스스로 무너지고 만다.

가난하다거나 또는 부유하지만 이런저런 압력이 많다거나 하는 물질적인 환경 외에, 한 공동체의 이런저런 문화적 규범들도 장애물이 될 수 있다. 심지어 긍정적인 문화들 역시 장애물이 되기도 한다.

나의 문화, 그러니까 미국 미네소타주와 노스다코타주에 사는 스칸디나비아 출신 루터교도들의 문화를 예로 들어보겠다. 이들은 좀처럼 자신의 감정을 겉으로 드러내거나 남들에게 도움을 청하지 않는다. 대학을 다니기 위해 캘리포니아에 갔을 때, 나는 모든 사람이 요란스럽고 허풍쟁이며 뻔뻔할 만큼 손을 벌린다고 생각했다. 그러나 객관적으로 보면, 샌프란시스코만 지역은 내가 살던 곳과는 문화가 다르고 표현 방식도 달랐다. 지금에 와서 되돌아

보면, 내가 살던 지역의 문화는 성실과 인내 같은 바람직한 가치들도 많이 심어주었지만, 조용하면서도 금욕주의 성향이 강해 내게 좋지 않은 영향을 주기도 했다. 중서부 지역 사람들 특유의 겸손함이 캘리포니아에서는 내 가능성을 억누르고 앞으로 나아가는 걸 가로막는 역할을 한 것이다.

노스다코타주에서와는 달리, 캘리포니아에서 나는 다른 사람들에게 질문이나 부탁을 하는 건 자연스러운 일이며 아주 큰 도움이 된다는 것을 배웠다. 이는 배움에 속도를 더해준다. 나는 또 적절하기만 하다면 자기 자신을 홍보하는 게 허풍을 떠는 것은 아니라는 점도 배웠다. 캘리포니아에 살면서 그 문화가 어떤 것을 정상이고 좋다고 여기는지 모른다면 아마 스스로 꽃피기가 힘들 것이다.

이것 한 가지는 분명하다. 모든 공동체 또는 지역사회에는 사람들이 꽃피는 걸 가로막는 믿음들이 있다. 우리가 엘리트 사립학교를 다녔든, 아니면 가난과 범죄로 찌든 도심지나 시골 벽지의 침체된 마을에서 자랐든, 모든 공동체는 각 개인에게 영향을 주며, 그 공동체의 기대치에 순응하라고 압력을 가한다.

문화의 세 번째 층은 사회, 즉 서로 같은 지리적·사회적 영토를 공유하고 공통된 정치적 유산과 문화적 기대치를 지닌 커다란 사회적 집단이다. 사회는 '가장 높은 문화적 집단이자 가장 폭넓은 수준의 문화 정체성'으로 정의된다.[10] 우리가 살고 있는 사회는 우리에게 가장 지속적인 일련의 문화 기준과 풍습과 기대치와 행동을 제공한다.[11] 사회는 우리의 국가 정체성을 결정한다. 또한 암묵적인 편견과 기대치를 만들어내 정치와 성별, 인종, 종교, 성적 취향, 건강, 성공과 돈에 대한 생각 등등 삶의 거의 모든 분야에 영향을 준다. 그리고 이 모든 것들이 우리 안에 내재된 믿음이다.

예를 들어 미국 사회는 기회에 대한 믿음, 법의 지배, 페어플레이 등과 같은 긍정적인 이상은 물론 비현실적인 신체상, 조기 성공에 대한 집착, 신분 만능주의 등과 같은 덜 긍정적인 이상도 촉진한다. 우리가 알든 모르든, 이런 기준과 기대치들은 우리의 선택과 행동들에 엄청난 영향을 끼친다. 대부분의 사람들은 그것을 어느 정도 느끼지만, 이런 영향들이 얼마나 심대한지 잊는 경우가 많다.

정보 분석 기업 닐슨Nielsen에 따르면, 미국인들은 거의 매일 TV를 보거나 웹 서핑을 하거나 휴대전화 앱을 사용하거나 라디오를 듣거나 다양한 전자장치들을 이용해 책 같은 걸 읽는 데 거의 11시간을 보낸다고 한다.[12] 그렇다. 거의 하루의 반이다. 그 모든 것들은 우리가 믿는 것, 우리의 행동방식, 우리의 사고방식과 관련된 사회적 메시지들을 전달하는 매체들이다. 물론 어떤 사람들은 의식적으로 이런 추세를 거부한 채 자신의 관심사를 추구하며 자신의 길을 가려 한다. 그러나 대부분의 사람들이 사회 도처에서 목격하게 되는 이 같은 사회적 압력은 놀랄 만큼 심하다. 그 압력은 우리의 기대치, 우리의 희망과 꿈, 그리고 우리의 자아상에 영향을

레이트 블루머

준다. 우리의 자아감 자체를 변화시키는 것이다.

아마 가장 광범위하면서도 은근한 사회적 압력은 신문, 잡지, 책, 라디오, 비디오게임, 영화, 텔레비전 같은 매스미디어에서 오는 압력일 것이다.[13] 소셜 미디어의 영향은 계속 커져만 가서 마침내 마땅히 받아야 할 관심을 받고 있으며, 텔레비전은 여전히 어린아이들과 그 아이들의 사회적 발달에 다른 어떤 미디어보다 큰 영향을 주고 있다. 특히 텔레비전은 양방향성이 아니라 뭐라고 말하든 반박이나 논쟁도 하지 못한 채 일방적으로 들어야 하며(화면을 향해 소리를 질러봐야 소용도 없고), 그래서 우리의 인지능력 발달에 엄청난 해를 끼친다. 일반적인 미국 고등학생들은 교실에 앉아서나 친구들을 만나서 사회적인 활동을 하는 것보다 더 많은 시간을 가만히 앉아 수동적으로 TV를 본다.[14] 심지어 신생아부터 두 살밖에 안 된 아기들도 하루 평균 한 시간 30분 정도 TV를 본다. 미국은 가구 평균 TV가 두 대 있으며, 세 대 이상인 가구도 40퍼센트 가까이 된다.

매스미디어는 비교적 무해할 것 같지만(많은 콘텐츠를 골라 보고 수동적으로 받아들이는 것에 비하면), 우리가 세상 모든 걸 배워가는 방식에 지대한 영향을 끼친다. 우리에게 서로 적절히 상호작용하는 방법을 가르쳐줄 뿐 아니라 미래의 우리 모습에도 영향을 준다. 또한 우리의 외모와 포부는 물론 우리의 사회적 지위 등에까지 큰 영향을 줄 수 있다.

게다가 매스미디어는 "기존의 가치와 사고방식을 강화하고 각

종 규범과 가치의 근원 역할을 해" 일종의 사회화에도 일조한다.[15]
예를 들어 케이블 TV 뉴스나 심야 코미디 TV 프로그램을 시청하는 사람이라면, 어떤 가치들이 좋게 여겨지고 또 어떤 가치들이 나쁘게 여겨지는지 바로바로 알 수 있다. 현재 사람들이 획득하는 정보는 거의 다 개인적 경험보다는 매스미디어에서 보고 듣고 읽은 것에서 온다.

오늘날 매스미디어는 점점 더 우리를 밀어붙여 특정 집단의 규범들을 따르게 만든다. 예를 들어 폭스뉴스 팬들은 자신의 사회적 정체성을 MSNBC 시청자의 규범 및 사고방식들과 비교함으로써 자긍심을 높인다. 지미 키멀Jimmy Kimmel의 심야 토크쇼 팬들은 지미 팰런Jimmy Fallon의 심야 토크쇼 팬들에 대해 우월감을 느낀다. 매스미디어는 이렇게 시청자들로 하여금 자신의 사회적 정체성을 개발하고 유지할 많은 기회를 제공한다.

또 우리는 매스미디어를 통해 내집단(각종 규범, 가치, 습관, 태도 등에 공통점이 있어서 일체감과 애착을 느끼는 집단-옮긴이)과 외집단(내집단에 반대되는 개념으로, 불쾌감과 대립감을 불러일으키는 집단-옮긴이)에 대해 배운다. 예를 들어 청소년들은 TV 드라마를 통해 이성을 유혹하는 법 또는 인간관계를 시작하거나 끝내는 법을 배우고, 또 어떤 종류의 유머가 잘 통하는지도 배운다. 매스미디어가 사용자들에게 심리학자들이 말하는 이른바 '사회적 정체성 만족감'을 제공하는 것이다.

물론 매스미디어가 제공하는 게 비단 이성을 유혹하는 팁이나 잘 통하는 유머에 대한 팁뿐만은 아니다. 매스미디어는 소수집단들의 정형화된 역할이나 행동을 통해 또는 그런 역할이나 행동에 대한 과도한 표현을 통해, 문화적·인종적 편견은 물론 남녀 성별에 따른 편견도 조장한다. 그리고 매스미디어 콘텐츠의 반복적인 노출을 통해 시청자들로 하여금 그런 매스미디어의 묘사들을 현실의 묘사로 받아들이게 만든다. 그러니까 전문가들이 말하는 이른바 '배양cultivation'[16]을 통해, 텔레비전을 많이 보는 시청자들은 시간이 지나면서 점점 실제의 세상이 텔레비전 속 세상과 비슷하다고 믿게 될 수도 있다. 매스미디어에 심하게 노출됨으로써 그런 믿음이 배양되는 것이다.

예를 들어 텔레비전을 많이 보는 사람은 남성들 10명 중 한 명이 법 집행기관에 근무한다고 믿게 될 수도 있다. 그러나 현실에서는 100명 중 한 명이 그렇다. 또한 여성의 날씬한 몸에 대한 매스미디어의 묘사는 여성들로 하여금 날씬한 몸이 정상이며 이상이라고, 또 날씬한 몸이 매력의 기준이라고 생각하게 만들 수 있다. 전문가들은 특히 인종, 민족, 남녀 성별에 따른 정형화와 폭력에 대한 사고의 배양을 우려한다.

또 다른 연구들에 따르면, 매스미디어는 개인들로 하여금 자기집단 이외의 다른 집단들에 익숙해지게 만듦으로써 정형화와 편견을 극복하는 법을 배울 긍정적인 기회를 제공할 수도 있다고 한다. 예들 들어 인종적 편견을 극복하려는 시민권 운동에는 〈아이 스파이I Spy〉와 〈줄리아Julia〉 같은 인기 TV 드라마에 주연으로 흑인 배우들이 등장한 게 큰 도움이 됐었다. 그리고 2000년대 초에 미국 사회가 동성애자를 받아들이게 된 데에는 남녀 동성애 스타들이 출연한 〈엘런Ellen〉과 〈윌 앤 그레이스Will and Grace〉 같은 TV 드라마들이 큰 도움이 됐었다.

지난 75년간 매스미디어가 우리에게 영향을 주었다면, 이제는 거의 모든 곳에서 접할 수 있게 된 소셜 미디어가 우리에게 지대한 영향을 주고 있다. 소셜 미디어는 새로운 '비교의 문화', 그러니까 각계각층의 사람들이 가능한 한 최고로 자신을 큐레이팅하는 일종의 '매스 셀프 미디어mass self-media'로 급성장해왔다. 이처럼 이상적으로 큐레이팅된 자신은 현실과 거리가 먼 경우가 많지만, 이들은 우리가 과거 그 어느 때보다 훨씬 더 자주, 훨씬 더 많이 소비하는 미디어 중심의 규범과 태도와 믿음을 보충해주고 있다.

그렇다면 지금껏 살펴본 이 모든 것들은 레이트 블루밍과 대체 어떤 관계가 있을까?

우리 레이트 블루머들에게 문제가 되는 것은 매스미디어와 소셜 미디어를 통해 강요당하는 많은 기준들과 기대치들이 우리에게 불리하게 작용할 수 있다는 점이다. 우리 자신은 미디어의 영향에 어느 정도 면역이 되어 있긴 하지만(예를 들면 집에 TV가 없는 등), 우리는 지금 직접적인 영향을 주는 각종 규범들이 미디어에 의해 변화되는 사회에 살고 있다. 미디어는 지금 성공에 대한 우리의 정의, 바람직하거나 받아들일 수 있는 사회 경력 또는 인간관계의 종류, 그리고 중요한 삶의 시점들에 대한 타이밍 등에 영향을 준다. 따라서 이런 상황에 순응하지 못하는 사람들의 입장에서는 지배적인 사회 문화가 자기 회의감을 불러일으킬 수 있으며, 심하면 자기혐오를 불러일으킬 수도 있다. 스스로를 적응하지 못한다고 느낄 수 있다. 예를 들어 스무 살이 됐는데 아직 성 경험이 없다면 친구나 또래에게 감추고 싶은 부끄러운 일처럼 느끼게 된다. 직장을 구하면서 잠시 허드렛일을 하고 있는 25세의 청년은 자신을 패배자처럼 느끼게 된다. 남들보다 느린 길 또는 색다른 길을 가게 될 때는 자신의 가치에 회의를 느끼게 된다.

오늘날의 미디어는 이른 성공을 지나치게 찬미한다. 이런 것들이 우리 아이들, 우리 또래, 그리고 우리 자신에게 끼치는 영향을 무시하기는 어렵다. 이처럼 어두운 사회의 일면에 대해 프랑스 심리학자 아돌프 케틀레Adolphe Quetelet는 다음과 같은 유명한 말을 했다. "사회는 범죄를 준비하고 있으며, 그것을 처벌하는 유일한 수단은 죄책감뿐이다."

매스미디어는 우리로 하여금 우리 몸매와 성생활, 결혼, 집, 자동차, 가정, 그리고 공동체를 실현 불가능한 텔레비전 속의 완벽한 버전들과 비교하게 만든다. 반면에 소셜 미디어는 우리로 하여금 우리 자신의 평범하고 따분한 현실을 너무도 멋지게 큐레이션한 다른 사람, 그러니까 우리가 아는 다른 누군가의 삶과 비교하게 만든다. 그러한 중독 상태에서 깨어난 사람들은 이렇게 조언한다. "당신의 내면을 다른 사람들의 외면과 비교하지 말라." 좋은 조언이다. 하지만 소셜 미디어는 그 조언을 따르길 거의 불가능하게 만든다.

왜 그렇게 힘들까? 우리 모두에겐 자유의지가 있지 않은가? 왜 환경에 순응하라는 압력이 좋은 조언을 따르는 것을 그렇게 힘들게 만드는지 이해하려면, 사회학자들이 말하는 이른바 '사회규범들'을 들여다봐야 한다.

＊＊＊

사회규범들은 법적 의무도 없는 암묵적 규칙이다.[17] 그 어떤 사회에서든 각종 규범들이 사회를 통제하고 행위들을 규제한다. 사회규범들은 언어에서부터 사회적 상호작용, 요리법, 사랑, 섹스, 결혼, 편견, 그리고 물질적 기대치에 이르는 모든 것들의 토대다. 윗사람을 위해 문을 열어주고 장애인에게 자리를 양보하는 등 자연스러워 보이는 상호작용들의 토대가 되는 것이다. 또한 좋아하는 음악, 즐겨 읽는 책, 지지하는 정책 등 개인적인 선호에도 영향을 준다.

사실 인간 사회가 사회규범들 없이 돌아간다는 것은 상상도 하기 어렵다. 우리의 행동 방향을 정해주고 이끌어주며, 사회적 관계들에 질서와 예측 가능성을 제공하고, 서로의 행동을 이해하려면 사회규범들이 꼭 필요하다.

규범이라는 개념은 전문가들이 말하는 이른바 '규범의 사회적 영향(거의 보편적인 인간 특성, 인간의 순응이나 동조 경향을 설명한다)'을 이해하는 데 꼭 필요한 개념이다. 규범의 사회적 영향이 지닌 그 엄청난 힘은 확실히 인정받고자 하는 우리의 욕구에서 나온다. 어쨌든 우리 인간은 어떤 집단에 속하고 인정을 받고 강한 사회적 연대감을 얻고 싶어 하는 욕구가 강한 사회적 존재이니까. 그래서 우리는 대개 우리 가족들, 우리 공동체들, 보다 넓은 사회에 속한 사람들과 비슷하게 생각하고 행동하려고 한다.

그렇다면 규범의 사회적 영향은 얼마나 강력할까? 자, 이걸 보도록 하자. 당신이 어떤 심리학 연구에 참여해달라는 부탁을 받았다고 상상해보라.[18] 어느 특정한 날, 당신과 다른 참여자 7명이 연구장소에 도착한다. 모두 조그만 방 안에 있는 탁자 앞에 둘러앉는다.

연구원 한 명이 방에 들어와서 오늘의 연구는 사람들의 시각적판단력을 알아보는 데 그 목적이 있다고 말한다. 그러고는 당신들앞에 카드 두 장을 놓는다. 왼쪽 카드에는 수직선이 하나 있다. 오른쪽 카드에는 길이가 다른 수직선 세 개가 보인다. 두 카드를 한데 모아서 보면 다음과 같다.

연구원은 한 사람씩 돌아가며 오른쪽 카드에 그려진 세 개의 선 가운데 왼쪽 카드에 그려진 선과 길이가 같은 것을 골라보라고 한다. 당신은 모르고 있지만, 사실 다른 참여자들은 전부 연구원과 한편이다. 다시 말해 공범들인 것이다. 그들은 미리 짜놓은 각본대로 행동한다. 진정한 연구 대상은 당신뿐이다.

이 실험은 다른 카드들을 가지고 여러 차례 반복된다. 어떤 경우 다른 참여자들은 만장일치로 잘못된 선을 고른다. 잘못된 답이 분명한데, 전부 똑같은 답을 하는 것이다. 당신은 다수의 의견을 따르게 될까? 아니면 당신 자신의 판단력을 신뢰할까? 아마 그 답을 알게 되면 놀랄 것이다.

사회심리학자 솔로몬 애시Solomon Asch는 1951년에 지금은 고전이 된 이 실험을 고안해냈다. 만일 실험 참여자가 잘못된 답을 한다면, 그건 집단 압력 때문인 게 분명하다. 애시는 미국 스워스모어칼리지 학생 50명을 대상으로 이 실험을 실시했다. 실험 대상 한 명과 가짜 참여자 5~7명을 한 방에 들어가게 하고는 총 18차례에 걸쳐 실험을 했다. 가짜 참여자들은 12차례의 실험에서 잘못된 답을 내놨다. 그 결과는 애시 자신도 놀랄 정도였다. 12차례의 '잘못된 답' 실험 중 75퍼센트에서 실험 참여자들은 다수의 의견에 동조해 잘못된 답을 했다.

그럼 왜 그들은 잘못된 답이 뻔한 상황에서 그토록 쉽게 다른 사람들의 의견에 동조한 걸까? 인터뷰를 해보니, 극히 일부 참여자들만 다른 사람들의 답이 정말 맞는지 알았다고 했다. 그러나 대부분의 참여자들은 자신들이 동조한 답이 맞는다고 생각하지 않았지만, 그래 봐야 자신만 '이상해' 보일 것이라는 두려움 때문에 다른 사람들의 의견에 동조했다고 인정했다. 그들은 인정받지 못하는 게 두려웠고, 또 인정받고 싶었던 것이다. 이후에 이어진 많은 연구 결과에서는 애시의 실험보다 더 높은 무려 80퍼센트의 동조 현상까지 나타났다.[19] 바로 이런 것이 규범의 사회적 영향이다.

그다음에 연구원들은 사람들이 사회규범이 자신의 행동에 끼치는 영향력을 어느 정도까지 파악할 수 있는지 알아보려 했다. 우습지도 않은 농담에 웃어 보이거나, 집단에 동조하기 위해 뻔히 잘못된 답을 하거나, 햄버거를 좋아하면서도 완전한 채식주의가 올바른 길이라고 결론을 내릴 때, 우리는 우리의 행동이 사회의 영향을 얼마나 많이 받고 있는지 인식하고 있을까? 또 우리 자신의 선택, 즉 우리 자신의 자유의지에 얼마나 의존하고 있는지 알고 있는 걸까?

이어진 연구들에 따르면, 대부분의 사람들은 자신이 왜 그토록 쉽게 다른 사람들의 의견에 동조하는지 그 이유를 전혀 알지 못한다고 한다.[20] 예를 들어 사람들이 에너지를 보존하고 재활용을 늘리려 하는 등 환경친화적인 행동을 하는 것은 다른 그 어떤 원인보다 사회규범 때문이라는 것이다. 이웃들이 재활용 쓰레기를 내놓으니 자신도 그렇게 하는 것이다. 그러나 같은 연구에서, 연구 참여자들은 자신이 왜 행동을 바꿨는지 설명하면서 규범의 사회적 영향을 가장 덜 중요한 요소로 지목했다. 그리고 규범의 메시지들 덕에 호텔에서는 타월 재활용 비율이 거의 30퍼센트 증가했고, 대학생들 사이에서는 폭음이 눈에 띄게 줄어들었다.

규범의 사회적 영향에 대한 수십 건의 연구 결과는 명확하다. 규범의 사회적 영향은 강력한 설득 수단이 된다는 것. 그러나 우리는 계속 규범의 사회적 영향을 알아보고 인정하려 하지 않는다. 대부분의 사람들은 자기 행동의 진짜 이유를 알지 못한다. 이와 관련해 철학 교수 로버트 치알디니Robert Cialdini는 이런 말을 했다. "규범의 사회적 영향이 강력하며 도처에서 목격된다는 것을 감안할 때, 사람들이 관찰자 입장에서 자기 행동의 원인을 어떻게 해석할 것인지 결정하면서 이 막강한 영향력을 거의 알아채지 못한다는 것은 놀라운 일이 아닐 수 없다."[21]

규범의 사회적 영향이 그다지도 강력하고, 또 레이트 블루머가 되려는 시도를 좌절시킬 가능성이 큰 것도 바로 이런 이유다. 보이지 않기 때문이다. 볼 수도 없고 느낄 수도 없고 믿고 싶지도 않은 그런 힘이기 때문이다. 그러면서도 우리의 거의 모든 행동과 선택과 의견에 영향을 준다. 사회규범들은 우리 자신에 대한 우리의 기대치에도 엄청난 영향을 주며, 그 결과 많은 사람들로 하여금 배우고 성장하고 성취하고 성공하는 길은 하나밖에 없다는 확신을 갖게 만든다. 그리고 오늘날 그 길은 곧 조기 성공을 뜻한다. 심리학자들은 이를 '규범적 사고'라고 부른다.

레이트 블루머

규범적 사고에서는 올바른 길이란 우리 사회집단 속에서 정상적인 사람이라고 여겨지는 사람이 걷는 길이라는 믿음이 생겨난다.[22] 물론 여기에는 장점들이 있다. 삶은 복잡하고, 삶의 온갖 복잡한 상황들을 헤쳐 나가려면 다른 사람들의 행동을 보고 그대로 따라 하는 게 유리한 경우가 많기 때문이다. 그러나 규범적 사고는 문제도 많다. 많은 사람들은 우리의 삶이 펼쳐진 어떤 로드 맵 같은 게 있다고 믿고 싶어 한다. 그러나 현실은 어떤가? 육체적으로나 인지적으로나 도의적으로나 직업적으로 인간의 발달에 단 한 가지 '옳은' 길이란 없다. 이런 현실로 인해 규범적 사고의 경우 명백한 두 가지 단점이 노출된다.

첫째, 규범적 사고에서는 사람들을 수입과 계급, 인종, 종교, 성별, 교육 등으로 구분하는 비공식적인 사회적 장벽들이 생겨난다. 그리고 이 장벽들은 소외라는 정상적인 인간의 두려움을 이용한다. '남들보다 잘 아는' 사람들, 정확한 정보를 가진 사람들, 적절한 사회집단에 속한 사람들, 부유한 사람들만 들어갈 수 있는 집단들을 생각해보라. 그런 집단에서 편해지려면 올바른 단서들과 신호들을 이해해야 하고, 적절한 사람들을 알아야 하고, 같은 신념들을 공유해야 한다. 그렇지 않으면 이런 메시지를 받게 될 것이다. "당신은 우리 집단에 속한 사람이 아니야. 당신은 어울리지 않아."

둘째, 규범적 사고에서는 결국 밑도 끝도 없고 파괴적인 비교 과정이 생겨난다. 우리는 우리 삶에서 일어나는 발전을 우리가 생각하는 정상적인 기준들과 비교하게 된다. 우리 자신을 위해서든, 아니면 우리 아이들을 위해서든 우리는 우리의 성장과 성공을 정상적인 기준들과 비교하는 것이다. 걷기, 읽기부터 점수, 시험, 졸업, 대학 입학, 좋은 직장, 첫 급여, 결혼, 첫 집 등에 이르기까지 이 모두가 그 기준들에 포함된다. 우리는 또 우리 자신을 우리 부모와 친구들, 형제들과 비교한다. 그들은 마흔 살에 어땠을까? 나이 쉰에는? 또한 우리 아이들을 친구의 아이들과 비교한다. 그리고 특정 기준에 미달할 경우 걱정한다. '내가 늦나?', '우리 애들이 발달이 뒤처졌나?', '나는 실패자인가?'. 우리는 규범에서 이탈하는 것은 심각한 문제라며 두려워한다.

이는 자멸에 이르는 과정이다. 우리 삶의 모든 측면에서 긍정적인 결과에 도달하는 길은 많다. 목표를 이루고 전문 지식을 얻고 성공에 이르는 길은 늘 많다. 이는 스포츠와 음악에서 쉽게 볼 수 있다. 하드록 가수든, 컨트리 가수든, 래퍼든, 오페라 디바든 모두 성공할 수 있다. 키 작은 축구 선수도, 키 큰 NBA 센터도 성공할 수 있다. 그러나 대부분의 사람들에게는 성공에 이르는 길들이 그리 쉽게 보이지 않는다. 예를 들어 구글에서 첫 직장을 잡을 수 있을까? 일을 그만두고 하루 종일 부모 역할만 했더니 더 나은 관리자가 됐다는 걸 고용주에게 어떻게 설명해야 할까? 아파트에 투자할 수 있는 가장 좋은 방법은 무엇일까? 혼란에 빠진 우리는 결국 규범들을 따르기로 하고 다른 모든 사람들이 가는 길을 따라간다.

그러나 레이트 블루머들의 문제는 바로 이것이다. 그 길에는 이미 너무 많은 얼리 블루머들이 앞서가고 있다. 우리 레이트 블루머들이 도달할 즈음이면, 기회에 이르는 그 길들은 이미 꽉 막혀 있다. 또 늦었다! 이게 우리 인생 스토리다! 그 결과, 우리는 소외감을 느낄 수도 있고 치욕을 맛볼 수도 있다.

＊＊＊

그렇다면 우리는 왜 이 같은 사회적 기대치들에 반기를 들지 않는 걸까? 우리는 왜 '정상적인' 것들을 건너뛰고 전통적인 것들을 무시한 채 기쁜 마음으로 덜 붐비는 길로 가지 않는 걸까? 그건 문화적 규범들의 경우 거기서 헤어나기가 쉽지 않기 때문이다.

우리 인간은 사회적 동물이다. 우리 종과 관련해 가장 문화적으로 눈에 띄는 특징이다. 우리 자신에 대한 우리의 생각은 우리의 사회적 연결에 따라 결정된다. 진화론적인 관점에서 말하자면, 우리는 '사람들'이라는 종이다. 이와 관련해 인류학자 마거릿 미드Margaret Mead의 전기를 쓴 전기 작가 제인 하워드Jane Howard는 이런 말을 했다. "씨족이라 불러도 좋고, 네트워크라 불러도 좋고, 부족이라 불러도 좋고, 가족이라 불러도 좋다. 뭐라고 부르든, 또 당신이 누구든 당신에겐 그런 게 필요하다."[23]

집단 동조를 설명하는 신경과학 연구들 가운데 가장 영향력 있는 한 연구에서, 에모리대학교의 신경과학자 그레고리 번스Gregory

Berns와 그의 동료들은 fMRI로 참여자들의 뇌를 스캔함으로써 규범에서 이탈했을 때의 생리학적 효과들을 조사했다.[24] 연구진은 실험 참여자들이 집단 다수에 동조하라는 압력을 받을 때 뇌가 어떻게 활동하는지 조사했다. 조사 결과, 참여자들이 다수의 영향에서 벗어나려 할 때 부정적인 감정들을 주관하는 뇌 부위인 편도체가 활성화됐다. 그러니까 다수의 의견이 명백히 잘못된 경우에도 규범의 사회적 영향을 거부하면 생리학적으로 부정적인 결과들이 초래될 수 있다는 것이다. 다시 말해, 우리 뇌는 집단 의견에 동조하게끔 프로그램화되어 있어서 아무리 잘못됐다 해도 그 의견에 동조하게 된다는 것이다.

그 어떤 증오심도 한 집단에 등을 돌린 사람들에 대한 증오심만큼 심하진 않다. 그런 사람들을 우리는 변절자 또는 배신자라고 부른다. 오늘날의 미국 정치에서 가장 지독한 싸움은 공화당 지지자와 민주당 지지자 자신들 간의 싸움이 아니라, 무엇이 정상이고 옳은 생각인지를 놓고 벌이는 공화당 지지자들과 민주당 지지자들 간의 싸움이다. 서로 정상이고 옳다고 믿는 생각에서 폭군이나 독재자 같은 사람들이 나올 수 있다. 그리고 그 어떤 문화와 사회집단도 반대자들에 대한 응징을 만들어낸다. 그러한 응징은 어깨를 으쓱하고 눈을 흘기는 것에서부터 모욕적인 말을 하는 것, 신체적으로 괴롭히는 것, 심한 경우 감옥에 가두거나 죽이는 것까지 아주 다양하다. 가장 널리 퍼진 응징은 사회적 배척이다. 동조하지 않는 것을 변절로, 독창적인 것을 기이함으로, 독특한 것을 일탈로 낙인

레이트 블루머

찍는 것이다.

이는 보이지 않지만 철통같은 문화다. 가족과 공동체와 사회에 의해 만들어져 파도처럼 덮쳐 오는 규범들이다. 규범의 사회적 영향, 규범적 사고, 문화적 인식 등을 통해 가해지는 동조 압력이다. 그렇다면 저마다 재능이 다 다르고 각자의 발달 시간표에 따라 움직이는 우리 레이트 블루머들은 대체 어떻게 해야 할까? 호기심 많고 창의적인 연구가이자 탐험가인 우리 레이트 블루머들은 대체 어떻게 지배적인 문화의 컨베이어 벨트에서 뛰어내려 스스로 자기 자신의 운명을 만들어갈 수 있을까?

그 답을 알고 싶다면, 다음 장을 넘겨보라.

LATE BLOOMERS

6
체제 전복을 위해 그만둬라

그만둬라!

그렇다. 그냥 그만둬라!

나는 바로 앞 장 마지막 부분에서 이런 질문을 던졌다. "호기심 많고 창의적인 연구가이자 탐험가인 우리 레이트 블루머들은 대체 어떻게 지배적인 문화의 컨베이어 벨트에서 뛰어내려 스스로 자기 자신의 운명을 만들어갈 수 있을까?" 우리는 그것을 그만둠으로써 그렇게 할 수 있다. 가던 길을 그만둬라. 형편없는 일을 그만둬라. 싫어하는 수업 듣기를 그만둬라. 도움보다는 아픔을 주는 친구와 동료를 만나는 걸 그만둬라. 후회되는 삶을 그만둬라.

　지난 장에서 살펴봤듯이, 우리의 문화와 사회규범들은 올바른 생각과 인정되는 행동에 대한 강력한 불문율들을 만들어낸다. 우리 문화 및 사회규범들에서 떨어져 나오는 건 쉽지 않다. 그러나 우리 레이트 블루머들은 어쨌든 그렇게 해야 한다. 왜? 그 답은 간단하다. 레이트 블루머들은 우리 문화 및 사회규범들과는 잘 맞지 않기 때문이다. 현재 우리 사회의 불문율들은 얼리 블루머들에게 유리하게 만들어져 있기 때문이다.

그만두는 것에 대한 우리 문화의 의견을 생각해보자. 그만두는 것을 둘러싼 불문율들은 이렇다. "그만둔다는 것은 비난을 제대로 참지 못하고, 스트레스에 제대로 대처하지 못한다는 뜻이다. 내적 용기가 부족하고, 의지력이 부족한 것이다. 그만두는 사람은 절대 승리하지 못하며, 승리자는 절대 그만두지 않는다. 당신이 만일 그만둔다면, 절대 성공하지 못할 것이다."

우리의 문화는 끊임없이 다음과 같은 메시지를 우리에게 주입한다. "모든 도전을 참고 견디며 역경을 극복하고 무엇보다 그만두지 않고 매달리는 것이 성공의 비결이다. 그렇다. 끈기는 의심할 나위 없는 미덕이다." 그리고 우리는 끈질기게 노력해 마침내 성공을 거둔 사람들의 이야기를 끊임없이 듣는다. 대중적인 책이든 학술적인 책이든 빠짐없이 나오는 얘기가 성공과 행복의 열쇠는 끈기라는 것이다. 성공하고 싶다면 최대한 열심히 노력해야 한다. 힘들더라도 기꺼이 감수해야 한다. 불타는 투지가 있어야 한다.

저널리스트 찰스 두히그Charles Duhigg의《습관의 힘》, 해군 특수부대 네이비 실 출신인 조코 윌링크Jocko Willink의《훈련이 곧 자유다

Discipline Equals Freedom》, 켈리 맥고니걸Kelly McGonigal의《왜 나는 항상 결심만 할까》, 윌리엄 H. 맥레이븐William H. McRaven의《침대부터 정리하라》, 그리고 그 유명한 조던 피터슨Jordan Peterson의《12가지 인생의 법칙》등등 정말 많은 책들이 끈기와 투지의 장점들을 찬미한다.[1] 이런 책들은 나름대로의 방식으로 규율, 불굴의 용기, 투지 등을 칭송한다. 그리고 이 저자들의 이론들 가운데 상당수는 실제 특정 상황에서 잘 통한다. 어쨌든 오늘날 끈기와 투지는 성공에 이르는 길로 널리 홍보되고 있다.

물론 끈기는 의심의 여지 없이 아주 유용하다. 이와 관련해 영국의 시인 겸 평론가 새뮤얼 존슨Samuel Johnson은 이런 말을 했다. "위대한 일들은 힘이 아니라 끈기에 의해 이루어진다." 그리고 이 책뒤에서 다시 살펴보겠지만, 끈기를 참을성 및 목적과 함께 적절히 활용한다면 레이트 블루머의 장점이 될 수도 있다. 그러나 내가 보기에 우리는 현재 지나칠 만큼 끈기와 투지에 집착하고 있다.

끈기와 투지를 통해 성공을 거둘 수도 있고 실제로 그런 경우도 많지만, 이 이야기에는 다른 측면도 있다. 때론 그만두는 것이 올바른 결정일 수도 있다. 실제로 그럴 만한 이유가 있어 포기하고 큰 성공을 거두기도 한다. 대니얼 J. 브라운은 60대의 나이에 그 유명한 세계적인 베스트셀러《배 안의 소년들》을 썼다. 젊은 시절에 그는 어떤 길로 갈 것인지 힘든 결정을 몇 차례 내렸으며, 그때마다 가장 가깝고 소중한 사람들을 깜짝 놀라게 했다.

브라운이 처음 그만두겠다는 중요한 결정을 내린 것은 고등학교 때였다. 그는 이렇게 설명했다.

●●● 열일곱 살이 되기도 전에 나는 불안 증세가 있었다. 나는 학교
에서 몇 차례 공황발작을 일으켰고, 그래서 학교에 가는 걸 아
주 불안해했다. 그 당시만 해도 사람들은 불안 장애에 대해 그
리 잘 알지 못했다. 그저 참고 견디라고만 했다. 그 바람에 나는
그런 상황을 여러 해 동안 겪어야 했다. 정말 비참했다. 그러다
그날이 왔다. 당시 나는 고등학교 2학년이었고, 생물학 실험실
에 있었다. 그때 정확히 왜 그랬는지 기억나지는 않지만, 어쨌
든 갑자기 불안감에 휩싸였다.

단순한 학업 문제가 아니었다. 학교에서의 인간관계 문제였고
적응의 문제였다. 나는 그냥 자리에서 일어나 거리를 가로질러
내 1963년식 쉐비 임팔라에 올라탔다. 차를 몰아 집으로 갔다.
그리고 어머니한테 다시는 학교로 돌아가지 않겠다고 말했다.
수많은 감정이 교차했다. 어머니는 너무 속상해했다. 화를 내진
않았고, 그저 너무 속상해했다. 나중에 집에 온 아버지는 크게
놀랐지만 나는 그대로 얘기했다. 나는 내 삶을 내 의지대로 끌
고 가겠다는 의지가 너무도 확고했다.

어떻게 해야 할지는 몰랐다. 그저 더 이상 계속할 수 없다는 것
은 알았다. 그래서 어머니는 학교에 그대로 얘기했다. 그들은
내게 통신교육을 받을 수 있게 해주었다. 하루에 여덟 시간씩
캘리포니아대학교 버클리캠퍼스 도서관에서 통신교육을 받는

레이트 블루머

조건이었다. 그리고 그렇게 받은 학점은 고등학교 학점으로 인정해주기로 했다. 결국 그런 식으로 나는 고등학교 졸업장을 받을 수 있었다. 그건 내 인생에서 아주 큰 변화였다. 날마다 캘리포니아대학교 버클리캠퍼스로 가서 그곳 도서관에 들어가기 시작한 것이다. 통신교육 과정은 그리 힘들지 않았다. 대개 두 시간 정도면 다 끝낼 수 있었다. 그런데 생각해보라. 대학 캠퍼스를 출입하게 됐다. 그리고 그 일이 내 삶을 바꿔놓았다. 세계적인 명문 대학 도서관 안에서 수많은 책들에 둘러싸여 있게 됐으니까.[2]

일반적인 의미에서 보자면, 대니얼 J. 브라운은 중도 포기한 사람이었을까? 그는 용기가 부족했을까? 그는 포부가 부족했을까? 그는 신경쇠약에 걸리는 한이 있더라도 따돌림 당하는 비참한 고등학교 생활을 끝까지 참고 견뎌야 했을까? 나는 어린 브라운의 입장에서는 학교를 그만둔 것이 최선의 선택이었다고 생각한다. 부모를 포함해 다른 사람들의 기대에 반해 '노'라고 말함으로써 그는 훨씬 더 건강한 삶의 길을 걸을 수 있었다.

　나중에 브라운은 또다시 도발적으로 그만두는 결심을 한다. 그렇게 함으로써 이번에는 아버지의 기대를 저버려야 했다.

●●● 　내 형은 공군 대위였다. 그러다 법과대학에 들어가 법학 교수가 되었다. 나는 새너제이주립대학교에서 시간제 작문 강사 일

을 해 근근이 집세를 내고 있었다. 아버지가 세상을 떠난 건 그때였다. 아버지는 아마 '우리 대니얼이 사람 구실을 제대로 할 수 있을까?' 하는 걱정 속에 세상을 떴을 것이다. 아버지가 사람들을 그런 식으로 평가하는 사람은 아니었다. 정말 그랬다. 그러나 아버지는 내가 결혼을 하고 아이들을 갖고 어느 정도 성공한 모습을 전혀 보지 못했다. 그게 참 마음에 걸린다.

아버지는 대공황 때문에 법과대학을 중퇴해야 했다. 형 릭이 그 때문에 압박감 같은 걸 갖게 됐는지는 모르겠지만, 법과대학에 가면 아버지한테 인정을 받을 건 알았던 것 같다. 사실 나 역시 그렇게 해보려 했다. 법과대학에 가서 아버지한테 인정을 받으려 한 것이다. 그게 또 잘못된 시작이었다.

나는 법과대학에 지원했고, 실제로 3일 동안 법과대학에 다녔다. 그러자 고등학교를 중퇴하게 만들었던 불안 증세가 다시 나타났다. 나는 법과대학에 다닌 지 3일 만에 그곳은 내가 있을 데가 아니라는 걸 깨달았다. 나는 아버지, 어머니한테 전화를 걸어 그대로 말했다. 내 나이 스물여섯이었다. 나는 내가 두 분을 실망시킬 걸 안다고 말했다. 나는 법대를 다니기 위해 이사까지 했었다. "그래도 그만두려고요. 정말 하고 싶지 않아요." 기분이 영 안 좋았다. 하지만 나중에 내가 잘했다는 걸 깨달았다. 나는 어떤 길을 걷기 시작했고, 곧 깨달았다. '아냐, 이건 내 길이 아냐. 다른 길을 찾아봐야겠어.' 솔직히 말하겠다. 해방됐다는 느낌. 그런 것만은 아니었다. 죄책감도 들었다. '아, 뭔가

레이트 블루머

를 또 그만두는군⋯⋯.' 그리고 이런 느낌도 들었다. '오, 하느님! 또다시 그만두려 합니다. 아버지는 어떻게 생각할까요?'

그 누구도 연이어 중도 포기하는 사람이 되고 싶진 않을 것이다. 역경의 조짐이 보이자마자 바로 포기하는 사람 말이다. 그러나 별 관심을 끌지 못하면서 그만두는 경우도 있는데, 그런 경우가 레이트 블루머들한테는 특히 도움이 될 수도 있다. 오늘날과 같이 기대 이상의 성공을 거둔 10대들이 각광을 받는 '신동 이상'의 시대에, 우리는 중도 포기한다는 생각을 경시하거나 아니면 문화적으로 금하고 있다. 그러나 중도 포기야말로 우리 레이트 블루머들이 사업을 성공적으로 이끌고 삶의 거의 모든 부분에서 혁신을 일으킬 때 쓰는 전략들 중 하나다. 자신의 의지로 무언가를 그만두는 것은 단순히 해방되는 길일 뿐 아니라 우리의 목표를 향해 더 큰 도약을 할 수 있는 길이기도 하다.

우리 문화가 끈기와 투지에 집착함에도 그런 것들이 실제로 잘 맞지 않는 상황들도 있다. 연구 결과에 따르면, 무슨 일이든 중간에 그만두지 못하게 만드는 끈기와 투지에는 세 가지 불편한 진실이 있다. 첫째, 끈기 또는 의지력은 제한된 자원이다. 둘째, 중간에 그만두는 것이 건강한 결정일 수도 있다. 셋째, 중간에 그만두는 것이 더 나은 결과에 이르는 경우가 많다.

끈기와 투지에 집착하는 우리 문화의 첫 번째 문제는 스스로 믿음이 없는 무엇인가에 일편단심으로 매달리는 건 효과가 덜 하다는 것이다. 끈기를 엉뚱한 데 쏟다 보면 실제로 의지력과 끈기가 필요할 때 정작 불러들일 수 없게 된다. 이는 '자아 고갈ego depletion'이라는 심리학적 개념을 뒷받침해주는 견해로, 사회심리학 분야의 선구자인 로이 F. 바우마이스터Roy F. Baumeister가 1990년대에 아주 유명한 일련의 실험들을 실시하면서 널리 쓰이게 된 용어다. 1996년, 바우마이스터는 케이스웨스턴리저브대학교의 옛 동료 엘런 브랏슬라브스키Ellen Bratslavsky, 마크 무라벤Mark Muraven, 다이앤 타이스Dianne Tice와 함께 먹고 싶은 음식을 참는 게 참여자들의 의지력에 어떤 영향을 끼치는지 조사했다.

실험을 시작하면서 바우마이스터는 연구 참여자들을 갓 구운 초콜릿 쿠키 냄새가 나는 방 안에 있게 했다. 그런 다음 그는 그들에게 다른 초콜릿들과 함께 실제 초콜릿 쿠키들을 보여주었다. 참여자들 중 일부에게는 그 달콤한 스낵들을 먹는 게 허용됐다. 그러나 그 나머지 참여자들은 스낵 대신 익히지 않은 무를 먹어야 했다. 의지력 및 결단력 테스트 대상은 바로 이 참여자들이었다.

그 결과, 무를 먹은 참여자들은 만족스러워 하지 않았다. 바우마이스터는 이렇게 적었다. "그들 중 상당수는 초콜릿에 큰 관심을 보였고, 진열되어 있는 초콜릿들을 갈망하듯 바라봤으며, 일부는 심지어 초콜릿 쿠키를 집어 들고 냄새를 맡기까지 했다."[3]

레이트 블루머

모든 참여자들이 자신에게 할당된 간식을 다 먹은 뒤, 바우마이스터는 그들 모두에게 인내심을 테스트할 한 가지 퍼즐을 내주었다. 초콜릿 쿠키를 먹을 수 없게 해 이미 자신의 의지력을 테스트당한 사람들은 새로운 퍼즐을 풀면서 얼마나 오래 인내할까? 그 결과는 놀라웠다. 초콜릿 쿠키 대신 무만 먹어야 했던 사람들은 초콜릿 쿠키를 먹는 게 허용됐던 참여자들보다(퍼즐을 푸는 실험에만 참여한 다른 참여자들보다도) 퍼즐을 푸는 시간이 절반도 안 걸렸다. 먹고 싶은 욕구를 뿌리치느라 이미 의지력을 소모한 사람들은 또다시 의지력을 끌어모아 인내심이 필요한 두 번째 과제에 쏟을 수가 없었던 것이다. 그들은 이미 의지력이 고갈되었다. 이미 결단력을 소진했다.

바우마이스터의 이 획기적인 연구의 결론은 자제력은, 그리고 그 아날로그 버전인 투지나 끈기는 고갈될 수도 있다는 것이었다. 투지나 끈기는 익혀서 얻을 수 있는 기술도, 키워나갈 수 있는 습관도 아니다. 그보다는 과도한 운동이 근육에 손상을 주듯, 끈기는 우리를 지치게 만들고 무너지게 만든다. 바우마이스터는 이렇게 적었다. "우리의 투지나 끈기는 정말 놀랄 만큼 제한적인 것 같다." 그는 또 자신의 유명한 연구 결과를 이렇게 요약했다. "의지력은 드물게 귀한 자원이다. 그리고 인간의 통제력은 자아 고갈을 통해 심각하게 제한될 수 있다."

자제력이 제한된 자원에 따라 좌지우지된다는 개념은 1920년대 초에 이미 심리학자 지그문트 프로이트Sigmund Freud에 의해 예견됐다. 프로이트는 '에고ego(통제된 자아)'는 '이드id(본능적 자아)'와 '슈퍼에고superego(초자아. 내면화된 문화 법칙들)'의 충동에 저항하기 위해 일종의 정신적 에너지 또는 심리적 에너지를 요구한다고 믿었다. 그리고 그는 이런 관계를 설명하기 위해 말과 기수의 비유를 들었다. 기수(에고)는 대개 조종하는 역할을 하지만, 말(이드와 슈퍼에고)이 가고 싶은 곳으로 가는 걸 제어하지 못하기도 한다.[4] 이 같은 초기의 인식은 훗날 바우마이스터의 연구 결과의 토대가 된다. 기수가 지치면 말이 모든 걸 좌지우지하는 것이다.

빌 바우어만Bill Bowerman의 놀라운 코칭 경력 이야기는 인간 투지의 한계를 잘 보여준다. 과도한 투지는 우리를 지치게 만들며, 심한 경우 아프게 만든다. 바우어만은 1950년대부터 1970년대까지 오리건대학교 육상 및 크로스컨트리 코치였으며, 신발 및 의류 대기업 나이키의 공동 창업자이기도 하다. 그의 전기를 읽어보면 이런 말이 나온다. "바우어만은 총 31명의 올림픽 선수와 51명의 올 아메리칸 선수, 12명의 미국 기록 보유 선수, 그리고 22명의 NCAA 챔피언, 16명의 서브-4 미닛 마일러sub-4 minute miler(4분 이내에 1마일을 달린 선수)를 훈련했다."[5] 전설적인 달리기 선수 스티브 프리폰테인Steve Prefontaine도 그런 선수들 중 하나였다.

빌 바우어만의 경우, 중·장거리달리기 선수들의 코치로 유명해

레이트 블루머

졌다는 사실 자체만으로도 대단한 일이었다. 중·장거리달리기에 관한 한 직접적인 경험에서 얻은 지식이 없었기 때문이다. 그는 대학 시절 미식축구 선수이자 단거리달리기 선수였다. 어쩌면 스포츠 분야에서 미식축구/단거리달리기 선수와 중·장거리달리기 선수 사이에는 신체적으로나 정신적으로 별 차이가 없는지도 모른다. 차이가 있다면 미식축구/단거리달리기 선수는 근육을 많이 쓰고 공격적인 데 반해, 중·장거리달리기 선수는 굶주린 것처럼 보이고 극기심이 강하다는 정도랄까. 바우어만은 미식축구/단거리달리기 선수였던 자신의 신체 및 육체 특징과 반대되는 깡마르고 극기심 강한 중·장거리 선수들의 코치가 됨으로써 성공한 것이다.

그렇다면 그는 어떻게 그 차이를 극복할 수 있었을까? 1962년 뉴질랜드에 갔다가 그는 독학으로 성공해 뒤늦게 꽃핀 아서 리디어드Arthur Lydiard 코치를 만났는데, 리디어드는 중·장거리달리기 선수들을 훈련하면서 아주 특이한 아이디어들을 개발해냈다. 그는 매일 고강도 인터벌 훈련을 하는 게 성공의 열쇠라는 당시의 지배적인 생각에 이의를 제기했다. 그의 관찰에 따르면, 400미터 전력 질주를 한 뒤 2분간 쉬고 다시 400미터 전력 질주를 하는 식의 고강도 인터벌 훈련을 10회에서 20회 반복하는 것은 당장은 효과가 있지만, 몇 개월 정도 지나면 별 효과가 없이 현상 유지를 하기도 힘들었다. 그리고 고강도 인터벌 훈련 강도를 훨씬 높일 경우 일부 선수들은 효과를 봤지만, 대부분의 선수들은 부상을 입거나 병이 났다. 리디어드는 그 모든 게 혈액 pH 저하 때문이라고 생각했다.

선수들이 매일 고강도 인터벌 훈련을 하면 젖산이 과도하게 분비되고, 그 결과 혈액 pH와 전반적인 면역력이 저하된다고 생각한 것이다. 리디어드는 선수들이 낮에 그렇게 강도 높은 훈련을 하고 나면 너무 지쳐 밤에 잠도 제대로 못 잔다고 생각했다.

주목할 만한 점은 리디어드가 코치로서 또는 과학자로서 정식 교육을 받은 적이 없었다는 것이다. 그저 열심히 실험하고 관찰하고 메모하고 맥박을 재고 추세를 보고 수정을 한 결과였다. 그런 일을 하라고 후원해준 단체가 있었던 것도 아니다. 그는 처음에 아마추어 코치 일을 시작하면서 과외로 우유 배달 일을 했다.

그러나 우유 배달부 리디어드는 자신의 비전통적인 훈련 방식으로 놀라운 성과를 올리고 있었다. 그는 피터 스넬Peter Snell 같은 반 마일(약 0.8킬로미터) 달리기 선수들과 배리 맥기Barry McGee 같은 마라톤 선수들을 비롯한 자신의 모든 달리기 선수들에게 수개월간 장거리 유산소운동을 시켰다. 일요일에 32킬로미터 이상 달리는 것을 포함해 1주일에 160킬로미터 정도 달리는 게 목표였는데, 달리면서 계속 대화를 할 수 있을 정도의 속도로 달리는 게 특징이었다.

유산소운동의 기초를 만든 뒤, 리디어드는 선수들로 하여금 며칠씩 번갈아가며 힘든 언덕 달리기와 편한 평지 장거리달리기를 하게 함으로써 언덕 훈련에서는 젖산이 다량 분비되게 하고 평지 훈련에서는 혈액 pH 수치가 정상으로 회복되게 했다. 그리고 마지막으로 달리기경주 시즌을 바로 앞둔 시점이나 시즌 중에는 단거리 전력 질주와 고강도 인터벌 훈련으로 선수들을 단련시켰다. 그의 훈련 방법은 놀라운 효과를 나타냈다. 1960년 로마 올림픽에서 그가 훈련한 달리기 선수들은 남자 800미터와 5,000미터 달리기에서 우승했고, 마라톤에서 2위를 거두었다. 인구가 1960년 기준 240만 명이었던 뉴질랜드는 이후 20년간 남자 중·장거리달리기를 제패했다. 아니, 그게 아니다. 이후 20년간 남자 중·장거리달리기를 제패한 사람은 전직 우유 배달부 리디어드였다.

미국인 빌 바우어만은 리디어드의 성공에 큰 충격을 받았고, 빼곡하게 메모된 노트 몇 권을 들고 미국으로 돌아왔다. 바우어만의 전기 작가 케니 무어Kenny Moore는 당시의 일에 대해 이렇게 썼다. "바우어만은 자신의 오리건주 달리기 선수들에게 '신명 나게, 그러나 녹초가 되지 않게' 훈련할 것을 주문하기 시작했다……. 그는 선수들의 자세를 유심히 살폈고 목을 검사했으며 맥박을 쟀다. 그는 또 선수들의 눈을 확인해 상태가 안 좋아 보일 경우, 특히 맥박이 분당 120회 정도로 돌아오지 않을 경우 그만 쉬게 했다. 과한 것보다 덜한 게 낫다는 것이 그의 소신이었다."[6]

케니 무어는 바우어만이 비전통적인 훈련 방식을 택하면서 동료 코치들과의 관계가 껄끄러워졌다며 이렇게 적었다. "처음으로 '하드-이지hard-easy' 훈련 방식을 발표하자 다른 코치들은 그를 비웃었다. 당시 대부분의 코치들은 '더 많이 노력할수록 더 많이 얻는다'라는 신념을 가지고 있었다. 그런 그들에게 바우어만이 '이것 보세요. 가장 지혜롭게 하는 사람이 가장 큰 발전을 하는 겁니다'

라고 반박하자, 모욕감 같은 걸 느낀 것이다. 그의 훈련 방식은 조롱거리가 됐다. 그리고 선수들로 하여금 편히 쉬면서 스트레스를 풀게 해주는 것은 '응석을 받아주는 일'로 여겨졌다."

내가 지금 이렇게 바우어만의 이야기를 하는 것은 다음과 같은 이유 때문이다. 끈기와 투지의 장점들을 찬미하는 건 어느 정도까지만 일리가 있는데, 그것은 모든 사람이 정신적으로나 육체적으로 제한된 끈기와 투지를 가지고 있기 때문이다. 사회규범들이 우리에게 끈기와 투지를 과도하게 쏟거나 잘못된 일에 쏟기를 요구한다면 끈기와 투지만 고갈될 뿐이다. 끈기와 투지를 다른 사람들, 즉 가족이나 공동체 또는 사회의 기대에 부응하기 위해 쏟을 때에도 마찬가지다. 게다가 녹초가 된 상태로 하루를 끝내면 잠도 제대로 못 자게 된다. 그리하여 정말로 필요할 때 끌어올 끈기와 투지가 남지 않아서 새로운 길을 가거나 순수한 열정을 추구할 수 없게 될 수도 있다.

＊＊＊

우리가 우리 자신의 의지력 '근육'을 강화할 수 있다는 생각은 잘못된 것이며, 경우에 따라선 우리에게 해를 끼칠 수도 있다. 이제까지의 지혜에 따르면, 특정 운동을 하거나 특정 습관을 들이면 의지력 근육을 강화할 수 있다고 여겼다. 그러나 과학적 연구에 따르면, 그 이야기는 사실이 아니다. 우리는 끈기와 투지를 젤리처럼

레이트 블루머

늘려 삶의 모든 일들에 적용할 수 없으며, 그저 다 써서 없애버릴 뿐이다. 우리의 본성이 바라지도 않고 삶의 목적이나 열정에 맞지도 않는 일을 억지로 한다면, 그 결과로 동기와 추진력 모두가 줄어들게 되는 것이다.

작가 빌 버넷Bill Burnett과 데이브 에번스Dave Evans가 쓴 책《디자인 유어 라이프》는 아주 영향력 있는 법률 회사에 이제 막 파트너로 들어간 한 여성의 이야기다.[7] 여기서 잠깐 그것이 무슨 의미인지 생각해보자.

그 여성은 대학 시절에 올 A를 받고 최우등으로 졸업하는 등 아주 뛰어난 학생이었다. 이후 미국 내 상위 10위 안에 드는 로스쿨에 진학했는데, 훗날 그녀가 들어가게 될 법률 회사가 새로운 변호사들을 영입할 때 최우선권을 주는 곳이었다. 로스쿨에서도 그녀는 거의 톱으로 졸업했다. 그 뒤 법률 회사에서 소속 변호사로 적어도 5년간 1주일에 80시간 이상씩 일해야 했고, 그러다 드디어 파트너 변호사가 될 자격을 얻었다. 물론 그러기까지 계속 일과 스트레스에 시달려야 했고 잠도 최소한만 자야 했다.

어떤 사람들은 그녀가 좋아했으리라고 생각할 것이다. 그러나 아니었다. 파트너 변호사가 된 뒤, 다시 말해 엄청난 끈기와 투지로 마침내 원하는 것을 손에 넣은 뒤, 결국 그녀는 탈진했다. 새롭게 얻은 파트너 변호사로서의 지위와 수백만 달러의 연봉을 즐기지 못한 채 너무 지치고 절망스러워 매일 밤 울다 잠이 들었다. 끈기와 투지가 완전히 고갈되어버린 것이다.

우리가 가진 끈기와 투지 '계좌'는 어느 정도 인출할 수는 있지만 무한정 인출할 수는 없다. 그래서 현명하게 선택해야 한다.

끈기와 투지의 두 번째 문제는 때로는 그만두는 게 건강에 좋다는 것이다.[8] 대개 우리 문화 때문에 생긴 우리가 갈망하는 것들 상당수는 달성할 수 없는 것들이 많다. 연구 결과에 따르면, 달성할 수 없는 목표를 추구하기를 그만두면 행복은 더 커지고 스트레스는 줄어들며, 심지어 아픈 것도 줄어든다고 한다. 그렇다. 그만두는 게 실제로 신체 건강에도 좋다.

청소년에서부터 젊은이, 그리고 나이 든 성인에 이르기까지 많은 사람들을 추적 조사한 결과에 따르면, 목표에서 해방될 경우, 즉 목표를 추구하는 걸 그만둘 경우, 신체 건강에 아주 강력하면서도 긍정적인 영향이 나타난다. 또한 세 가지 연구 결과에 따르면, 도달할 수 없는 목표를 추구하는 것을 그만둔 사람들은 호르몬 상태도 더 건강해졌고 잠도 더 잘 잤다. 반면에 그렇게 하지 못한 사람들은 우울증과 스트레스는 물론 감정 기복도 더 심했다. 그리고 이런 것들은 우리의 내분비계와 면역 체계 내 생물학적 상태를 변화시켜서 천식 같은 질환에 더 취약해지며 기타 다른 질환들에 걸리기도 더 쉬워진다. 결국 잘못된 끈기와 투지 때문에 병에 걸릴 수도 있는 것이다.

끈기와 투지에 대한 우리의 집착이 안고 있는 세 번째 문제는 쉽게 말해 뭔가를 그만두는 게 종종 효과가 있다는 것이다. 내가 가장 즐겨 드는 예는 20세기 말의 위대한 최고 경영자 앤디 그로

브Andy Grove와 그의 회사 인텔Intel이다.[9]

나는 개인적으로 그로브를 잘 알았다. 그는 정말 끈기와 투지가 넘치는 사람이었다. 헝가리어 본명이 안드라스 그로프Andras Grof인 그는 1956년 소련군 탱크들이 민주적 저항을 깔아뭉갠 뒤 철조망 담 밑을 기어서 공산주의 통치에서 벗어났다. 돈도 연줄도 없이 스무 살 나이에 뉴욕에 도착한 그는 뉴욕시립대학교(당시 이 대학은 등록금이 무료였다)에서 과 수석을 했으며, 이후 캘리포니아대학교 버클리캠퍼스에서 장학금을 받고 화학공학을 공부했다. 그로브는 곧 두각을 드러내 같은 대학 졸업생이자 유명한 실리콘밸리 공학자인 고든 무어Gordon Moore의 눈에 들었으며, 무어는 그에게 페어차일드반도체사에 일자리를 마련해주었다.

1968년 무어와 그의 동료 로버트 노이스Robert Noyce는 페어차일드반도체를 나와 인텔을 설립했고, 인텔의 직원 '넘버 3'로 젊은 앤디 그로브를 데리고 갔다. 1970년대 내내 인텔은 메모리 칩을 팔아 매출의 대부분과 수익의 거의 전부를 올렸다. 1971년에는 전도유망한 새로운 제품 마이크로프로세서를 출시했으나, 혁명적인 제품임에도 1970년대 내내 인텔의 수익에 기여하는 정도는 미미했다. 인텔의 주 소득원은 메모리 칩이었다.

그러나 1970년대 말 메모리 칩 시장에 먼저 일본 기업들이, 뒤이어 한국 기업들이 들어오면서 인텔은 수익이 점점 줄었고 1980년대 말에 이르러 재정 위기에 빠졌다. 그로브는 급진적인 해결책을 제시했다. 인텔이 메모리 칩을 포기하고 마이크로프로세서에 미래를 걸어야 한다고 제안한 것이다. 하지만 그 제안은 극심한 반대에 부딪혔다. 노이스는 메모리 사업을 그만두는 건 패배나 다름없다고 생각했다. 그러나 그로브는 끝까지 주장을 굽히지 않았다. 몇 년 뒤 그는 당시의 일을 이렇게 회상했다. "내가 무어에게 물었습니다. 다른 누군가가 우리 회사를 인수한다면 어떨 것 같은지, 새로 온 친구는 어떨 것 같은지 말이에요. 그 질문에 무어가 이렇게 답하더군요. '새로 온 소유주는 먼저 우리를 제거할 것이고, (웃음) 그런 다음 메모리 사업을 접겠지.'"[10] 인텔은 실제로 그렇게 했다. 미래의 사업에 집중하기 위해 기울어가는 사업을 접은 것이다.

아마 경험 많은 첨단 신생 기업 창업자라면 누구든 당신한테 그만두어야 할 때를 아는 게 정말 중요하다는 조언을 해줄 것이다. 인텔처럼 성공한 기업들은 내내 이런저런 프로젝트와 사업들을 그만둔다. 억만장자 영국 기업가 리처드 브랜슨Richard Branson 역시 연이어 사업을 접은 것으로 유명하다. 버진 콜라Virgin Cola, 버진 디지털Virgin Digital, 버진 카즈Virgin Cars, 버진 브라이즈Virgin Brides 등이 모두 그가 기대한 대로 돌아가지 않았을 때 그만둔 사업들이다.

실리콘밸리에는 이런 말이 있다. "실패는 종종 더 빠른 성공으로 이어진다." 그러나 실패하려면 노력해야 한다. 그래야 더 열심히 노력한다. 그러나 어느 시점에서는 희망이 없거나 또는 시간과 재능과 돈을 더 나은 데 쓸 수 있다면 다음 기회를 향해 나아가야 한다. 기업가들이 바로 그렇게 하고 있는데, 희망이 없는 일을 그만두는 사람을 중도 포기자라고 부르는 것은 정말 비생산적이다.

아마 군대의 장군이 그렇게 한다면 작전상 후퇴를 했다거나 융통성 있는 전략을 취했다며 칭찬할 것이다.

물론 무엇인가를 그만두기란 쉽지 않다. 어렵다. 그만둘 때 우리는 죄책감 같은 감정을 느끼게 된다. 굴욕감 같은 기분도 느낀다. 그만둔다는 것은 문화적 기대치들을 극복하고, 또 사회적 압력들을 무시한다는 뜻이다. 그러나 우리 사회는 불굴의 의지를 하나의 문화적 규범으로 만든 뒤 그것을 지지하고 강조하고 있으며, 그 바람에 종종 많은 사람들이 자신의 삶에 만족하지 못한 채 서서히 탈진해간다. 우리는 불굴의 의지로 성공에 이른 사람들의 이야기를 귀에 못이 박히도록 듣고 있지만, 더 이상 희망이 없는 프로젝트나 길을 포기하는 걸 긍정적으로 보는 이야기는 거의 듣지 못한다.

조기 성취에 대한 집착 때문에 우리는 뭔가를 중도에 그만두는 것을 우리 자존감에 대한 경멸 또는 모욕으로 여기게 됐다. 그리고 이는 단순히 부당한 정도가 아니라 파괴적이다. 개성을 억누르고 문화적 규범들을 강화하기 위해 우리 사회는 가장 효과적인 자기 발견 수단들 중 하나인 그만두기를 아주 부정적인 일로 매도해왔다. 이는 "성공하려면 문화적으로 인정된 컨베이어 벨트에서 절대 내려오지 말라"라는 메시지를 강화하는 일종의 과학적 관리주의 사고방식이다.

그만두는 것에 대한 우리 사회의 문화적 저항은 정말 심각한 문제지만, 결함 있는 사고의 유일한 원천은 아니다. 우리는 모두 비참한 일이나 결실 없는 활동을 포기하지 못하게 하는 인지 편향을 가지고 있다. 이 인지 편향은 '매몰 비용 오류sunk-cost fallacy'와 '기회비용opportunity cost'이라는 두 가지 경제 개념으로 가장 잘 규정된다. 첫째, 매몰 비용이란 과거와 관련이 있다. 매몰 비용은 우리가 이미 어떤 프로젝트나 삶의 방향에 투자한 돈과 시간과 노력이다.[11] 무엇인가에 더 오래, 더 많이 투자할수록 그만두기가 더 힘들어진다. 매몰 비용 오류란 우리가 이미 투자한 모든 시간과 돈 때문에 그만둘 수 없다고 스스로를 설득하려 할 때 저지르는 오류다.[12]

둘째, 뭔가를 그만두지 못하게 가로막는 인지 편향을 규정하는 또 다른 경제 개념은 기회비용이다.[13] 매몰 비용과는 달리 이 개념은 미래와 관련이 있다. 어떤 일이나 방향에 쏟아부은 그 모든 시간과 돈 때문에 더 나은 다른 일이나 방향에 시간과 돈을 쏟아부을 기회를 포기한다는 뜻이다. 그러니까 이미 들어간 매몰 비용 때문에 전전긍긍하지만 않는다면, 더 이상 통하지도 않고 우리를 행복하게 만들어주지도 못하는 뭔가에 노력을 집중하는 대신, 우리를 더 행복하게 만들어주고 우리의 생활방식에 더 잘 맞는 뭔가에 우리의 에너지를 쏟거나, 또는 우리에게 더 많은 돈을 벌어줄 뭔가에 우리의 에너지를 쏟을 수도 있다는 뜻이다.

그런데 문제가 있다. 우리 성인들은 매몰 비용 오류에서 벗어나기가 아주 힘들다. 그런 오류에 빠지면 안 되는데, 내내 그러

레이트 블루머

고 있는 것이다. 오하이오주립대학교 심리학 교수인 할 아크스Hal Arkes는 동료 캐서린 블루머Catherine Blumer와 함께 성인들이 얼마나 기회비용에 전전긍긍하는지 알아냈다. 당혹스러운 얘기지만, 두 사람의 연구 결과에 따르면 대부분의 성인들은 매몰 비용에 대한 판단력이 아이들이나 개들보다 떨어진다고 한다. 그렇다. 심지어 개보다 더. 그만큼 우리가 매몰 비용 오류에 깊이 빠져 있다는 얘기다.[14]

왜일까? 아크스와 블루머에 따르면, 우리는 자라면서 배운 "낭비하지 말라"라는 말을 원칙으로 삼고 있으며, 그 원칙에 지나치게 집착한다. 그래서 뭔가를 그만두려 할 때, 피아노를 배우거나 의대에 진학할 준비를 하거나 부모들을 기쁘게 해줄 꿈을 좇는 데 쏟았던 모든 시간과 노력을 낭비라고 느낀다. 이 문제를 좀 더 이해하기 쉽게, 아크스와 블루머가 자신들의 연구에서 제시한 시나리오를 살펴보자.

● ● ● 당신이 미시간주로 주말 스키 여행을 갈 수 있는 티켓을 사는 데 100달러를 썼다고 가정해보자. 몇 주 뒤 위스콘신주로 주말 스키 여행을 갈 수 있는 티켓을 50달러에 산다. 당신은 미시간 보다는 위스콘신으로 스키 여행을 가야겠다고 생각한다. 그런 데 막 구입한 위스콘신 스키 여행 티켓을 지갑 속에 넣기 직전에 두 스키 여행이 같은 주말에 겹친다는 사실을 깨닫는다. 두 티켓을 팔기에는 너무 늦었고, 그렇다고 두 티켓 모두 반납할

수도 없다. 어차피 한 티켓은 쓰고 다른 한 티켓은 쓰지 못한다. 당신은 어떤 스키 여행을 가겠는가?[15]

당신이라면 어떤 여행을 택하겠는가? 비용이 더 많이 든 여행을 택하겠는가, 아니면 더 재미있을 것 같은 여행을 택하겠는가?

실험 참여자의 절반 이상이 덜 즐거운 스키 여행, 즉 미시간 여행을 택하겠다고 답했다. 왜일까? 미시간 여행 쪽이 투자(매몰 비용)가 더 많았기 때문에 그걸 포기하는 게 더 큰 낭비로 보인 것이다. 다른 많은 실험들에서도 이와 비슷한 결과가 나왔다. 낭비를 피하려는 경향이 사람들의 결정에 큰 영향을 준 것이다. 그러니까 매몰 비용이 아까워서 실패가 뻔히 보이는 일도 그만두지 않으려 하는 것이다.

매몰 비용 오류의 관점에서 보자면, 실패가 뻔히 보이는 일을 포기하는 것도 이미 투자한 자원들을 낭비하는 것처럼 보인다. 이를 레이트 블루머들의 경우에 적용하면 어떨까? 예를 들어 박사 학위를 따거나 법률 회사의 파트너 변호사가 되기 위해 여러 해 동안 애썼는데 이제 와서 포기하려 한다면, 시간과 돈과 땀과 눈물을 쓸데없이 낭비한 것으로 느껴진다.

매몰 비용 오류는 긍정적인 변화를 통해 더 나은 삶을 살려는 우리의 노력을 가로막는 큰 장애물이다. 그러나 보다 큰 행복이나 보다 큰 성공을 위해 뭔가를 그만두지 못하게 가로막는 또 다른 심리적 요인들도 있다. 2008년에 베스트셀러 《상식 밖의 경제학》을 발표한 댄 애리얼리Dan Ariely에 따르면, 우리는 '인지 부조화cognitive dissonance'[16]라는 정신 상태 때문에 뭔가를 그만두는 게 힘들다고 한다. 애리얼리는 사람들이 오랜 시간 특정 행동을 하다 보면 그걸 상당히 정당화하게 된다고 말한다. 예를 들어 10년간 어떤 일을 했다면, 하루하루 죽지 못해 그 일을 하면서도 그 일을 좋아한다고 스스로를 설득하려 한다는 것이다.

또한 그는 사람들은 자기가 좋아하는 것 때문에 고통받는 걸 좋아한다고 말한다. 사실 사람들은 자기가 어떤 것 때문에 고통받으면서도 그걸 좋아해야 한다고 결정 내리기를 아주 좋아한다. 애리얼리에 따르면, 남학생 클럽이나 여학생 클럽, 군부대, 스포츠 팀 등이 자기 조직 구성원들로 하여금 신고식이나 힘든 역경을 참고 견디게 만들 때 이런 심리학적 경향을 이용한다고 한다. 뭔가에 소속되고 싶어 하는 사람들의 욕구와 자기 행동을 정당화하려는 욕구를 적절히 이용해 역경을 헌신으로 변화시키는 것이다.

그러나 우리에게 맞지 않는 대학 전공이나 직장 또는 길에 투자한 것을 포기하지 않으려는 이런 경향에는 대가가 따를 수 있다. 결실도 없는 일에 모든 걸 쏟아붓는 순간순간 우리는 다른 소중한 기회들을 날려버리고 있는 것이기 때문이다. 행동경제학 및 심리학에 따르면, 진짜 큰 낭비는 실패가 뻔히 보이는 일을 그만둠으로써 우리의 과거를 희생시키는 데 있는 게 아니라, 더 나은 것을 추구하지 못함으로써 우리의 미래를 희생시킨다는 데 있다.

편의상 그것을 '작전상 후퇴'라고 부르도록 하자. '반전' 또는 '거듭남'이라고 생각해도 좋다. 카드놀이를 좋아하는 사람이라면, '던져야 할 때를 아는 것'이라고 생각해도 되겠다. 사실 뭔가에 계속 매달려야 할 때를 아는 것도 중요하지만, 뭔가를 그만두고 방향을 바꿔야 할 때를 아는 것도 그에 못지않게 중요하다. 우리는 너 나 할 것 없이 모두 장래성이 없는 직장을 그만두지 않거나 유해하거나 불행한 인간관계를 하루라도 빨리 끝내지 않은 것을 후회한다. 우리 자신에게 더 이상 도움이 안 되는 일들을 그만둘 때, 우리는 우리의 의지력과 끈기를 해방시켜 정말 중요한 일들에 쏠 수 있게 된다. 우리가 쏠 수 있는 시간과 관심의 양은 제한되어 있는 까닭이다.

무언가를 그만둔다고 해서 꼭 우리가 약하거나 게으르다는 의미는 아니다. 그만둔다는 것은 우리가 우리 자신에게 솔직해진다는 의미일 수도 있다. 무언가를 그만두는 것이 무조건 '노'라는 말은 아니다. '노'라고 말하는 대상이 심야에 보내는 이메일이든 직장이나 도시이든, 아니면 달성할 수 없는 목표이든, 때로는 '노'라고 말하는 것이 더 나은 삶을 위해 우리가 할 수 있는 최선일 수도 있다. 정말 곰곰이 살펴보면, 성공했거나 아주 비범한 사람들은 모두 중도 포기자였다. 자신의 저서 《더 딥: 포기할 것인가, 끝까지 버틸 것인가》에서 세스 고딘Seth Godin은 이렇게 주장한다. "진정으로 성공한 사람들은 '똑똑한 중도 포기자들'로, 이들은 현재의 길이 자신의 최종 목표에 다가가는 데 더 이상 도움이 안 된다는 것을 깨달을 때 방향을 수정할 수 있는 사람들이다."[17] 성공하는 사람들은 더 이상의 손실을 막음으로써 자신을 계속 앞으로 나아갈 수 있게 해주는 일들에 자신의 시간과 에너지를 다시 할당할 수 있다. 세스 고딘에 따르면, 사람들은 더 이상 도움이 안 되는 일들을 그만두면서 자신감을 갖게 된다고 한다.

그런데 그만두는 것에 어떤 어려움 같은 게 있을까? 그렇다. 그만둔다는 것은 우리의 진정한 자아와 타고난 재능들을 확인하는 행위로, 개인적인 책임이 뒤따른다. 우리가 우리 자신의 잠재력은 물론 우리 자신의 한계들도 잘 인지하고 있기 때문이다. 대부분의 사람들에게 이는 아주 강력한 수준의 인지다. 우리가 방향을 바꿀 힘이 필요할 때, 그러니까 우리 자신이 잘못된 길을 가고 있음을 깨달을 때 그만두는 능력이야말로 우리의 삶을 바꾸는 데 필요한 힘이다. 이것이 중요하다. 그만두는 것은 힘이다.

적절한 이유가 있어 그만둘 경우, 그것은 포기가 아니다. 그것은 항복하겠다는 얘기가 아니다. 어떤 일이 자신한테 맞지 않는다는 얘기다. 뭔가를 시도하고 있지만 그것을 좋아하지 않는다는 얘기다. 이런 식으로, 그만두는 것은 사실 자아 발견 과정의 일부다. 클럽이든 학교든 직장이든 취미든 그만둠으로써 자신이 어떤 사람인지 밝히는 것이다. 강요된 끈기나 맹목적인 헌신은 서서히 죽어가는 과정이나 다름없다. 그러나 그만두는 것은 성장의 과정이며 살아가는 과정이다.

이를《괴짜 경제학》의 공저자 스티븐 레빗Steven Levitt은 이렇게 설명한다.

●●● 내게 경제학 분야에서 어떻게 온갖 어려움을 딛고 성공했는지 딱 한 가지 이유만 대보라고 한다면, 나는 아마 중도 포기자가 됐기 때문이라고 말할 것이다. 처음부터 내 좌우명은 "빨리 실패하라"였다. 내가 100가지 아이디어로 시작했는데 그중 두세 가지 아이디어가 논문으로 발전됐다면, 나는 운이 좋은 사람이다. 경제학자로서 내 가장 뛰어난 능력들 중 하나는 어떤 프로젝트든 실패할 가능성이 크다는 사실을 깨닫는 대로 바로 그것을 포기할 줄 알았다는 것이다.[18]

이것을 잊지 말라. 우리 레이트 블루머들의 경우 대개 계속 그만둬야 하는 건 아니다. 예를 들어 많은 레이트 블루머들이 학교를 그만두었다가 다시 돌아간다. 갭 이어가 그렇게 인기 있어진 것도 바로 이런 이유 때문이다(3장 참조). 이런 식으로 뭔가를 그만둔다는 것은 참고 기다리는 일이다. 우리의 몸 또는 정신은 우리 레이트 블루머에게 말한다. "우리는 아직 어떤 도전을, 또는 삶의 특정 국면을 맞을 준비가 되지 않았어"라고. 그리고 우리 레이트 블루머들은 그 말에 귀 기울여야 한다. 이러한 참고 기다림을 통해 우리는 뭔가를 그만둔다는 것이 최종 결과가 아니라 하나의 진전이나

레이트 블루머

단계임을 알 수 있다. 그만두기를 통해 어떤 열정의 조짐이 진짜 열정으로 변하게 된다. 예를 들어 사진 찍는 일이 영화제작으로 이어지고, 시 쓰는 일이 광고 문구 작성으로 이어지고, 로스쿨이 법집행으로 이어지고, 의대에서 보낸 힘든 시간들이 의사로서의 오랜 경력으로 이어지는 것이다.

이런저런 것들을 시도하지 않는다면, 그리고 그만두지 않는다면 어떻게 우리 안에 감춰진 진정한 열정들을 발견할 수 있겠는가?

그럴 수 없다.

이 같은 현실에서 한 가지 중요한 의문이 제기된다. '그렇다면 대체 뭔가를 그만둘 시간을 어떻게 알까?' 이는 답을 하기가 쉽지 않은 의문이다. 그만두는 것은 개인적인 결정이지만, 연구 영역에서는 몇 가지 가치 있는 팁들이 나와 있다. 《괴짜 경제학》의 공저자 스티븐 레빗은 이런 말을 한 적이 있다. "나는 내가 잘하지 못하는 일들을 그만둔 경우가 아주 많습니다."[19] 또한 매몰 비용의 전문가 할 아크스는 이런 말을 했다. "가장 중요한 것은 그러한 땜질식 처방을 그만둬야 한다는 것입니다. 그것도 빨리."[20] 아크스는 직장을 그만두거나 중대한 변화를 꾀하는 데 제대로 성공하는 사람들은 결정을 빨리 내리고 즉시 행동에 옮기는 이들이라고 믿는다. 그러면서 그는 이렇게 말한다. "그러니까 뒤를 돌아보지 않는 겁니다. 진부한 표현이라는 건 잘 알지만, 앞으로 나아갈 수 있는 많은 사람들이 실제로 그냥 앞으로 나아갑니다."

개인적으로 나는 플랜 B에 대한 분명한 생각이 있을 때, 그리고 거듭나는 일에 대한 분명한 그림이 있을 때 그만둬야 한다고 믿는다. 잘못된 습관을 버릴 때와 마찬가지로, 대체 수단이 있을 때 실패할 게 뻔한 길을 포기하기가 더 쉽다. 그러나 무언가를 그만두는 것에서 얻을 수 있는 가장 중요한 교훈은, 그리고 당신이 꼭 기억해주었으면 하고 바라는 교훈은 그만두는 게 실패가 아니라 힘이라는 것이다. 우리는 매몰 비용 오류에 빠지기 쉬운 인간의 본성을 극복해야 한다. 또한 무언가를 그만둔다는 것을 미덕으로 봐야 하며, 또 '빨리 실패하고' 기민하게 방향을 바꿀 수 있는 능력으로 봐야 한다.

사실 모든 사람들이 늘 무언가를 그만둔다. 다만 성공한 레이트 블루머들이 그걸 더 잘할 뿐이다.

7
자기 회의라는 슈퍼 파워를 활용하라

대부분의 사람들은 살아가면서 너무도 자주 자기 회의에 빠진다. 레이트 블루머든 얼리 블루머든 마찬가지다. 그러나 희망을 품고 사는 레이트 블루머들에게 자기 회의는 보다 무거운 짐처럼 느껴질 수도 있다. 성공으로 향하는 오늘날의 컨베이어 벨트는 사람들을 얼리 블루머들과 낙오자들로 분류하기 때문에 사람들이 더 자주 자기 회의에 빠진다. 도처에서 데이터와 분석을 접할 수 있는 시대이기에, 우리는 모두 성적이든 연봉이든, 아니면 페이스북의 '좋아요' 숫자든 자신의 점수를 안다. 이런 투명성이 좋은 점들도 있지만, 보다 많은 사람들에게 자기 자신에 대해 부정적인 감정을 갖게 만들기도 한다.

게다가 앞서 5장에서도 살펴봤듯이, 우리 문화는 사람들을 그 속에 가둬 옴짝달싹 못 하게 만든다. 우리는 갈등과 분노로 상처받은 가정에서 자랄 수도 있고, 지나치게 비판적이거나 비현실적인 기대를 거는 가정에서 자랄 수도 있다. 시험 점수가 형편없을 수도 있고, '맞지 않는' 대학에 들어갈 수도 있고, '맞지 않는' 학위를 받을 수도 있다. 오늘날의 문화는 빠른 길에서 이탈하면 대가를 치르게 될 것이라고 경고한다. 규범에 어긋나는 일을 하면 비판을 받게 될 것이라고 말이다. 조기 성공으로 향하는 컨베이어 벨트에서 떨어질 경우 맨 먼저 멍과 상처를 보게 되는 것이다.

마지막으로, 많은 레이트 블루머들은 이혼이든 질병이든, 아니면 배우자의 죽음이든 반갑지 않은 삶의 변화들을 겪게 된다. 그 결과, 마음이 무너져 내릴 수도 있다. 우리는 자녀를 돌봐야 할 의무가 있고 노인 부양 문제가 있으며 예상치 않은 건강 문제를 겪기도 한다. 아니면 삶이 너무 힘겨워 직장 생활을 중단해야 할 수도 있다. 이런 일들은 그 여파가 엄청나다. 여성들은 임신과 육아, 그리고 다른 가정일 등 전문가들이 말하는 이른바 '경쟁적으로 시급한 일들' 때문에 자기 회의에 빠지는 경우가 많다. 이런 시급한 일들 때문에 여성들은 취업과 승진 등에서 뒤처지게 되고, 비상한 교육 접근 방식을 택해야 하며, 사회생활에서 예상보다 늦은 나이에 성공에 다다른다. 게다가 이런 요인들 때문에 자신은 별 진전이 없는데 대학 시절 친구들이나 전직 동료들은 잘나갈 때 자기 회의에 빠질 수 있다.

여기서 잠깐 생각 좀 해보자. 성공으로 향하는 우리 레이트 블루머들의 길은 어쩔 수 없이 남다르다. 그런데 우리 레이트 블루머들은 이런 사실을 받아들이지 못하고 우리의 능력과 기여도를 과소평가함으로써 불리한 상태에서 시작하는 경우가 많다. 그리고 이런 종류의 자기 회의에서 장애나 공황 또는 마비 같은 다른 여러 문제가 생겨나기도 한다. 그런데 자기 회의에서 비롯되는 장기적인 폐해는 이 같은 초기의 문제보다 훨씬 더 심각하다. 가만히 내버려두면 자기 회의가 평생 아주 소극적인 태도와 자기 태만으로 이어진다. 자기 회의를 제대로 다루지 못하면 우리 자신의 잠재력을 온전히 발휘할 수 없게 되는 것이다.

이건 나쁜 소식이다.

그렇다면 좋은 소식은?

좋은 소식은, 이상하게 들릴지 모르지만 자기 회의가 실은 자신을 꽃피우는 비밀 무기라는 것이다. 제대로 다룬다면, 자기 회의는 다양한 정보와 동기의 원천이 된다. 그 결과, 우리로 하여금 현실에 안주하지 않고 모든 일에 보다 잘 대비해 더 좋은 성과를 거두게 해준다. 또한 모든 결과에 의문을 갖게 해주며 새로운 전략들을 실험하게 해주고, 또 언제든 문제 해결 방식을 바꿀 수 있게 해준다. 그리고 이 모든 전략들은 호기심, 회복력 같은 레이트 블루머들의 장점들과 관련이 있다. 그런데 자기 회의는 성과만 높여주는 게 아니다. 자기 회의를 통해 보다 현명한 리더, 보다 현명한 교사, 보다 현명한 부모, 보다 현명한 친구가 될 수 있다. 또한 자기 회의를 잘 다루면 우리는 더욱 큰 연민을 갖게 되며, 우리 자신과 다른 사람들에 대해 더욱 큰 통찰력을 갖게 된다.

이 모든 것의 열쇠는 자기 회의를 다양한 정보와 동기로 바꿀 수 있는 능력이다. 이 연금술 같은 일은 우연히 일어나지 않는다. 레이트 블루머들은 몇 가지 다른 기법들을 활용해 이처럼 인지된 약점을 힘의 원천으로 바꿀 수 있어야 한다. 어쩔 수 없이 생겨나는 자기 회의를 다루는 법을 배워야 한다. 자기 회의를 다루는 최선의 전략은 연민을 바탕에 깔고 솔직해지는 것이다.

우리는 우리 자신의 자기 회의를 인정하고 그것을 더 건강하고 건설적인 방향으로 돌리는 법을 배워야 한다. 또 자기 회의를 있는 그대로, 그러니까 더도 말고 덜도 말고 정보로 보는 법을 배워야 한다. 문자 그대로 정보로 보게 될 경우, 자기 회의는 평생의 적에서 믿을 만한 조언가로 변하며, 그래서 우리가 목표에 도달하고 활짝 꽃피는 데 도움을 줄 수 있다.

그렇다면 자기 회의, 그러니까 영어로 self-doubt은 정확히 어떤 걸까? doubt이란 단어는 '망설이다' 또는 '불확실하다'라는 뜻의 라틴어 dubitare에서 왔다. 진화론적 관점에서 보면 회의 또는 의심은 좋은 것이다.[1] 생존 방법으로 모든 인간들 안에 심어졌다. 우리의 조상들은 거친 강을 건너기로 마음먹기 전에 머뭇거리며 망

레이트 블루머

설였다. 그리고 그런 의심이 그들이 살아남는 데 일조했다. 오늘날 우리는 사기꾼 같아 보이는 사람한테 투자할 때 머뭇거리며 망설인다. 좋은 일이다. 위험한 상황이나 애매한 제안에 회의하는 것은 살아남는 데 필요한 특성이다. 의심 또는 회의는 우리 인간의 발전에 꼭 필요한 특성인 것이다.

결국 자기 회의는 자신의 능력을 확신하지 못하는 데에서 비롯된다.[2] 자신과 자신의 능력과 결정에 자신이 없는 것이다. 이는 좋은 일일 수 있으며, 그 덕에 자신의 능력들에 대해 의문을 제기할 수도 있다. 그러나 자기 회의가 심할 경우, 우리는 계속 망설이며 확신하지 못해 기회를 못 잡고 우리 자신의 잠재력만 낭비하게 될 수도 있다. 그리고 병적으로 모든 것을 비교하고 등급을 매기는 우리의 문화적 집착 때문에 희망을 가지고 살아가는 많은 레이트 블루머들이 지금 자기 회의에 빠져 괴로워하고 있다. 또한 레이트 블루머들은 따를 수 없는, 아니면 아예 따르려 하지 않는 기준들에 발목이 잡혀서 자기 자신만의 독특한 능력들을 과소평가하고 있다.

그럼 대부분의 사람들은 자기 회의 문제를 어떻게 해결할까? 늘 그렇게 잘 해결하는 것은 아니다. 많은 사람들이 성공할 수 있는 기회를 맞고서도 '자기 불구화self-hadicapping(실패의 구실을 만들기 위해 최대한의 노력을 하지 않는 것-옮긴이)' 전략을 써서 스스로 그 기회를 날려버린다. 자신의 능력을 제대로 테스트해보기도 전에 마음속으로 미리 장애물을 만드는 것이다. 그래서 설사 실패한다 해도, 바로 그 실패를 다음과 같이 합리화하면서 자신의 재능과 능력에 대한 스스로의 믿음을 지킬 수 있다. '아, 이 중요한 테스트를 앞두고 전날 밤 술을 너무 많이 마셨어. 그래서 실력을 제대로 발휘할 수 없었던 거야.' 뭔가를 미루는 것은 레이트 블루머들이 미리 실패의 구실을 만들 때 가장 흔히 쓰는 방법들 중 하나다. '막판까지 이력서를 제대로 쓰지 못했어. 그래서 취업을 못 한 거야.' 또는 '상사 때문에 쓸데없이 바쁜 일들을 처리하느라 시간을 다 써서 중요한 프레젠테이션을 준비할 수가 없었어. 그러니 망칠 수밖에. 시간이 하루 이틀만 더 있었다면 제대로 할 수 있었을 텐데.'

분명히 말하지만, 자기 불구화 전략을 쓰는 것은 단순히 핑계를 대는 것이 아니다.[3] 그런 사람들은 자신의 결점들을 직시하는 게 싫어서 그걸 피하려고 스스로 제 무덤을 판다. 툭하면 약속 시간에 늦는 것, 남들 얘기하기 좋아하는 것, 세세한 것까지 신경 쓰는 것, 수동적 공격 성향의 행동을 하는 것, 완벽주의자가 되려 하는 것 등등 소소하면서도 미묘한 나쁜 습관들이 바로 자기 불구화 전략에서 나오는 행동들이다. 우리는 미리 실패의 구실을 만들어 스스로 문제를 키우는 자신의 이런 행동들을 알아채지 못할 수도 있다. 아니면 그런 행동들을 장점으로 잘못 인식할 수도 있다. 그러나 사실 이런 행동들은 우리가 스스로 꽃피는 것을 방해하는 경우가 많다.

게다가 자기 불구화 전략은 심리학자들이 말하는 이른바 '내일 환상tomorrow fantasy'에서 비롯되는 경우가 많다. 내일 환상은 내일,

그러니까 나중에 상황이 좋아지면 전심전력을 다 할 수 있을 것이라는 환상이다. 상황만 좋으면 그야말로 최선을 다할 수 있을 것이고, 물론 그렇게 되면 성공도 할 수 있으리라는 것이다. '이 프로젝트는 별 관심이 없어. 하지만 뭔가 열정을 태울 만한 일이라면 정말 열심히 할 거야. 그럼 사람들도 내 진짜 능력을 알아주겠지.' 이런 환상 때문에 우리는 어떤 일에 우리 자신의 능력을 다 쏟아붓지 않으려 한다. 미리 실패의 구실을 만드는 이런 행동은 나약한 우리의 에고에 안심 담요security blanket(아이들이 안도감을 얻기 위해 껴안는 담요-옮긴이) 역할을 해주지만, 그 대가로 진정한 성공을 맛보지 못하게 만든다.

어떤 레이트 블루머들은 오히려 문제를 키우는 또 다른 형태의 자기합리화인 이른바 '타인 증대other enhancement'[14] 전략으로 자기 회의 문제를 해결한다. 타인 증대 전략에서는 얼리 블루머들이 성공하는 것은 더 많은 재능과 더 뛰어난 외모를 갖고 태어났기 때문이라며 타인들을 과대평가한다. 태어날 때부터 재능과 외모가 눈에 띌 정도로 뛰어나서 성공할 수밖에 없다는 것이다. '그녀는 SAT 만점이고 자신감도 차고 넘쳐. 그러니 내게 기회가 오겠어? 나는 절대로 그녀처럼 될 수 없어.' 또는 '그건 순전히 저 친구가 젊고 잘생겼기 때문이야. 본래 외모가 출중한 판매원들만 승진되잖아.'

이렇게 우리는 다른 사람들의 성공을 그들의 타고난 재능과 외모 등으로 이유를 대고, 우리 자신의 재능과 능력은 과소평가한다. 그러니까 다른 사람들은 태어날 때부터 우월하며, 따라서 더 나은 삶을 살 수밖에 없다는 것이다. 게다가 이런 믿음은 조기 성취에 대한 우리 사회의 집착 때문에 한층 커진다. 우리 사회가 지나치게 얼리 블루머들을 높이 편애하는 상황에서 나머지 사람들이 스스로를 가치 있는 사람으로 여기기란 어렵다.

마지막으로, 어쩌면 이것이 가장 중요할지도 모르지만, 레이트 블루머들은 자기 회의의 문제를 해결하기 위해 또 다른 흔한 전략인 '고정관념 위협stereotype threat[5]'을 취한다. 쉽게 말해 어떤 일들은 아무리 열심히 노력해도 절대 잘할 수 없다고 스스로를 설득함으로써 자신의 능력에 대해 부정적인 고정관념을 내면화하는 것이다. 예를 들어 레이트 블루머들은 정해진 교육 목표에 미달되는 경우가 많으며, 그래서 자신의 학습 능력과 관련해 다음과 같은 부정적인 고정관념을 갖게 된다. '넌 학교에서 절대로 두각을 나타내지 못할 거야.' 또는 '넌 정말 야심이 없어.'

이런 종류의 부정적인 고정관념들에 노출되다 보면, 우리는 그것들을 그대로 믿게 되고, 또 그것들을 특정 주제나 도전, 심지어 사회 경력을 피하는 구실로 삼는다. 예를 들어 우리는 스스로를 '수학에 약한 사람' 또는 '부족한 리더'로 보게 될 수도 있다. 그러고는 그런 고정관념이 틀렸음을 입증하려 애쓰는 것이 아니라, 수학과 관련이 있거나 사람 관리가 필요한 상황을 피하려 한다. 어떤 기술을 발전시키거나 자신의 진정한 능력을 테스트해볼 기회도 갖기 전에 먼저 포기를 해버린다. 이런 식으로 고정관념 위협 전략은 자신을 지켜주기도 하지만 스스로를 제약하는 전략이기도 하다.

당신도 혹시 이렇게 문제만 키울 뿐 아무런 도움이 안 되는 자기 회의 문제 해결 전략들을 쓰고 있지는 않은가? 나는 그렇다. 그리고 일부 레이트 블루머들도 그런 전략들을 쓰면서 스스로 자기 발목을 잡고 있다고 확신한다. 물론 이런 전략들이 자기 회의 문제를 해결하기 위한 유일한 심리학적 접근 방식은 아니다. 하지만 얼리 블루머들에 대한 사회의 편애로 소외감을 느끼는 대부분의 사람들이 실망감과 실패의 아픔에서 자신을 지키기 위해 사용하는 전략들이다.[6] 그러나 기죽지 말라. 이런 전략들은 자기 회의의 진정한 가치를 아는 데 조금 방해가 되는 소소한 장애물들에 지나지 않는다.

$$* \ * \ *$$

잠깐 이런 상상을 해보라. 당신이 미국 드라마 〈빅뱅 이론The Big Bang Theory〉에 나오는 쉘든이나 레너드처럼 뛰어난 물리학자라고. 당신은 그동안 원자 입자들을 분석해왔으며, 끈 이론string theory(만물의 최소 단위가 점 입자가 아니라 '진동하는 끈'이라는 물리 이론-옮긴이)을 풀었고, 우주의 신비들을 연구해왔다. 그동안 영향력 있는 논문들을 수백 편이나 발표했다. 또한 당신은 명문대의 종신 교수이며, 학생들과 동료들, 가족들, 그리고 친구들에게 뛰어난 물리학자로 인정받고 있다. 그야말로 세상에서 가장 존경받는 지성인들 중 한 사람인 것이다.

그런 당신도 과연 자기 회의감에 빠질까? 안 그럴 것 같지 않은가?

틀렸다.

2005년에 사회학자 조셉 헤르마노비츠Joseph Hermanovicz는 사실은 그 반대라는 것을 알아냈다. 세상에서 가장 똑똑하고 가장 많은 것을 성취한 물리학자들이, 다시 말해 현실 세계의 쉘든이나 레너드들이 자기 회의가 많았던 것이다.[7] 실제로 더 많은 것을 성취한 물리학자들이 오히려 자기 회의가 더 많다는 사실을 인정했다.

헤르마노비츠는 가장 뛰어난 물리학자들과 자기 자신에 대한 그들의 평가를 조사했다. 그 물리학자들은 그동안 공신력 있는 학술지에 영향력 있는 논문을 100편 이상씩 발표했고, 동료 물리학자들에 의해 수천 차례 언급되고 있었으며, 명문대에서 종신 교수직을 맡고 있었다. 처음에 헤르마노비츠는 이렇게 성공한 물리학자들이라면 자기 회의가 줄어들 것으로 생각했다. 어쨌든 세상에서 가장 성공한 물리학자들 아닌가. 그러나 조사 결과는 그렇지 않았다.

한 물리학자는 이렇게 인정했다. "제안이 두세 차례 연이어 거부되면, 더 이상 기대한 것만큼 일을 해내지 못하고 있는 게 아닌지 또는 나 자신의 아이디어가 잘못된 게 아닌지 불안감이 듭니다."[8] 또 다른 물리학자는 이렇게 속마음을 털어놓았다. "나는 늘 나 자신에 대한 회의가 있어요. 무슨 일을 하든 늘 내가 아직 준비

레이트 블루머

가 안 됐고 그 일을 할 자격도 안 되는 것 아닌가 하는 불안감에 빠지곤 해요. 불안은…… 많은 사람들을 흔들리게 하죠." 또 다른 물리학자는 이렇게 말했다. "늘 이런 게 있어요. 내가 얼마나 잘하는가 하는 회의감, 내가 제대로 해낼 능력이 되나 하는 회의감 같은 것들이죠."

자, 잠깐 생각해보자. 심지어 세상에서 가장 뛰어난 물리학자들도 수시로 이런 자문들을 한다. '내가 제대로 잘하고 있나?' 또는 '내가 성공할 수 있을까?' 또는 '내가 성공하는 데 필요한 것들을 갖추고 있나?' 그들이 워낙 많은 것을 성취했고 사람들에게 인정도 많이 받고 있어서 자신감에 넘치리라 생각하기 쉽다. 그러나 어떤가? 그들의 말을 들어보면 이렇듯 현실은 다르다.

그래서 무엇보다 먼저 제대로 알고 있어야 할 게 있다. 바로 '우리는 전부 다 자기 회의를 갖고 있다'는 것이다. 아무리 큰 성공을 거둔 사람이라 해도 마찬가지다. 물론 자기 회의감은 아직 꽃피지 못한 사람들의 경우에 더 통렬할 수 있겠지만, 그렇다고 해서 그 사람들이 뭐가 잘못됐다거나, 특히 비정상적이라는 뜻은 아니다. 자기 회의를 갖는 것은 정상이다. 따라서 자기 회의를 가진 사람이 나나 당신뿐이라고 믿는다면, 그건 잘못된 생각이다.

혹자는 아카데미상을 여러 차례 수상한 영화배우 메릴 스트립 Meryl Streep은 자기 회의가 없으리라 생각할 것이다. 그러나 그녀는 바로 자신이 불안감에 휩싸여 지낸다는 걸 인정했다. "제 자신에게 이렇게 말하곤 하죠. '연기를 어떻게 해야 할지 모르겠어. 그런데 왜 사람들은 스크린을 통해 나를 보고 싶어 하지?'"[9] 그녀가 언젠가 〈오프라매거진〉과의 인터뷰에서 탄식하듯 한 말이다. 퓰리처상 수상 작가 마야 안젤루Maya Angelou에서부터 인기 있는 뮤지션들, 세계적으로 유명한 뇌 전문 외과의들, 심지어 가장 똑똑하고 창의적인 사람들조차 결국에는 누군가가 커튼을 젖혀 자신이 얼마나 재능 없고 가치 없는 인간인지 폭로할 것이라는 두려운 느낌에서 자유롭지 못하다. 마야 안젤루는 언젠가 이렇게 털어놓은 적이 있다. "나는 그간 열한 권의 책을 썼는데요. 매번 이런 생각을 해요. '아, 사람들이 이번엔 아마 눈치챌 거야. 그러니까 모든 사람을 상대로 게임을 하고 있는 건데, 결국 사람들이 알게 되겠죠."[10]

건강한 사람들은 모두 자기 회의에 빠지곤 한다. 어떤 레이트 블루머들은 자기 회의가 자신들만 걸머진 짐이라고 느낄지 모르지만, 사실 각계각층의 사람들이 다 겪는 보편적인 특징이다. 그리고 진화론적 관점에서 볼 때, 자기 회의는 실제로 유용하다. 우리에게 경각심을 주고 동기를 부여하기 때문이다. 그러나 자기 회의가 심해지게 방치한 채 자기 불구화나 타인 과대평가 같은 전략들에 의존하려 한다면 자기 회의는 해로울 수 있다.[11] 다만 많은 연구 결과들에서 보듯, 약간의 자기 회의는 더 나은 성과, 더 많은 성취로 이어질 수 있다. 그렇다. 자기 회의는 더 나은 성과로 이어진다. 골프, 줄넘기, 권총 사격, 학교 시험, 성과 분석용 과제 수행 등과 관련된 연구들에 따르면, 적절한 자기 회의는 더 나은 성과를 올리는

레이트 블루머

데 오히려 도움이 된다. 이는 자기 회의에 빠진 사람들이 어떤 일을 준비하고 행하는 과정에서 노력을 더 많이 쏟기 때문이다. 스포츠 분야와 학업 분야에서 자기 회의에 빠진 사람들은 준비 과정에 더 많은 노력을 쏟고 더 많은 인지 노력을 투자한다. 또한 자기 회의에 빠질 때 잘만 처신한다면 현실 안주를 막을 수도 있다.

이 모든 것들은 우리 레이트 블루머들에게 아주 고무적인 소식이다. 우리 사회는 늘 레이트 블루머들보다 얼리 블루머들을 편애했다. 그 때문에 우리 레이트 블루머들은 자기 회의에 빠지기 시작했고, 이제 많은 레이트 블루머들이 자기 회의에 푹 빠져 있다. 이미 꽃핀 사람들과 아직 꽃피길 기다리는 사람들의 차이는 다음과 같다. 이미 꽃핀 사람들은 자기 회의가 자신의 발목을 잡게 내버려두지 않는다는 것이다. 그보다는 자기 회의를 이용해 자신을 발전시킨다. 직관에 반하는 얘기처럼 들리리라는 걸 잘 안다. 하지만 사실이 그렇다.

* * *

앞서 4장에서 나는 레이트 블루머였던 유명한 미식축구 코치 빌 월시의 통찰력에 찬사를 보냈었다. 〈포브스〉지 시절 초기에 나는 월시에게 〈포브스ASAP〉에 칼럼을 하나 써달라고 부탁했다. 그는 당시 막 스탠퍼드대학교 미식축구 팀 코치로 되돌아온 상태였다. 그 전에 그는 NFL 역사상 최악의 기록을 올리고 있던 샌프란시스코 포티나이너스 팀을 맡아 단 3년 만에 슈퍼볼 우승 팀으로 탈바꿈시켰었다. 샌프란시스코 포티나이너스는 월시가 코치로 있는 동안 두 차례 더 슈퍼볼 우승을 차지했고, 그가 떠난 뒤에도 두 차례 더 슈퍼볼 우승을 차지했다. 그는 자타가 공인하는 당대 최고의 미식축구 코치였다. 월시를 비판하는 사람들조차 '웨스트코스트 공격'의 주창자인 그가 미식축구 분야 최고의 혁신가였다는 사실을 인정했었다. 나는 스탠퍼드대학교 사무실로 그를 찾아갔고, 거기에서 한 시간 동안 메모를 하며 얘기를 나눴다.

빌 월시를 처음 만나기 전에 나는 그를 군 장성처럼 강직하고 자신감 넘치는 사람으로 예상했었다. 엄청난 성공을 거둔 전설적인 코치답게 말이다. 그러나 얼핏 보기에 그는 그와 정반대였다. 월시는 벌어진 상처처럼 자기 회의감을 드러냈다. 그는 내내 앉은 자세를 바꾸었고 자신이 한 말을 수정했으며 이런저런 사실들을 확인하려고 책들로 가득 찬 서가로 달려가곤 했다. 그는 위대한 미식축구 코치가 아니라 신경증 환자 교수 같았다.

그러나 대화를 나누다 보니 이 위대한 코치의 또 다른 놀라운 모습이 보였다. 월시는 코치로서의 자신의 발전 과정을 겸손한 모습으로 얘기해주었다. 그는 자신이 늘 배우고 늘 실험하고 늘 자기 회의감과 싸운다고 했다.

어느 날 나는 월시에게 성공하는 데 자신감이 어떤 역할을 했는지 물었다. 그는 코웃음 치듯 이렇게 말했다. "자신감이요? 그간 코치 일을 해오면서 허세와 자신감으로 똘똘 뭉친 선수들을 많이 접했어요. 자신감이 있으면 출발이 빠르죠. 자신감이 있으면 첫 직장도 잘 잡고, 이후 두 차례 정도는 승진도 잘합니다. 하지만 자신감 때문에 배우는 걸 멈추죠. 그리고 얼마 뒤 우스꽝스러워집니다. 코치 일을 해오면서 그간 자신감 넘치는 허풍쟁이들을 정말 수도 없이 봐왔지만, 그들 중에 마흔 살이 넘도록 잘나가는 사람은 본 적이 없어요."

월시는 46세가 되어서야 처음으로 제대로 된 수석 코치 일을 했으며, 48세가 되어서야 처음으로 전문적인 수석 코치가 되었다. 그리고 출발이 늦었음에도 모든 시대를 통틀어 가장 위대한 코치들 중 한 사람으로 이름을 새겼다. 그는 코치 일을 하면서 특정 선수를 드래프트할 것인지 말 것인지 또는 아주 중요한 경기에서 위험한 플레이 콜을 할 것인지 말 것인지 등의 문제를 놓고 자기 회의감을 억누르려 한 적이 없다. 그는 자기 회의감을 이용해 실험하고 재평가하고 또다시 실험하고 재평가하고 그랬다.

내가 보기에 월시는 사람이 자기 회의를 어떻게 다뤄야 하는지 보여주는 좋은 본보기다. 그는 자기 회의를 활용해 성과를 올리고 끊임없이 뭔가를 개선했다. 내가 하고 싶은 말도 바로 그런 것이다. 스스로 꽃피려면 자기 회의를 두려워할 게 아니라 오히려 성장하고 성과를 높이는 자연스러운 기회로 받아들이는 법을 배워야 한다. 그렇지만 어떻게 해야 할까?

자기 회의를 활용할 수 있는 비결은 심리학자들이 말하는 '자기 효능감'을 가지고 자기 자신을 믿는 것에서 시작된다. 그리고 자기 효능감을 이해하려면, 먼저 미국의 심리학자 앨버트 밴듀라Albert Bandura 얘기부터 시작해야 한다.

＊＊＊

심리학 분야에서 앨버트 밴듀라는 거인이다.[12] 그러나 당신이 심리학 분야를 면밀히 살펴보지 않는다면 그의 이름을 모를 수도 있다. 2002년에 밴듀라는 그의 저서《일반 심리학 비평Review of General Psychology》덕에 역사상 네 번째로 중요한 심리학자로 선정됐다. 밴듀라보다 앞에 이름을 올린 심리학자는 B. F. 스키너B. F. Skinner, 장 피아제Jean Piaget, 지그문트 프로이트뿐이었다. 밴듀라가 그런 위치에 오른 것은 '자기 효능감 이론' 덕분이었는데, 이때 자기 효능감이란 자신이 착수한 일을 제대로 수행할 수 있는 능력에 대한 개인의 자신감을 뜻한다.

　밴듀라는 1925년 바람이 거세게 부는 캐나다 앨버타주 북서부 평원의 한 조그만 마을에서 6남매 중 막내로 태어났다. 그는 어린 시절에 교사가 두 명뿐인 조그만 학교에서 교육을 받았다. 그의 말에 따르면, 교육 자원이 워낙 한정되어 있어 학생들은 수업에 필요한 교육 자료들을 스스로 구해야 했다.[13] 모든 걸 자급자족해야 했던 어린 밴듀라는 대부분의 교과서 내용은 소멸될 수 있지만, 자기 지향성을 가진 자료들은 오랜 시간 쓸 수 있다는 사실을 깨달았다.[14] 그는 이렇게 어린 시절에 캐나다 시골 지역의 열악한 교육 환경 속에서 자신의 교육을 스스로 책임졌고, 이는 훗날 '자기 지시 능력self-direction(수립된 목표에 도달하는 방법을 계획하고 그 과정을 점검함으로써 목표에 효과적으로 도달하도록 하는 자기 주도 능력-옮긴이)'과 '개인 대행personal agency(자신의 삶을 형성해 나가는 데 영향을 줄 수 있는 주체적 능력에 대한 자기 인식-옮긴이)'을 중시하는 그의 철학에까지 영향을 주었다.

밴듀라는 본래 생물과학을 전공할 목적으로 브리티시컬럼비아대학교에 입학했다. 그는 밤에 일을 했고 이른 아침에는 다른 학생들과 함께 통학을 했다. 어느 학기에 그들은 수업이 시작하기 전에 학교에 도착하곤 해서 어떻게든 시간을 보내야 했다. 그는 당시의 일을 이렇게 회상한다. "어느 날 아침 도서관에서 시간을 보내고 있었어요. 누군가가 깜빡 잊고 반납하지 않고 간 수강 신청 편람을 본 나는 이른 아침 비는 시간을 때워줄 과정을 찾기 위해 편람을 빠른 속도로 훑어봤어요. 그러다 철학 과정이 시간 때우는 데 적격이라는 걸 깨달았죠. 그런데 그 심리학 과정에 관심이 갔고, 결국 그게 이후 제 분야가 된 겁니다."[15]

밴듀라는 3년 만에 학위를 땄고, 그 뒤 아이오와대학교 대학원으로 진학했다. 거기서 철학 박사 학위를 딴 그는 스탠퍼드대학교에서 자리를 제안받아 1953년부터 그곳에서 일하기 시작했다. 그리고 지금까지 스탠퍼드대학교에 재직 중이다.

1977년에 발표한 그의 논문 〈자기 효능감: 행동 변화의 통합된 이론을 향해Self-Efficacy: Toward a Unifying Theory of Behavioral Change〉는

전 세계의 이목을 집중시키며 심리학 분야에 엄청난 변화를 가져왔다.[16] 그리고 그 이후 자기 효능감은 심리학 분야에서 가장 많은 연구가 이루어진 주제들 중 하나가 되었다. 그런데 자기 효능감이란 정확히 어떤 것일까?

밴듀라는 자기 효능감을 "다양한 일들을 성공적으로 해내기 위해 필요한 전략들을 개발할 수 있는 능력이 자신한테 있다는 믿음 내지 자신감"이라고 정의한다. 그러니까 자기 효능감이란 시험을 치른다거나 사업을 시작한다거나 판매를 성사시킨다거나 연설을 한다거나 마라톤을 완주한다거나 하는 특정한 일들을 잘 해낼 수 있는 자신의 능력에 대한 믿음이다. 자기 효능감은 높을수록 좋은데, 스스로 원하는 결과를 만들어낼 수 있다는 믿음이 없을 경우, 우선 뭔가를 시도하고 싶어도 동기부여가 안 되고 어려운 일들이 생길 때 참고 견딜 수가 없기 때문이다.

지난 몇십 년간 사람들은 수십 건의 연구를 통해 학업, 직장 내 발전, 직장 내 성공에서 자기 효능감이 하는 역할을 조사했다.[17] 여러 분야에 걸친 종단 연구들에 따르면, 높은 자기 효능감은 급여 수준, 직업 만족도, 직장 내 성공에 긍정적인 영향을 준다고 한다. 그동안 자기 효능감은 공포증, 우울증, 사회성 기술들, 자기주장, 흡연 중독, 통증 조절, 건강, 체육 성과 등 다양한 분야에서 연구되고 검증돼왔다. 자기 효능감은 왜 이렇게 중요한 걸까?

사실 대부분의 사람들이 자신이 달성하고자 하는 목표와 고치고자 하는 습관들을 찾아내는 게 가능하다. 그러나 또 대부분의 사

레이트 블루머

람들이 그런 계획을 실행에 옮기기가 그리 쉽지 않다는 것을 안다. 밴듀라를 비롯한 전문가들에 따르면, 우리의 자기 효능감은 우리가 목표와 도전 과제들에 접근하는 데 중요한 역할을 한다. 레이트 블루머들의 경우 특히 더 그렇다. 우리 사회가 조기 성취에 워낙 집착한 나머지 우리 레이트 블루머들은 강력한 자기 효능감의 중요한 두 가지 원천인 '성공 경험mastery experiences'과 '사회적 모델링social modeling'를 스스로 거부하는 경우가 많기 때문이다.[18]

예를 들어 자기 반 또는 어떤 시험에서 1등을 하거나 스포츠에서 두각을 나타내거나 취업 면접에서 좋은 점수를 받는 것 등이 다 자기 효능감을 높여주는 성공 경험이다. 그러나 많은 레이트 블루머들은 이런 종류의 경험을 잘 하지 못한다. 사회가 만들어놓은 틀에 잘 맞지 않아 특정 기준들을 충족시키지 못하는 경우가 많기 때문이다. 우리 레이트 블루머들은 시험에서 높은 점수를 내지 못하고 기대했던 승진도 하지 못하며 다른 문화적인 기대치들에 미치지 못할 수 있다. 그래서 우리는 사회적으로 칭찬을 받을 만한 결과들을 내놓지 못하며, 그 결과 얼리 블루머들처럼 자기 효능감을 높이지도 못한다.

자기 효능감의 또 다른 원천인 사회적 모델링이란 우리 자신과 비슷한 사람들이 성공하는 모습을 보면서 우리 역시 성공할 능력이 있다는 믿음을 키우는 것이다. 그런데 불행히도 레이트 블루머들의 성공담은 사람들한테 별로 관심을 받지 못한다. 사람들은 어린 나이에 재능을 십분 발휘하고 야심도 큰 얼리 블루머들에게 지나칠 정도로 많은 관심을 쏟는다. 그래서 레이트 블루머들은 대개 사회적 모델에서 제외된다. 레이트 블루머들은 이처럼 롤 모델이 없어서 자기 효능감을 높이지 못한다.

자기 회의감과 자기 효능감은 같은 것이 아니며, 아주 중요한 차이가 있다. 자기 효능감이 강한 사람들은 다양한 도전 과제를 그저 해결해야 할 일 정도로 본다. 그들은 메릴 스트립처럼 일반적인 자기 회의감 같은 것을 느낄 수도 있다. 그러나 그럼에도 그들은 앞으로 밀고 나간다. 그들은 자신이 관여하는 활동들에 더 큰 관심을 보이게 되고, 활동에 더 매진하면서 그 관심을 키운다. 또한 차질이 생기거나 좌절을 맛봐도 더 빨리 기운을 낸다. 반면에 자기 효능감이 약한 사람들은 힘든 일에 도전하기를 꺼리며, 자신의 능력으로는 그 일들을 해낼 수 없다고 믿는다. 그들은 개인적 실패와 부정적인 결과에 집착하는 경향이 있으며, 그 결과 자신의 능력에 자신감을 갖지 못한다.

다시 말해, 자기 회의감은 있어도 무방하다. 그러나 자기 효능감이 없으면 문제가 된다. 아니, 단순히 문제가 되는 정도가 아니다. 자기 효능감은 우리가 배우고 일하고 사랑하고 살아가는 방식 등등 삶의 거의 모든 측면들에 영향을 주기 때문이다. 레이트 블루머들의 경우, 강한 효능감, 아니면 적어도 보다 강한 자기 효능감을 갖고 있으면, 이런저런 사회규범들에 저항하고 다른 길을 통해 성공으로 나아가고 우리 주변 사람들의 성공에도 응원을 보낼 수 있게 된다.

스스로를 꽃피우려면 보다 강한 자기 효능감을 키워나가야 한다. 그렇다. 강한 자기 효능감을 갖고 있으면서 여전히 자기 회의감(때로는 아주 강한 자기 회의감)을 느낄 수도 있지만, 그럼에도 우리는 개인 대행에 대한 믿음, 그러니까 자기 회의감 속에서도 의미 있는 행동을 할 수 있다는 믿음을 유지할 수 있다. 그리고 이런 믿음이야말로 자기 회의감을 동기와 정보로 변화시킬 때 그 토대가 된다.

다행히도 우리는 우리 모두가 이미 하고 있는 일, 즉 대화를 통해 우리의 자기 효능감을 개선할 수 있다.

언어는 인류의 대표적인 특징이다. 언어 덕분에 우리는 서로 깊은 인간관계를 맺고 복잡한 사회들을 만들 수도 있다. 언어 덕분에 다른 사람들을 가르칠 수도 있고 다른 사람들에게 배울 수도 있다. 그런데 우리는 혼자 있을 때에도 언어를 사용한다. 좋은 상황에서든 나쁜 상황에서든 자기 자신과 대화를 하는 것이다. 그것은 우리 머릿속에서 오가는 작은 목소리다. 그것은 우리 내면의 치어리더이며 우리 내면의 비판자다. 심리학자들과 연구자들은 이 작은 목소리를 '자기 대화self-talk'라고 한다.[19]

자기 대화는 우리와 우리 자신과의 관계에 영향을 준다. 우리는 자기 대화를 통해 우리의 경험들과 거리를 둔 채 우리 자신의 삶을 되돌아볼 수 있다. 우리가 자기 대화를 하는 것은 어떤 의미에서 사물을 좀 더 객관적으로 보려 하는 것이다. 지나칠 정도로 공공연히 얼리 블루머들을 편애하는 세상에서, 이런 객관성은 레이트 블루머들의 입장에서는 엄청난 도움이 될 수 있다. 그러니까 우리 레이트 블루머들이 가족과 친구들과 사회에서 받는 부정적인 메시지들을 극복하는 데 큰 도움이 될 수 있다는 뜻이다.

자기 대화는 이따금 기이한 버릇처럼 보이기도 하지만, 연구 결과에 따르면 인지능력과 행동과 성과에 영향을 줄 수 있다고 한다. 긍정적인 자기 대화는 우리 자신의 감정과 생각과 에너지를 통제할 수 있게 해주어 성과를 높일 수 있다. 또한 우리의 자신감을 올려주어, 통합하고 조종하는 능력을 향상하고 집중력도 키워준다. 어린이 책《넌 할 수 있어, 꼬마 기관차》에서처럼 속으로 '난 할 수 있어. 난 할 수 있어' 같은 말을 되뇌면, 실제로 자기 회의가 줄고 자기 효능감은 늘며 현실 세계에서의 성과가 향상된다. 진부하게 들릴 수도 있겠지만, 긍정적인 자기 대화의 말들로써 우리 자신에게 동기부여를 해줄 수 있다.

긍정적인 자기 대화와 자기 효능감과의 관계는 그간 스포츠심리학 전문가들이 집중적으로 연구해온 주제다. 그리스 테살리아대학교의 안토니스 하치게오르기아디스Antonis Hatzigeorgiadis 교수와 그의 연구 팀은 수구 선수들에 대해, 그리고 자기 대화가 공을 정확히 멀리 던지는 그들의 능력에 어떤 영향을 주는지에 대해 연구했다. 다음 그래프들이 바로 그 연구 결과를 보여준다.

레이트 블루머

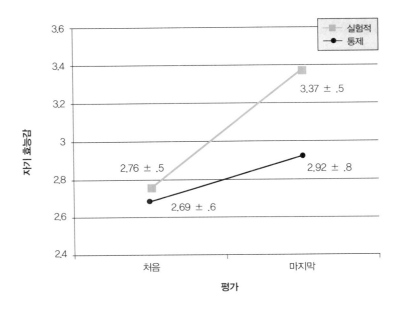

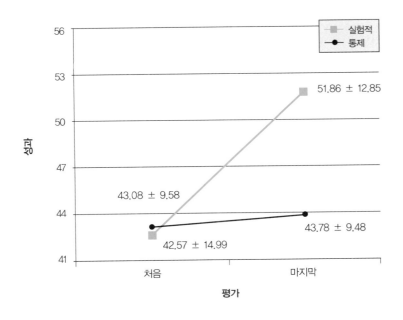

연구 결과에 따르면, 동기부여를 해주는 자기 대화는 대체로 자기 효능감과 성과를 눈에 띄게 올려주었다.[20] 연구 결과는 또 자기 효능감이 높아지면 성과도 향상된다는 밴듀라의 전제가 옳았음도 입증해주었다.

특정 일에 대한 우리의 능력이 어느 정도이든, 자기 대화는 우리 모두의 자기 효능감과 성과를 높이는 데 도움이 될 수 있다. 자기 대화의 힘은 그간 스포츠 분야 이외에 경영, 카운슬링, 심리학, 교육, 커뮤니케이션 등 많은 분야에서 입증되었다.[21] 또한 자기 대화는 다트 던지기, 소프트볼 경기, 핸드볼 경기, 높이뛰기 등 다양한 분야에서 자기 효능감과 성과를 높여준다. 고군분투 중인 젊은 작가와 풋내기 기업가의 자신감을 높여줄 뿐 아니라 그들이 여러 도전에 맞닥뜨렸을 때 참고 견디는 힘도 키워준다.

나는 개인적으로도 자기 대화의 힘을 얼마든지 입증해 보일 수 있다. 예를 들어 과거에 비행기 조종 기술을 배울 때, 나는 고도를 유지하며 45도 돌기, 옆바람 속에서 착륙하기 같은 기술을 펼치면서 계속 자기 대화를 해 성과를 크게 높일 수 있었다. 또한 자가용 조종사 비행 시험을 볼 때, 시험관은 자기 대화는 상황 인식을 보여준다면서 내게 자기 대화를 활용하라고 권했다. 분명 자기 대화는 계속 정신 집중을 하는 데 도움이 됐다.

우리가 우리 자신과 나누는 대화 방법에 따라서도 그 결과는 달라진다. 미시간대학교 자기통제 및 감정연구소 소장 에탄 크로스 Ethan Kross에 따르면, 마치 다른 사람과 얘기하듯이 자기 자신과 얘기하는 사람들은, 다시 말해 직접 자신의 이름을 부르거나 2인칭 대명사 '너'를 사용하며 얘기하는 사람들은 1인칭 대명사 '나'를 사용하며 얘기하는 사람들보다 스트레스가 쌓이는 상황에 더 잘 대처한다고 한다.

한 연구에서 크로스는 단 5분 안에 심사 위원들 앞에서 연설할 준비를 하라고 말해 실험 참여자들에게 스트레스를 주었다. 그리고 참여자들의 절반에게 1인칭 대명사 '나'를 사용한 자기 대화로 불안감을 누그러뜨리라고 요청했다. "나는 지금 왜 이렇게 두려워하는 거지?"[22] 식으로 말이다. 나머지 절반의 참여자들에게는 자기 이름을 부르거나 대명사 '너'를 사용해 자기 대화를 하라고 했다. "캐시, 지금 왜 그렇게 두려워해?" 또는 "넌 지금 왜 그렇게 두려워해?" 식으로. 그렇게 한 뒤, 참여자들에게 연설을 하면서 얼마나 창피했는지 스스로 생각해보라고 했다. 그러자 자기 이름을 부르거나 대명사 '너'를 사용해 자기 대화를 한 사람들이 대명사 '나'를 사용해 자기 대화를 한 사람들보다 훨씬 덜 창피했다고 했으며, 연설을 하면서도 더 큰 자신감을 보였고 설득력도 더 있었다.

크로스에 따르면, 사람들이 자신을 다른 사람처럼 생각하며 자기 대화를 할 때는 자신에게 객관적이며 유용한 답을 해줄 수 있게 된다고 한다.[23] 자신을 다른 사람처럼 생각해 거리를 두면, 어느 정도 거리를 둔 제3자의 관점에서 자신을 볼 수 있기 때문이다. 이와 관련해 크로스는 이렇게 설명했다. "우리가 어떤 문제에 대해 다른 사람들에게 조언을 해줄 수 있는 가장 중요한 이유들 중 하나는 우리가 그 문제에 직접 관여되어 있지 않기 때문입니다. 상대의 경험에서 일정 거리를 유지하고 있어서 보다 객관적으로 분명히 생각할 수 있는 거죠." 우리 자신을 2인칭, 3인칭 대명사로 부름으로써 우리 자신을 별개의 사람으로 보게 되고, 그래서 자신에게 보다 객관적인 조언을 해줄 수 있다는 것이다.

당신이 지쳐 있어 동기부여가 될 만한 격려의 말이 필요하다면, 당신 자신을 제2, 제3의 사람으로 생각해보라. 그러면 주어진 상황을 감정적이고 편향된 관점이 아닌 논리적이며 객관적인 관점에서 볼 수 있다.

레이트 블루머들의 자기 효능감을 높이는 문제에 관한 한 동기를 부여해주는 언어의 힘은 자기 대화에서만 발휘되는 게 아니다. 언어의 힘은 우리가 다른 사람들과 얘기할 때, 특히 자기 효능감이 낮은 누군가의 동료나 부모, 파트너로서 얘기할 때에도 적용된다. 조언이라는 언어의 힘을 통해 우리는 예전 같으면 엄두도 못 낼 일이나 도전 과제를 성공적으로 해낼 수 있다는 믿음을 갖게 된다. 우리 스스로 어려운 상황을 극복할 능력이 있다는 것이 설득되면, 그렇지 않은 경우보다 더 큰 노력을 쏟을 수 있다. 이와 관련해 미국의 심리학자 앨버트 밴듀라는 이렇게 말한다. "자기 효능감을 설득력 있게 높여주면 사람들은 성공하는 데 필요한 노력을 기울이게 되며,[24] 각종 능력을 개발하고 자기 효능감을 높이려 애쓴다."[25]

반면에 부정적인 피드백을 줄 경우, 가뜩이나 낮은 자기 효능감이 더 낮아질 수 있다. 자기 효능감이 낮은 사람들의 이른바 '악화 순환exacerbation cycle'을 막기 위해 밴듀라는 능력 결핍의 '부적 강화 negative reinforcement(혐오 자극을 제거해 바람직한 행동을 강화하는 것-옮긴이)'를 피하고 특정한 일이 쉽다는 생각을 지지하지 말아야 한다고 제안한다. 이는 우리 모두가 이미 잘 알고 있는 '언어가 중요하다'는 점을 다시금 확인해준다. 그러니까 레이트 블루머에게 "이건 그리 어려운 일이 아냐" 식으로 말하지 말고, "이건 도전이지만, 넌 어떻게든 잘 해낼 거야" 식으로 말하라는 것이다. 아니면 당신 자신에게 "지금 도무지 엄두가 안 나" 식으로 말하지 말고, "알렉스, 네겐 이걸 할 수 있는 능력이 있어. 이렇게 해봐" 식으로, 이렇게 간단한 언어 수정이 레이트 블루머를 비롯한 모든 사람들에게 자기 효능감을 크게 높이는 데 도움이 될 수 있다.

한 가지 주의할 점은 언어를 통한 이런 종류의 격려를 강조한다고 해서 터무니없이 낙천적인 치어리더가 되라는 의미는 아니라는 것이다. 어떤 상황에서 긍정적이고 건설적인 관점을 갖는 것과 비현실적인 믿음과 기대를 갖는 것은 다르다. 예를 들어 어떤 일에 차질을 빚거나 실수를 했는데 상투적인 말로 없었던 일로 취급할 수는 없다. 그런 순간이야말로 자신을 되돌아보고 뭔가를 배울 기회의 시간이다. 자기 대화 또는 언어를 통한 어떤 종류의 격려에서 최대한 많은 것을 얻으려면, 현실적인 자아상을 뒷받침해줄 말들을 개발해내야 한다. 터무니없이 긍정적인 말들은 오히려 사람을 낙담케 하거나 자기 효능감을 떨어뜨릴 수 있다. 그렇다면 격려와 현실 사이에서 대체 어떻게 균형을 잡아야 할까?

　우리 자신을 도울 때 또는 우리의 관심 대상인 레이트 블루머를 도울 때, 자기 회의감을 잘 관리하고 장애물들을 잘 극복해야 하며, 그러려면 먼저 심리학자들이 말하는 '프레이밍framing(우리말로 '프레임 짜기', '틀 짜기' 정도의 의미다-옮긴이)'[26] 작업과 함께 적절한 언어와 어조를 찾아내야 한다.

＊＊＊

그림의 '프레임frame', 즉 테두리는 사람들의 관심을 미묘하게 그 그림의 특징들에 모이게 해주며, 또한 사람들이 보는 그 그림의 색깔과 선들에도 영향을 준다. 마찬가지로 우리는 인지적 프레임을 활용해 우리의 행동에 영향을 줄 수 있다.[27] 예를 들어 비판에 대처하는 우리의 프레임은 무엇일까? 일의 차질에 대처하는 프레임은? 새로운 종류의 도전에 대처하는 프레임은?

　우리는 대개 모든 상황에서 자동으로 프레임을 짠다. 그리고 우리가 알고 있는 것보다 더, 그 프레임은 좋은 경험이든 나쁜 경험이든 과거의 경험에 영향을 받는다. 또한 특히 자기 효능감이 낮은 레이트 블루머들의 경우, 다양한 도전 과제에 부정적이거나 사태를 더 악화시키는 가정을 하는 경우가 많다. 시작도 하기 전에 미리 실패 생각을 하는 습관이 드는 것이다. 그리고 그렇게 부정적인 프레이밍은 스스로 꽃필 기회를 망치게 된다. 따라서 여기서 이런 중요한 의문이 제기된다. "우리는 부정적인 프레임을 짜는 습관을 버리고, 보다 긍정적인 프레임을 짜는 법을 배울 수 있을까?" 답은 "그렇다"다.

하버드 경영대학원의 앨리슨 우드 브룩스Alison Wood Brooks는 최근 사람들이 노래방에서 노래를 하거나 대중 앞에서 연설을 하거나 시험을 볼 때 느끼는 불안감을 관찰해서 프레이밍이 우리의 감정들에 어떤 영향을 끼치는지 연구했다. 성과에 대해 불안감을 느끼게 될 때, 대부분의 사람들은 자신의 감정들을 억누르려 한다. 그래서 브룩스는 실험 참여자들에게 다른 전략을 적용해보았다. 사람들로 하여금 불안감을 신남으로 프레이밍하게 한 것이다.[28] 그 결과, 불안 에너지를 신남 에너지로 바꾼 사람들은 무작정 마음을 진정시키려 애쓴 사람들보다 도전 과제에 더 큰 열정으로 임했으며, 성과 또한 눈에 띄게 향상됐다.

브룩스는 자기 대화(큰 소리로 "넌 지금 신났어!"라고 하면서)나 짧은 메시지("신나!") 같은 단순한 전략을 활용해 불안감을 신남으로 프레이밍할 수 있음을 알아냈다. 이 같은 프레이밍 메시지들을 통해 우리는 우리의 불안 에너지를 위협이 아닌 기회로 바꿀 수 있다. 브룩스의 연구 결과는 우리의 인식과 그 결과 생겨나는 감정이 상당 수준 통제 가능하다는 것을 보여준다. 그러니까 우리의 감정은 우리가 그것을 어떻게 언어로 프레이밍하느냐에 따라 얼마든지 달라질 수 있다.

이는 레이트 블루머들에게는 힘을 주는 소식이다. 우리의 인지

프레임들은 대개 여러 해 동안의 부정적인 입력과 피드백을 통해 형성되며, 그 바람에 우리는 부정적인 프레임을 갖게 되었다. 그런데 다행히 그 프레임은 바꿀 수 있는 것이다.[29]

심리학 연구에서 흔히 접할 수 있는 프레이밍 모델들은 배움 대 성과, 지지 대 방지, 건강한 것 대 건강하지 못한 것, 그리고 바로 앞의 앨리슨 연구에서처럼 신나는 것 대 불안한 것 등, 서로 대조적인 두 가지 대안들로 이루어진다.[30] 배움, 지지, 건강한 것, 신나는 것 같은 긍정적인 프레임들은 더 큰 끈기, 더 큰 혁신, 더 큰 배움으로 이어진다. 반면에 성과, 방지, 건강하지 못한 것, 불안한 것 같은 부정적인 프레임들은 더 나쁜 결과, 위험 회피 경향 증가, 새로운 상황들을 또 다른 실패 기회로 프레이밍하는 편견 등으로 이어진다.

우리에게 선택권이 있다면 굳이 매사에 우리의 노력을 무력화하는 방식으로 프레임을 짤 필요가 있을까? 전문가들은 레이트 블루머들이 짜는 프레임들은 대개 자기방어를 위한 프레임이라고 믿는다. 그러나 자기방어적인 프레임들은 우리에게서 배우고 개선하고 스스로 꽃필 기회들을 앗아 간다. '난 그리 잘하지 못해' 또는 '내가 다 망쳐버리고 말 거야' 같은 생각들이 다 자기방어적인 프레임이다. 레이트 블루머들은 그런 프레임들을 별 저항 없이 그대로 받아들이기 때문에 심각한 결과가 초래된다. 결국 자신의 목표도 달성하지 못하고 자신의 열정도 찾지 못하며 자신의 운명대로 살지도 못하게 되는 것이다.

그러나 성공한 레이트 블루머들은 자신을 자기방어적인 프레임에 가두지 않는다. 그보다는 프레임을 다시 짜는 법을 배운다. 그러니까 중요한 일을 앞두고 불안한 사람들이 불안한 느낌을 신나는 느낌으로 리프레이밍하듯, 자신의 생각을 더 긍정적인 생각으로 리프레이밍하는 것이다. 리프레이밍한다는 것이 이런저런 사실들을 무시한다는 뜻은 아니다. 그보다는 사실들에 대한 우리의 관점을 바꿔서 그 사실들에 보다 유익한 의미를 부여한다는 뜻이다.

아주 간단히 말해, 리프레이밍은 두 단계, 즉 부정적인 프레임을 인정하는 단계와 그 프레임을 긍정적인 프레임으로 바꾸는 단계로 나뉜다. 먼저 당신이 방금 막 취업 면접에 실패해 큰 좌절감에 사로잡혀 있다고 가정해보자. 그럴 때 당신 자신에게 이런 의문을 던지는 것이다. '너 대체 언제까지 그러고 앉아 있을 거야?' 리프레이밍을 하는 데 가장 힘든 부분은 어떤 어려운 상황이든 그 프레임을 짠 사람은 당신임을 인정하는 것이다.

취업 면접에서 쓴맛을 본 일에 대한 건강한 리프레이밍은 아마이런 것이리라. '아, 뼈아프다! 이번 일에서 배운 게 뭐지? 준비가 덜 됐거나, 아니면 그 직장이 내게 안 맞는다고 느꼈는데, 그걸 면접관이 알아챈 거 아닐까?' 다시 말해, 친한 친구한테 조언해주는 기분으로 자신의 면접 실패를 리프레이밍하는 것이다. '오, 가엾은 인간! 넌 절대 활짝 피어날 수 없는 레이트 블루머야!' 당신 속에 이렇게 부정적인 프레임들이 존재한다는 걸 알아야 거기서 벗어날 수 있다. 또한 안 좋은 상황에서도 긍정적인 프레임을 짤 수 있다는 걸 알아야 자기방어의 고리를 끊어낼 수 있고, 당신의 마음을 갈고닦아 활짝 피어나게 할 수 있다.

그다음 단계는 도전을 보다 큰 목표로 발전시키는 것이다. "이 중요한 프레젠테이션은 단순히 신나는 일이 아니야. 이 프레젠테이션으로 난 두각을 나타내게 될 거고 더 많은 기회들을 갖게 될 거야." 더 큰 목표는 아주 분명하면서도 매력적으로 느껴져야 한다. 그리고 삶을 지속적으로 끌어 올려줄 일을 한다는 생각에 신명이 나야 한다.

어떤 일이 끝난 뒤에도 프레이밍은 중요하다. 어떤 기회를 망쳤다면 자책하거나 변명하지 말라. 그 실수를 뭔가 배울 수 있는 기회로 프레이밍하는 것이다. 속으로 '이번 프레젠테이션은 완전히 망쳤어' 또는 '시간대가 너무 안 좋았어' 하는 식의 말을 하지 말고, '사람들의 집중력이 어디서부터 흩어졌지?' 그러면서 '리자, 이번엔 제대로 실력 발휘를 못 했어. 다음엔 좀 더 멋지게 준비하자' 식으로 말하는 것이다. 사후 프레이밍은 레이트 블루머들은 물론이고 다른 모든 사람들에게도 더없이 강력한 수단이다.

효과적인 프레이밍은 당신과 당신의 조직 모두에 좋다. 인지심리학자들에 따르면, 다양한 도전들에 효과적으로 프레이밍하는 것이 조직 성공의 열쇠라고 한다.[31] 그러니까 '도요타 생산방식(재고가 생기지 않게 필요한 제품을 필요한 때에 필요한 만큼만 만드는 생산방식-옮긴이)'에 따른 자동차 생산에서부터 로스앤젤레스 보호소에서의 반려동물 입양, 미국 전역의 병원 수술실 운영에 이르기까지 다양한 상황에서 프레이밍이 중요하다는 것이다. 리프레이밍을 잘하는 사람들은 문제를 더 잘 해결하고, 도전에 더 잘 대처하며, 큰 변화에 더 잘 적응하고, 더 뛰어난 팀 구성원이 된다. 게다가 리프레이밍을 잘하는 사람들은 리더로서도 더 뛰어나다. 리더는 대변인이다. 리더는 서로 공유할 만한 관심거리들을 만들어내고 공감대를 조성하며 동기를 부여한다. 도전을 배움의 기회로 리프레이밍할 수 있는 리더들은 매사에 다른 사람들을 도울 기회를 잘 잡으며 성공할 가능성도 크다. 이는 곧 자기 회의를 잘 다루고 도전과 장애물들을 기회로 바꿀 줄 아는 우리 레이트 블루머들은 더 나은 팀 구성원이 될 수 있을 뿐 아니라 더 나은 팀 리더도 될 수 있다는 얘기다.

그렇다면 리프레이밍은 단순히 모든 일을 긍정적인 쪽으로 변화시키는 한 가지 방법에 지나지 않는 걸까? 그렇지 않다. 리프레이밍은 모든 게 완벽하게 잘 돌아가고 있는 척하는 게 아니다. 그보다는 우리가 맞닥뜨리는 도전들을 긍정적으로 해석하는 것이다. 또한 우리의 가능성들을 확장해서 보다 낫고 보다 생산적인 길을 찾아내 앞으로 나아가는 것이다. 리프레이밍은 단순히 우리의 부정적인 사고들을 멈춰버리는 게 아니다. 우리의 걱정이나 두려움을 억누르는 것도 아니다. 사실이 아닌 부정적인 사고들을 사실이 아닌 긍정적인 사고들로 바꾸는 것도 아니다. 그보다는 한 걸음 뒤로 물러서서 우리 자신과 우리 주변 사람들 모두를 위해 현실을 보다 긍정적으로 프레이밍하는 것이다.

자기 대화와 리프레이밍은 함께 가며, 둘 다 우리가 우리 자신과 도전 사이에 조금 거리를 둘 때 더 효과가 있다. 그리고 앞서 살펴보았듯이, 우리 자신을 '나'라고 부르지 않고 '너'라고 부르거나 이름을 직접 부르며 말할 때 더 효과가 있다. 그러나 아주 큰 성공을 거둔 레이트 블루머들도 그렇지만, 실수를 했을 때 우리 자신을 몰아세우지 않고, 또 우리 자신의 결점들에 매몰되지 않으려 하는 것은 쉽지 않다. 이는 주변 사람들이 편견을 가지고 우리를 특이하고 게으른 사람으로 본다거나 모든 일에 전력투구하지 않는 사람으로 볼 때 특히 더 그렇다. 각종 연구에선 성격과 관점을 바꿔야 한다고 말하지만, 현실적으로 성격과 관점들은 하룻밤 사이에 바뀌지 않는다.

레이트 블루머들이 보다 건강하고 객관적인 관점을 갖기 위해 이용할 수 있는 자기 회의 관리 방법이 하나 더 있다. 주목하라. 아마 가장 중요한 방법일지도 모른다. 그 방법이란 바로 '자기 연민 self-compassion'이다.

＊＊＊

자기 회의에 대한 얘기를 할 때 가장 흔히 듣는 조언은 자기 회의에 반대되는 것들, 즉 자신감, 자만심, 거만함 같은 것들을 더 많이 가져야 한다는 것이다. 그러나 자신감의 경우, 우리가 자신감을 갖기 위해 대체 어떻게 해야 하느냐가 문제다. 우리는 자존감을 높이려고 손쉬운 방법들을 쓰는 경우가 너무 많다. 이를테면 다른 사람들을 깎아내리거나, 자신의 성취를 주변에서 가장 약한 사람들의 성취와 비교해 자신의 자존감을 높이려 하는 것이다. 우리는 또 다양한 문화 규범들에 순응하는데, 그것은 우리 사회가 중시하는 것을 중시하고 우리 사회가 추구하는 성공을 추구해야 한다고 믿기 때문이다. 그러나 이렇게 쉽게 얻는 자신감은 오래 유지할 수도 없을뿐더러 잘나갈 때는 자기도취증으로 이어지고 힘든 일이 있을 때는 우울증으로 이어진다.

레이트 블루머들의 경우, 자기 회의를 관리하고 자기 효능감을 높이는 데 훨씬 더 좋은 방법이 있다. 우리는 자기 계발을 하는 데 좀 더 따뜻한 시간표가 필요하다. 이와 같이 우리 자신을 보는 데도 더 따뜻한 방법이 필요하다. 그리고 일종의 '자기 수용self-acceptance'이자 '내부 공감internal empathy'인 자기 연민을 높임으로써 그 일을 해낼 수 있다.[32] 자기 연민은 우리로 하여금 우리의 결점과 한계를 인정하게 해주며, 또한 그 결점과 한계를 보다 객관적이며 현실적인 관점에서 볼 수 있게 해준다. 이런 점에서 자기 연민은 우리로 하여금 자기 대화를 할 수 있게 해줄 뿐 아니라 불안감을 유발하는 상황을 신명 나는 기회로 리프레이밍할 수 있게 해준다.

그렇다면 자기 연민은 어떻게 작동될까? 그 열쇠는 사회가 뭐라고 말하든 우리 스스로 자신이 충분히 괜찮은 사람이라는 것을 인정하는 데 있다. 우리는 완벽하지도 않고 결점도 많은 인간이지만, 우리 자신의 운명을 스스로 개척해나갈 권리를 가지고 태어났다.

그리고 이런저런 실수를 할 때, 우리에겐 그 실수에서 뭔가를 배울 의무가 있다. 어떤 상황에서든 일단 배울 수 있는 것을 배웠다면, 이제 그 실수는 잊고 앞으로 나아가야 한다. 레이트 블루머들의 입장에서 자기 수용은 자기 연민의 초석이 된다.

우리가 우리 자신에게 얼리 블루머처럼 행동하라거나 '신동 이상'에 맞는 삶을 살라는 압박을 멈출 때, 비판과 각종 피드백을 받아들이기가 더 쉬워진다. 또한 우리 스스로 우리 자신이나 다른 사람들에게 더 따뜻해질 때, 다양한 도전과 실수를 배움의 기회로 리프레이밍하기가 더 쉬워진다.

듀크대학교 심리학 교수 마크 리어리Mark Leary와 그의 팀은 자기 연민을 가진 사람들이 불쾌한 삶의 문제들에 어떻게 대처하는지 연구했다. 연구 결과에 따르면, 자기 연민은 사람들로 하여금 부정적인 자기감정들을 완화해주고 부정적인 피드백을 받을 때 느끼는 부정적인 감정들도 누그러뜨려주며, 또한 부정적인 감정들에 압도당하지 않고 부정적인 상황에서도 자신이 할 역할이 있음을 인정하게 해준다. 당시 연구진은 이런 결론에 도달했다. "일반적으로 우리의 자기 연민은 자존심과는 다른 방식으로, 또 어떤 경우에는 자존심보다 더 유용한 방식으로 부정적인 상황에 대한 사람들의 반응을 완화해준다는 것을 알 수 있다."[33]

자기 연민은 레이트 블루머들의 장점인 감정적 회복력과도, 다시 말해 스스로를 진정시키고 자신의 실수를 알아채 거기에서 뭔가를 배우고 스스로 동기부여를 해 성공하게 만들어주는 능력과

레이트 블루머

도 밀접한 관련이 있다.[34] 자기 연민은 또 낙천주의, 삶에 대한 만족도, 자주성 같은 감정적 행복의 방법들과도 관련이 있고, 낮은 수준의 불안감, 우울증, 스트레스, 수치심 등과도 관련이 있다.[35] 그리고 당연한 얘기지만, 자기 연민이 있는 사람들은 실수와 실패와 단점 등이 있어도 다른 사람들보다 더 쉽게 나아질 수 있다. 그들이 실수와 실패와 단점을 보다 객관적으로 보기 때문이다. 그리고 자기 자신한테 보다 관대해짐으로써 생겨나는 자존감은 지나친 자신감에서 생겨나는 자존감에 비해 시간이 지나도 훨씬 더 변함없이 안정적이다.

마지막으로 자기 연민은 동기부여에도 도움이 된다.[36] 자기 연민이 강한 사람들은 실패에 대한 두려움이 덜하다. 한 실험 결과에 따르면, 실험 참여자들 가운데 자기 연민이 강한 사람들은 어떤 시험에 실패했을 때 추가 시험을 위해 더 오랜 시간, 더 열심히 공부를 했다. 자기 연민이 있으면 실패해도 괜찮다면서 자신을 달래기 때문에 더 열심히 노력할 수 있는 동기부여가 되는 것이다.

그렇지만 여전히 자기 연민을 너무 여리거나 나약하다는 증거라고 생각하는 사람들이 있다. 오히려 정반대다. 자기 연민 연구의 선구자들 중 한 사람인 크리스틴 네프Kristin Neff 박사는 이렇게 말했다. "곤경에 처했을 때 당신은 내 편을 원합니까, 적을 원합니까?"[37] 자신감은 우리가 실제로 얼마나 적절하고 강력한지와 관계없이 우리 자신이 적절하고 강력하다고 느끼게 만들지만, 자기 연민은 우리로 하여금 현실을 보다 객관적으로 받아들이게 한다. 따라서 우리가 뭔가에 실패할 경우, 우리의 자기 연민은 '한심한 인간, 한심한 인간!'이 아니라 '그래, 누구나 뭔가에 실패해. 모두가 어려움을 겪어. 인간의 삶이 그렇지 뭐' 이런 프레임을 짠다. 이런 종류의 프레임을 짤 경우 자기 회의에 대한, 그리고 궁극적으로 실패에 대한 우리의 인식이 급격히 바뀔 수 있다. 그리고 '오, 이건 정상이야. 이건 우리 인간의 삶의 일부야.' 이렇게 말할 수 있다면, 경험을 통해 성장할 수 있는 길이 열리게 된다. 반면에 자기 회의와 실패가 비정상이라고 느낄 경우, 특히 성공과 행복으로 향하는 유일한 길을 택할 경우, 우리는 우리 자신이나 다른 사람들을 탓하는 덫에 걸리게 된다.

자기 연민이 저절로 생겨나는 게 아니라면, 대체 레이트 블루머들은 어떻게 자기 연민을 길러야 하는 걸까? 가장 중요한 첫걸음은 우리 머릿속 목소리, 그러니까 평생 우리를 안내해줄 자기 대화를 알아내는 것이다. 그 목소리는 가끔 지나치게 비판적이다. 많은 사람들이 실수했을 때 지나치게 자신을 몰아세운다. 자기 연민을 좀 더 갖고 싶다면 우리 머릿속 목소리를 알아내고, 그 비판을 받아들이고, 자기 연민에 가까운 방식으로 리프레이밍해야 한다.

크리스틴 네프 박사는 이렇게 말했다. "자기 연민이 있으면 사랑하는 사람에게 보여주는 따뜻함과 관심을 그대로 당신 자신에게도 보이게 됩니다. 인간애를 가지고 프레이밍해야 합니다. 자기 연민이 있으면 이런 생각을 갖게 되죠. '나는 불완전한 삶을 사는 불완전한 인간이야.'"[38]

대부분의 사람들은 자기 자신보다는 다른 사람들에게 연민의 정을 보일 때가 훨씬 더 많다. 친한 친구가 자신이 겪고 있는 시련이나 자신이 저지른 실수를 말하면 우리는 대개 따뜻한 말로 위로를 해준다. 그 친구가 기운을 내고, 그 뒤에도 계속 대화가 이어진다면 우리는 아마 실수에서 배우는 거라며 다음 계획을 짜고 어려움이 있어도 참고 견디라고 격려해줄 것이다.

이런 점에서 자기 연민이 담긴 프레임을 짠다는 것은 실수를 저지른 친한 친구나 사랑하는 사람을 대하듯 우리 자신을 대하는 것이다. 오해하지 말라. 그렇다고 우리 자신을 속이라는 의미는 아니다. 우리 자신과 얘기하는 법을 바꾸라는 의미다. 우리 머릿속의 혹독한 비판자는 우리의 적이 아니다. 자기 연민을 갖는다는 것은 그 머릿속 비판자와 친구가 되는 법을 배우는 것이고, 그 비판자와 어느 정도 객관적인 거리를 두는 것이며, 그 비판자를 동기부여 수단으로 삼는 것이다.

우리는 너 나 할 것 없이 실수를 한다. 그 누구도 완벽하지 못하다. 성공한 레이트 블루머들은 실수를 했을 때 자책감에 빠지지 않고 빨리 회복하는 데 능하다. 그들은 자신이 불완전한 인간임을 인정함으로써 실패와 좌절을 인지하되 거기에 오래 매달리지는 않는다. 우리 자신을 불안감과 자기 회의감에 빠뜨릴 수 있는 갖가지 오해와 사회적 힘에서 벗어나려면 우리 모두 그렇게 해야 한다.

＊＊＊

건강한 사람이라면 모두 자기 회의에 빠지지만, 특히 우리 레이트 블루머들은 자기 회의에 빠지는 경우가 너무 많다. 우리 자신의 자아상을 지키기 위해 자기 불구화 전략처럼 도움도 안 되는 전략을 사용함으로써 상황을 더 악화시키는 것이다. 자기 불구화 전략을 써봐야 스스로를 꽃피우는 일은 더 힘들어질 뿐이다. 자기 효능감은 성공한 레이트 블루머들이 자기 회의를 자신의 우군으로 만들기 위해 추구하는 것이다. 자기 효능감은 우리가 합리적이고 긍정적인 마음 자세로 특정한 일을 해낼 수 있으며, 사실들에 근거해 계획을 세울 수 있고, 자기 대화와 프레이밍/리프레이밍, 자기 연민 등을 통해 스스로 꽃필 수 있다는 믿음이다. 이런 기법들은 레이트 블루머들의 성공에 토대가 되며, 이 기법들에서 우리를 성장시켜주는 호기심, 연민, 회복력, 평정심 같은 특징이 활용된다.

이 같은 레이트 블루머의 특징들은 지금 당장도 중요하지만, 미래에는 훨씬 더 중요해질 가능성이 크다. 수백만 명이 머지않아 각종 소프트웨어가 자신이 하고 있는 일을 하게 된다는 사실을 깨달을 것이다. 또한 인공지능이 규칙 기반의 많은 일자리를 빼앗아 갈 것이다(2장 참조). 좀 더 복잡한 일을 하는 사람들이 점점 늘어날 것이고, 덜 복잡한 일들은 갈수록 자동화될 것이다. 동시에 우리가 가지고 있는 기술들은 갈수록 빠른 속도로 무용지물이 될 것이다.

당신은 아마 내가 지금 무슨 말을 하려는지 알 것이다. 많은 일

레이트 블루머

들이 점점 더 복잡해지고 협력이 필요해지면서 이제 호기심, 연민, 통찰력 같은 레이트 블루머의 특징들이 훨씬 더 중요해질 것이다. 자기 회의를 다루는 데 필요한 능력들은, 다시 말해 실수를 인정하며 자기 효능감을 높이고 도전들을 리프레이밍하며 연민을 보여주는 능력들은 모두 혁신에 대한 미래의 요구, 지속적인 배움, 팀워크 강화 등에 도움이 될 것이다. 이 같은 레이트 블루머들의 재능들은 미래에도 활용 가능한 능력으로, 얼리 블루머들과 구분되는 또 다른 능력이기도 하다.

그렇다고 해서 레이트 블루머들이 뛰어난 피고용자들이 될 수밖에 없다는 의미는 아니다. 레이트 블루머들의 이런 특징과 능력들은 대개 보다 효율적인 리더십으로 이어진다. 연민의 정이 있고 자기 효능감을 지지하며 다양한 일들을 리프레이밍할 수 있는 리더들은 사람들 사이에 신뢰를 만들어내고 혁신을 추구하는 데 더 능하다. 또한 현실을 기꺼이 받아들이고 다른 사람들과 함께 문제를 해결하려 하는 리더들은 도전 과제들을 극복하는 데에도 더 능하다. 이런 유형의 리더들은 더 이타적이고 더 현재에 충실하며 팀 구성원들 및 동료들과도 더 잘 어울린다. 지금은 고인이 된 빌 월시처럼 자기 회의를 그대로 받아들이는 리더들은 성과를 올리고 참여도를 높이는 데도 더 능하다. 이런 현실을 제대로 이해하고 있는 사람들은 나뿐만이 아니다. 맥킨지앤드컴퍼니McKinsey&Company, 딜로이트Deloitte, 머서Mercer 같은 세계적인 자문 회사들은 현재 호기심, 연민, 평정심 같은 레이트 블루머들의 장점들을 내일의 리더

들에게 꼭 필요한 능력들로 높이 평가하고 있다.[39]

제대로만 활용된다면 자기 회의는 핸디캡이 아니다. 자기 회의는 레이트 블루머들의 슈퍼 파워인 것이다.

8

스스로를 더 나은 정원으로 옮겨 심어라

아마 당신의 오랜 친구들은 과거부터 써온 부끄러운 별명으로 당신을 부르려 할 것이다. 아니면 당신 회사의 사장은 당신이 오랜 세월 아주 열심히 일해왔음에도 당신을 승진시키지 않으려 할 것이다. 잘 알려지지 않은 대학을 나온 당신의 이름과 약력을 회사 홈페이지에 올리는 게 내키지 않는 것이다. 이런 상황에서는 덫에 걸린 기분이나 무시당하는 기분이 들 수 있다. 옛 버전의 당신 자신에게서 헤어 나올 수 없는 듯한 기분이 드는 것이다.

이런 일은 배경이 별로이거나 처음부터 뭔가를 보여주지 못한 레이트 블루머들의 경우 훨씬 더 자주 겪게 된다. 예를 들어 당신이 '우편물실의 빌'이라면 전문 과정을 거쳐 회계학 학위를 땄다 해도 당신 직장 사람들에게 당신은 여전히 '우편물실의 빌'일 수 있다. '존경받는 재무 책임자 빌'이 되려면 어쩌면 회사를 옮겨야 할 것이다. 마찬가지로 당신이 만일 고등학교 시절 '밴드에서 놀던 케이티'였다면, 20년이 지나도 당신의 고등학교 친구들에게는 여전히 '밴드에서 놀던 케이티'일 것이다. '투지 넘치는 전문 직업인이자 두 아이의 엄마 케이티'로 인정받으려면 옛 친구들과 만나지 않거나, 아니면 아예 다른 데로 이사를 가야 할지도 모른다.

우리 스스로 꽃피거나 꽃피지 못하는 것이 다른 사람들과 관련이 있음을 인정하기 힘든 때가 많다. 화분에서 키우기엔 너무 크게 자란 화초처럼 당신의 잠재력을 제대로 발휘하려면 직업이나 회사, 심지어 사는 도시까지 바꿔야 할 수도 있다. 그렇지 않으면 일부 사람들은 여전히 당신을 업그레이드되기 이전의 당신, 그러니까 옛 버전의 당신으로 보고 그렇게 대하려 할 것이다.

당신이 당신 자신을 업그레이드해서 현재의 한계들을 넘어서려 할 때, 당신의 그러한 자기 발전 노력으로 인해 현재의 모든 상황이 뒤흔들릴 수도 있다. 당신의 발전이 사람들 간의 관계나 직장 내 위계질서를 위협하기 때문이다. 당신이 주변 사람들보다 두각을 나타낼 경우, 그 사람들은 자신이 성취한 것들과 자신의 삶에 의문을 갖게 된다. 또한 (의식적으로든 무의식적으로든) 자신이 뒤처지고 있다고 느끼게 되어 당신을 현재 상태에서 벗어나지 못하게 할수 있다.

그렇다면 왜 사람들은, 심지어 친구들까지 당신을 '현재 상태에'

레이트 블루머

머물게 하려는 걸까? 동물들과 인간들은 본래 현재의 상태를 의식하게 되어 있다. 예를 들어 게들은 다른 게가 어떤 함정이나 양동이 같은 데서 달아나려 하면 기를 쓰고 끌어 내리며, 그 바람에 모든 게가 확실한 죽음을 맞게 된다. 심리학자들과 사회학자들은 이런 현상을 '게 통발 증후군crab pot syndrome'[1]이라고 부른다. 인간의 경우, 한 집단에 속한 사람들은 자신들과 비교도 안 되게 큰 성공을 거둔 사람의 중요성을 무시하려 든다.

뒤늦게 활짝 꽃핀 우리 레이트 블루머들은 갑자기 훌쩍 자라서 바지가 몸에 안 맞게 된 아이나 혼자만 훌쩍 커버려 가지치기를 해줘야 하는 꽃나무와 같다. 같은 반, 같은 종교 집단 또는 같은 인종 안에서 배신자처럼 보일 수도 있다. 사람들 사이에 공공연한 질투와 악의 또는 건강하지 못한 경쟁이 생겨나면서 악의적이고 부정적인 말을 듣게 될 수도 있다. 그런데 문제는 사람들이 자신의 말이 그렇게 악의적이고 부정적이라는 사실을 깨닫지도 못하는 경우가 많다는 것이다. 그들은 걱정해주는 것처럼 진지하게 이렇게 경고할 수도 있다. "잘 모르겠어, 사라. 난 그저 네가 상처 받지 않길 바라."

작가 톰 울프Tom Wolfe는 자신의 책《멋진 쿨 에이드 검증The Electric Kool-Aid Acid Test》과《필요한 것The Right Stuff》에 감춰진 철학을 설명하면서 이런 말을 한 적이 있다. "위계질서는 내가 거의 모든 주제에 접근할 때 써온 개념이다. 예를 들어《필요한 것》은 우주에 대한 책이 아니라, 조종사들이 위계질서를 놓고 벌이는 경쟁에 대한 책이다."[2] 울프의 책은 인간들이 위계질서를 놓고 치열한 경쟁을 벌인다는 진화론적 진실이 끝없는 흥미를 자아낸다. 그러나 실제로 그 결말을 경험하는 것, 즉 위계질서의 맨 밑바닥에 가까운 레이트 블루머가 된다는 것은 즐거운 일이 아니다.

이런 상황에서 해결책은 분명하다. 우리 스스로 자신의 뿌리를 뽑아 다른 화분이나 정원 같은 데로 옮겨 심는 것이다. 그런데 옮겨심기, 즉 개인적인 재창조는 결코 쉽거나 순탄한 일이 아니다. 이는 본래부터 아주 긴장되는 일이며, 그래서 모든 시대, 모든 문화의 많은 문헌들이 성인식 이야기를 다루고 있다. 이 이야기 장르에서는 이제 곧 성인이 되는 젊은 남녀가 자신의 마음은 독립적인 것이므로 자기 가족이나 문화가 원하는 사람으로 살아갈 필요는 없다는 것을 깨닫는 것으로 표현된다. 그러나 자기 가족이나 문화를 떠난다는 것은 결코 쉬운 일이 아니다.

옮겨심기와 관련해 일어나는 변화는 사소할 수도 있고 상당할 수도 있다. 생각이 같은 사람들로 이루어진 새로운 집단과 함께 시간을 보내는 것, 새로운 일자리를 얻는 것, 또는 새로운 도시나 주로 이사 가는 것 등이 그런 변화에 속한다. 중요한 건 아무리 사소한 변화라고 해도 변화를 꾀하고 좀 더 꽃피우기 좋은 환경으로 걸음을 내디딘다는 것이다.

＊＊＊

우리 자신을 개선하거나 재창조하려 할 때, 우리는 종종 우리 외부에서 오는 저항은 물론 우리 내부에서 나오는 저항에도 직면하게 된다. 그리고 우리 대부분은 심지어 우리에게 고통을 주거나 우리의 발목을 잡는 것들을 변화시키는 일에도 저항한다. 공동체나 '부족'은 우리에게 소속감과 안정감을 주기에 매력적이다(5장 참조). 그런데 만일 우리가 우리 부족 때문에 정체된다면 어떨까? 우리 부족이 전혀 도움이 안 되지만, 그 밖에 다른 것들이 왠지 두려워 어찌해야 할지 모르겠다면 어떨까?

많은 레이트 블루머들을 괴롭히는 또 다른 믿음은 스스로 자신에게 말하는 부정적인 이야기들에서 온다. 우리는 마치 불변의 사실인 양 머릿속으로 '나는 고등학교 시절에 소심했고, 앞으로도 쭉 소심할 거야' 하는 식의 이야기들을 한다. 그러나 이런 이야기들은 아직 꽃피기 전인 옛 버전의 우리에게서 나온다. 즉 우리에게는 이미 정해진 몇 가지 행동 특성들이 있고, 앞으로도 늘 그러리라 믿는 것이다. 그리고 그렇게 이미 정해진 자신에 대한 믿음 때문에 우리는 자신을 다른 데로 옮겨 심거나 다른 길을 찾지 못한다.

하버드대학교의 토드 로즈 교수는 자신의 저서 《평균의 종말》에서 행동 특성들이 이미 정해져 있다는 믿음은 잘못된 것이라며 이렇게 말한다.

••• 당신은 외향적인 사람인가, 내성적인 사람인가? 일견 단순해 보이는 이 질문은 심리학 분야에서 가장 오래되고 가장 논란의 여지가 많은 논쟁, 즉 성격의 본성에 대한 논쟁 속으로 우리를 몰아넣는다. 이 논쟁의 한쪽 끝에는 '특성심리학자들'이 있으며, 그들은 우리의 행동은 내향성과 외향성 같은 분명한 성격적 특징들에 의해 결정된다고 주장한다. …… 반면에 '상황심리학자들'은 성격적 특징들보다는 환경이 우리의 성격에 훨씬 더 큰 영향을 준다고 주장한다.[3]

수십 년간 특성심리학자들과 상황심리학자들은 학문적인 전투를 벌였지만, 토드 로즈는 상황심리학자들이 이겼으며 증거도 더 많다고 믿는다. 이는 레이트 블루머들의 입장에서는 아주 좋은 소식이다. 우리가 과거에 보인 행동 방식은 그것이 아무리 어리석고 미숙하고 무능하다 해도 우리의 성격 속에 뿌리내리진 않는다. 그래서 우리의 행동과 상황을 바꿀 수 있다면, 즉 우리 자신을 옮겨 심을 수 있다면 우리는 우리의 환경도 바꿀 수 있다.

자기 자신도 레이트 블루머였던(그는 평균 D학점으로 고등학교를 중퇴했다) 토드 로즈는 유타주 오렘에 있는 위버주립대학교에 다닐 때 어떻게 자기 자신을 옮겨 심었는지 이렇게 설명한다.

••• 고등학교 시절 나는 '공격적인 아이'로 낙인찍혔었다. 그 얘기를 들으신 할머니는 믿을 수 없다며 부모님들한테 이렇게 말

레이트 블루머

쓱하셨다. "말도 안 돼! 그 애가 우리 집에선 늘 얼마나 착했는데." 할머니가 건망증이 심하셨던 게 아니다. 나는 할머니와 함께 있을 땐 정말 착했다. 내 공격성은 따돌림을 당한다거나 하는 아주 특별한 상황에서만 나타났다. 내가 문제를 일으키곤 하던 교실에는 나를 괴롭히는 덩치 큰 애들 셋이 있었다. 교실 밖에서는 그 애들을 피해 다녔지만, 그 애들이 있는 교실 안에서는 종종 광대처럼 행동하려 했다. 그 애들을 웃게 만들면 나를 덜 괴롭히리라 생각한 것이다. 그 작전은 나름대로 잘 통했지만, 덕분에 나는 툭하면 지도교사한테 불려 다니곤 했다.

훗날 어렵사리 위버주립대학교에 입학했을 때, 나는 그간의 경험을 교훈 삼아 수업에 임하는 방법을 바꿨다. 아예 처음부터 나를 잘 아는 고등학교 시절 친구들이 듣는 수업은 듣지 않았다. 고등학교 시절의 친구들과 함께 수업을 듣게 되면 다시 또 광대처럼 행동하게 될지도 모르는데, 광대처럼 지내서야 절대 성공적인 대학 생활을 할 수 없을 거라고 생각했던 것이다.

우리 자신을 옮겨 심는 걸 방해하는 장애물들은 비단 심리학적인 것들뿐만이 아니다. 대부분의 사람들은 인터넷과 검색 툴들을 긍정적인 혁신으로 본다. 인터넷과 검색 툴들 덕에 정보에 대한 접근성이 좋아졌으니 그럴 만도 하다. 또한 인터넷과 검색 툴들 덕에 예전에는 특정인들만 할 수 있었던 출판, 투자 같은 일들도 이제는 많은 사람들이 할 수 있게 됐다. 그리고 인맥을 구축하는 일 또한 한결 쉬워졌다. 그러나 인터넷과 검색 툴들은 우리의 재창조 작업에 장애물이 될 수도 있다. 우리 삶의 소소한 부분들까지 다 기록되어 스스로를 우리가 행한 모든 실수와 잘못된 선택들에 옭아맴으로써, 자기 재창조의 가능성을 옛날에나 가능했던 이상처럼 만들어버리는 것이다. 어떤 면에서는 우리의 능력을 집단적으로 망각하는 것이다. 그 바람에 우리는 새로운 시작을 할 권리도 박탈당하고 만다.

옮겨심기를 방해하는 또 다른 장애물은 이동과 관련되어 있다. 지금 사람들의 지리적 이동이 급격히 줄어들었다.[4] 예를 들어 현재 미국 내 이사 건수는 1990년대 초에 비하면 절반도 되지 않는다. 정확한 이유는 알 수 없으나, 주택 소유율이 높아진 데다 주택 담보대출금도 많아 사람들이 이사를 잘 하지 않기 때문이라고 주장하는 이들도 있다. 게다가 사람들의 물질 소비도 늘어나서 이사를 할 경우 금전적으로나 심리적으로 치러야 하는 비용이 더 많아졌다. 미국인들의 경우, 예전엔 차 한 대면 이삿짐을 다 실을 수 있었으나, 지금은 적어도 이삿짐 트럭 6대는 있어야 한다. 사람들의 이동이 줄어든 또 다른 이유는 맞벌이 부부가 많아졌기 때문이라는 견해도 있다. 부부가 둘 다 직장 생활을 할 경우에는 동시에 두 사람이 직장을 그만두고 같은 지역에서 직장을 찾아야 하는데, 그건 너무 어려운 일이다. 마지막으로 급여 수준의 정체 또한 사람들의 이동 감소에 한몫하고 있다. 지금은 회사나 일자리를 옮겼을 때 급여가 늘어나는 경우가 적기 때문이다.

이런 현실적인 문제들 말고 사람과 관련된 문제들도 있다. 공동체를 떠나는 일 자체가 고통스러울 수 있다. 사랑하는 사람들을 떠나기란 힘든 일이다. 그들 또한 우리를 사랑해서 우리가 떠나면 그리워할 테니 말이다. 그러나 결국 진정한 친구나 가족이라면 우리가 더 잘되길 바랄 것이다. 설사 우리가 떠나서 그리워하게 되더라도, 우리가 활짝 꽃피길 원할 것이다.

킴벌리 해링턴Kimberly Harrington은 늦게 활짝 꽃피운 레이트 블루머 작가로, 50세에 자신의 첫 번째 책《아마추어 시간: 수필과 욕 속에 나타난 모정Amateur Hour: Motherhood in Essays and Swear Words》을 발표했다. 그 전에는 로스앤젤레스와 포틀랜드의 광고 회사에서 저작권 및 광고 제작 책임자로 일했다. 그러나 그녀는 늘 직접 수필과 책을 쓰고 싶었고, 그러려면 대도시 광고 업계를 떠나야 한다는 사실을 깨달았다. 그래서 결국 그녀는 새로운 정원인 버몬트 시골로 자기 자신을 옮겨 심기로 했다.

●●● '나는 과연 계속 LA에 살았어도 책을 쓸 수 있었을까?'[5] 나는 이 질문에 바로 답할 수 있다. '아니.' 내 이전 생활을 조금만 들여다본다면 알겠지만, 광고 업계는 대도시 산업이다. 설사 당신이 대도시에 살지 않는다고 해도 광고 업계는 아주 열정적이며

소모적이다. 자신의 삶을 몽땅 바쳐야 한다. 당신은 광고 업계에서 일하는 사람들을 다 안다. 그리고 늘 그 사람들과 시간을 함께 보낸다. 멋진 도시에서 멋진 사람들과 어울리지만, 내내 그렇게 멋진 시간을 보내려면 돈이 너무 많이 든다. 나는 일시해고되기 전까지도 그걸 전혀 몰랐다. 그야말로 하루아침에 거품이 꺼져버린 것이다.

이곳 버몬트에서 나는 학자들과 환경 운동가들, 그리고 '광고는 세계를 망치는 쓰레기 같은 산업'이라고 생각하는 사람들에 둘러싸여 지낸다. 당신이 정말 좋아하는 일이, 그리고 당신이 평생 해온 일이 다른 사람들 눈에는 그리 멋져 보이지 않다는 사실을 깨닫는 건 정말 당혹스러운 일이다. 나는 덕분에 세상을 보는 시야가 훨씬 더 넓어졌다고 생각한다. 내가 떠나온 세상은 열정이 넘치는 곳이었지만, 그게 다가 아니라는 걸 깨달았다. 세상은 아주 넓었다.

멋진 대도시와 분주한 광고 업계를 떠나 조그만 도시로 와서 프리랜서 일을 하며 여유롭게 지내다 보니, 뭔가 다른 걸 할 수 있겠다는 생각이 들기 시작했다. 버몬트에서 프리랜서 일을 하면서 갑자기 제대로 생각할 여유가 생긴 기분이었다. 그래서 주간지 〈뉴요커〉, 〈맥스위니즈McSweeney's〉, 〈미디엄Medium〉에 글을 싣는 등 새로운 일들을 시도할 수 있었다. 이런 상황은 점점 확대되어가는 듯했다. 그리고 삶에 정신적 여유가 생기자, 여전히 로스앤젤레스에서 바쁜 삶을 살고 있었다면 하지 못했을 생각들을 할 수 있게 되었다.

직업과 관련된 거품이 꺼진 뒤 더 큰 다양성이 있는(그러나 덜 '멋진') 환경으로 자신을 옮겨 심은 킴벌리 해링턴이 겪은 긍정적인 결과는 광범위한 연구에 의해서도 뒷받침된다. 그녀처럼 새로운 삶을 향한 여정에 나서면, 자신의 진정한 자아에 더 잘 어우러지는 역할이나 일들을 찾게 된다. 연구 결과에 따르면, 개인과 환경이 더 잘 어우러지면 더 높은 수준의 만족감과 정신적·육체적 행복을 느끼게 된다고 한다. 물론 여기서 말하는 환경에는 근무 환경도 포함된다.

작가 대니얼 케이블Daniel Cable과 티머시 저지Timothy Judge에 따르면, 직장이나 일을 바꾸는 데 성공한 사람들은 일에 대한 적합도보다는 조직에 대한 적합도를 더 중시한다고 한다.[6] 즉 성공과 직업 만족도를 위해서는 일 그 자체보다는 조직의 문화와 환경이 더 중요하다는 얘기다. 따라서 구직자들은 어떤 조직에서 자신이 하게 될 일은 물론 그 조직의 문화에 관한 정보도 수집하고 평가해봐야 한다. 또한 자신의 개인적 가치들과 조직의 가치들이 잘 어우러지는 근무 환경을 찾는 사람들의 경우, '근무 태도'도 더 좋고 성공할 가능성도 더 크다. 케이블과 저지에 따르면, 자신이 원하는 것들을 충족해주는 조직을 선택하는 사람들이 그 조직에 헌신하고 충성할 가능성도 더 높고, 스스로 동기부여를 잘할 가능성도 더 높으며, 그 결과 대개 업무 성과도 더 높고 직업 만족도도 더 높다.

킴벌리의 이야기에서 분명히 보여주듯, 그리고 연구 결과에 의해서도 뒷받침되듯, 자신을 옮겨 심을 적절한 화분을 찾아내면 큰 변화를 일으킬 수 있다. 얼핏 생각하면 두려운 일일 수도 있지만, 다른 회사나 도시로 가는 것이 스스로를 활짝 꽃피우는 데 기폭제 역할을 해줄 수 있는 것이다.

✳ ✳ ✳

이쯤에서 당신은 스스로 다음과 같은 중요한 의문을 제기하게 될 것이다. '나는 지금 스스로를 꽃피울 수 있는 최적의 화분 안에 있는가?' 그리고 최적의 화분을 찾는 일이 비현실적이거나 시간이 오래 걸릴 수도 있으므로 이런 의문을 제기할 수도 있다. '내 재능과 기질과 열정에 맞는 화분들은 어떤 화분들일까?'

내성적인 사람들에 대해 쓴 유명한 책 《콰이어트》의 저자 수전 케인은 한 연구 결과를 인용해, "어떤 사람들은 날 때부터 강인해서 거의 모든 화분에서 꽃을 피우지만, 또 어떤 사람들은 특정한 화분에서만 꽃을 피운다"[7]라고 말했다. 그러나 대부분의 사람들은 그 중간 어디쯤이어서, 자신의 재능과 기질과 열정이 환경과 가장 잘 어우러질 때 꽃피울 가능성이 더 커진다.

하버드대학교 아동발달센터의 책임자 제롬 케이건Jerome Kagan은 반응에 민감한 아기들, 즉 빛과 소리에 민감해 울음을 터뜨리는 반응을 보이는 아기들은 정서적으로도 평생 민감한 모습을 보일 가

레이트 블루머

능성이 크다는 사실을 알아냈다. 이런 아기들은 자라서 내성적인 사람이 되며, 그래서 대부분의 시간을 혼자 조용히 지내기를 좋아한다. 반면에 반응에 둔감한 아기들, 즉 빛과 소리에 별다른 반응을 하지 않는 아기들은 그 반대다. 그들은 자라서 외향적인 사람이 되며, 그래서 다른 사람들과 교류하고 다른 사람들과 어울리기를 좋아한다.[8]

런던대학교의 육아 전문가 제이 벨스키Jay Belsky에 따르면, 반응에 민감한 아이들, 즉 빛과 소리에 불안해하는 아이들은 성인이 됐을 때 스트레스 때문에 우울증이나 불안 장애 또는 소심증을 보일 가능성이 크다고 한다.[9] 이런 아이들은 부적절한 화분에서 자라면 망가질 수도 있지만, 안정적인 가정에서 좋은 부모 아래 보살핌을 받으며 자라면 성공하기도 한다.

작가 데이비드 돕스David Dobbs는 스트레스에 대한 반응을 보고 아이들을 꽃들에 비유한다. 민들레는 거의 어떤 환경에서도 잘 자란다. 마찬가지로 반응에 둔감한 민들레 아이들과 성인들은 대개 외향적이며, 다양한 환경에서 잘 지낸다. 반면에 난초, 즉 반응에 민감한 아이들은 특정한 환경에서만 잘 자란다.

이 난초 가설에서 우리는 레이트 블루머들에 대한 깊은 통찰력을 얻을 수 있다. 만일 우리가 레이트 블루머라면 기질상 난초에 가까우며, 그런 기질에 맞지 않는 화분 안에서 자라고 있을 가능성이 크다. 내 경우는 정말 그랬다. 내가 태어난 노스다코타주의 비스마르크시는 내게 이상적인 화분은 아니었다. 다른 많은 소도시들과 마찬가지로 그 도시는 미식축구, 야구, 하키 등과 같은 고등학교 스포츠 스타 출신들, 외향적인 사람들, 야심가들, 공간 지능이 뛰어난 사람들 등에게는 더없이 살기 좋은 도시였다(여기서 공간 지능이 뛰어난 사람들이란 개발, 건축, 수리에 능한 사람들과 유정, 수로, 교량, 건물 같은 물리적인 것들에 가치를 두는 사람들을 뜻한다). 이런 유형의 사람들, 즉 민들레 같은 사람들은 거의 어디서든 성공할 수 있다. 그러나 책과 추상적인 개념 등에 관심이 많은 내성적인 사람들, 즉 난초 같은 사람들은 자신에게 맞는 화분이 따로 있으며, 대개 좀 더 큰 도시나 대학 도시 같은 데서 그런 화분을 찾게 된다.

당신은 민들레인가, 아니면 난초인가? 당신 자신을 옮겨 심으려 할 때 이 의문에 대한 답을 생각해볼 필요가 있다.

당신이 환경을 변화시켜보려고 자신을 새로운 직장에 옮겨 심기로 했다고 가정해보자. 당신이 수입을 전적으로 현재의 직장이나 일에 의존하고 있다면, 나는 당신 자신을 전혀 다른 직장이나 일에 옮겨 심는 것에 반대한다. 자기 자신을 완전히 다른 데로 옮겨 심는 것은 젊은 사람들이나 은퇴한 사람들에게나 해당되는 얘기다. 나이가 30대부터 50대 사이로 한참 사회생활 중이고 부양가족이 있는 레이트 블루머들의 경우, 광고 카피 쓰는 일을 하다가 수필이나 책을 쓰는 일로 바꾼 킴벌리 해링턴처럼 '인접 공간'으로 옮겨

레이트 블루머

심거나 비슷한 일로 옮기는 게 가장 좋다. 해링턴은 프로 기준에 맞는 광고 카피를 쓰면서 전문 지식을 쌓은 뒤 장르와 독자층을 바꾼 경우다. 그녀는 글을 쓰는 것에 대한 자신의 재능과 사랑을 내던지지 않고 그대로 인접 공간으로 옮겨 심은 것이다.

내가 잘 아는 저널리즘 분야에서 인접 공간으로 옮겨심기를 한 또 다른 예를 들어보겠다. 일반적으로 말해, 저널리스트들은 급여 수준이 그리 높지 않다. 아마 인쇄물에서 텔레비전, 인터넷에 이르는 모든 미디어 분야를 통틀어 미국 저널리스트들 가운데 중상층 이상의 수입을 올리는 저널리스트는 몇천 명 정도밖에 되지 않을 것이다. 그래서 결혼을 하거나 둘째 또는 셋째 아이를 가진 뒤 갑자기 자신의 수입에 좌절감을 느끼는 저널리스트들이 많다. 그들은 저널리스트 분야에서는 자신이 더 이상 발전할 여지가 없다고 생각하며, 그래서 스스로 인접 공간인 홍보 분야로 옮겨심기를 하는 경우가 많다.

그러나 바로 이 무렵 저널리스트들은 큰돈을 벌지 못하는 한 사회적 지위의 상실 같은 것을 느끼게 된다. 저널리스트는 자긍심이 강한 집단으로, 설사 돈은 더 많이 번다고 해도 대개 홍보 분야를 부정적인 눈으로 본다. 그래서 많은 저널리스트들은 이렇게 생각한다. '죽어도 홍보 일은 안 할 거야. 내 원칙들에도 맞지 않아.' 그러다 돈에 쪼들려 결국 홍보 분야로 자신을 옮겨 심고 난 뒤에야 홍보 일이 생각보다 매력적이라는 사실을 깨닫는다. 그들은 고객들을 조사하고 다양한 도전에 대한 프레임을 짜고 흥미로운 홍보 해결책들을 만들어낸 뒤 그것들을 실행에 옮긴다. 어떤 면에서 보면 홍보는 경영 컨설팅에 가깝다. 또한 당신의 경험을 존중하고 당신의 조언에 귀 기울여주는 고객 쪽 고위직들을 주로 상대하게 된다. 게다가 당신은 하급직이 아니기 때문에 보도 자료를 만드느라 밤늦게까지 볶아댈 필요도 없고, 당신을 만나고 싶어 하지 않는 저널리스트들을 만나려고 애쓸 필요도 없다.

내가 알고 있는 전직 저널리스트들 중에는 자신이 홍보 쪽 일을 하리라곤 상상도 못 했지만 지금은 아주 만족스럽게 그 일을 하고 있고 그것도 아주 잘하고 있는 저널리스트들이 여럿 있다. 어떨 것 같은가? 그들은 새로 태어난 기분을 맛보고 있다. 이전 동료인 퀜틴 하디Quentin Hardy[10]는 한때 〈포브스〉지의 실리콘밸리 담당자였고 그 뒤 〈뉴욕타임스〉지에서 기자로도 일했다. 그는 〈타임스〉지를 위해서도 많은 일을 했으며, 특히 인공지능과 빅데이터 분야에서 종종 세계에서 가장 영향력 있는 저널리스트들 중 하나로 꼽히기도 했다.

오늘날 퀜틴은 구글 클라우드의 모든 콘텐츠를 다루는 편집 책임자다. 그는 권위도 있고 명예도 있지만 더 이상 발전할 전망이 없고 급여 수준은 높지 못한 저널리스트 일을 과감하게 내던지고 전직을 시도했다. 현재 그는 구글에서 꽤 많은 돈을 받고 있으며, 가장 중요한 디지털 기술 분야에서 가장 똑똑한 사람들과 함께 일하고 있다. 그의 경쟁 상대는 마이크로소프트와 아마존이다.

이런 형태의 옮겨심기가 퀜틴의 경우에는 잘 맞았다. 그는 인접

레이트 블루머

공간으로 옮겨 갔고, 자신이 하는 저널리스트 일에 부정적인 생각을 갖게 되기 전에, 그리고 저널리스트로서의 성공과 직업상의 인맥을 십분 활용할 수 있을 때 저널리즘 분야를 떠났다. 그리고 그 덕에 정체 상태에 머물지 않고 계속 자신을 꽃피울 수 있었다.

＊ ＊ ＊

이제 다른 종류의 옮겨심기를 하나 더 언급하겠다. 당신의 옛 친구들과 동료들이 당신의 발전을 가로막는다고 생각되면, 새로운 친구들과 동료들 속으로 자신을 옮겨 심는 게 좋다. 나는 이 경우 직장을 옮길 때와 동일한 전략을 쓸 것을 권한다. 먼저 현재 우리가 처한 환경이 해로우며, 따라서 즉각 떠나야 한다는 사실을 인정해야 한다. 그러나 우리는 그런 환경에서 헤어 나오지 못하는 경우가 더 많다. 직장은 영 별로다. 그런데 직장 동료들은 괜찮다. 친구들이 있어 따분하진 않지만, 그들이 스스로 꽃피고 싶어 하는 당신의 욕구를 충족해주진 못한다. 그럼 어떻게 해야 할까? 위험이 따르는 옮겨심기를 하면서 좋든 싫든 모든 걸 내던져야 할까?

이런 경우 그나마 위험이 덜 따르는 옮겨심기 방법이 바로 또래 집단에 합류하는 것이다. 그런 또래 집단들의 원조는 아마 회원들을 더 나은 연설가로 만들고 그걸 통해 자기가 하는 일에 자신감을 갖게 해줄 목적으로 1924년에 결성된 비영리단체 '토스트마스터즈Toastfmasters'일 것이다. 《콰이어트》의 작가 수전 케인은 내성적이고 소심한 사람들에게 특히 도움이 된다며 토스트마스터즈를 지지했다.) 또 다른 중요한 또래 집단은 '익명의 알코올 중독자들Alcoholics Anonymous'로, 전문적인 훈련을 받지 못한 두 명의 알코올 중독자들이 다른 알코올 중독자들의 치유를 돕기 위해 1930년대에 결성됐다. 중독 치유 목적의 단체들뿐 아니라 다른 많은 단체들이 이 '익명의 알코올 중독자들'을 모델 삼아 만들어졌다.

'비스티지 인터내셔널Vistage International'은 내가 봐온 아주 흥미로운 직업 관련 또래 집단들 중 하나로, 이 단체의 유료 회원들은 중소기업 소유주들이다. 중소기업 소유주들은 중대한 도전에 직면할 때 누구와 얘기를 나눌까? 그들은 언제 아이디어가 고갈될까? 최고위층 직원들은 언제 경쟁 업체로 이직할까? 중소기업 소유주들은 언제 급료를 지불할 수 없게 될까? 또는 언제 가정 문제나 건강 문제가 생길까? 그들은 아마 자신의 고민들을 직원들에게 얘기할 수는 없을 것이며, 중역들에게 조언을 구해봐야 별 도움도 못 얻고 나약한 사람으로 보이기만 할 것이다.

그러나 자신의 고민을 또래 집단에, 그러니까 직접적인 경쟁 관계에 있지 않은 다른 중소기업 소유주들에게 털어놓을 때는 경우가 다르다. 상대가 믿을 만한 사람이고 그 조언이 신뢰할 만하며 별도의 비용도 들지 않는다면 편하게 조언을 구할 수 있을 것이며, 이후에도 필요할 땐 언제든 다시 조언을 구할 수 있을 것이다. 정신적 유대감이 없기 때문에 오히려 자신의 약점을 드러내며 도움을 청하고 조언을 받아들여도 더 안전하게 느낄 수 있는 것이다.

기독교 교회와 다른 신앙을 토대로 한 단체들 역시 또래 집단의 좋은 원천이다. 언젠가 거대 교회 설립자이자 목사인 릭 워런Rick Warren에게 온라인 전문 교회인 새들백 커뮤니티 교회의 성장을 뒷받침해준 비결이 무엇인지 물은 적이 있다. 그러자 그는 이렇게 답했다. "소그룹들이죠. 새들백의 진가는, 그리고 새들백에 대한 신도들의 충성도를 이끌어내는 힘은 제가 하는 일요일 설교에서 나오는 게 아닙니다. 그 힘은 월요일부터 금요일까지 진행되는 각종 소그룹 모임에서 나옵니다."[11] 내가 다니는 교회도 그렇고 다른 많은 교회들도 그렇고, 교회에서는 월요일부터 금요일까지 이혼의 충격 치유하기, 어린아이들 양육하기, 10대 자녀들 돌보기, 실직의 충격 이겨내기, 사업 시작하기, 다른 많은 도전 극복하기 등을 주제로 여러 소그룹 활동들이 진행된다. 그리고 '익명의 알코올 중독자들'이나 다른 중독 치유 단체들과 마찬가지로 교회의 소그룹들도 무료이며, 비전문가들에 의해 운영되고, 비밀이 보장된다.

이런 소그룹들이 원하는 것은 단 하나, 당신이 도움을 받듯 다른 사람들을 도우라는 것뿐이다. 소그룹은 당신의 옮겨심기 옵션들을 하나하나 검토해볼 만한 안전하면서도 위험 부담이 적은 방법이다.

✳ ✳ ✳

자신을 보다 적절한 화분으로 옮겨 심기로 마음을 굳혔다면, 그

다음에 할 일은 미래에 대한 비전을 만들어내는 것이다. UCLA의 할 허쉬필드Hal Hershfield 교수에 따르면, 미래의 자아를 좀 더 정확히 그려내는 사람일수록 자신에게 더 나은 결정들을 내릴 수 있다고 한다.[12] 당신이 그려내는 미래의 자아는 활짝 꽃핀 자아다. 당신은 그 사람이 당신일 수 있고, 또 바로 당신이라는 것을 믿어야 한다. 심리학 분야에서는 이를 '정체성 목표' 만들기라고 한다. 연구원 피터 골위처Peter Gollwitzer와 파스칼 시란Paschal Sheeran, 베레나 미칼스키Verena Michalski, 안드레아 시페프트Andrea Siefert에 따르면, 새로운 사회 경력의 길을 모색하는 것처럼 중요한 목표를 세울 때 그 목표를 정체성 목표와 연결하면 상당히 도움이 된다고 한다.[13] 그러니까 당신이 앞으로 되고 싶은 새로운 당신을 상상하는 것이다. 그 새로운 당신은 어떻게 입고 어떻게 먹고 어떻게 말을 할까? 그 새로운 당신은 다른 사람들과 어떻게 교류할까?

우리 자신을 다른 데로 옮겨 심으면 우리의 행동 또한 변화하게 되지만, 당신 자신의 기본적인 기질이 너무 크게 변화되게는 하지 말라. 그보다는 그 기질을 살려서 일하고 그 기질을 확대하고 그 기질을 당신에게 도움이 되게 잘 활용하라. 《라이프 2.0 Life 2.0》을 쓸 때 나는 뉴욕 지역에서 아이오와주 디모인으로 이사를 간 한 남자와 인터뷰를 했다. 그는 보험 업계에 있었고, 그래서 계속 뭔가를 팔아야 했다. 뉴욕 지역에서 그는 보험 판매에 관한 한 필요한 만큼 공격적이질 못하다고 늘 비판을 받았다. 그는 이런 말을 들었다. "좀 더 공격적으로 마케팅을 해봐요." 그런데 아이오와주로 이사를 한 뒤에는 완전히 반대되는 말을 들었다. "너무 공격적이에요." 그에게는 기질을 마구 발휘하는 것보다는 적당히 억누르는 게 더 쉬웠다. 그리고 그는 디모인에서 활짝 꽃피었는데, 그건 기질을 적당히 억누른 덕이었다. 마지막으로 만나 얘기를 나눴을 때, 그는 출퇴근 시간이 15분밖에 안 되는 디모인 서부에 멋진 집을 갖고 있었으며, 이웃들을 자랑하느라 정신이 없었다. 그는 디모인을 아주 좋아했다.

당신 자신을 활짝 꽃피우기 좋은 화분을 갖는 가장 좋은 방법은 직접 그런 화분을 만드는 것이다. 이는 예부터 많은 기업 창업자들이 해온 일이기도 하다. 흔히 사람들은 창업자들이 금전적인 이유 때문에, 즉 부자가 되기 위해 기업을 차린다고 생각한다. 그러나 실제 창업자들은 여러 가지 개인적인 이유들로 기업을 차린다. 부자가 되려고, 어떤 생각이 옳다는 것을 입증하려고, 현상을 타파하려고, 예전 고용주에게 복수하려고, 큰 발자취를 남기려고, 틈새시장을 노리려고, 자기 시간을 가지려고 등등, 그리고 이 모든 이유들의 공통점은 통제다. 기업가들은 자신이 적합하다고 생각하는 제품들과 직원들, 그리고 문화를 선택한다. 직접 화분을 만드는 것이다.

내가 30년간 사업에 대한 글을 쓰고 강연을 하면서 놀란 것은 성공한 기업들의 유형이 정말 다양하다는 것이다. 제품이나 업계 또는 장소가 다양하다는 뜻이 아니라, 조직 구조와 문화가, 즉 화분의 모양과 토양이 다양하다는 뜻이다. 1971년 프레드 스미스Fred

Smith에 의해 시작된 페덱스FedEx는 현재 650억 달러 가치를 지닌 세계적인 거대 기업이다. 스미스는 이 기업을 군대처럼 운영하고 있다. 해병대 출신인 그는 남자 직원들에게 흰 셔츠에 넥타이 등 엄격한 복장 규정을 적용하고 있으며, 모든 직원들에게 일정 엄수를 요구하고 있다.[14] 미팅에 늦는 일은 절대 용납되지 않는다. 직원들은 페덱스의 문화 안에서 발전할 수도 있고 그렇지 못할 수도 있지만, 조직 문화가 아주 명확해 혼란스러워하는 직원은 전혀 없다. 반면에 리처드 브랜슨의 기업들은 조직 문화가 한결 느슨한데, 그건 그 기업들이 장발의 이단아 브랜슨 자신이 좋아하는 화분들이기 때문이다.[15]

소프트웨어 거대 기업 VM웨어VMware의 공동 창업자인 다이앤 그린은 일벌레들이 사는 실리콘밸리의 기준에서 봤을 때 가족처럼 화기애애한 분위기의 화분을 만들었다.[16] 1919년 1월까지 구글 클라우드의 최고 경영자였던 다이앤 그린은 구글에 근무하는 기혼 직원들에게 일찍 귀가해 가족들과 함께 저녁 식사를 하라고 권했다. 시장에서 구글 클라우드와 치열한 경쟁을 벌이고 있는 기업은 앤디 재시Andy Jassy가 이끄는 아마존 웹 서비스Amazon Web Services인데, 앤디 재시는 세계에서 가장 까다로운 상사들 중 한 사람인 아마존 창업자 겸 최고 경영자 제프 베조스에게 직접 보고를 한다. 아마존의 기업 문화는 특히 베조스에게 직접 보고를 해야 하는 사람들에겐 아주 빡빡하다.[17] 특정한 유형의 사람들은 아마존이라는 화분 안에서 활짝 꽃피겠지만, 많은 사람들의 경우 그렇지 못할 것이다. 온라인 직장 평가 사이트 글래스도어Glassdoor를 비롯한 무료 웹 소스들에서 미리 조사해본 사람이라면, 아마 어떤 기업의 화분 모양과 토양에도 놀라지 않을 것이다.

그래서 장소 면에서든 조직 문화 면에서든 자신에게 맞는 화분을 찾는 것은 자신을 꽃피우는 데 아주 중요하다. 우리 중 일부는 민들레 같아서 다양한 화분에서도 꽃을 피울 수 있다. 그러나 많은 레이트 블루머들은 수전 케인과 데이비드 돕스가 말한 것처럼 난초에 가까운 사람들이다.

다음 화분의 모양이 어떨지 제대로 알지 못하는 상태에서 옮겨 심기를 시작해도 좋다. 심리학자들이 말하는 '목표 전념goal commit- ment'을 위해서도 우리는 어쨌든 과정에 전념해야 한다. 10여 가지 연구 결과가 보여주듯, 목표 전념은 목표 달성의 열쇠다.[18] 목표 전념은 눈에 띄는 건강 개선과 학업 및 업무 성과 증대에도 도움이 된다. 한 연구에 따르면, 자신의 학업 목표들을 자세히 적고 그 목표들에 전념한 학생들은 그렇지 않은 학생들보다 학업 목표들을 달성한 경우도 더 높았고 학업 성과도 더 좋았다고 한다. 목표 전념에 대한 2002년의 한 연구 또한 전념은 "변화와 관련된 가장 중요한 요소들 가운데 하나"라는 결론을 내리기도 했다.

전념이 변화의 열쇠라면 우리는 어떻게 해야 할까? 우리 레이트 블루머들은 자신을 옮겨 심는 것처럼 획기적인 일에 어떻게 전념해야 할까?

첫걸음을 내디딤으로써 그렇게 해야 한다. 그렇다. 그저 첫걸음을 내디더라. 설사 완벽한 걸음이 아니더라도 걱정하지 말라. 관심사, 또래 집단, 장소, 희망을 찾아보라. 그리고 당신의 다음 화분을 마음속에 그려보라.

그러나 옮겨심기를 한다는 것이 무언가에서 달아나는 게 아니라는 사실을 명심하라. 치유 프로그램들에서는 끝없는 옮겨심기를 '지리 탓하기'라고 부른다. 그러니까 자신의 모든 문제들에 대해 주변 사람들을 탓하는 것이다. 마치 다른 도시에서 새 출발을 하기만 하면 세상 모든 게 달라질 듯이 말이다.

그러나 이런 종류의 이유가 아니더라도 당신의 현재 화분이 당신 자신을 꽃피우는 데 도움이 안 된다면 그야말로 옮겨심기를 해야 할 때인지 모른다. 곰곰이 생각하다가 마음 바뀌는 일이 없도록 하라. 현재의 삶에서 벗어난다는 건 쉬운 일이 아니다. 저항에 부딪히게 될 것이다. 많은 사람들이 현재와는 많이 다른 미래를 꿈꾸지만, 스스로를 재창조하지 못하게 하려는 심리적·사회적 힘들은 아주 강력하다. 그게 우리가 인정할 수밖에 없는 현실이다. 변화에 저항하는 힘이 없다면 우리 삶에서 그 무엇 하나 바뀔 수 없다.

"우리는 삶을 살아가면서 계속 우리의 정체성을 바꿔야 합니다."[19] UCLA의 심리학 교수 라벤나 헬슨Ravenna Helson의 말이다. 그녀는 지난 50년 넘게 120명의 여성들을 추적 관찰하면서 성격 특성, 사회적 영향, 개인 발달 등을 연구했다. 그 과정에서 그녀는 너무 늦어서 자신을 재창조할 수 없는 경우란 없음을 입증했다. 그녀는 이렇게 말을 이었다. "심지어 60세에도 마음을 굳게 먹고 자신이 꿈꾸는 사람이 되기 위해 노력할 수 있습니다. 내 연구에선 10여 명의 여성들이 60대에서 70대 사이에 아주 긍정적인 성격으로 변화되는 걸 보여주었습니다."[20]

잊지 말라. 옮겨심기에 관한 한 우리 레이트 블루머들이 얼리 블루머들보다 뚜렷한 장점을 가지고 있다. 우리는 타고나기를 호기심이 많고 회복력도 좋다. 우리는 다른 길을 걷거나 관습에서 벗어나는 걸 두려워하지 않는다. 우리는 길모퉁이를 돌아 또는 언덕을 넘어 무엇이 있는지 아주 궁금해한다. 레이트 블루머의 이런 장점들 덕에 우리 자신을 활짝 꽃피울 때 도움이 될 사람들과 장소를 찾는 데 필요한 변화가 가능하며 심지어 그런 변화가 촉진되기도 한다.

옮겨심기의 진정한 장점은 우리의 삶을 다른 누군가가 아닌 바로 우리 자신이 좌지우지하게 된다는 것이다. 우리를 담을 수 있는 완벽한 화분이란 있을 수 없다. 우리는 늘 성장할 것이며, 우리는 늘 배울 것이다. 그리고 우리는 다음 도전, 다음 화분을 위해 우리의 경험을 활용할 수 있을 것이다. 행복하지 못한 자신의 삶을 과감히 떨쳐내고 떠날 수 있는 사람은 자신의 열정을 추구할 수 있으며, 또 삶에 대한 새로운 열의를 불태울 수 있다. 새로운 시작, 새로운 자기 인식, 새로운 자기 결정에 대한 우리의 권리는 늘 이상적인 삶을 위한 가장 기본적인 토대였다.

자, 이제 우리 다 함께 그 길을 가자.

LATE BLOOMERS

9
기다린 보람, 진정한 롱런

92세의 퇴직자 제럴딘 와이스Geraldine Weiss는 이제 끈질기게 버틴다는 게 어떤 의미인지 잘 안다.[1] 그녀는 30대 때 아이들의 엄마로서, 또 월급이 변변치 않은 해군 장교의 아내로서 경제적으로 고생을 많이 했다. 그러다 훗날 그야말로 진정한 레이트 블루머답게 역사상 가장 큰 성공을 거둔 여성 주식 투자자가 되었다.

1926년 미국 샌프란시스코에서 태어난 와이스는 지방 고등학교를 다녔고 UCLA, 즉 캘리포니아대학교 버클리캠퍼스에서 금융 및 재정 공부를 했다. 대학 재학 중에 그녀는 틈나는 대로 도서관에 들러 비즈니스와 투자 관련 책들을 닥치는 대로 찾아 읽었다. 그러다 곧 1934년에 나온 책《증권 분석》(이 책은 훗날 무명의 한 젊은

이에게도 영향을 주게 되는데, 그가 바로 투자의 귀재 워런 버핏이다)의 설득력 있는 논리에 푹 빠져들었다. 그 책의 저자인 벤저민 그레이엄Benjamin Graham과 데이비드 도드David Dodd는 기업 주식은 실제 회사에 대한 지분율을 나타내므로 모두 '내재 가치intrinsic value'를 갖는다고 주장했다. 게다가 그 내재 가치는 늘 주식시장에 의해 잘못 매겨진다.

1920년대와 같은 주식 붐 시대에는 주식들이 과대평가되어 결국 1929년 주식시장 붕괴 직전에 이르러 본래의 내재 가치를 말도 안 되게 웃돌았다. 주식시장이 붕괴된 1930년대 초에는 대부분의 주식들이 본래의 내재 가치에 한참 밑도는 가격으로 거래됐다. 일반 대중들은 1929년 정점을 찍은 뒤 그 가치가 거의 상실돼버린 주식에 진저리를 쳤다. 그레이엄과 도드는 주식시장은 어느 때든 제대로 평가된 적이 거의 없다고 말했다. 단기적으로 주식시장은 인기 투표를 하는 투표 집계기처럼 작동된다. 그러나 장기적으로는 체중계처럼 작동되어 본래의 주식 가치에 더 가까워진다.

1949년 그레이엄과 도드는 보다 많은 인기를 끈 자신들의 두 번째 책 《현명한 투자자》를 내놓았다. 놀랍게도, 이 두툼한 640쪽짜리 책은 몇 년에 걸쳐 100만 부 이상 팔려 나갔다. 내가 이 책을 집필 중인 2018년 여름 현재, 《현명한 투자자》는 아마존에서 금융 분야 베스트셀러 3위에 올랐다. 그러나 《현명한 투자자》가 처음 등장해 투자의 내재 가치 개념을 강화하고 있던 시절에도, 제럴딘 와이스는 이미 그레이엄과 도드를 뛰어넘는 생각을 하고 있었고, 또 주식 투자에 대한 자신만의 아이디어들을 발전시키고 있었다.

와이스는 내재 가치라는 개념에 이의를 제기하지는 않았으나, 가치가 어떻게 결정되는지에 의혹을 품고 있었다. 그레이엄과 도드는 특히 주가/수익 비율과 주가/순자산 비율이라는 두 가지 비율을 즐겨 사용했다. 오늘날에도 투자자들은 이 두 비율을 자주 사용한다. 그래서 거의 어떤 날이든 CNBC로 채널을 돌리면, 짐 크래머Jim Cramer가 주식의 주가/수익 비율과 주가/순자산 비율에 대해 얘기하는 걸 듣게 된다. 또한 구글에서 어떤 기업의 주식을 검색하면, 아마 바로 주가/수익 비율과 주가/순자산 비율이라는 말들이 튀어나올 것이다. 그러나 와이스는 이 두 비율에 대해 회의적이었다. 그녀는 이 두 비율을 기업 경영진이 얼마든지 조작할 수 있다고 믿었으며, 지금까지도 그렇게 믿고 있다.

와이스는 주식 수익이 아니라 배당금이 한 회사의 재정 건전성과 재정 모멘텀을 제대로 보여준다고 생각했다. 그래서 그녀는 회사 배당금이 오르는 것을 주식 성장을 예견하는 신호로 보았다. 한 회사의 배당금 증감 역사가 특정한 날에 그 회사 주식이 지나치게 고평가되고 있는지, 저평가되고 있는지 보여주는 패턴이 된다고 본 것이다.

자신의 새로운 이론을 검증해보고 싶었던 와이스는 투자회사들에 취업 의뢰서를 보내기 시작했다. 그러나 그녀는 곧 두 가지 벽에 부딪혔다. 한 가지 벽은 1950년대와 1960년대에 투자 업계에 널리 퍼져 있던 반유대주의 풍조였고, 다른 벽은 그녀가 여성이라는 사실이었다. 대학 시절 재정 문제를 전공했고 그레이엄과 도드의 책들은 물론 중요한 투자 관련 책들을 두루 섭렵했음에도 어떤 투자회사에서도 그녀에게 비서 이상의 일자리를 주려 하지 않았다.

1962년, 그녀 자신의 말을 빌리자면 샌디에이고에서 "하루 벌어 하루 먹는" 생활을 하고 있던 그녀는 남편에게 부탁을 했다. 자신의 기준으로 볼 땐 분명 '블루칩', 즉 우량주인데 배당금 추세에 따르자면 아직 저평가되고 있는 주식을 100주만 살 수 있게 해달라고 말이다. 그 첫 투자는 성공했으며, 주식시장에서 그녀의 배당금 이론들을 직접 검증해보기로 마음먹은 이후 4년간의 투자 역시 대성공이었다. 이제 자신의 투자 원칙들에 확신을 갖게 된 와이스는 투자회사들에 취업 의뢰서 보내는 일을 그만두었다. 대신 그녀는 40세에 〈인베스트먼트퀄러티트렌즈Investment Quality Trends〉라는 투자 소식지를 창간했다. 그녀는 소식지 창간호에서 나름대로 분석한 것에 따라 '우량주'이지만 아직 저평가되고 있는 주식 34개를 추천했다. 그녀가 1966년에 엄선한 34개 주식들 중에는 IBM, 켈로그Kellogg's, 제너럴모터스 등이 포함되어 있었다.

현재 〈IQ트렌즈IQ Trends〉로 불리는 그 소식지는 와이스가 선택한 후임자 켈리 라이트Kelley Wright가 운영하고 있으며, 여전히 독자들을 통해 많은 돈을 벌어들이고 있다. 그러나 처음 시작했을 때는 빈약한 재정 상태 때문에 고전을 면치 못했다. 1962년 100주로 시작한 주식 투자로 돈을 벌고는 있었지만, 그녀의 초기 투자는 워낙

레이트 블루머

규모가 작았다. 그래서 1966년 소식지 〈IQ트렌즈〉를 시작했을 때에도 여전히 돈에 쪼들렸고, 투자할 수 있는 돈이 2,000달러밖에 안 됐다. 1966년부터 1969년 사이에는 여분의 소식지 구독료를 탈탈 털어 간신히 재투자를 할 수 있었다. 소식지가 이익을 내는 데에는 3년이 걸렸다. "그때 제가 배운 게 참고 견디는 거였어요." 그녀의 말이다.

그러나 제랄딘 와이스는 여성 차별에 맞서 싸우는 것으로 모든 걸 끝내진 않았다. 2017년 런던의 신문 〈텔레그래프Telegraph〉는 이런 기사를 올렸다. "그 누구도 여성한테 투자자문을 받으려 하지 않았다. 그녀는 여성한테 투자자문 받는 건 거절한다는 한 신사의 편지를 보관하고 있었다. 그 신사는 자신이 실은 여성에게 투자자문을 받고 있다는 사실을 까맣게 몰랐다. 이런 편견에 부딪히지 않기 위해 그녀는 자신의 필명을 'G Weiss'라고 지었으며, 그녀가 1977년 인기 TV쇼 〈월스트리트 위크Wall Street Week〉에 출연하기 전까지 거의 대부분의 사람들이 소식지 〈IQ트렌즈〉는 남성이 운영하는 곳이라고 믿었다."

"그때쯤 저는 이미 제법 오래 사업을 하고 있었고, 많은 사람들이 제 소식지 덕에 돈을 벌고 있었죠." 와이스의 말이다. 당시 그녀의 나이는 51세였고, 투자 세계에서 비로소 그녀에게 관심을 보이기 시작했다.

제랄딘 와이스가 레이트 블루머로 성공을 거둔 것은 순전히 참고 견딘 덕이라고 할 수 있는데, 참고 견디는 힘은 인내심으로 뒷받침되며 깊은 열정으로 더 강화된다. 인내심은 와이스 투자 철학의 핵심이다(그레이엄과 도드의 또 다른 유명한 제자 워런 버핏도 마찬가지다). 물론 배당금이 높은 주식에 투자한다고 해서 하룻밤 사이 부자가 되진 못한다. 사실 와이스 역시 1999년처럼 투자자들이 가치주에 등을 돌리고 닷컴 기업들로 달려간 거품경제 후반기에는 가끔 투자 손실을 봤다. 그러나 그녀는 자신의 투자 철학을 믿었고, 그래서 여러 해 동안 냉혹한 주식시장에서 자신의 철학을 시험했다. 이따금 잘 안 풀리는 해도 있었지만 그녀는 개의치 않았다.

제랄딘 와이스는 전형적인 레이트 블루머이며, 우리 모두의 본보기다. 당신이 아무리 재능이 있고 운이 좋고 열정적인 사람이라 해도, 삶에서 뭔가 가치 있는 일에 성공하려면 참고 견뎌야 한다. 내가 이 책 집필 과정에서 레이트 블루머들을 인터뷰했을 때, 거의 모든 사람들이 일단 자신의 열정과 자신의 '화분'을 발견하면 거기 매달려야 한다고, 그러니까 때가 될 때까지 참고 기다려야 한다고 했다.

우리가 만일 어떤 목표나 열정에 인내심을 갖고 매달릴 수 있다면, 즉 참고 기다릴 수 있다면 삶의 어느 시점에선가 반드시 일대 돌파구를 찾을 기회를 잡게 된다. 이른바 '하룻밤 사이에 거둔 성공'도 알고 보면 결국 20년 또는 30년, 아니면 무려 50년의 노력

레이트 블루머

끝에 마침내 돌파구를 찾은 경우다. 우리 사회가 조기 성공에 워낙 집착하고 있어서 오랜 노력 끝에 거둔 성공은 타고난 재능 덕으로 잘못 이해되는 경우가 많다. 그러나 이 책에서 거론된 많은 성공담들은 용기를 주는 영감이며, 또한 배움과 노력, 인내와 끈기, 궁극적인 성공의 본보기로 봐야 한다.

우리 레이트 블루머들이 아무리 차분히 잘 준비되어 있다 해도 많은 사람들은 여전히 마음속에 이런 의문을 품는다. '내게 과연 내 운명을 찾아 그 운명대로 살아가는 데 필요한 내적 힘과 투지가 있을까?' 안정적인 일자리를 그만둬야 할 수도 있고, 친한 친구들을 떠나야 할 수도 있으며, 당신의 믿음과 확신이 흔들릴 때 참고 견뎌야 할 수도 있다는 뜻이다.

바로 위의 의문에 대한 답은 "그렇다"다.

나는 어떻게 확신 있게 그렇다고 답할 수 있을까? 많은 사람들이 역경과 희생을 몇 년씩 참고 견디는 것은 고사하고, 다이어트조차 1주일 이상 지속하지 못한다. 그런데 우리가 거듭나기 위한 힘든 여정을 과연 잘 참고 견딜 수 있을까? 더욱이 이런저런 장애물과 부모의 반대, 친구들의 회의적인 눈길 등에 직면하게 될 텐데?

나는 우리 레이트 블루머들은 두 가지 이유 때문에 잘 참고 견딜 것이라고 확신한다. 첫째, 레이트 블루머들은 타고난 이야기꾼이다. 개인적인 삶을 살아오며 우리는 이야기로 생각하고 이야기로 말하고 소통하며, 심지어 이야기로 꿈도 꾼다. 인간 인식의 기본은 이야기라고 해도 과언이 아니다. 우리는 혼돈에서 논리를 이

끌어내며, 우리의 삶을 이루는 모든 일들에 인과관계를 부여한다. 그리고 그렇게 하는 데 이야기가 도움이 된다. 이야기를 하는 게 참고 견디는 힘이 되어준다는 말이 잘 이해되지 않을 수도 있으나, 이야기를 할 수 있는 능력은 많은 사람들이 생각하는 것보다 훨씬 더 강력하다.

우리에게 참고 견디는 힘이 있다고 낙관하는 두 번째 이유는 우리에게는 나이 들면서 쌓인 경험과 삶의 교훈들(때로는 고통스러운 교훈들)이 많이 축적되어 있다는 것이다. 우리의 신경 구조는 물론 심리 특성의 모든 측면들과 마찬가지로, 참고 견디는 힘은 우리가 알고 있는 것보다 가소성이 더 크다. 성공하는 데 필요한 재능이나 감정 통제력, 그리고 다른 심리학적 특성들과 함께 참고 견디는 힘은 경험에 영향을 받는다. 또 그 힘은 나이가 들면서 더 강해진다. 물론 참고 견디는 힘이 저절로 강해지는 건 아니다. 인간의 다른 특성들과 마찬가지로 우울증과 좌절감에 빠지거나 방치될 경우 아예 사라져버릴 수도 있다. 따라서 우리는 참고 견디는 힘을 키우는 데 적극 발 벗고 나서야 한다. 그리고 이상하게 들릴지 모르지만, 우리는 이 힘을 체육관보다는 영화관에서 더 잘 키울 수도 있다.

레이트 블루머들이 가지고 있는 참고 견디는 힘의 비결들을 좀 더 잘 이해하기 위해, 이제 이야기의 힘과 참고 견디는 힘의 가소성, 이야기들이 서로 연결되는 방식 등을 좀 더 자세히 살펴보기로 하자.

$* \quad * \quad *$

이야기들은 단순히 이미 일어난 일들을 묘사할 뿐 아니라, 앞으로 일어날 일들을 결정짓는 데 도움이 되기도 한다. 우리가 우리 자신에게 하는 이야기들은 우리의 사고방식을 바꾸고 행복감을 높여준다. 이는 레이트 블루머들에게 아주 좋은 소식이다. 광범위한 연구 결과에 따르면, 이야기는 우리가 생각하고 느끼고 행동하는 방식을 변화시킬 수 있다고 한다.[2] 다시 말해, 우리 레이트 블루머들이 우리의 이야기를 바꾼다면 우리의 행동은 물론 우리의 삶까지 바꿀 수 있다는 얘기다. 과장된 얘기처럼 느껴질 수도 있겠지만, 이야기는 그야말로 성장과 성공을 위한 숨겨진 기폭제다.

이야기의 힘은 '이야기 심리학narrative psychology'이라는 완전히 새로운 의학 분야를 뒷받침하는 전제다. 이야기 심리학은 1980년대에 티오도르 사빈Theodore Sarbin,[3] 제롬 브루너Jerome Bruner,[4] 댄 맥애덤스Dan McAdams[5] 같은 심리학자들이 각자 따로 제시한 이론으로, 그들은 사람들이 어떻게 이야기를 구성하고 어떻게 이야기를 해 의미를 만드는지 연구했다. 신경과학과 일부 심리학 분파들에서 인간의 마음을 용기나 기계 또는 컴퓨터의 CPU 같은 것으로 본다면, 이야기 심리학에서는 마음을 '뛰어난 이야기꾼'로 본다.

물론 심리학 분야에서 마음을 이야기꾼으로 보는 것은 처음이 아니다. 심리학이 문학비평 수단들을 차용해오기 이전에 이미 프로이트와 그 추종자들은 정신 건강상의 문제는 이야기상의 문제

와 관련이 있다는 생각을 해냈던 것으로 믿어진다.[6]

그간 프로이트의 연구 내용 중 많은 부분들이 과소평가돼왔지만, 그는 각 개인을 대상으로 연구를 해 그가 아니었으면 계속 실타래처럼 얽혀 있었을 인간의 삶을 푸는 데 천재적인 재능을 발휘했다. 프로이트 학파 정신분석학자들은 자기 환자들이 자신의 이야기를 제대로 말하지 못하거나, 아니면 자기 이야기가 아예 없다는 사실을 알아냈다. 그래서 그들은 마치 대본 개작 전문가처럼 기본적으로 망가진 환자들의 이야기들을 수리하는 일을 했다. 다시 말해 프로이트 학파 정신분석의 진가는 뒤죽박죽 두서없는 환자들의 임의의 기억과 사건들을 철저히 해부 또는 분석해 일맥상통하는 이야기로 만들어내는 데 있었다.

이야기는 환자가 어떻게 과거의 어느 시점에서 현재에 이르렀는지, 또 어떻게 의미 있는 방법으로 미래로 나아갈 것인지 보여주었다. 어떤 의미에서 이야기를 만들어낸다는 것은 단순히 각 개인을 도와 자기 삶에서 일어난 사건들을 새로운 눈으로 보게 해주는 일 이상이었다. 그리고 그 결과 각 개인의 현실에 영향을 주었다.

어쨌든 냉혹한 객관적 현실은 혼돈스럽다. 끊임없이 움직이고 변화하는 사람들과 장소들과 날짜들과 시간들이 뒤죽박죽 뒤섞여 있기 때문이다. 사랑과 아름다움도 만들어내지만, 불운과 재앙 또는 비극적인 결과들도 만들어낸다. 또한 임의의 기회는 일부 우주적인 믿음과 진화론적 믿음의 토대일 수도 있지만, 대개 좋은 이야기를 만들어내지는 못한다.

레이트 블루머

따라서 우리는 모두 소설가나 역사가, 전기 작가, 부고 기사 작가가 하는 것처럼 한다. 별 의미도 없는 임의의 사건들에 이야기 구조를 입혀 이해도 되고 관리도 되는 맥락 있는 이야기를 만들어 내는 것이다. 우리는 모든 사건들을 질서 있게 정리하고, 그렇게 함으로써 그 사건들에 의미를 준다.

그러나 이야기는 단순히 뒤죽박죽인 일련의 사건들을 이해되게 정리하는 것에 그치지 않는다. 시간과 날짜와 일들을 질서정연하게 목록화하는 데 그치지도 않는다. 또한 이야기는 우리가 포함하거나 배제하기로 선택한 것들과 확대하거나 축소하기로 선택한 것들 등, 실제 선택들에 따라 달라진다. 이야기에 대한 욕구는 우리 속에 워낙 깊이 뿌리내리고 있어서 우리는 이야기가 존재하지도 않는 곳에서까지 이야기를 보려 한다. 그래서 우리는 별들에서도 이야기를 보고, 구름들에서도 이야기를 보고, 모양과 소리들에서도 이야기를 본다.

1944년 심리학자 프리츠 하이더Fritz Heider와 메리앤 지멜Marianne Simmel이 실시한 한 고전적인 실험을 예로 들어보자. 하이더와 지멜은 실험 참여자들에게 서로 다른 모양들 몇 개(삼각형 2개, 원 1개)가 상자 안과 주변에서 움직이는 짧은 애니메이션을 보여주었다. 그런 다음 각자 본 것을 설명해보라고 했다. 그러자 실험 참여자들은 마치 사람 이야기를 하듯이 그 두 삼각형과 원에 대해 설명했다. 특히 한 삼각형에 대해서는 '공격적인', '화가 난', '심술궂은', '성질이 못된' 등등 사람의 특성들에 빗대 이야기했다. (공평하게 말하자면, 그 삼각형은 좀 더 작은 삼각형이 자기 여자 친구인 원과 함께 도망갔기 때문에 화가 난 것이었다.)[7]

그러나 실험 참여자들은 단순히 비인간 물체들에게 인간의 특성들을 대입하는 것에 그치지 않았다. 즉 그런 물체들한테 '작인 agency(행위자의 의도, 욕구 또는 정신적 상태로 인해 일어난 행위의 발현-옮긴이)'이, 그러니까 자기 뜻대로 움직이고 자유롭게 선택하며 자신의 운명을 스스로 제어할 수 있는 능력이 있는 것으로 본 것이다. 이야기와 정체성에 대한 저술 작업을 활발히 했던 프랑스 철학자 폴 리쾨르Paul Ricoeur는 작인을 고통에 반대되는 개념으로 보았다.[8] 그에 따르면, 우리가 자신의 자유의지에 따라 독립적으로 행동하지 못할 때 우리는 고통을 받게 된다. 굴복하게 된다. 포기하게 된다.

그렇다면 작인을 잃었을 때 어떻게 그걸 되찾을 수 있을까? 늘 변화하는 우리의 이야기를 재방문해 그 속에서 우리 자신의 역할을 고쳐 씀으로써 되찾을 수 있다. 이야기 심리학이 우리에게 가르쳐주는 게 하나 있다면, 특히 어려운 시기 또는 좌절감이 느껴지는 시기에 이야기를 만드는 것이 우리의 생각과 행동에 지대한 영향을 줄 수 있다는 것이리라.

이야기를 만드는 것이 우리 삶의 방향까지 바꿔버릴 수 있다. 미국과 뉴질랜드 같은 국가들에서 모든 사회 계층과 인종 집단들 가운데 특히 대학생들, 경비가 삼엄한 교도소의 수감자들, 관절염과 만성 통증에 시달리는 환자들, 이제 막 첫아이를 출산한 여성들, 방금 해고된 사람들 등을 대상으로 수십 가지 연구를 진행했는데,

레이트 블루머

그 연구 결과들에 따르면 개인적인 이야기를 만들어내는 단순한 행위가 건강과 행동에 긍정적인 영향을 준다고 한다.[9]

이야기 심리학을 뒷받침하는 기본적인 아이디어는 나쁜 사건들이나 경험들이 실제로는 좋은 일이라고 자신을 속이라는 것이 아니라 한 사건에서 다음 사건으로 넘어가는 과정에서 의미를 찾고 가능하다면 동기도 찾으라는 것이다. 이야기 심리학은 우리로 하여금 환경은 끊임없이 변한다는 사실을 깨닫게 해준다. 살아가면서 때로는 단 하루 사이에도 우리 마음은 승리감에서 패배감 또는 따분함으로, 그러다 다시 또 황홀감으로 옮아간다. 우리는 대체 어떻게 그 많은 감정들과 싸워가며 계속 투지를 지킬 것인가? 그 답은 아주 간단하다. 바로 이야기가 변화무쌍한 삶을 참고 견딜 수 있게 프레임을 짜주는 것이다.

이는 우리 레이트 블루머들에게 좋은 소식이다. 우리 대부분은 우리의 진짜 이야기, 즉 새로 발견된 우리의 운명과 십분 발휘된 우리의 잠재력에 대한 이야기는 아직 쓰이지 않았다는 사실을 잘 믿지 못한다. 그렇다면 우리는 대체 어떻게 우리의 이야기를 쓸 것이며, 그걸 통해 어떻게 진정한 잠재력을 십분 발휘할 것인가?

이야기 심리학에 따르면, 우리가 우리 자신에게 들려주는 이야기들의 경우 사실 여부는 이야기 그 자체만큼 중요하지 않다. 그러니까 어떤 이야기가 꼭 사실이어야 할 필요는 없다는 뜻이다.[10] 우리 개인의 이야기들은 우리 자신을 계속 앞으로 나아가게 도와줄 수 있다. 우리의 이야기들은 사실에 근거할 수도 있고 현실에 충실할 수도 있지만, 전혀 사실이 아닐 수도 있다. 우리는 가끔 자신에게 미래에 대한 낙관적인 이야기를 들려줌으로써 우리의 투지와 끈기를 유지한다. 그리고 이런 이야기들은 실제의 우리 자신보다 강한 경우가 아주 많다.

기독교 신자들은 신약성서에 나오는 예수의 제자 베드로의 한 이야기에서 영감을 얻는다. 예수가 십자가 위에서 죽어가고 있는 상황에서 자신의 목숨이 로마 병사들에게 위협을 받았을 때, 베드로는 세 차례나 예수를 알지 못한다고 말한다. 정작 중요한 순간에 용기를 내지 못한 것이다. 베드로의 입장에서는 정말 수치스러웠을 것이다. 그 자리를 빠져나온 그가 본래의 직업인 어부의 삶으로 되돌아간 건 충분히 이해할 만하다. 그러나 며칠 뒤 베드로는 새로운 이야기, 즉 예수의 부활이라는 이야기에 의해 변화된다. 한때 겁쟁이였던 베드로가 그 위에 로마 기독교 교회를 세워도 좋을 만큼 단단한 바위로 변한 것이다. 결국 그는 순교자로 세상을 마쳤고, 훗날 그를 기리기 위해 성 베드로 대성당이 건설된다. 이처럼 이야기가 우리에게 큰 의미가 있을 경우, 그 이야기를 통해 우리는 가장 힘든 도전들도 극복할 수 있다.

참고 견디는 힘에 관한 한 이는 좋은 소식이다. 우리가 만일 성공 가능성에 따라 모든 결정을 내린다면, 우리는 그 어떤 위험도

레이트 블루머

감수하지 않으려 할 것이며, 그 결과 뭔가 큰일을 성취할 수도 없을 것이다. 그러나 실제 이야기들은 부정확하고 성공 가능성이 없어도 우리로 하여금 앞으로 나아가게 해준다. 사실 우리가 만들어내는 이야기는 거의 다 조금씩 거짓말이다. 우리의 이야기는 사실 확인이 된 다큐멘터리가 아니다. 우리의 이야기는 어느 정도 주관적인 해석을 허용하며, 바로 그런 이유로 성공한다. 어쨌든 삶을 냉정하게 이성적으로 바라보면, 우리 인간들은 사실 태어나서 종족 보존을 할 만큼 오래 살아남는 것 외에 달리 하는 일이 없다. 그러나 우리의 이야기가 뭔가 의미 있는 일을 하려고 우리가 태어난다고 말해줄 때, 우리는 힘든 시기나 역경을 훨씬 더 잘 참고 견딜 수 있다.

그러므로 이야기를 하는 것은 우리 레이트 블루머들이 좋은 목적으로든 나쁜 목적으로든 활용할 수 있는 수단이다. 예를 들어 우리 자신이 늦게 꽃피는 것은 운이 없거나 현명하지 못하거나 게으르기 때문이라고 해석한다면 우리는 미래에 대해 긍정적인 이미지를 갖기 어렵다. 그런 경우 우리의 이야기는 우리를 절망과 체념 속에 몰아넣을 수도 있다. 반면에 만일 우리가 실수를 했다거나 도전에 직면했다거나 잘못에서 뭔가를 배운다고 인정한다면 삶에 대한 우리의 자신감이 훨씬 강해질 것이다. 이와 관련해 미국의 소설가 커트 보니것Kurt Vonnegut은 자신의 소설 《마더 나이트》에서 이렇게 말했다. "우리가 어떤 사람인 척할 때, 그 사람이 바로 우리다. 그래서 우리는 어떤 사람인 척할 때 조심해야 한다."

여기서 잠깐 우리 자신의 이야기로 돌아가보자.

예를 들어 당신이 고용주에게 해고를 당했다면, 당신의 직장 생활이 제대로 풀리지 않을 것이라는 또 다른 증거일까? 당신이 실패자이거나 결코 꽃피우지 못할 레이트 블루머들 중 한 사람이라는 증거일까? 아니면 이제 자유롭게 당신 재능에 더 잘 맞는 직장을 찾을 수 있게 되었으니 이번 해고는 그간 있었던 그 어떤 일보다 좋은 일일까?

우리 레이트 블루머들이 자신의 이야기를 쓸 때 빠지기 쉬운 함정은 숙명을 믿는 것이다. 우리는 숙명과 운명을 뭉뚱그려 말하는 경우가 많지만 사실 숙명은 피할 수 없는 운명으로, 운명과는 다르다. 이와 관련해 전설적인 UCLA의 영화학 교수 하워드 수버Howard Suber는 이런 말을 했다. "당신은 당신의 운명을 추구하다가 당신의 숙명에 굴복한다. 운명은 자기 안에서 나오고, 숙명은 밖에서 온다. 숙명은 개인적인 의지와 통제력 너머에 있는 힘으로, 뒤에서부터 당신을 민다. 운명은 앞에서 끌어당기는 힘으로, 마치 자석처럼 작동하며 당신 스스로 선택한다."[11]

우리는 우리의 숙명 쪽으로 넘어진다.

그리고 우리의 운명을 향해 나아간다.

레이트 블루밍은 마지못해 숙명을 받아들이거나 외부의 힘에 굴복하거나 우리의 작인을 거부하는 데서 오지 않는다. 블루밍은 우리의 과거를 인정하고, 진실이든 아니든 우리에게 용기와 영감을 주는 낙관적인 개인 이야기를 통해 우리의 운명을 추구하는 데서 온다. 만일 우리가 문화의 힘들에 저항해, 또 부정적인 자기 믿음에도 불구하고 끝까지 참고 견디려 한다면 반드시 우리 자신에게 올바른 이야기들을 들려주도록 해야 한다.

$$* * *$$

내가 우리의 참고 견디는 능력을 확신하는 또 다른 이유는 참고 견디는 힘의 수준이 고정된 게 아니라는 것 때문이다.[12] 2016년의 베스트셀러 《그릿: IQ, 재능, 환경을 뛰어넘는 열정적 끈기의 힘》의 저자 앤절라 더크워스Angela Duckworth는 '끈기' 또는 '고집'을 뜻하는 '그릿grit'에 관한 한 자타가 공인하는 전문가다. 좀 더 엄밀히 말하자면, '그릿'에 대한 그녀의 정의는 이보다는 좀 더 복잡하다. 어쨌든 당신에게 그릿, 즉 끈기가 있다면, 당신은 참고 견딜 수 있다. 그녀는 '그릿 스케일Grit Scale'이라는 테스트를 만든 뒤 다양한 미국 성인들에게서 자료를 수집했다. 다음의 그래프는 그릿이 나이에 따라 어떻게 달라지는지 보여준다.

놀랐는가? 참고 견딜 수 있는 힘인 '그릿'은 나이가 들면서 더 강해진다. 그래프의 수평축을 보면 알 수 있겠지만, 성인들의 경우 참고 견디는 힘이 가장 강한 시기는 60대 말 이후다. 참고 견디는 힘이 가장 약한 시기는 20대 때다. 그렇다고 해서 20대가 참고 견디는 힘이 없다는 뜻은 아니다. 많은 20대는 그런 힘이 있다. 이 그래프는 뭔가 중요한 것에 매달리는 힘이 나이가 들면서 강해지는 경우가 많다는 것을 보여준다.

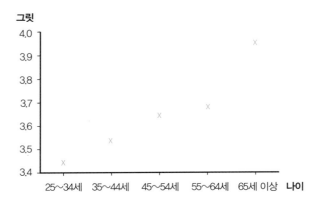

또한 이 그래프에서 보듯, 끈기와 경험과 나이는 서로 손을 잡고 간다. 우리는 앤절라 더크워스의 이 자료를 통해 나이가 들어 인생 철학을 확정 짓고, 좌절감을 극복하는 법을 배우고, 포기해도 좋은 덜 위험한 목표들과 끈기를 요구하는 더 위험한 목표들을 구분하는 법을 알게 되면 참고 견디는 힘 또한 강해진다는 걸 알 수 있다. 잘 알겠지만 이 모든 게 레이트 블루머의 특징이다.

인생 경험들은 정확히 왜 우리의 성격에 변화를 줄까? 더크워스에 따르면, 그 한 가지 이유가 예전에 몰랐던 뭔가를 배우게 된다는 것이다.[13] 그리고 우리 사회가 나이와 배움에 대해 어떻게 생각하든 하나하나 축적된 이 지식은 엄청난 가치를 지닌다. 시간이 흐르면서 우리는 인생 교훈들을 배우게 되고, 또한 나이가 들면서 계속 새로운 환경으로 들어가게 된다. 이와 관련해 더크워스는 이런 말을 했다. "우리 인간은 환경에 잘 대처한다. 그러니까 필요할 경우 스스로 변할 수 있는 것이다."[14] 참고 견디는 힘에 관한 한 레이트 블루머들의 다양한 경험들만큼 좋은 스승도 없다.

여기서 두 가지를 분명히 하겠다. 앞서 6장에서 나는 무언가를 그만두는 일의 장점들을 높이 평가했었는데, 그렇다고 해서 그게 삶의 어떤 시점들에서는 참고 견디는 힘(그릿)이 필요 없다는 얘기는 아니다. 분명히 해두지만, 뭔가 중요한 것을 성취하려면 참고 견뎌야 한다. 넘어졌을 때 다시 일어날 수 있어야 한다. 6장에서 내가 강조하고자 했던 것은 강요된 '그릿'은 우리의 호기심과 실험 정신을 가로막는다는 점이다. 강요된 투지는 우리에게서 성장하고 성숙해지는 데 필요한 시간을 앗아 간다.

성공에는 정해진 시간표가 있다는 믿음은 우리로 하여금 우리 자신의 진정한 임무나 목표를 찾게 해주기보다는 자신도 모르는 사이 열정의 환상을 만들어내게 한다. 스스로를 꽃피우고 계속 꽃 핀 상태를 유지하게 만드는 데 필요한 끈기는 말없이 조용한 투지다. 자아도취성 자신감의 표출이나 강요된 조기 성취의 시위라기 보다는 개인적인 투지인 것이다.

또한 6장에서 살펴본 로이 F. 바우마이스터의 '자아 고갈' 개념과 앤절라 더크워스의 '그릿 스케일' 결과들 사이에는 한 가지 차이가 있다. 자아 고갈 개념은 우리에게는 특정 시간에 한정된 양의 의지력 또는 '그릿'이 있다는 것이다. 그래서 하루 종일 뭔가에 집중하거나 밀어붙이거나 우리 자신을 억누르다 보면 그 유한한 양을 다 써버리게 된다. 반면에 그릿 스케일 결과들은 우리의 전반적인 그릿 또는 끈기의 양은 나이가 들고 경험이 쌓이면서 점점 증가

할 수 있다는 것을 보여준다. 이는 레이트 블루머들에게는 반가운 소식이지만, 그래도 우리는 제대로 열정을 가질 수 있는 일들에 우리의 에너지와 끈기를 할당해야 한다.

우리에게 끈기가 얼마나 많든 관계없이, 우리는 여전히 그 끈기를 낭비할 수도 있다. 따라서 우리는 우리가 직면하는 모든 도전에 함부로 우리의 끈기를 쓰지 않도록 해야 한다. 어떤 도전들의 경우 그럴 가치가 없다. 앞서 6장에서도 살펴봤듯이, 끈기나 의지력을 잘못 사용할 경우 지치게 되며, 심하면 병이 날 수도 있다. 그렇다고 해서 끈기가 다시 채워질 때까지 무작정 앉아서 기다리라는 의미는 아니다. 믿음, 목적, 인내력처럼 참고 기다리는 힘을 만들어주고 강화해주는 개인적 특성들이 있기 때문이다.

좋은 소식이 있다. 믿음, 목적, 인내심이라는 이 세 가지 특성은 나이가 들면서 같이 발달된다.

내일은 모든 게 오늘보다는 나을 것이라거나, 내일은 오늘보다 교통이 덜 혼잡할 것이라거나, 주말에 날씨가 좋을 것이라는 등의 단순한 기대는 '값싼 믿음'이라고 할 만하다. 숙명에 대한 하워드 수버의 설명과 마찬가지로, 이런 값싼 믿음에는 책임이라는 부담이 따르지 않는다. 내일 모든 게 더 낫거나 도로가 막히지 않거나 주말에 날씨가 좋은 건 전부 하늘의 뜻이다. 반면에 참고 견디는 힘은 이와는 달리 더 큰 책임, 즉 우리의 노력에 따라 미래가 달라진다는 믿음에서 나온다. 내일 더 나아지기를 희망하는 것과 내일 더 나아지게 만들겠다고 결심하는 것은 크게 다르다. 참고 기다리는 사람들이 갖고 있으며, 우리 레이트 블루머들에게 필요한 믿음은 우연과는 관계없고 의도와 관련이 있다.

참고 기다리는 힘을 만들어주고 강화해주는 그다음으로 중요한 요소는 목적이다. 목적이 뚜렷한 사람들은 그렇지 않은 사람들보다 의미 있는 삶을 추구하는 데 필요한 동기부여가 훨씬 더 잘된다.[15] 더크워스는 자신의 연구를 통해 목적의식이 뚜렷한 사람일수록 그릿 스케일에서도 더 높은 점수를 받는다는 사실을 발견했다. 목적은 우리에게 동기부여를 해준다. 또한 목적은 뚜렷한 신념을 통해 참고 견딜 수 있는 힘을 강화해준다. 그렇다고 해서 우리 모두 성인이 되어야 한다는 얘기는 아니다. 목적은 우리 레이트 블루머의 목표들을 보다 넓은 세상과 관련지어 볼 수 있게 해준다.

참고 기다리는 힘을 만들어주고 강화해주는 마지막 중요한 요소는 인내심이다. 앞서 언급했던 다이앤 그린은 내가 좋아하는 실리콘밸리의 레이트 블루머들 중 한 사람이며, "빨리 움직이고 모든 걸 타파하라"고 촉구하는 기업 문화에서 인내심을 갖고 움직이는 대표적인 인물이기도 하다. 그녀는 메릴랜드주 아나폴리스에서 자랐으며, 바다를 사랑했다. 소녀 시절에 그녀는 게 잡는 법을 배워서 마리당 5달러에 팔았다. 대학에서는 기계공학을 전공했으며, 틈틈이 윈드서핑을 즐겼다. 그녀는 19세 때부터 윈드서핑 세계 대회에 참가했고 빠른 속도로 소형 보트를 모는 법도 배웠다. 대학을 졸업한 뒤에는 연안 석유 회사에서 일했으나, 여성 금지 구역인 해양 시추선에 오르는 게 허용되지 않아 그만두었다. 그래서 그녀는 윈드서핑 회사에서 일하게 됐고, 나중에는 캠핑 장비 회사인 콜먼 Coleman에서 일했다.

그린은 33세에 학교로 되돌아가 컴퓨터과학 분야에서 석사 학위를 받았다. 그 덕에 졸업 후 소프트웨어 업계에서 첫 직장을 갖게 됐다. "비로소 성인의 일을 할 준비가 된 거예요"[16] 그녀의 말이다. 43세가 되던 1998년 그녀는 남편을 비롯한 다른 세 사람과 함께 소프트웨어 회사 VM웨어를 설립해 컴퓨터 하드웨어를 훨씬 더 효율적으로 쓸 수 있는 방법을 찾아냈다. VM웨어는 큰 성공을 거두었으나, 당시 최고 경영자였던 그린은 해고를 당했다. 해고 이유들 중에는 그녀가 너무 겸손한 데다 언론 기피 성향까지 있어 자신감 넘치는 젊은 최고 경영자를 선호하는 트렌드에 반한다는 이유도 있었다. 그러나 그린은 그렇게 끝나지 않았다. 그녀는 2012년에 구글의 이사가 되었고, 2019년 1월까지 구글 클라우드의 최고 경영자 자리를 지켰다.

내가 실리콘밸리의 또 다른 억만장자 다이앤 그린을 레이트 블루머에 포함하는 데 반대하는 사람도 있을 것이다. 내가 그녀를 레이트 블루머에 포함한 이유는 그녀 스스로 자신이 33세가 될 때까지 '성인의 일'을 할 준비가 되어 있지 않다고 평가했기 때문이다. 사실 그린은 자신의 33세까지를 삶을 일찍 꽃피웠다가 몰락한 조나 레러와 엘리자베스 홈즈 같은 얼리 블루머들처럼 미친 듯이 조기 성공과 명성을 좇은 시기로 보지 않고 모험과 탐구로 가득 찬 여정으로 본다. 메릴랜드주에서 게를 잡아 한 마리에 5달러에 판 일, 19세부터 윈드서핑 세계 대회에 참가한 일, 소형 보트를 빠른 속도로 모는 법을 배운 일, 연안 석유 회사에서 거친 남성들과 어울려 지낸 일, 캠핑 장비 회사에서 일한 일 등이 다 그 시절의 모험과 탐구였던 것이다.

그린의 이야기는 아주 분별 있고 지혜로운 것 같다. 그녀는 결코 잠시도 가만히 앉아 있지 않았지만, 그렇다고 조급하게 굴지도 않았다. 그녀는 사회적 관습에는 별 관심 없이 자기 자신의 길을 갔다. 그녀의 이야기는 조기 성공에 대한 오늘날의 '신동 이상' 광풍의 관점에서 볼 때만 이상하게 들린다. 그녀의 옛날식 인내심은 그녀가 자신과 다른 사람들을 대하는 모습을 보면 그대로 드러난다. 그녀가 VM웨어를 운영할 때 그녀의 두 아이는 아직 어렸다. 그린은 매일 밤 저녁은 집에서 가족들과 함께 먹어야 한다고 주장했다. 심지어 1990년대에도, 모두들 미쳐 돌아가던 실리콘밸리에서 그녀의 그런 주장은 반체제적으로 여겨졌다.

이 같은 그린의 경영 마인드는 테라노스사를 세운 얼리 블루머 엘리자베스 홈즈의 경영 마인드와는 아주 대조가 된다. 테라노스사에서는 최고 정보 보안 책임자가 매일 저녁 7시 30분에 비밀 스파이처럼 각 사무실을 돌아다녔고, 일찍 퇴근한 직원들을 확인해서 다음 날이 되면 회사 일에 전념하지 않는다며 목에 핏대를 세우면서 닦달해댔다. 이 책이 인쇄에 들어갈 무렵, 다이앤 그린이 인내심을 갖고 뒤늦게 꽃피워낸 VM웨어는 시가총액이 560억 달러였다. 그러나 신동 기업인 테라노스는 파산했다.

다이앤 그린의 이야기에서 우리는 신경과학은 그저 다음과 같은 사실을 알려줄 뿐이라는 것을 확인할 수 있다. "자기통제력과 높은 집중력, 패턴 인식 능력 같은 성공 기술들은 시간과 경험에서 우러나온다." 여기서 얻을 수 있는 교훈은 노력해야 하며 배워야 한다는 것이다.

그러나 우리는 또 인내심도 가질 필요가 있다. 자신의 저서《콰이어트》에서 수전 케인은 이런 말을 했다. "삶의 비밀은 당신 자신에게 적절한 조명을 비추는 데 있다. 어떤 사람들에게 필요한 것은 브로드웨이의 스포트라이트다. 또 어떤 사람들에게 필요한 것은 램프를 밝힌 책상이다. 끈기, 집중력, 통찰력, 감수성 같은 타고난 힘들을 활용해 당신이 좋아하는 일을 하고 중요한 일을 하라. 문제들을 해결하고 예술을 하고 깊이 생각하라. 당신이 이 세상에 어떤 기여를 하기 위해 태어났는지 알아내, 그 기여를 하도록 하라."[17]

멋진 조언이다. 그러나 엄청난 운이 따르지 않는 한, 자신에게 적절한 조명을 찾아내는 유일한 길은 다이앤 그린처럼 인내심을 갖고 그런 조명을 찾는 것이다. 그리고 인내심을 갖고 새로운 일들을 시도하고 새로운 열정을 좇는 데 필요한 의지력은 한정된 자원이기에(6장 참조), 우리 레이트 블루머들은 우리의 끈기를 어떻게 쓸 것인지 주의해야 한다. 레이트 블루머들이 가장 흔히 직면하는 난제들 중 하나는 이것이다. "언제 참고 견디며 언제 그만둘 것인지 어떻게 결정해야 하는가?"

✳ ✳ ✳

Scio te ipsum. 너 자신을 알라.

우리 레이트 블루머들은 저마다 날개가 다른 새들이다. 서로 다른 종류의 고양이들이다. 태생부터가 다르다. 어떤 상투적인 말을 해도 좋지만, 우리 레이트 블루머들은 '신동 이상'과 성공으로 향하는 컨베이어 벨트에는 맞지 않는다. 얼리 블루머 모델을 따를 경우, 적어도 의미 있고 지속 가능한 방법을 택하지 않는 한 성공을 기대할 수 없다. 얼리 블루머 모델을 따를 경우 결국 참고 견디는 힘이 고갈되어 더 이상 탐구할 수 없게 될 것이다. 결국 우리는 우리가 서로 다르다는 것에 주목하고 우리의 한계와 재능들을 인정하며 서로 다른 길을 가게 되어 있다는 것을 이해해야 한다.

　나이 50에 자신의 첫 책을 출간한 킴벌리 해링턴(8장 참조)은 자신이 레이트 블루머라는 사실을 이렇게 받아들였다고 한다.

●•• 　나는 어린 시절 늘 레이트 블루머였다. 우선 두 살이 다 되도록 걷지도 못했다. 또 아홉 살 때까지 자전거도 못 탔다. 내 친구들은 다 보조 바퀴 없이 자전거를 탔지만, 나는 보조 바퀴를 떼고 싶지 않았다. 넘어질까 봐 두려웠다. 그러던 어느 날 드디어 나

는 엄마한테 "엄마, 이거 떼줘"라고 말했다. 엄마는 보조 바퀴를 떼어냈고, 나는 자전거를 몰고 나갔다. 한 번도 넘어지지 않았다.

광고 업계 사람들은 유난히 '30세 이하의 최고 30인' 또는 '40세 이하의 최고 40인' 같은 목록에 많이 들어간다고 알려져 있다. 그런 목록을 볼 때마다 나는 늘 마음이 안 좋았다. 이런 생각을 했다. '난 지금 정처 없이 걷고 있어. 난 내가 지금 무엇을 하고 있는지도 몰라. 아마 난 이런 목록에 결코 들어가지 못할 거야.'

어떤 업계에서든 젊은 사람이 뭔가를 아주 잘하면 그걸 부각시키곤 한다. 그런데 내 경우에는 무슨 일인가가 일어나서 내가 늘 레이트 블루머였다는 사실을 상기시키곤 한다. 쉰 살이 되던 해에 첫 번째 책을 냈다는 사실 때문에 나는 광고 업계식 표현을 빌리자면 레이트 블루머라는 브랜드 이미지에 딱 들어맞았다.

대체 문화적 기대치들에 어떻게 맞서 싸워야 할까? 자신을 되돌아보면서 당신의 진정한 본성이 무엇인지 깨달아라. 사람들은 너무도 자주 자신의 본성에 반하는 일을 하려 하는 것 같다. 그러면서 그건 옳은 일이 아니라거나 문화적으로 해선 안 될 일이라고 생각한다. 당신 자신이 아닌 다른 누군가가 되려 하는 것이니까. 당신은 당신 친구나 동료 또는 기질도 동기도 사고방식도 전혀 다른 누군가가 되려 하고 있는 것이다.

레이트 블루머

나 역시 매번 무언가에 좌절감을 맛보거나 스스로를 패배자처럼 느끼곤 했는데, 그건 내게 전혀 맞지 않는, 그것도 한 번이 아니라 평생 맞지 않을 어떤 틀에 내 자신을 맞추려 했기 때문이다. 어떤 일을 할 때, 나는 정말 확신하거나 정말 자신감을 갖고 싶어 한다. 그냥 내 본성이 그렇다. 그리고 일단 하게 되면 그야말로 사생결단을 낸다. 비록 시작은 늦을지 몰라도 나는 가속도를 붙인다. 놀랄 만큼 일사불란하게 움직이는 것이다. 그래서 나는 나 자신을 되돌아보며 어렸을 때 내가 어땠는지, 뭘 하는 걸 좋아했는지, 어떤 것에 만족감을 느꼈는지 떠올리는 게 좋다고 생각한다. 그런 다음 예전의 그런 것들로, 또는 도전에 대처하는 예전의 방법으로 되돌아가보라. 그렇게 하지 않는다면 당신은 성인으로 살아가는 내내 그야말로 맨땅에 헤딩하게 될 것이다.[18]

킴벌리 해링턴의 이 이야기를 듣고 있노라면 우리는 참고 견디는 힘은 나이와 함께 더 강해지지만, 우리가 진정으로 자신에게 맞는 이야기를 발견하거나 재발견할 때 가장 잘 발휘된다는 사실을 떠올리게 된다.

내 경우 2016년에 참석했던 리더십 콘퍼런스 기간 동안 그런 일이 일어났다. 정말 간단한 과제였다. 주최 측에서는 우리에게 살아오면서 성취한 일들 가운데 가장 자랑스러운 일 50가지를 적어보라고 했다. 어떤 일들은 이력서에 적을 만한 것들이지만, 또 어떤 일들은 〈뉴욕타임스〉의 낱말 맞추기를 푼 일처럼 이력서에는 적지 못할 우스운 것들이었다. 물론 우리가 비밀스럽게 더없이 자랑스러워하는 성취들도 있었다. 내 비밀스러운 성취는 그야말로 정신 나간 짓이었다.

때는 스탠퍼드대학교의 봄방학이었고, 스키 휴가들을 떠나 캠퍼스의 절반은 빈 듯했다. 나는 스키를 타본 적도 없었고, 그럴 돈도 없었다. 그러나 내 달리기 인생에서 가장 컨디션이 좋을 때여서 1주일에 100킬로미터 넘게 달리고 있었다.

그날 일요일에도 나는 운동화를 신고서 캠퍼스 서쪽 샌드 힐 로드 쪽으로 향했다. 20킬로미터쯤 달리고 돌아와 맥주를 한 잔 마신 뒤 소프트볼 게임을 할 생각이었다. 그런데 8킬로미터쯤 달렸을 때 말도 안 되는 생각이 떠올랐다. 오른쪽으로 돌아 구불구불 가파른 언덕길을 오르면 산타쿠르스산의 스카이라인을 즐길 수 있겠다는 생각을 한 것이다. 나는 호기심을 조금만 채우고 바로 돌아 내려와야겠다는 생각으로 산길을 따라 400미터를 오르기 시작했다. 그런데 산 정상에 오르자 또다시 말도 안 되는 생각이 떠올랐다. '내친김에 산 서쪽으로 달려 내려가 태평양을 보면 어떨까?'

나는 물과 간식도 전혀 갖고 가지 않았다. 출발한 데서 42킬로미터 가까이 떨어진 산 그레고리오 비치에 도착할 무렵 나는 당이 다 떨어지고 목도 엄청 말랐다. 그런데 돈이 한 푼도 없었다. 그래서 나는 내가 할 수 있으리라고 상상도 못 한 그런 일을 했다. 산 그레고리오의 한 잡화점 밖에 서서 게토레이 한 병과 스니커즈 바

레이트 블루머

두 개를 살 수 있는 돈을 구걸한 것이다. 그쯤에서 나는 지나가는 차를 히치하이킹해서 집에 돌아와야 했다. 그런데 다시 말도 안 되는 생각이 떠올랐다. '최대한 천천히 다시 조깅을 하면서 돌아가면 어떨까?'

산 밑자락에 도착하기 전 평지에서 게토레이도 더 이상 배 속에서 꿀렁대지 않아 서서히 달리기 속도를 높이는데, 때마침 자전거로 휴가 여행 중이던 한 영국인이 나와 보조를 맞춰 달려주었다. 그러나 산 밑자락에 도착하자 잠시 동행해준 그 영국인은 작별을 고했고, 나는 다시 혼자 산을 올라야 했다. 산 정상에 있는 스카이론다라는 마을에서 나는 동냥을 해서 얻은 돈을 탈탈 털어 콜라 한 병과 스니커즈 바 한 개를 더 샀다. 그러고는 한숨 돌리면서 거품을 털어낸 콜라를 벌컥벌컥 마셨다. 얼마 뒤 다시 스탠퍼드대학교 쪽을 향해 산을 내려오며 생각했다. '이건 미친 짓이야! 근데 이제 그만둘 수도 없어.'

캠퍼스를 3킬로미터쯤 앞두고 나는 그야말로 탈진 상태가 되었다. 이상한 피해망상에 빠져 당장이라도 나를 덮칠 듯 빵빵대는 자동차들을 향해 심한 분노를 느꼈다. 그러다 문득 내가 너무 거리 한복판까지 들어가 달리고 있다는 사실을 깨달았다. 판단력이 급격히 떨어져갔다. 어쨌든 나는 기숙사까지 무사히 돌아왔다. 나는 냉장고에서 콜라를 세 개 꺼내고, 기숙사 방에서 남자 샤워실까지 의자를 하나 끌고 갔다. 그런 다음 의자를 샤워기 아래에 놓고 땀으로 범벅이 된 옷과 피투성이가 된 운동화를 벗고서 의자에 앉아

한동안 콜라를 마셨다. 그러자 서서히 말할 수 없는 희열이 느껴졌다. 오, 무려 7시간 30분 동안 산을 오르내리며 80킬로미터 넘게 달렸다!

무려 41년이 지난 시점에서도 나는 말도 안 되는, 그러나 정말 대단했던 그 달리기를 가장 자랑스러운 개인적 성취 50가지 중에서도 최고로 꼽고 있었다. 그 콘퍼런스에서 나는 그토록 필사적으로 달리게 만든 동인이 무엇이었는지 알아내는 훈련을 했다. 훈련을 통해 얻은 교훈은 정말 값진 것이었고, 그래서 수십 년 전에 그런 교훈을 얻지 못한 게 아쉬울 정도였다.

내가 얻은 교훈은 이런 것이었다. "내가 가장 자랑스러운 것을 성취한 시기는 뭔가를 입증하려 했을 때가 아니라 뭔가를 찾으려 했을 때다." 그러니까 그 '필사의' 달리기에서 나는 어떤 모퉁이를 돌고 고개를 넘으면서 계속 내 호기심을 충족하고 있었던 것이다.

그때 내 의식의 흐름은 이런 식이었다. '조금만 더 가면 어떤 일이 일어날까?', '참고 견디며 1킬로미터쯤 더 달리면 뭘 보게 될까?', '돈을 구걸하면 어떻게 될까?' 그 달리기를 무슨 대회나 끈기 테스트 준비하듯 미리 준비하거나 계획한 것은 아니었다. 그런 생각만으로도 모든 게 끝장났을 것이다. 아마 절대 출발도 못 했을 것이다. 그냥 한 번에 작은 언덕을 하나씩 참고 견디며 오르다 보니 산을 다 오른 것이다. 그것도 두 번이나.

그게 내겐 먹혔다.

결국 나는 어떤 일이든 호기심에 끌려서 하면 아주 괜찮은 성과를 거둔다는 사실을 배웠다. 호기심에 끌리면 탐구심이 생겨난다. 그렇게 몰입하면 전력투구를 하게 된다. 뭔가에 떠밀리는 게 아니라, 설명할 수 없는 아름다운 힘에 이끌리는 기분이 된다. 그러면서 참고 견디는 힘이 절로 생겨난다. 굳이 그런 힘을 가지려 애쓸 필요가 없다. 진정한 성공은 그런 식으로 다가온다. 그것은 내가 어떤 사람인지, 또 나를 움직이는 동인이 무엇인지에 대한 위대한 깨달음이었다. 별다른 목표 없이 그저 앞에 무엇이 있는지 보려고 한 걸음 내디딜 때, 그렇게 탐구를 시작할 때 내 자신을 꽃피우는 일도 가능해지는 것이다. 그런 상황에서는 마법에 이끌리듯이 끌리는 느낌이 들고, 참고 견디는 힘이 절로 생겨난다.

아마 대부분의 얼리 블루머들은 이렇게 생각하지 않을 것이다. 그들은 대개 목표에 따라 움직이니까. SAT에서 만점을 받는 목표, 학교 시험에서 올 A를 받는 목표, 삶의 최상위층까지 올라가려는 목표에 따라 말이다. 그들의 경우 그런 사고방식이 늘 통했다. 조기 성취를 향한 컨베이어 벨트는 그들의 그런 경쟁적인 사고방식에 늘 멋진 보답을 해주었을 것이다.

그러나 필사의 달리기를 통해 나는 그런 종류의 사람이 아니라는 것을 깨달았다. 나는 목표와 경쟁, 승리, 이런 것들보다는 호기심과 탐구, 발견, 이런 것들에 따라 움직인다. 그것이 바로 일에서든 삶에서든, 아니면 취미 생활에서든 내가 추구하는 성공의 길이다. 나는 호기심과 탐구를 추구하는 가운데 에너지를 얻는다. 그리고 결국 이게 더 생산적인데, 그건 호기심으로는 절대 탈진되는 일이 없기 때문이다. 내가 탈진되는 경우는 주로 빡빡한 시간표에 따라 빡빡한 목표들을 추구하거나 경쟁을 위한 경쟁을 치열하게 치를 때다. 우리 사회는 아마 그런 나를 게으른 사람이라고 부를 테지만, 나는 결코 게으르지 않다. 나는 그저 얼리 블루머들하고 다를 뿐이다.

그리고 나는 이 책을 읽고 있는 당신 역시 절대 게으른 사람이 아니라고 믿는다.

$$* * *$$

스스로를 꽃피우는 일에는 기한이 없다. 우리의 미래 이야기는 돌에 새겨지는 게 아니라 연필로 쓰이는 것이다. 따라서 고칠 수 있다. 자기 결정권이 생기는 데는 정해진 시한이 없고, 어떤 돌파구를 찾는 데는 나이 제한이 없다. 연구에 따르면, 우리가 나이 들면서 어떤 능력을 잃어버릴 경우 그보다 훨씬 더 중요한 다른 능력들이 생겨난다고 한다. 따라서 우리 자신에게 던져야 할 의문은 "우리는 우리의 본성과 인생 경험들에도 불구하고 무얼 성취할 수 있는가?"가 아니라 "우리는 우리의 본성과 인생 경험들 덕에 무얼 성취할 수 있는가?"가 되어야 한다.

우리가 무조건 정해진 성공 시간표에 순응하지 않아도 된다면, 우리는 우리 자신의 일정대로 꽃피울 수 있고, 또 꽃피우게 될 것이다. 그리고 그럴 경우 또 더 깊은 사명감과 더 큰 만족감 속에서 스스로 꽃피울 수 있을 것이다. 우리가 삶의 마라톤에서 무언가를 성취할 수 있느냐 없느냐 하는 것은 우리의 투지와 인내심, 그리고 진정한 자신의 모습을 볼 수 있는 능력에 달려 있다. 그런데 이 단순한 진리가 조기 재능과 조기 성취에 대한 우리 사회의 집착 때문에 빛이 바래고 있다.

우리 레이트 블루머들은 우리에겐 아직 힘이 있다는 사실을 알아야 한다. 물론 그 힘이 10대나 20대에 갖고 있던 힘과는 다르게 느껴질 수도 있다. 10대와 20대는 사회가 바라는 성공을 향해 무한정해 보이는 가능성을 가지고 돌진하던 때로, 당시의 힘은 환상에 뒷받침됐었으니까. 그러나 우리 레이트 블루머들의 힘은 다르다. 우리에겐 앞으로 일어날 것이라고 얘기되는 일들을 포기하고 대신 실제 일어나고 있는 일들, 그러니까 온갖 부침과 우여곡절이 깃든 인생사를 받아들일 수 있는 힘이 있다. 그것은 탐구하고 경험하는 힘이며, 나름대로의 독특한 개성을 지닌 개인이 되는 힘이다. 또한 우리 자신을 잘 알고 소중히 여기는 데서 오는 힘이다.

우리는 저마다 아주 다르게 개인적인 여정에 오른다. 우리 사회가 강요하는 빡빡한 시간표에서 벗어나면 자유로워진다. 그 결과, 더 자연스럽고 더 진실한 삶과 사회생활이 가능해진다. 우리 레이트 블루머들은 이런저런 도전들에 직면하면서도, 그 도전들에 어떤 이점이 있을지 모르는 경우가 많다. 때론 비참한 실패가 어렵게 찾은 돌파구가 되고, 힘겨운 끝이 새로운 시작이 되며, 잔인한 운명의 장난이 멋진 행운들로 이어지기도 한다.

보다 먼 성공의 길을 가면서 우리 레이트 블루머들은 우리가 현재 어디에 있는지, 어디로 가고 싶어 하는지, 또 우리 앞에 어떤 새로운 길들이 열려 있는지 더욱 분명히 깨닫는다. 그리고 서로 다른 길을 가면서 우리 레이트 블루머들은 우리 자신의 유연한 능력들에 자신감도 갖고 의미도 찾는다. 우리는 새로운 것들을 시도한다. 우리는 예부터 내려오는 진실들을 찾아낸다. 우리는 우리의 자기 회의를 극복한다. 우리는 회피하기를 멈춘다. 우리는 자신을 높이 평가하면서 과감히 위험을 무릅쓴다. 믿고 창조하고 앞으로 나아간다. 우리 문화가 조기 성취에 집착해 우리에게 무얼 믿기를 바라든, 우리의 삶은 완벽하게 계획될 수 없으며 또한 자기실현으로 가는 길이 단 하나일 수도 없기 때문이다.

우리에겐 분명 재능이 있다. 우리는 레이트 블루머. 우리에게는 우리가 추구할 만한 멋진 운명이 있다.

에필로그

이 책《레이트 블루머》를 집필하는 동안 예기치 않은 일이 일어났다. 당시 내 친구들과 지인들(개중에는 사업상의 모임이나 사교 모임에서 처음 만난 사람들도 있었다)은 가끔 내게 어떤 책을 쓰고 있느냐는 질문을 던졌다. 그러면 나는 레이트 블루머에 대한 책을 쓰고 있다고 답하곤 했다. 어떤 작가들은 앞으로 출간할 책들에 대해 말하기를 꺼린다. 징크스 때문이거나, 아니면 자신의 아이디어가 도용될지도 모른다는 걱정 때문이다. 그러나 나는 늘 가장 최근에 하게 된 생각들까지 다 이야기했다. 그러면 사람들은 필히 이런 조언들을 해주었다. "그럼 이런 책을 읽어봐요.", "이 사람을 만나 얘기를 나눠봐요." 모든 걸 털어놓음으로써 그 덕을 보는 것이다.

그런데《레이트 블루머》에 대한 사람들의 반응은 정말 뜨거웠다. 사람들은 눈을 휘둥그렇게 떴다. 그리고 내 팔을 잡으며 말했다. "나 역시 레이트 블루머예요!" 마치 레이트 블루머들의 세상이

어둠 속에 묻혀 있었는데, 누군가가 갑자기 커튼을 활짝 열어젖힌 듯했다. 내가 알기로는 거의 모든 사람들이 스스로를 레이트 블루머라고 말한다. 심지어 얼핏 얼리 블루머로 보이는 사람들조차 그렇다. 앞서 4장에서 나는 대학 시절 내 룸메이트였던 밥 얘기를 했다. 그는 대학 3학년 때 학술 친목 단체 '파이 베타 카파'를 결성했고, 스탠퍼드 법학대학원에 올라가 우수한 성적으로 졸업했으며, 단 5년 만에 세계적인 법률 회사의 파트너 변호사가 되었다. 그러나 얼마 전 만났을 때, 밥은 고등학교 시절에 무시도 당하고 좌절감도 많이 느꼈다면서 자기 역시 레이트 블루머라고 주장했다.

"사람들이 내게 뭐라고 말하는 줄 알아?" 어느 날 내가 아내 마지Marji에게 물었다. "다들 그래. '나 역시 레이트 블루머예요!'" 그러자 아내가 말했다. "사람들은 인정받고 싶어 하잖아. 그런데 대부분은 자신의 현재 모습은 물론 자신의 잠재력에 대해서도 인정받지 못한다고 느끼지. 자신이 아직 미발견·미개척됐다고 느끼는 거야."

레이트 블루머에 대한 연구를 해오면서 나는 미국을 비롯한 전 세계 많은 국가들에서 아직도 무한한 인간의 잠재력이 미발견·미개척되어 있다는 것을 절감했다. 양극단의 정치적 성향에서 나타나는 오늘날의 '성난 포퓰리즘'도 자신이 미발견·미개척되어 있다고 여기는 사람들에게서 나오는 고통에 찬 비명이 아닌가 싶다. 미국에도 자신이 인정받지 못하고 제대로 평가받지도 못하며 존경도 받지 못한다고 느끼는 사람들이 부지기수다. 그들은 우리가 자신의 고통은 물론 잠재력도 봐주길 바란다. 이는 비단 미국처럼 풍요로운 사회에서만 일어나는 일이 아니다. 무지한 선의라는 관점에서 보자면, 우리는 조기 성공으로 향하는 컨베이어 벨트라는 인간 분류 장치를 만들어냄으로써 이렇게 불행한 결과를 자초하고 있는 것이다.

레이트 블루머들을 알아보고 인정해주는 일에 관한 한 우리 모두 이해 당사자다. 우리 자신과 우리 아이들, 그리고 우리 친구들과 그들의 아이들도 모두 이해 당사자다. 대부분의 사람들이 사회가 자신의 능력을 인정해주지도, 제대로 활용해주지도 않는다고 느낀다면 인간의 발전은 중단될 것이다. 사람들의 능력을 인정하고 제대로 활용하는 것은 사회적 불안과 분노에 찬 정치 운동과 파괴를 막기 위한 처방이다. 그러지 않으면 우리 모두 고통을 겪게 된다.

반면에 레이트 블루머 위기로 인해, 오늘날은 고용주와 각급 학교와 대학이 한 단계 올라설 수 있는 최적의 시기이기도 하다. 레이트 블루머 시장은 아주 방대하며 대부분이 미개척 상태로 남아 있다. 따라서 고용주와 각급 학교와 대학이 그런 레이트 블루머들을 위해 적절한 조치만 취한다면 그야말로 노다지를 캘 수도 있다.

먼저 기업들의 경우를 살펴보자. 페이스북의 2017년 평균 급여는 24만 달러였다.[1] STEM 학위, 즉 과학, 기술, 공학, 수학 학위를 딴 명문대 졸업생들을 채용하기 위해 애쓰고 있는 구글의 경우 신입 사원 평균 급여가 17만 5,000달러.[2] 당신 회사가 이 정도 급여를 줄 수 있는가? 물론 그럴 수 없다. 그러나 시험 점수가 가장 좋고 명문대를 졸업한 얼리 블루머들을 채용하려면 그 정도 급여를 줘야 하는 게 냉엄한 현실이다. 당신은 아마 그렇게 하지 못할 것이다. 그랬다가는 인건비를 감당할 수 없고 수익성이 악화될 테니까. 따라서 당신은 다른 전략을 써야 한다. 마이클 루이스Michael Lewis의 베스트셀러 《머니볼》에서 미국 메이저리그 프로야구팀 오클랜드 애슬레틱스Oakland Athletics가 한 것처럼 해야 한다. 오클랜드 애슬레틱스는 메이저리그 팀들 가운데 만년 최하위 연봉을 받아온 팀이다. 이 팀은 아무리 우수한 인재들을 채용하려 해도 연봉 측면에서 뉴욕 양키스, 보스턴 레드삭스는 물론 샌프란시스코 자이언츠와도 경쟁이 안 된다. 그러니까 오클랜드 애슬레틱스는 아직 미발견·미개척된 인재들을 찾아야 한다. 나는 고용주들에게 권한다. 당신도 그렇게 해야 한다.

다행히도 고용주들은 운이 좋다. 지금 세상에는 미발견·미개척된 레이트 블루머들이 엄청나게 많다. 그들을 찾아라. 그들에게 약간의 사랑을 보여줘라. 그들의 능력을 개발해줘라. 그러면 그들이 똑똑하고 충성스럽고 창의적이고 지혜롭고 꾸준한 직원이 되어 그에 대한 보상을 받게 될 것이다. 고참 직원들에게 적용하던 옛 '업 앤 아웃' 방식의 직장 문화를 보다 생산적이고 인도적으로 바꾸어라(3장 참조).

그다음은 부모들 차례다. 나는 부모들이 이 책을 읽고 아이들의 발달 속도에 대한 불안감을 떨쳐버리길 바란다. 이제 아이들의 발달이 느린 것에 대해 당신 친구들에게 변명하는 일을 그만둬도 될 것이다. (아이들은 당신이 그러는 걸 알고 당신에게 화를 낼 수 있다.) 돈만 있으면 아이들의 느린 발달 문제를 해결할 수 있으리라는 생각은 버려라. 그냥 아이들을 사랑하고, 아이들의 좌절과 열정에 관심을 기울이고, 필요할 때 곁에 있어줘라. 당신의 아이들을 있는 그대로의 모습으로 사랑하라. 아이들의 호기심, 아이들의 꿈, 아이들의 시도와 실험, 아이들의 좌절과 아픔, 아이들의 돌파구 모색을 존중하라. "바로 그거야. 잘했어!" 영화 〈굿 윌 헌팅〉에서 주인공 숀 맥과이어 역을 맡았던 로빈 윌리엄스Robin Williams가 한 말이다.

고등학교들은 어떻게 해야 할까? 고등학교의 성공 여부가 올해 얼마나 많은 학생을 하버드대학교나 캘리포니아공과대학에 보냈느냐로 평가되어선 안 된다. 그보다는 얼마나 많은 학생들을 20여 년 뒤 성취감을 느끼는 독립적이고 행복한 성인으로 키워내느냐로 평가되어야 한다.

지역사회 대학들은? 이 대학들은 레이트 블루머들을 배출하는 데 필요한 몇 가지 중요한 열쇠들을 쥐고 있다. 그런 열쇠들은 늘 쥐고 있었지만, 특히 지금은 그 어느 때보다 기회가 좋다. 칼리지와 4년제 대학교들의 경우, 주에서 최상위 공립대학이 아니거나, 공립이든 사립이든 미국의 50대 칼리지 명단에 들지 못한다면 미래가 어두울 것이다. 그러나 아직 제대로 개척되지 않은 방대한 레이트 블루머 시장이 있다. 그러니 레이트 블루머들에게 필요한 것들만 제대로 뒷받침해준다면 미래는 얼마든지 밝아질 수 있다. 그들에게는 당신이 필요하다. 그리고 당신 또한 그들이 필요하다.

종교 지도자들과 정신적 지도자들의 경우에는 얼리 블루머 광풍으로 개개인과 그 가정들이 겪고 있는 고통을 잘 알고 있다. 세상의 여러 신앙을 서로 공유하면 강력한 힘이 된다. 인간은 신성한 존재다. 우리는 저마다 나름대로의 운명이 있다. 다시 말해, 얼마나 오래 걸리든 우리 자신의 재능을 발견할 운명, 우리 자신의 가장 내밀한 목적을 추구할 운명, 그리고 스스로를 활짝 꽃피울 운명이 있다는 것이다.

이 책《레이트 블루머》를 끝까지 읽어줘서 감사하다. 당신의 레이트 블루머 이야기를 듣게 되기를 고대한다.

리치 칼가아드
LateBloomer.com

레이트 블루머

감사의 글

나는 수십 년 전 처음 이 책《레이트 블루머》를 쓸 생각을 했고, 2014년에 대략 열두 살 때부터 스물일곱 살 때까지 서서히 꽃핀 내 개인 역사를 써 내려가면서 드디어 그 생각을 실천에 옮기기 시작했다. 전몰장병 추모 주말에 약 6,000자, 그러니까 써야 할 전체 내용의 고작 7퍼센트를 썼다. 그렇게 엉성한 출발을 하고서도 어떻게 책 한 권을 다 쓸 수 있었을까?

그 답은? 많은 도움과 격려 덕이었다. 내가 가장 먼저 고마움을 표해야 할 사람은 이 책의 편집 주간이자 공동 저자라고 생각하는 제프 리슨이다. 나는 이전에도《소프트엣지》라는 기업 문화 관련 책을 쓰면서 그와 공동 작업을 한 적이 있다. 그는 일단의 생각들을 조직화된 이야기로 만드는 데 도움을 주고, 많은 연구를 통해 어떤 기업들이 어째서 수십 년간 번성할 수 있었는지에 대한 '소프트엣지' 가설을 뒷받침해주는 등 책 집필 작업에 엄청난 기여를 했다.

《레이트 블루머》를 집필할 때 제프는 훨씬 더 많이 관여했고 훨씬 더 많은 도움을 주었다. 내가 천성적으로 개념 사상가이자 이야기 및 일화 수집가라면, 제프는 설계자이자 건축가다. 그는 원고에서 무엇이 통하고 무엇이 통하지 않는지, 무엇이 너무 느슨하고 무엇이 너무 빡빡한지, 무엇이 이야기를 끌어가며 무엇이 이야기를 탈선시키는지, 어떤 점에 권위를 부여하려면 어떤 연구를 해야 하는지 등등을 노련한 감으로 일깨웠다. 나 같았으면 《레이트 블루머》를 오른쪽 또는 왼쪽 막다른 길로 몰고 갔겠지만, 그가 방향을 잘 잡아주었다. 그와 그의 아내 레이첼Rachel은 현재 미니애폴리스에서 벤슨-콜리스터라는 이름의 뛰어난 출판 컨설팅 회사를 운영 중이다. 그 분야에서 최고의 전문 서비스를 받아야 한다면 그들을 찾아가보라.

뛰어난 에이전트 아베비타스 크리에이티브사의 토드 슈스터Todd Shuster는 우리의 의뢰를 받은 지 한 달 안에 《레이트 블루머》를 출간하겠다는 제안을 여덟 곳에서 받아냈다. 출판 세계에서 그의 영향력이 얼마나 대단한지 잘 보여주는 일이었다. 그의 동료인 첼시 헬레와 저스틴 브로우케르트 역시 대단한 사람들이다. 펭귄 랜덤하우스의 임프린트인 크라운 커런시의 편집자 로저 숄은 믿기지 않는 열정과 전략적 조언으로 가장 마음에 드는 편집 제안을 해왔다. 티나 콘스타블, 아일렛 그루엔스페크트, 니콜 맥아들, 메건 페릿, 캠벨 와튼, 에린 리틀, 제이미 바우처 등 이 책 《레이트 블루머》

의 성공에 큰 도움을 준 그의 팀 모두에게 고마움을 전하고 싶다.

또 포르티에 퍼블릭 릴레이션즈의 마크 포르티에는 슈퍼스타이며, 그의 팀 동료인 로렌 쿤 역시 마찬가지다. 낸시 로사와 라이어 테일러는 《레이트 블루머》의 출간에 큰 도움을 주었고, 타깃마케팅의 켄 길렛과 그의 멋진 팀 역시 큰 도움을 주었다. 작가 마이클 S. 말론(2015년에 펴낸 내 책 《팀이 천재를 이긴다》의 공동 저자)과 수전 솔터 레이놀즈, 닉 앨버트도 너무도 귀한 도움을 주었다. 그 밖에 엘리자베스 그래빗은 꼭 필요한 조사와 사실 확인 작업을 해주었다.

내가 27년간 몸담았던 포브스미디어의 동료들에게도 고마움을 전하고 싶다. 특히 초기부터 계속 이 책에 관심을 가져준 스티브 포브스와 포브스의 최고 경영자 마이크 페더레, 포브스아시아 최고 경영자 윌 아다모포울로스, 랜달 레인, 모이라 포브스, 마크 하워드, 마이크 펄리스, 셰리 필립스, 제시카 시블리, 톰 데이비스, 그리고 재닛 하스에게도 고마움을 전하고 싶다. 그 밖에 인터커넥트 이벤츠의 샤리 로젠과 줄리아 마트, 미국 퇴직자협회AARP의 조 앤 젠킨스, 조너선 스티븐스, 램지 레인 앨윈, 스태시 알렉산더, 포브스 경영기술대학원의 밥 도허티와 레이 파워즈, 파고 TEDx의 그레그 테흐븐, 스탠퍼드대학교의 톰 바이어즈, 그리고 초기에 도움을 주고 원고도 정독하며 소중한 조언을 해준 내 친구 마크, 도나마리 밀스, 밥, 데보라 쉬렌에게도 고마움 전한다. 내 오랜 친구 브루스 페리 박사와 제프리 프래터 박사에게도 고마움을 전하고 싶다.

유튜브 〈케플러 스피커스〉 채널은 2016년 이후의 나를 대변해주었는데, 롤단 에스트리지, 개리 맥매니스, 존 트루랜, 제이 캘러핸, 제이 콘크린, 크리스 클리포드, 나단 톰슨, 조엘 기슬링, 제프 길리, 앨리슨 고에흐링, 켈리 스키비, 재리드 샤우버트, 테오 몰, 조엘 머피, 워런 존스, 패트릭 스니드, 랜디 에흐만, 짐 케플러와 데비 케플러 등 그 채널의 모든 사람들에게 감사의 말을 전한다. 또한 토니 디아멜리오, 마이크 험프리, 데이비드 래빈, 대니 스턴, 마크 프렌치, 크리스틴 파렐, 카트리나 스미스와 내 연사 경력에 도움을 준 다른 에이전트들에게도 고맙다는 말을 전하고 싶다.

또한《레이트 블루머》집필 과정에서 마음 넓은 레너드 색스와 진 코트니, 스콧 켈리, 캐럴 드웩, 스튜어트 스미스, 베라 쿠, 킴벌리 해링턴, 제리 보이어, 폰티시 예라미안, 켄 피셔, 테스 레이놀즈, 대니얼 제임스 브라운, 캐럴 코헨 피시먼, 닥터 리처드 칼, 조 레이니, 엘코논 골드버그, 베스 카와사키, 에릭 월, 아드리앤 브라운 등이 인터뷰에 응해주었다. 모든 인터뷰 참여자들이 이 책 속에 소개된 건 아니지만, 어쨌든 이 마음 넓은 사람들에게 깊은 감사의 말을 전하고 싶다.

다음은《레이트 블루머》를 쓰는 데 영향을 준 책들이다. 수전 케인의《콰이어트》, 토드 로즈의《평균의 종말》, 존 탬니의《일의 끝 The End of Work》, 스콧 배리 카우프만의《불가능을 이겨낸 아이들》, 필 나이트의《슈독》, 앤절라 더크워스의《그릿》, 레너드 색스의《표류하는 소년들 Boys Adrift》과 《위기의 소녀들》, 캐럴 드웩의《마인드셋》, 라이언 홀리데이의《돌파력》, 제프리 아넷의《성인 진입기

Emerging Adulthood》, 애덤 그랜트의 《오리지널스》, 파울로 코엘료의 《연금술사》, J. D. 밴스의 《힐빌리의 노래》, 엘코논 골드버그의 《창의성》, 댄 핑크의 《드라이브》, 니컬러스 레만의 《빅 테스트The Big Test》 등이다. 모두 아주 훌륭한 책들이다.

늦게 꽃핀 발레 댄서이자 수채화가인 내 아내 마지는 우리 아이들 케이티와 피터, 그리고 재주 많은 내 형제 메리 칼가아드 번튼과 조 칼가아드와 함께 마르지 않는 깊은 샘처럼 내게 많은 편집 조언과 영감을 주었다. 그리고 내 어머니 팻은 내가 고등학교 2~3학년 시절, 서서히 꽃을 피우며 힘든 시간을 보낼 때 가장 든든한 후원자가 되어주었다. 마지막으로 세상을 떠나 이 책을 읽을 수 없는 아버지 딕과 누이 리즈에게도 감사의 말을 전한다. 같이 있었으면 너무나 좋았을 텐데.

프롤로그

1) J. K. 롤링(J. K. Rowling)이라는 필명으로 더 잘 알려져 있는 조앤 롤링은 1965년 7월 31일에 태어났다. 여기에 소개된 그녀의 이야기는 다음 출처에서 가져온 것이다. Rachel Gillett, "From Welfare to One of the World's Wealthiest Women: The Incredible Rags-to-Riches Story of J. K. Rowling," *Business Insider*, May 18, 2015, https://read.bi/2NkiwF1.

2) 켄 피셔는 1950년 11월 29일에 태어났다. 여기 소개된 그의 이야기와 인용문들은 그의 책《부에 이르는 10개의 길(The Ten Roads to Riches)》과 그와 나 사이에 이루어진 다음 여러 대화들에서 가져온 것이다. Kenneth L. Fisher, *The Ten Roads to Riches: The Ways the Wealthy Got There (and How You Can Too!)* (Hoboken, NJ: John Wiley & Sons, 2017).

3) 웨스턴의 키는 IMDb.com에는 약 152센티미터로 올라와 있고, 다른 사이트들에는 약 150센티미터에서 152센티미터까지 다양하게 올라와 있다. 이렇게 작은 키 때문에 그녀는 자신의 실제 나이(그녀는 32세가 아니라 19세라고 말했다)를 속일 수 있었고, 그 덕에 한 10대의 이야기를 다룬 디즈니의 텔레비전 시리즈 〈펠리시티〉 대본 작가로 30만 달러 상당의 계약을 할 수 있었다. Joe Flint, "Riley Weston Fooled Us All About Her Age," *EW*, October 30, 1998.

4) "Presenting the 2018 30 Under 30," *Forbes*, 2018, http://bit.ly/2NEz4Xs. See also *The New Yorker*'s intermittent list, most recently "20 Under 40": *The New Yorker*, June 14 and 21, 2010. *Fortune* publishes an annual list: Robert Hackett, Jeff John Roberts, Lucinda Shen, and Jen Wieczner, "The Ledger: 40 Under 40," *Fortune*, n.d., https://for.tn/2xpFaRo. *Inc.* recently switched from a "35 Under 35" list to a "30

Under 30" list (the trend toward youth continues!): "Rising Stars: Meet the 30 Most Inspiring Young Entrepreneurs of 2018," *Inc.*, n.d., http:// bit.ly/2NJsP4A. A few years ago *Time* replaced its "30 Under 30" list with a "Most Influential Teens" list: "The 30 Most Influential Teens of 2017," *Time*, November 3, 2017, https://ti.me/2x7yBnl.

5) For the annual tuition fees of the Atlanta International School and New York's Columbia Grammar School, see Melissa Willets, "11 Unbelievably Expensive Preschools in the U.S.," *Parenting*, n.d., http:// bit.ly/2N7FVcq.

6) Irena Smith quoted in Georgia Perry, "Silicon Valley's College-Consultant Industry," *Atlantic*, December 9, 2015.

7) "Elite College Prices Now Exceed $70,000 Per Year," *Wealth Management*, March 1, 2017, https://bit.ly/2MsdJMc.

8) "Super Bowl 2018: 'How Eagles, Patriots Starters Rated as High School Recruits,'" CBS Sports, February 1, 2018, https://bit.ly/2CTa0YB. Carson Wentz was five foot eight and 125 pounds as a high school freshman: "Carson Wentz Was 5-8 as High School Freshman and Other Things You Might Not Know About Him," *Morning Call*, April 29, 2016, https:// bit.ly/2NFmEic.

9) Janet Evanovich's story derives from her Wikipedia entry: "Janet's Bio," Janet Evanovich, n.d., https://bit.ly/2Qnj9LE; and Debra Nussbaum, "In Person: Imagine Trenton. One Author Did," *New York Times*, November 3, 2002, NJ14.

10) "Blue Collar Pride: Diane Hendricks' Rise from Teen Mom to Billionaire Entrepreneur," *Forbes*, October 21, 2017, https://bit.ly/2NbI86D.

11) Scott Kelly, interview by author, 2016.

12) Barra's early job of inspecting hoods and fenders is told in Cal Fussman, "What I've Learned: Mary Barra," *Esquire*, April 26, 2016.

13) Burns's humble start is chronicled in Nanette Byrnes and Roger O. Crockett, "Ursula Burns: An Historic Succession at Xerox," *Bloomberg*

Business, May 28, 2009.

14) Jeannie Courtney, interview by author, 2015.

15) Hanna Rosin, "The Silicon Valley Suicides," *Atlantic*, September 19, 2015.

16) "Suicide Among Youth," Centers for Disease Control, n.d., https://bit.ly/2Bldm12.

17) As noted in Bruce Dick and B. Jane Ferguson, "Health for the World's Adolescents: A Second Chance in the Second Decade," *Journal of Adolescent Health* 56, no. 1 (2015): 3–6.

18) 대학생들의 우울증과 불안에 관한 연구는 미국 불안장애협회에 의해 수행되었다. JED, N.d., http://bit.ly/2OuMvq6.

19) Kevin Eagan et al., *The American Freshman: National Norms Fall 2016* (Los Angeles: Higher Education Research Institute at UCLA, 2016).

20) Amy Novotney, "Students Under Pressure," *Monitor on Psychology* 45, no. 8 (2014): 36; Louise A. Douce and Richard P. Keeling, *A Strategic Primer on College Student Mental Health* (Washington, DC: American Council on Education, 2014).

21) Greg Lukianoff and Jonathan Haidt, "The Coddling of the American Mind," *Atlantic*, September 2015.

22) Carol Fishman Cohen, interview by Susan Salter Reynolds, 2015.

23) Scott Kelly, interview by author, 2016.

24) 나는 심리학자들이나 사회과학자들이 뒷받침해주는 레이트 블루머의 정의는 찾지 못했다. 그러니까 레이트 블루머라는 개념은 순전히 우리 사회가 만들어 낸 개념이었던 것이다. 결국 레이트 블루머에 대한 내 정의는 레이트 블루머에 대한 가장 보편적인 정의들과 수십 명의 레이트 블루머들을 인터뷰하면서 얻은 인상들에서 나온 것이다.

25) Oprah Winfrey, interview at the Stanford Graduate School of Business, April 28, 2014, https://bit.ly/1q0nmlv.

26) 나는 많은 연구 논문과 조사 등을 꼼꼼히 살펴봤으나, 레이트 블루머 문제를 제대로 다룬 학문적인 자료나 과학적인 자료를 찾지 못했다. 그래서 나는 다

레이트 블루머

시 또 이는 '레이트 블루머'가 인식 또는 발달 측면의 개념이라기보다는 우리 사회가 만들어낸 개념이기 때문이라고 생각했다. 그래서 이 책을 집필하기 위해 연구를 하면서, 나는 문학과 매스미디어와 사회적 담론 속에서 엿볼 수 있듯이 레이트 블루밍이라는 개념에 영향을 주거나 그 개념과 비슷한 또는 중복되는 특징들을 찾아보았다.

27) Among recent works exploring the complexities of individual development, I recommend Todd Rose, *The End of Average: How We Succeed in a World That Values Sameness* (New York: HarperCollins, 2015); L. Todd Rose, Parisa Rouhani, and Kurt W. Fischer, "The Science of the Individual," *Mind, Brain, and Education* 7, no. 3 (2013): 152-58; L. Todd Rose, *Square Peg: My Story and What It Means for Raising Innovators, Visionaries, and Out-of-the-Box Thinkers* (New York: Hachette, 2013); Scott Barry Kaufman, *Ungifted: Intelligence Redefined* (New York: Basic Books, 2013); Scott Barry Kaufman, ed., *The Complexity of Greatness: Beyond Talent or Practice* (New York: Oxford University Press, 2013); Scott Barry Kaufman and Robert J. Sternberg, "Conceptions of Giftedness," in *Handbook of Giftedness in Children* (Boston: Springer, 2008); and Scott Barry Kaufman et al., "Are Cognitive G and Academic Achievement G One and the Same G? An Exploration on the Woodcock-Johnson and Kaufman Tests," *Intelligence* 40, no. 2 (2012): 123-38.

1장

1) The facts about Lehrer can be found in an extraordinarily long entry in Wikipedia: https://en.wikipedia.org/wiki/Jonah_Lehrer.

2) Cain coined the term "Extrovert Ideal" in *Quiet: The Power of Introverts in a World That Can't Stop Talking* (New York: Broadway Books, 2013). In more ways than one, Cain's work on introverts inspired this book.

3) 원래 독일어인 wunderkind는 1883년에 처음 영어로 나타났다. Wunder는

"wonder"를 의미하고, Kind는 "child"를 의미한다.

4) 구글 북스 앤그램 뷰어(Google Books Ngram Viewer)에 따르면, wunder-kind라는 용어의 사용은 1960년에서 2015년 사이에 급증했다. http://bit.ly/2N7GqmO.

5) 테일러 스위프트는 1억 7,500만 장의 음반을 팔아 치웠고 10개의 그래미상을 받았으며, 아델은 1억 6,000만 장의 음반을 팔고 8개의 그래미상을 받았으며, 리아나는 2억 장의 음반을 팔고 9개의 그래미상과 한 개의 오스카상을 받았고, 저스틴 비버는 1억 4,000만 장의 음반을 팔고 한 개의 그래미상을 받았다. 영화배우 제니퍼 로런스는 아카데미 역사상 두 번째로 어린 수상자이며, 가장 많은 출연료를 받는 배우들 명단에 자주 이름이 오르고 있다. 영화배우인 도널드 글로버는 현재 미국 텔레비전 채널 FX의 히트 프로그램 〈애틀랜타 (Atlanta)〉에 출연하고 있으며, 차일디시 감비노(Childish Gambino)라는 예명으로 맹활약 중인 오늘날 가장 호평을 받는 가수들 중 한 명이기도 하다.

6) 이 모든 '웹 유명인들'은 광고에 출연하거나 기업들에서 후원을 받고 있기도 하다. 어쨌든 지금 웹 '인플루언서' 열풍은 절정을 달리고 있다. 지금도 많은 젊은이들이 수백만 팔로어를 거느리는 웹 유명인이 되고 에너지 드링크 후원 같은 것을 따내려 애쓰고 있지만, 전반적인 추세는, 그리고 또 많은 소셜 미디어 사이트들의 유저 성장은 한풀 꺾이고 있는 상황이다.

7) 수십 년간 많은 사람들 속에서 젊은 미식축구 유망주들이 선정됐다. 흥미로운 사실은 지금 라크로스, 수영, 필드하키 같은 이른바 마이너 스포츠 선수들한테서도 비슷한 일이 일어나고 있다는 것이다. 다음 순서는 교내 스포츠 선수들일까?

8) 스포츠 분야에 일어난 분석 열기로 메이저리그 야구의 관리 방식에 극적인 변화가 일어났으며, 그 변화는 세이버메트릭스(Sabermetrics: 야구에 수학적·통계학적 방법을 도입해 객관적인 수치로 분석하는 것-옮긴이) 같은 통계 플랫폼들이 폭넓게 도입되면서 더 가속화됐다. 현재 이런 흐름은 다른 스포츠들, 특히 하키에도 영향을 주기 시작하고 있다. 이 장을 쓰고 있는 지금, 내셔널 하키 리그에서 가장 유명한 팀들 중 하나인 토론토 메이플 리프스는 31세밖에 안 된 젊은 단장을 채용했다.

9) "PayScale Releases Tech Employers Compared 2016," PayScale, March

레이트 블루머

2, 2016, https://bit.ly/2p6K4Pw; "Median Age of the Labor Force, by Sex, Race and Ethnicity," Bureau of Labor Statistics, October 24, 2017, https://bit.ly/2xarzOv.

10) "Meet the Members of the Three-Comma Club," *Forbes*, March 6, 2018, https://bit.ly/2xgC8ic.

11) All these lists are common. Many of these categories are promoted by Forbes Media. For categories like entertainment, multiple magazines, including *Entertainment Weekly*, publish their own lists. The really interesting ones are in the meatpacking industry: "International Production & Processing Expo Launches Young Leaders '30 Under 30' Program," North American Meat Institute, October 7, 2014, https://bit.ly/2x9Kmts. See also "'40 Under 40' Honorees Recognized at Convention," *Drovers*, February 9, 2015, https://bit.ly/2OiyU5e; and "40 Under 40: Erin Brenneman Brimming with Passion," *Farm Journal's Pork*, April 27, 2016, https://bit.ly/2NHNFRX.

12) "The 30 Most Influential Teens of 2017," *Time*, November 3, 2017.

13) Simon Doonan, "The Worst of Youth: Why Do We Fetishize and Overpraise the Young?," *Slate*, May 26, 2011.

14) "Class of 2017 SAT Results," College Board, n.d., https://bit.ly/2QrCUle; Ann Carrns, "Another College Expense: Preparing for the SAT and ACT," *New York Times*, October 28, 2014.

15) Even youth sports have succumbed to the early-blooming pressure cooker: "Around 70 percent of kids in the United States stop playing organized sports by age 13 'because it's not fun anymore.'" Julianna W. Miner, "Why 70 percent of Kids Quit Sports by Age 13," *Washington Post*, June 1, 2016.

16) Ibid.

17) Judi Robinovitz, "The 10 Most Important Factors in College Admissions," College Press, n.d., https://bit.ly/2xbM6SM.

18) See, e.g., K. J. Dell'Antonia, "$16 Billion: The Cost of Summer," *New*

York Times, June 27, 2012; Vicki Glembocki, "Aren't Kids Supposed to Be Off for the Summer ," *Philadelphia*, May 23, 2013, https://bit. ly/2p2EyNE; and "Parenting in America: Outlook, Worries, Aspirations Are Strongly Linked to Financial Situation," Pew Research Center, December 17, 2015, https://pewrsr.ch/2NaGzG1.

19) Sean Gregory, "How Kid Sports Turned Pro," *Time*, August 24, 2017.

20) On Anders Ericsson, see K. Anders Ericsson, Ralf T. Krampe, and Clemens Tesch-Römer. "The Role of Deliberate Practice in the Acquisition of Expert Performance," *Psychological Review* 100, no. 3 (1993): 363; K. Anders Ericsson, "Deliberate Practice and the Acquisition and Maintenance of Expert Performance in Medicine and Related Domains," *Academic Medicine* 79, no. 10(2004): S70-S81; K. Anders Ericsson, "The Influence of Experience and Deliberate Practice on the Development of Superior Expert Performance," in *The Cambridge Handbook of Expertise and Expert Performance*, ed. K. Anders Ericsson, Neil Charness, Roberft R. Hoffman, and Paul J. Feltovich 38 (New York: Cambridge University Press, 2006); K. Anders Ericsson, "Deliberate Practice and Acquisition of Expert Performance: A General Overview," *Academic Emergency Medicine* 15, no. 11 (2008): 988-994; K. Anders Ericsson, "Attaining Excellence Through Deliberate Practice: Insights from the Study of Expert Performance," in *Teaching and Learning: The Essential Readings*, ed. Charles Deforges and Richard Fox (Oxford: Blackwell, 2002); and Malcolm Gladwell, *Outliers: The Story of Success* (Boston: Little, Brown, 2008).

21) Penelope Trunk, "My 11-Year-Old Son Auditioned at Juilliard, and We Both Learned a Lot About How Top Performers Practice," *Business Insider*, May 30, 2017, https://read.bi/2p6Mf5K.

22) 내가 여기서 '수백만의 미국 아이들'이라고 한 것은 경험에서 우러난 짐작이지만, 그렇다고 해서 결코 과장은 아니다. 2018년 현재 미국의 유치원부터 고등학교 졸업반까지의 학생 수는 5,660만 명이었다. "Fast Facts: Back to

School Statistics," National Center for Education Statistics, n.d., https://
bit.ly/1DLO7Ux. 미국 질병통제예방센터(CDC)에 따르면, 2016년 현재 4
세부터 17세 사이의 아이들 가운데 610만 명이 주의력결핍과잉행동장애
(ADHD) 진단을 받았다. Centers for Disease Control, March 20, 2018,
https://bit.ly/2nphXvC. 가장 널리 처방되는 주의력결핍과잉행동장애 약인
리탈린의 판매액은 2003년부터 2016년 사이에 89퍼센트나 늘었으며, 2016년
한 해에만 120억 달러에서 140억 달러어치가 판매된 것으로 추산된다. Ryan
D'Agostino, "The Drugging of the American Boy," *Esquire*, March 27,
2014.

23) Dr. Leonard Sax, interview by author, 2016.

24) Megan McArdle, "Go Ahead, Let Your Kids Fail," *Bloomberg*, February
20, 2014, https://bloom.bg/2NDZSau. See also Megan McArdle, *The
Up Side of Down: Why Failing Well Is the Key to Success* (New York:
Penguin, 2015).

25) Carol Dweck, interview by author, 2016.

26) 10대들과 대학생들의 불안 장애 발병률 및 자살률을 정확히 알아내기란 쉽
지 않다. 이는 설문 조사 등에서 나타나는 수치가 정확하지 않은 데다가 조사
방식에 따라 수치가 워낙 달라지기 때문이다. 이론의 여지도 없고 무시할 수
도 없는 사실 한 가지는 10대들의 불안 장애와 자살이 심각한 문제라는 것이
다. See Deborah L. McBride, "Young Adolescents as Likely to Die from
Suicide as Traffic Accidents," *Journal of Pediatric Nursing* 32 (2016):
83–84; Benoit Denizet-Lewis, "Why Are More American Teenagers
Than Ever Suffering from Severe Anxiety?," *New York Times Magazine*,
October 11, 2017; Jesse Singal, "For 80 Years, Young Americans Have
Been Getting More Anxious and Depressed, and No One Is Quite Sure
Why," *Cut*, March 13, 2016, https://bit.ly/2HFyxSZ; Rae Ellen Bichell,
"Suicide Rates Climb in US, Especially Among Adolescent Girls," *NPR*,
April 22, 2016; Aaron E. Carroll, "Preventing Teen Suicide: What the
Evidence Shows," *New York Times*, August 17, 2017; and "Increased
Levels of Anxiety and Depression as Teenage Experience Changes over

Time," Nuffield Foundation, March 14, 2012, https://bit.ly/1Eo4815.

27) Gregg Henriques, "The College Student Mental Health Crisis," *Psychology Today*, February 15, 2014, https://bit.ly/2wkJ1Pc.

28) As noted in Bruce Dick and B. Jane Ferguson, "Health for the World's Adolescents: A Second Chance in the Second Decade," *Journal of Adolescent Health* 56, no. 1 (2015): 3-6.

29) Ibid.

30) Bichell, "Suicide Rates Climb."

31) Jean M. Twenge et al., "It's Beyond My Control: A Cross-Temporal Meta-Analysis of Increasing Externality in Locus of Control, 1960 -2002," *Personality and Social Psychology Review* 8 (2004): 308-19; J. Twenge et al., "Birth Cohort Increases in Psychopathology Among Young Americans, 1938-2007: A Cross-Temporal Meta-Analysis of the MMPI," *Clinical Psychology Review* 30 (2010): 145-54. For historical data on intrinsic and extrinsic values, see J. H. Pryor et al., *The American Freshman: Forty-Year Trends, 1966-2006* (Los Angeles: Higher Education Research Institute, 2007).

32) Pryor et al., *The American Freshman*.

33) "Think You Know the Next Gen Investor? Think Again," UBS Investor Watch, 1Q 2014, https://bit.ly/2xcc3Rj.

34) "Millennials in Adulthood: Detached from Institutions, Networked with Friends," Pew Research Center, March 7, 2014, https://pewrsr.ch/2MHYSgN.

35) Richard Fry, "For First Time in Modern Era, Living with Parents Edges Out Other Living Arrangements for 18- to 34-Year-Olds," Pew Research Center, May 24, 2016, https://pewrsr.ch/25jN9ga; Richard Fry, "More Millennials Living with Family Despite Improved Job Market," Pew Research Center, July 29, 2015, https://pewrsr.ch/1VNfQLa.

36) Richard Fry, "It's Becoming More Common for Young Adults to Live at Home—and for Longer Stretches," Pew Research Center, May 5, 2017,

레이트 블루머

https://pewrsr.ch/2pOttBM.

37) Christine Hassler, *20 Something Manifesto: Quarter-Lifers Speak Out About Who They Are, What They Want, and How to Get It* (Novato, CA: New World Library, 2008); Robin Marantz Henig, "What Is It About 20-Somethings?," *New York Times Magazine*, August 18, 2010.

38) Meg, a graduate of the University of Wisconsin, interview by author, 2017.

39) "#StatusofMind," Royal Society for Public health, n.d., https://bit.ly/2t1OI68.

40) "PayScale Releases Tech Employers Compared 2016."

41) Noam Scheiber, "The Brutal Ageism of Tech: Years of Experience, Plenty of Talent, Completely Obsolete," *New Republic*, March 23, 2014, https://bit.ly/2pSIeS2.

42) Ibid.

43) Ibid.

44) Sarah McBride, "Special Report: Silicon Valley's Dirty Secret—Age Bias," Reuters, November 17, 2012, https://reut.rs/2pbXf1P.

45) Kenneth Terrell, "Age Discrimination Goes Online," *AARP Bulletin*, December 2017, https://bit.ly/2nJFrgv; David Neumark, Ian Burn, and Patrick Button, "Age Discrimination and Hiring of Older Workers," Federal Reserve Bank of San Francisco, February 27, 2017, https://bit.ly/2MvCSG5.

46) Kelly O. Scott, "Age Discrimination Claims Remain Popular," Ervin Cohen & Jessup, May 16, 2013, https://bit.ly/2p4u68v.

47) "Diversity in High Tech," U.S. Equal Employment Opportunity Commission, n.d., https://bit.ly/1TsiNzi.

48) Jennifer Schramm, "Unemployment Rate for Those Ages 55+ Increases in December," AARP, January 5, 2018, https://bit.ly/2Qs0Zs4.

49) Sara E. Rix, "Long-Term Unemployment: Great Risks and Consequences for Older Workers," AARP Public Policy Institute, February 12,

2015, http://bit.ly/2xjQlfl.

50) Mark Miller, "Older American Workers Are Still Struggling to Find Jobs," *Fortune*, September 8, 2016.

51) Rix, "Long-Term Unemployment."

52) Alexander Monge-Naranjo and Faisal Sohail, "Age and Gender Differences in Long-Term Unemployment: Before and After the Great Recession" (Economic Synopses, no. 26, 2015).

53) David Neumark, Ian Burn, and Patrick Button, "Is It Harder for Older Workers to Find Jobs? New and Improved Evidence from a Field Experiment" (working paper no. 21669, National Bureau of Economic Research, 2015).

54) Maria Heidkamp, Nicole Corre, and Carl E. Van Horn, "The New Unemployables," Center on Aging and Work at Boston College, October 5, 2012, https://bit.ly/2NDFOoA. The fact is, the job market is difficult for both older women and older men. See "Millions of Men Are Missing from the Job Market," editorial, *New York Times*, October 16, 2016; Lydia DePillis, "Losing a Job Is Always Terrible. For Workers over 50, It's Worse," *Washington Post*, March 30, 2015; Miller, "Older American Workers Are Still Struggling to Find Jobs"; Ashton Applewhite, "You're How Old? We'll Be in Touch," *New York Times*, September 3, 2016.

55) Michael Moynihan, "Jonah Lehrer's Deceptions," *Tablet*, July 30, 2012.

56) Joe Coscarelli, "Jonah Lehrer's Self-Plagiarism Issues Are Snowballing," *New York*, June 20, 2012.

57) Jennifer Senior, "Review: Jonah Lehrer's 'A Book About Love' Is Another Unoriginal Sin," *New York Times*, July 6, 2016.

58) Scott Mendel quoted in Neda Ulaby, "'The Lies Are Over': A Journalist Unravels," NPR, July 31, 2012.

59) 구글에서 검색해보면 유명한 레이트 블루머들이 셀 수 없이 많이 나온다. 여기 소개한 인물들은 일부 예에 지나지 않는다.

레이트 블루머

1) 고등학교와 대학교 시절, 그리고 마이크로소프트의 초창기를 포함한 빌 게이츠의 삶이 아주 잘 정리되어 있다. 나는 빌 게이츠의 전기들 중 특히 스티븐 메인즈(Stephen Manes)의 《Gates: How Microsoft's Mogul Reinvented an Industry and Made Himself the Richest Man in America》(New York: Touchstone, 1994)를 강력히 권한다. 1992년 4월과 1992년 9월에 나는 여러 시간 게이츠와 인터뷰를 해 잡지 〈업사이드〉와 〈포브스ASAP〉에 그 기사를 실었다. 1993년 10월에는 게이츠와 5일간 함께 여행을 하기도 했다. 우리는 워싱턴에 있는 포시즌스호텔에서 만났으며, 그가 마이크로소프트의 새로운 비즈니스 소프트웨어 버전인 오피스 4.0을 홍보하기 위한 비즈니스 여행을 다니는 동안 계속 동행했다. 그 여행 도중 우리는 보스턴, 뉴욕, 시카고, 오클랜드에 들렀다. 우리는 델타 셔틀과 유나이티드항공 비행기를 이용했으며, 나는 비행기 안에서, 리무진 안에서, 그리고 호텔 콘퍼런스 룸 안에서 게이츠와 여러 시간 대화를 나눴다. 그 결과로 나온 것이 1994년 2월 28일 〈포브스ASAP〉에 실린 내 기사 '빌 게이츠와의 5일'이다. 1990년대에 게이츠는 소프트웨어 최고 경영자로 절정기를 보냈다. 내가 본 그는 엄청나게 기민하고 에너지와 생기가 넘치고 자신만만하고 재미있고 심술궂을 정도로 빈정대고 직설적이었다. 함께 대화를 하는 동안 그는 마이크로소프트는 IQ 중심의 기업이며, 오라클보다 낫고 골드만삭스와 경쟁한다는 말을 여러 차례 했다. 어떤 기준으로서의 IQ란 말은 우리 대화에서 가장 많이 나왔다. 오늘날 대중들이 알고 있는 빌 게이츠는 본래의 빌 게이츠와는 사뭇 다르다는 말을 덧붙여야겠다. 오늘날 사람들의 눈에 비친 그의 신중한 박애주의자 이미지는 1990년대의 자신만만한 모습과는 180도 다르다.

2) By far the best book about the history of IQ tests and the SAT, and how one led to the other, is Nicholas Lemann, *The Big Test: The Secret History of the American Meritocracy* (New York: Farrar, Straus & Giroux, 1999).

3) Ibid.

4) Ibid.

5) Ibid.

6) Lewis M. Terman and Melita H. Oden, *The Gifted Child Grows Up: Twenty-Five Years' Follow-Up of a Superior Group* (Stanford, CA: Stanford University Press, 1947).

7) Lemann, *Big Test*.

8) Jerry Z. Muller, *The Tyranny of Metrics* (PrInceton, NJ: PrInceton University Press, 2018).

9) Maya Kossoff, "41 of Google's Toughest Interview Questions," *Inc.*, n.d., http://bit.ly/2CRBrC4.

10) Annie Murphy Paul, *The Cult of Personality Testing: How Personality Tests Are Leading Us to Miseducate Our Children, Mismanage Our Companies, and Misunderstand Ourselves* (New York: Simon & Schuster, 2010).

11) Frederick Winslow Taylor, *The PrInciples of Scientific Management* (New York: Harper, 1914).

12) Maduakolam Ireh, "Scientific Management Still Endures in Education," *ERIC*, June 2016, https://eric.ed.gov/?id=ED566616. See also Shawn Gude, "The Industrial Classroom," *Jacobin*, April 21, 2013, http://bit.ly/2NQSOqT.

13) Todd Rose, *The End of Average: How We Succeed in a World That Values Sameness* (New York: HarperCollins, 2015).

14) Raymond E. Callahan, *Education and the Cult of Efficiency* (Chicago: University of Chicago Press, 1964).

15) Rose, *End of Average*; Scott Barry Kaufman, *Ungifted: Intelligence Redefined* (New York: Basic Books, 2013).

16) Brad Stone, *The Everything Store: Jeff Bezos and the Age of Amazon* (New York: Random House, 2013).

17) Rich Karlgaard, "Atoms Versus Bits: Where to Find Innovation," *Forbes*, January 23, 2013.

18) Nicholas P. Negroponte, "Products and Services for Computer Networks," *Scientific American* 265, no. 3 (1991): 106-15.

19) Mark Penn and Andrew Stein, "Back to the Center, Democrats," *New York Times*, July 6, 2017.

20) John Carreyrou, *Bad Blood: Secrets and Lies in a Silicon Valley Startup* (New York: Knopf, 2018). See also John Carreyrou, "Hot Startup Theranos Has Struggled with Its Blood-Test Technology," *Wall Street Journal*, October 21, 2015.

21) From a letter Holmes wrote to her father at age nine. "The World's Youngest Self-Made Female Billionaire," CBS News, April 16, 2015.

22) Janelle Jones, John Schmitt, and Valerie Wilson, "50 Years After the Kerner Commission," Economic Policy Institute, February 26, 2018, http://bit.ly/2pivww9.

23) 마이클 조던은 NBA 팀인 샬럿 호니츠의 지분을 90퍼센트 가까이 가지고 있다. 그리고 매직 존슨은 메이저리그 야구팀 LA 다저스를 프랭크 맥코트에게서 20억 달러에 사들인 그룹을 이끌고 있다.

24) "Forbes Releases 2018 List of America's Richest Self-Made Women, a Ranking of the Successful Women Entrepreneurs in the Country," *Forbes*, July 11, 2018, https://bit.ly/2NI4zje.

25) Tim Cook, "Tim Cook Speaks Up," *Bloomberg*, October 30, 2014.

26) Gary R. Hicks and Tien-Tsung Lee, "Public Attitudes Toward Gays and Lesbians: Trends and Predictors," *Journal of Homosexuality* 51, no. 2 (2006): 57-77; Andrew Markus, "Attitudes to Multiculturalism and Cultural Diversity," in *Multiculturalism and Integration: A Harmonious Relationship*, ed. James Jupp and Michael Clyne (Canberra: ANU E Press, 2011). See also "4. Attitudes Toward Increasing Diversity in the U.S.," Pew Research Center, February 16, 2017, https://pewrsr. ch/2p6nkza; and Hannah Fingerhut, "Most Americans Express Positive Views of Country's Growing Racial and Ethnic Diversity," Pew Research Center, June 14, 2018, https://pewrsr.ch/2p4LgTr.

27) J. D. Vance, *Hillbilly Elegy: A Memoir of a Family and Culture in Crisis* (New York: HarperCollins, 2016).

28) Larry Summers, "Men Without Work," RSS Archive, September 26, 2016, http://bit.ly/2CRCIsQ.

29) Nicholas Eberstadt, *Men Without Work: America's Invisible Crisis* (West Conshohocken, PA: Templeton Press, 2016).

30) "Artificial Intelligence, Automation, and the Economy," Executive Office of the President, December 20, 2016, http://bit.ly/2xmVJOD.

31) Andrea Riquier, "White House: Robots May Take Half of Our Jobs, and We Should Embrace It," MarketWatch, December 31, 2016, https://on.mktw.net/2xcV6q0.

32) David H. Autor, Frank Levy, and Richard J. Murnane, "Upstairs, Downstairs: Computers and Skills on Two Floors of a Large Bank," *ILR Review* 55, no. 3 (2002): 432-47.

3장

1) '애슐리(본명이 아니다)'는 2016년 1월 23일 미국 애리조나주 스코츠데일에 있는 카멜백 인에서 자신의 이야기를 들려주었다. 그날 나는 스프링리지아카데미 설립자인 지니 코트니의 퇴임식에 참석했었다.

2) SInce the advent of functional magnetic resource imaging (fMRI) technology, the study of childhood, adolescent, and adult cognitive development has exploded, with numerous studies on the development of the prefrontal cortex, executive function, the limbic system, white matter, and myelin. To learn more about adolescent cognitive development, see Laurence Steinberg, "Cognitive and Affective Development in Adolescence," *Trends in Cognitive Sciences* 9, no. 2 (2005): 69-74; Beatriz Luna et al., "Maturation of Widely Distributed Brain Function Subserves Cognitive Development," *Neuroimage* 13, no. 5 (2001): 786-93; Sarah-Jayne Blakemore and Suparna Choudhury, "Development of the Adolescent Brain: Implications for Executive Function and Social Cognition," *Journal of Child Psychology and Psychiatry* 47, nos. 3-4 (2006): 296-312; B. J. Casey, Jay N. Giedd, and

레이트 블루머

Kathleen M. Thomas, "Structural and Functional Brain Development and Its Relation to Cognitive Development," *Biological Psychology* 54, nos. 1-3 (2000): 241-57; James J. Gross, "Emotion Regulation in Adulthood: Timing Is Everything," *Current Directions in Psychological Science* 10, no. 6 (2001): 214-19; Zoltan Nagy, Helena Westerberg, and Torkel Klingberg, "Maturation of White Matter Is Associated with the Development of Cognitive Functions During Childhood," *Journal of Cognitive Neuroscience* 16, no. 7 (2004): 1227-33; Tomáš Paus, "Mapping Brain Maturation and Cognitive Development During Adolescence," *Trends in Cognitive Sciences* 9, no. 2(2005): 60-68; Catalina J. Hooper et al., "Adolescents' Performance on the Iowa Gambling Task: Implications for the Development of Decision Making and Ventromedial Prefrontal Cortex," *Developmental Psychology* 40, no. 6 (2004): 1148; Sara B. Johnson, Robert W. Blum, and Jay N. Giedd, "Adolescent Maturity and the Brain: The Promise and Pitfalls of Neuroscience Research in Adolescent Health Policy," *Journal of Adolescent Health* 45, no. 3 (2009): 216-21; Nitin Gogtay et al., "Dynamic Mapping of Human Cortical Development During Childhood Through Early Adulthood," *Proceedings of the National Academy of Sciences* 101, no. 21 (2004): 8174-79; David Moshman, "Cognitive Development Beyond Childhood," DigitalCommons@University of Nebraska-LIncoln, 1998; Sarah-Jayne Blakemore et al., "Adolescent Development of the Neural Circuitry for Thinking About Intentions," *Social Cognitive and Affective Neuroscience* 2, no. 2 (2007): 130-39. For a little lighter reading, see Carl Zimmer, "You're an Adult. Your Brain, Not So Much," *New York Times*, December 21, 2016.

3) Joaquín M. Fuster, "Frontal Lobe and Cognitive Development," *Journal of Neurocytology* 31, nos. 3-5(2002): 373-85; Jay N. Giedd, "The Teen Brain: Insights from Neuroimaging," *Journal of Adolescent Health* 42, no. 4 (2008): 335-43; Jay N. Giedd, "Structural Magnetic Resonance

Imaging of the Adolescent Brain," *Annals of the New York Academy of Sciences* 1021, no. 1 (2004): 77-85; Jay N. Giedd et al., "Brain Development During Childhood and Adolescence: A Longitudinal MRI Study," *Nature Neuroscience* 2, no. 10 (1999): 861.

4) Laurence Steinberg, "The Case for Delayed Adulthood," *New York Times*, September 19, 2014.

5) Jeffrey Jensen Arnett, *Emerging Adulthood: The Winding Road from the Late Teens Through the Twenties* (New York: Oxford University Press, 2004); Jeffrey Jensen Arnett, "Emerging Adulthood: A Theory of Development from the Late Teens Through the Twenties," *American Psychologist* 55, no. 5 (2000): 469; Jeffrey Jensen Arnett, "Emerging Adulthood: What Is It, and What Is It Good For?," *Child Development Perspectives* 1, no. 2 (2007): 68-73; Jeffrey Jensen Arnett, *Adolescence and Emerging Adulthood* (Boston: Pearson, 2014). See also Robin Marantz Henig, "What Is It About 20-Somethings?," *New York Times Magazine*, August 18, 2010.

6) New York University neuroscientist Elkhonon Goldberg, interview by author, July 2018

7) Aubrey Dustin quoted in Celia R. Baker, "How Taking a 'Gap Year' Between High School and College Can Improve Your Life," *Deseret News*, November 4, 2013.

8) Phil Knight, *Shoe Dog* (New York: Scribner's, 2016).

9) Kyle DeNuccio, "Independence Days: My Perfect Imperfect Gap Year," *New York Times*, April 8, 2017.

10) Andrew J. Martin, "Should Students Have a Gap Year? Motivation and Performance Factors Relevant to Time Out After Completing School," *Journal of Educational Psychology* 102, no. 3 (2010): 561.

11) Nina Hoe, *American Gap Association National Alumni Survey Report* (Temple University Institute for Survey Research, 2015), http://bit.ly/2NLNx47.

레이트 블루머

12) Kate Simpson. "Dropping Out or Signing Up? The Professionalisation of Youth Travel," *Antipode* 37, no. 3 (2005): 447-69.

13) Hoe, *American Gap Association National Alumni Survey Report*.

14) Valerie Strauss, "Why Harvard 'Encourages' Students to Take a Gap Year. Just like Malia Obama Is Doing," *Washington Post*, May 1, 2016.

15) Mark Mills, interview by author, February 2018.

16) Joshua K. Hartshorne and Laura T. Germine, "When Does Cognitive Functioning Peak? The Asynchronous Rise and Fall of Different Cognitive Abilities Across the Life Span," *Psychological Science* 26, no. 4 (2015): 433-43; Alvin Powell, "Smarter by the Minute, Sort Of," *Harvard Gazette*, March 19, 2015, http://bit.ly/2NaCf9W; Anne Trafton, "The Rise and Fall of Cognitive Skills," *MIT News*, March 6, 2015, http://bit.ly/2CPin7s.

17) K. Warner Schaie, Sherry L. Willis, and Grace I. L. Caskie, "The Seattle Longitudinal Study: Relationship Between Personality and Cognition," *Aging Neuropsychology and Cognition* 11, nos. 2-3 (2004): 304-24; K. Warner Schaie, "The Seattle Longitudinal Studies of Adult Intelligence," *Current Directions in Psychological Science* 2, no. 6 (1993): 171-75. See also K. Warner Schaie, ed., *Longitudinal Studies of Adult Psychological Development* (New York: Guilford Press, 1983); K. Warner Schaie, *Intellectual Development in Adulthood: The Seattle Longitudinal Study* (New York: Cambridge University Press, 1996); K. Warner Schaie, *Developmental Influences on Adult Intelligence: The Seattle Longitudinal Study* (New York: Oxford University Press, 2005); K. Warner Schaie, "Intellectual Development in Adulthood," in *Handbook of the Psychology of Aging*, ed. James E. Birren, Klaus Warner Schaie, Ronald P. Abeles, Margaret Gatz, and Timothy A. Salthouse, 4th ed. (1996); and K. Warner Schaie, "The Course of Adult Intellectual Development," *American Psychologist* 49, no. 4 (1994): 304.

18) Richard Seven, "Study on Aging Still Going Strong Some 50 Years

Later," *Seattle Times*, November 24, 2008.

19) Melissa Lee Phillips, "The Mind at Midlife," *Monitor on Psychology* 42 (2011): 38–41

20) Ibid.

21) Caroline N. Harada, Marissa C. Natelson Love, and Kristen L. Triebel, "Normal Cognitive Aging," *Clinics in Geriatric Medicine* 29, no. 4 (2013): 737–52. See also Cecilia Thorsen, Jan–Eric Gustafsson, and Christina Cliffordson, "The Influence of Fluid and Crystallized Intelligence on the Development of Knowledge and Skills," *British Journal of Educational Psychology* 84, no. 4 (2014): 556–70; Andrea Christoforou et al., "GWAS–Based Pathway Analysis Differentiates Between Fluid and Crystallized Intelligence," *Genes, Brain and Behavior* 13, no. 7 (2014): 663–74.

22) Phillip Ackerman and Margaret E. Beier, "Trait Complexes, Cognitive Investment, and Domain Knowledge," in *Psychology of Abilities, Competencies, and Expertise*, ed. Robert J. Sternberg and Elena L. Grigorenko (New York: Cambridge University Press, 2003).

23) Mayo Clinic liver transplant specialist Dr. Charles. B. Rosen, interview by author, 2013.

24) Dr. Elkhonon Goldberg, interview by author, July 2018.

25) Nicolas Gauvrit et al., "Human Behavioral Complexity Peaks at Age 25," *PLOS Computational Biology* 13, no. 4 (2017): e1005408.

26) Ibid.

27) Elkhonon Goldberg, *Creativity: The Human Brain in the Age of Innovation* (New York: Oxford University Press, 2018). I confirmed Dr. Goldberg's thinking on "creative yield" Increasing as we age in our July 2018 conversation.

28) Dirac's poem is in Benjamin F. Jones, "Age and Great Invention," *Review of Economics and Statistics* 92, no. 1 (2010).

29) Benjamin F. Jones and Bruce A. Weinberg, "Age Dynamics in Scientific

레이트 블루머

Creativity," *Proceedings of the National Academy of Sciences* 108, no. 47 (2011): 18910-14. See also Benjamin Jones, E. J. Reedy, and Bruce A. Weinberg, "Age and Scientific Genius" (working paper no. 19866, National Bureau of Economic Research, 2014), http://www.nber.org/papers/w19866.

30) Pagan Kennedy, "To Be a Genius, Think Like a 94-Year-Old," *New York Times*, April 7, 2017.

31) Ibid.

32) Ibid.

33) Robert W. Fairlie et al., "The Kauffman Index 2015: Startup Activity| National Trends," May 2015, doi.org/10.2139/ssrn.2613479.

34) 에릭슨은 1959년에 발표한 심리학적 발달의 8단계 이론으로 잘 알려져 있다. 그중 7단계인 40세부터 65세까지는 '생성 대 정체' 시기로 알려져 있다. 즉 사람들이 자신보다 오래 살아남을 무언가를 만들거나 키우고 싶어 하거나 누군가의 멘토가 되고 싶어 하거나 다른 사람들에게 도움을 줄 긍정적인 변화들을 일으키고 싶어 하는 시기라는 것이다. Saul McLeod, "Erik Erikson's Stages of Psychosocial Development," *Simply Psychology*, 2018, http://bit.ly/2Multx9.

4장

1) "At no Time in life is curiosity more powerful than in early childhood," writes the eminent child psychiatrist Dr. Bruce D. Perry. "Why Young Children Are Curious," *Scholastic*, n.d., http://bit.ly/2xgGAxo.

2) "The 100 Best Companies to Work For," *Fortune*, 2017, https://for.tn/2QoKrl3.

3) Michael Hvisdos and Janet Gerhard, "Hiring for Curiosity, the Overlooked Key to Business Innovation," Recruiter, October 3, 2017, http://bit.ly/2xnqyCK.

4) Don Peppers, "Why Curiosity Is a Prerequisite for Innovation," *Inc.*, September 21, 2016, http://bit.ly/2Mkdnke.

5) "The Neuroscience Behind Curiosity and Motivation," *Cube*, April 21, 2015, http://bit.ly/2pj5yZJ.

6) Sakaki Michiko, Ayano Yagi, and Kou Murayama, "Curiosity in Old Age: A Possible Key to Achieving Adaptive Aging," *Neuroscience and Biobehavioral Reviews* 88 (May 2018): 106-16.

7) Jeffrey Weiner, "Managing Compassionately," *LinkedIn Pulse*, October 15, 2012, http://bit.ly/2xwmoaT.

8) Sasha Zarins and Sara Konrath, "Changes over Time in Compassion-Related Variables in the United States," in *The Oxford Handbook of Compassion Science*, ed. Emma M. Seppäl et al. (New York: Oxford University Press, 2016); Sara H. Konrath, Edward H. O'Brien, and Courtney Hsing, "Changes in Dispositional Empathy in American College Students over Time: A Meta-Analysis," *Personality and Social Psychology Review* 15, no. 2 (2011): 180-98.

9) Mihaly Csikszentmihalyi and Kevin Rathunde, "The Psychology of Wisdom: An Evolutionary Interpretation," in *Wisdom: Its Nature, Origins, and Development*, ed. Robert J. Sternberg (Cambridge: Cambridge University Press, 1990); V. P. Clayton and J. E. Birren, "The Development of Wisdom Across the Life Span: A Reexamination of an Ancient Topic," in Life-Span Development and Behavior, ed. P. B. Baltes and O. G. Brim, Jr. (San Diego: Academic Press, 1980); Monika Ardelt, "Antecedents and Effects of Wisdom in Old Age: A Longitudinal Perspective on Aging Well," *Research on Aging* 22, no. 4 (2000): 360-94.

10) Monika Ardelt, "Empirical Assessment of a Three-Dimensional Wisdom Scale," *Research on Aging* 25, no. 3 (2003): 275-324.

11) Phyllis Korkki, "The Science of Older and Wiser," *New York Times*, March 12, 2014.

12) Daniel J. Brown, interview by Susan Salter Reynolds, 2015.

13) Shimul Melwani, Jennifer S. Mueller, and Jennifer R. Overbeck, "Looking

레이트 블루머

Down: The Influence of Contempt and Compassion on Emergent Leadership Categorizations," *Journal of Applied Psychology* 97, no. 6 (2012): 1171.

14) Hershey H. Friedman and Miriam Gerstein, "Leading with Compassion: The Key to Changing the Organizational Culture and Achieving Success," *Psychosociological Issues in Human Resource Management* 5, no. 1 (2017); M. Gemma Cherry et al., "Emotional Intelligence in Medical Education: A Critical Review," *Medical Education* 48, no. 5 (2014): 468-78; Matthew J. Williams et al., "Examining the Factor Structures of the Five Facet Mindfulness Questionnaire and the Self-Compassion Scale," *Psychological Assessment* 26, no. 2 (2014): 407; Clara Strauss et al., "What Is Compassion and How Can We Measure It? A Review of Definitions and Measures," *Clinical Psychology Review* 47 (2016): 15-27.

15) J. Williams, G. Mark, and Willem Kuyken, "Mindfulness-Based Cognitive Therapy: A Promising New Approach to Preventing Depressive Relapse," *British Journal of Psychiatry* 200, no. 5 (2012): 359-60.

16) Rajendra Sisodia, David Wolfe, and Jagdish N. Sheth, *Firms of Endearment: How World-Class Companies Profit from Passion and Purpose* (Upper Saddle River, NJ: Wharton, 2007).

17) Kim Cameron et al., "Effects of Positive Practices on Organizational Effectiveness," *Journal of Applied Behavioral Science* 47, no. 3 (2011): 266-308.

18) Emma Seppälä, *The Happiness Track: How to Apply the Science of Happiness to Accelerate Your Success* (New York: HarperCollins, 2017).

19) *This Emotional Life: My Transformation from High School Dropout to Surgeon* (documentary), PBS, aired January 4, 2011.

20) 세인트루이스 카디널스 투수 앤키엘과 그의 갑작스러운 방향감 통제력 상실

에 대한 이야기와 관련해, 나는 지금은 고인이 된 저널리스트 찰스 크라우트 해머가 2007년 8월 17일 〈워싱턴포스트〉에 기고한 글 'The Return of the Natural'이 특히 마음에 든다. 적어도 크라우트해머 자신도 비극적인 다이빙 사고로 목이 부러져 사지마비가 되는 바람에 젊은 나이에 재능이 사장됐었기 때문이다.

21) Janet Evanovich's story derives from her website, Evanovich.com; "Janet's Bio," Janet Evanovich, n.d., https://bit.ly/2Qnj9LE; and Debra Nussbaum, "In Person: Imagine Trenton. One Author Did," *New York Times*, November 3, 2002.

22) "Family and Friends Praise Ang Lee's Quiet Dedication," *Taipei Times*, March 7, 2006.

23) "All About Resilience," *Psychology Today*, n.d., http://bit.ly/2D6hY0M.

24) Dr. Morton Shaevitz, *Cuida Health Blog*, January 23, 2018, http://bit.ly/2xvyilD.

25) Adam Grant quoted in Tara Parker-Pope, "How to Build Resilience in Midlife," *New York Times*, July 25, 2017.

26) Joshua D. Margolis and Paul G. Stoltz, "How to Bounce Back from Adversity," *Harvard Business Review* 88, nos. 1-2 (2010): 86-92.

27) Henry Bodkin, "Teenagers Are Hard Wired to Be Selfish, Say Scientists," *Telegraph*, October 6, 2016, http://bit.ly/2CQVh08.

28) Carol Dweck, interview by author, August 2016.

29) 사우스웨스트항공 조종사인 태미 조 슐츠 대령에 대한 놀라운 이야기는 2018년 4월 17일 필라델피아로 향하던 1380 항공기가 비극적인 엔진 고장과 감압을 일으키면서 세상에 널리 알려졌다. As starting points, I recommend Eli Rosenberg, "She Landed a Southwest Plane After an Engine Exploded. She Wasn't Supposed to Be Flying That Day," *Washington Post*, May 10, 2018.

30) "MidAmerica Nazarene University: Overview," *U.S. News & World Report*, http://bit.ly/2OpH0c4. Its acceptance rate is cited in "MidAmerica Nazarene University: Ranking Indicators," http://

레이트 블루머

bit.ly/2CQV51e. For WSNM's rankings, see "Western New Mexico University: Rankings," http://bit.ly/2OkRvgS.

31) Tom Wolfe, *The Right Stuff* (New York: Random House, 2005).

32) Samantha Schmidt, "'Nerves of Steel': She Calmly Landed the Southwest Flight, Just as You'd Expect of a Former Fighter Pilot," *Washington Post*, April 18, 2018.

33) Heidi Grant Halvorson, "How Happiness Changes with Age," *Atlantic*, May 28, 2013.

34) Cassie Mogilner, Sepandar D. Kamvar, and Jennifer Aaker, "The Shifting Meaning of Happiness," *Social Psychological and Personality Science* 2, no. 4 (2011): 395–402.

35) Robert Sanders, "Researchers Find Out Why Some Stress Is Good for You," *Berkeley News*, April 16, 2013, http://bit.ly/2pkaBcm. See also Elizabeth D. Kirby et al., "Acute Stress Enhances Adult Rat Hippocampal Neurogenesis and Activation of Newborn Neurons Via Secreted Astrocytic FGF2," *eLife*, April 16, 2013, http://bit.ly/2pi8NjT.

36) Travis Bradberry, "How Successful People Stay Calm," *Forbes*, February 6, 2014, http://bit.ly/2x8XWMK.

37) Brent Gleeson, *Taking Point: A Navy SEAL's 10 Fail-Safe Principles for Leading Through Change* (New York: Touchstone, 2018).

38) 빌 월시 수석 코치는 1992년부터 1994년 사이에 필자와 여러 차례 인터뷰를 했다. 우리는 스탠퍼드대학교에 있는 그의 사무실에서 만나 〈포브스ASAP〉에 연재되던 그의 혁신 경영 칼럼에 대해 얘기를 나누곤 했다. 한 고등학교 농구 팀의 풀 코트 프레스 연습을 지켜보다가 미식축구의 쇼트패스 영감을 얻게 됐 다는 얘기도 그 무렵에 그한테서 들은 것이다.

39) Elkhonon Goldberg, *Creativity: The Human Brain in the Age of Innovation* (New York: Oxford University Press, 2018).

40) Vivian Clayton quoted in Stephen S. Hall, "The Older-and-Wiser Hypothesis," *New York Times Magazine*, May 6, 2007; Phyllis Korkki, "The Science of Older and Wiser," *New York Times*, March 12, 2014.

41) Paul B. Baltes and Ursula M. Staudinger, "The Search for a Psychology of Wisdom," *Current Directions in Psychological Science* 2, no. 3 (1993): 75-81; Paul B. Baltes, Jacqui Smith, and Ursula M. Staudinger, "Wisdom and Successful Aging," in *Nebraska Symposium on Motivation*, ed. T. Sonderegger (Lincoln: University of Nebraska Press, 1992); Ursula M. Staudinger, Jacqui Smith, and Paul B. Baltes, "Wisdom-Related Knowledge in a Life Review Task: Age Differences and the Role of Professional Specialization," *Psychology and Aging* 7, no. 2 (1992): 271; Hall, "Older-and-Wiser Hypothesis"; Korkki, "Science of Older and Wiser."

42) Julie Sweet, interview by author, March 2018.

43) Monika Ardelt, "Wisdom and Life Satisfaction in Old Age," *Journals of Gerontology Series B: Psychological Sciences and Social Sciences* 52, no. 1 (1997): P15-P27; Ardelt, "Antecedents and Effects of Wisdom in Old Age"; Francesca G. E. Happé, Ellen Winner, and Hiram Brownell, "The Getting of Wisdom: Theory of Mind in Old Age," *Developmental Psychology* 34, no. 2 (1998): 358; Ursula M. Staudinger, "Older and Wiser? Integrating Results on the Relationship Between Age and Wisdom-Related Performance," *International Journal of Behavioral Development* 23, no. 3 (1999): 641-64.

44) Ursula Staudinger quoted in Anil Ananthaswamy, "The Wisdom of the Aging Brain," *Nautilus*, May 12, 2016, http://bit.ly/2xrFlvy.

45) Goldberg, *Creativity*. See also Barbara Strauch, *The Secret Life of the Grown-Up Brain: The Surprising Talents of the Middle-Aged Mind* (New York: Penguin, 2010).

46) Thomas M. Hess and Corinne Auman, "Aging and Social Expertise: The Impact of Trait-Diagnostic Information on Impressions of Others," *Psychology and Aging* 16, no. 3 (2001): 497; Christina M. Leclerc and Thomas M. Hess, "Age Differences in the Bases for Social Judgments: Tests of a Social Expertise Perspective," *Experimental Aging Research*

레이트 블루머

33, no. 1 (2007): 95-120; Thomas M. Hess, Nicole L. Osowski, and Christina M. Leclerc, "Age and Experience Influences on the Complexity of Social Inferences," *Psychology and Aging* 20, no. 3 (2005): 447; Thomas M. Hess, Daniel C. Rosenberg, and Sandra J. Waters, "Motivation and Representational Processes in Adulthood: The Effects of Social Accountability and Information Relevance," *Psychology and Aging* 16, no. 4 (2001): 629.

47) Strauch, *The Secret Life of the Grown-Up Brain*. See also Trey Hedden and John D. E. Gabrieli, "Insights into the Ageing Mind: A View from Cognitive Neuroscience," *Nature Reviews Neuroscience* 5, no. 2 (2004): 87.

48) Michael Ramscar et al., "The Myth of Cognitive Decline: Non-Linear Dynamics of Lifelong Learning," *Topics in Cognitive Science* 6, no. 1 (2014): 5-42.

49) Ananthaswamy, "The Wisdom of the Aging Brain." See also Dilip V. Jeste and James C. Harris, "Wisdom—a Neuroscience Perspective," *JAMA* 304, no. 14 (2010): 1602-3; Colin A. Depp and Dilip V. Jeste, "Definitions and Predictors of Successful Aging: A Comprehensive Review of Larger Quantitative Studies," *American Journal of Geriatric Psychiatry* 14, no. 1 (2006): 6-20; Thomas W. Meeks and Dilip V. Jeste, "Neurobiology of Wisdom: A Literature Overview," *Archives of General Psychiatry* 66, no. 4 (2009): 355-65; Dilip V. Jeste et al., "Expert Consensus on Characteristics of Wisdom: A Delphi Method Study," *Gerontologist* 50, no. 5 (2010): 668-80; Dilip V. Jeste and Andrew J. Oswald, "Individual and Societal Wisdom: Explaining the Paradox of Human Aging and High Well-Being," *Psychiatry: Interpersonal and Biological Processes* 77, no. 4 (2014): 317-30.

50) Ananthaswamy, "The Wisdom of the Aging Brain." See also Roberto Cabeza, "Hemispheric Asymmetry Reduction in Older Adults: The HAROLD Model," *Psychology and Aging* 17, no. 1 (2002): 85.

51) Simon W. Davis et al., "Frequency-Specific Neuromodulation of Local and Distant Connectivity in Aging and Episodic Memory Function," *Human Brain Mapping* 38, no. 12 (2017): 5987-6004; Patricia A. Reuter-Lorenz, Louise Stanczak, and Andrea C. Miller, "Neural Recruitment and Cognitive Aging: Two Hemispheres Are Better Than One, Especially as You Age," *Psychological Science* 10, no. 6 (1999): 494-500; Patricia A. Reuter-Lorenz et al., "Age Differences in the Frontal Lateralization of Verbal and Spatial Working Memory Revealed by PET," *Journal of Cognitive Neuroscience* 12, no. 1 (2000): 174-87; Kenneth Hugdahl, "Lateralization of Cognitive Processes in the Brain," *Acta Psychologica* 105, nos. 2-3 (2000): 211-35; Roberto Cabeza et al., "Task-Independent and Task-Specific Age Effects on Brain Activity During Working Memory, Visual Attention and Episodic Retrieval," *Cerebral Cortex* 14, no. 4 (2004): 364-75; Patricia A. Reuter-Lorenz, "New Visions of the Aging Mind and Brain," *Trends in Cognitive Sciences* 6, no. 9 (2002): 394-400.

52) Roberto Cabeza et al., "Aging Gracefully: Compensatory Brain Activity in High-Performing Older Adults," *Neuroimage* 17, no. 3 (2002): 1394-402.

53) Strauch, *The Secret Life of the Grown-Up Brain*. See also George Bartzokis et al., "Age-Related Changes in Frontal and Temporal Lobe Volumes in Men: A Magnetic Resonance Imaging Study," *Archives of General Psychiatry* 58, no. 5 (2001): 461-65.

54) Ardelt, "Antecedents and Effects of Wisdom in Old Age."

5장

1) 필자는 2016년에 에릭 월과 인터뷰를 했다. 2014년에 열린 비스타 콘퍼런스 기간에 그를 알게 됐는데, 당시 그의 무대 공연이 사람의 마음을 움직이는 힘이 있다는 걸 알고 놀랐었다.

2) Few people are as important as our parents in shaping our beliefs,

레이트 블루머

personalities, and aspirations—and therefore our futures. There's nearly an endless amount of research on this topic, but start with E. Mavis Hetherington, Martha Cox, and Roger Cox, "Effects of Divorce on Parents and Children," in *Nontraditional Families: Parenting and Child Development*, ed. Michael E. Lamb (Hillsdale, NJ: Erlbaum, 1982); Joan Kaufman and Edward Zigler, "Do Abused Children Become Abusive Parents?," *American Journal of Orthopsychiatry* 57, no. 2 (1987): 186–92; ALSPAC Study Team, "ALSPAC—the Avon Longitudinal Study of Parents and Children," *Paediatric and Perinatal Epidemiology* 15, no. 1 (2001): 74–87; Kathleen V. Hoover–Dempsey and Howard M. Sandler, "Parental Involvement in Children's Education: Why Does It Make a Difference?," *Teachers College Record* 97, no. 2 (1995): 310–31; Gillian Pugh, Erica De'Ath, and Celia Smith, *Confident Parents, Confident Children: Policy and Practice in Parent Education and Support* (Washington, DC: National Children's Bureau, 1994); Concha Delgado–Gaitan, *Literacy for Empowerment: The Role of Parents in Children's Education* (London: Routledge, 1990); Sylvia Palmer and Larry Cochran, "Parents as Agents of Career Development," *Journal of Counseling Psychology* 35, no. 1 (1988): 71; Ashton D. Trice and Linda Knapp, "Relationship of Children's Career Aspirations to Parents' Occupations," *Journal of Genetic Psychology* 153, no. 3 (1992): 355–57; Richard A. Young and John D. Friesen, "The Intentions of Parents in Influencing the Career Development of Their Children," *Career Development Quarterly* 40, no. 3 (1992): 198–206; and Ramona Paloş and Loredana Drobot, "The Impact of Family Influence on the Career Choice of Adolescents," *Procedia—Social and Behavioral Sciences* 2, no. 2 (2010): 3407–11.

3) Robert Zemeckis, interview published by the Academy of Achievement: A Museum of Living History, June 29, 1996.

4) Jill Antonishak, Erin L. Sutfin, and N. Dickon Reppucci, "Community

Influence on Adolescent Development," in *Handbook of Adolescent Behavioral Problems: Evidence-Based Approaches to Prevention and Treatment*, ed. Thomas P. Gullotta and Gerald R. Adams (Boston: Springer, 2005); Cristina L. Reitz-Krueger et al., "Community Influence on Adolescent Development," in *Handbook of Adolescent Behavioral Problems: Evidence-Based Approaches to Prevention and Treatment*, ed. Thomas P. Gullotta, Robert W. Plant, and Melanie A. Evans (Boston: Springer, 2015); Margo Gardner and Laurence Steinberg, "Peer Influence on Risk Taking, Risk Preference, and Risky Decision Making in Adolescence and Adulthood: An Experimental Study," *Developmental Psychology* 41, no. 4 (2005): 625; Jeanne Brooks-Gunn et al., "Do Neighborhoods Influence Child and Adolescent Development?," *American Journal of Sociology* 99, no. 2 (1993): 353-95; Tamara F. Mangleburg, Patricia M. Doney, and Terry Bristol, "Shopping with Friends and Teens' Susceptibility to Peer Influence," *Journal of Retailing* 80, no. 2 (2004): 101-16; Karl E. Bauman and Susan T. Ennett, "On the Importance of Peer Influence for Adolescent Drug Use: Commonly Neglected Considerations," *Addiction* 91, no. 2 (1996): 185-98; Jason Chein et al., "Peers Increase Adolescent Risk Taking by Enhancing Activity in the Brain's Reward Circuitry," *Developmental Science* 14, no. 2 (2011): F1-F10.

5) Laurence Steinberg and Kathryn C. Monahan, "Age Differences in Resistance to Peer Influence," *Developmental Psychology* 43, no. 6 (2007): 1531; Gardner and Steinberg, "Peer Influence on Risk Taking."

6) J. D. Vance, *Hillbilly Elegy: A Memoir of a Family and Culture in Crisis* (New York: HarperCollins, 2016).

7) 가난이 건강에 끼치는 영향을 정확히 수치화하기란 아주 어렵다. 그럼에도 가난이 부정적인 측면에서 아이들에게 끼치는 즉각적인 영향과 장기적인 영향에 대한 연구는 엄청나게 많다. See Greg J. Duncan and Jeanne Brooks-Gunn, "Family Poverty, Welfare Reform, and Child Development,"

레이트 블루머

Child Development 71, no. 1 (2000): 188–96; Gary W. Evans, "The Environment of Childhood Poverty," *American Psychologist* 59, no. 2 (2004): 77; Rebecca M. Ryan, Rebecca C. Fauth, and Jeanne Brooks-Gunn, "Childhood Poverty: Implications for School Readiness and Early Childhood Education," in *Handbook of Research on the Education of Young Children*, ed. Bernard Spodek and Olivia N. Saracho, 2nd ed. (Hillsdale, NJ: Erlbaum, 2007); Greg J. Duncan et al., "How Much Does Childhood Poverty Affect the Life Chances of Children?," *American Sociological Review* 63, no. 3 (1998): 406–23; Gary W. Evans and Pilyoung Kim, "Childhood Poverty and Health: Cumulative Risk Exposure and Stress Dysregulation," *Psychological Science* 18, no. 11 (2007): 953–57; Valentina Nikulina, Cathy Spatz Widom, and Sally Czaja, "The Role of Childhood Neglect and Childhood Poverty in Predicting Mental Health, Academic Achievement and Crime in Adulthood," *American Journal of Community Psychology* 48, nos. 3–4 (2011): 309–21; J. Lawrence Aber et al., "The Effects of Poverty on Child Health and Development," *Annual Review of Public Health* 18, no. 1 (1997): 463–83; Daniel T. Lichter, Michael J. Shanahan, and Erica L. Gardner, "Helping Others? The Effects of Childhood Poverty and Family Instability on Prosocial Behavior," *Youth and Society* 34, no. 1 (2002): 89–119; Natalie Slopen et al., "Poverty, Food Insecurity, and the Behavior for Childhood Internalizing and Externalizing Disorders," *Journal of the American Academy of Child and Adolescent Psychiatry* 49, no. 5 (2010): 444–52; Clancy Blair and C. Cybele Raver, "Child Development in the Context of Adversity: Experiential Canalization of Brain and Behavior," *American Psychologist* 67, no. 4 (2012): 309; Martha J. Farah et al., "Childhood Poverty: Specific Associations with Neurocognitive Development," *Brain Research* 1110, no. 1 (2006): 166–74; and Katherine A. Magnuson and Elizabeth Votruba-Drzal, *Enduring Influences of Childhood Poverty* (Madison: University of Wisconsin,

Institute for Research on Poverty, 2008).

8) Rakesh Kochhar and Anthony Cilluffo, "How Wealth Inequality Has Changed in the U.S. SInce the Great Recession, by Race, Ethnicity and Income," Pew Research Center, November 1, 2017, https://pewrsr. ch/2NXW6IS.

9) Shilagh Mirgain quoted in "Dealing with Peer Pressure When You're an Adult," *UW Health*, September 21, 2015, http://bit.ly/2OnPfpq.

10) Samuel P. Huntington, "The Clash of Civilizations?," *Foreign Affairs* 72, no. 3 (Summer 1993): 22-49.

11) Hazel R. Markus and Shinobu Kitayama, "Culture and the Self: Implications for Cognition, Emotion, and Motivation," *Psychological Review* 98, no. 2 (1991): 224; Robert M. Bond et al., "A 61-Million-Person Experiment in Social Influence and Political Mobilization," *Nature* 489, no. 7415 (2012): 295; Teun A. Van Dijk, *Society and Discourse: How Social Contexts Influence Text and Talk* (New York: Cambridge University Press, 2009); Cristina Bicchieri, *The Grammar of Society: The Nature and Dynamics of Social Norms* (New York: Cambridge University Press, 2005); Michael Marmot et al., *Fair Society, Healthy Lives: The Marmot Review* (London: Institute of Health Equality, 2010); Peter Aggleton and Richard Parker, *Culture, Society and Sexuality: A Reader* (London: Routledge, 2002).

12) John Koblin, "How Much Do We Love TV? Let Us Count the Ways," *New York Times*, June 30, 2016.

13) 매스미디어가 우리에게 미치는 힘과 영향에 관한 문헌은 압도적으로 많다. Craig A. Anderson et al., "The Influence of Media Violence on Youth," *Psychological Science in the Public Interest* 4, no. 3 (2003): 81-110; L. Rowell Huesmann, "Psychological Processes Promoting the Relation Between Exposure to Media Violence and Aggressive Behavior by the Viewer," *Journal of Social Issues* 42, no. 3 (1986): 125-39; Albert Bandura, "Social Cognitive Theory of Mass Communication," in *Media*

레이트 블루머

Effects: Advances in Theory and Research, ed. Jennings Bryant and Mary Beth Oliver, 3rd ed. (New York: Routledge, 2009); Cynthia-Lou Coleman, "The Influence of Mass Media and Interpersonal Communication on Societal and Personal Risk Judgments," *Communication Research* 20, no. 4 (1993): 611-28; Kristen E. Van Vonderen and William Kinnally, "Media Effects on Body Image: Examining Media Exposure in the Broader Context of Internal and Other Social Factors," *American Communication Journal* 14, no. 2 (2012): 41-57; Rebecca Coleman, "The Becoming of Bodies: Girls, Media Effects, and Body Image," *Feminist Media Studies* 8, no. 2 (2008): 163-79; Shelly Grabe, L. Monique Ward, and Janet Shibley Hyde, "The Role of the Media in Body Image Concerns Among Women: A Meta-Analysis of Experimental and Correlational Studies," *Psychological Bulletin* 134, no. 3 (2008): 460; Patti M. Valkenburg, Jochen Peter, and Joseph B. Walther, "Media Effects: Theory and Research," *Annual Review of Psychology* 67 (2016): 315-38; Christopher P. Barlett, Christopher L. Vowels, and Donald A. Saucier, "Meta-Analyses of the Effects of Media Images on Men's Body-Image Concerns," *Journal of Social and Clinical Psychology* 27, no. 3 (2008): 279-310; Brad J. Bushman and L. Rowell Huesmann, "Short-Term and Long-Term Effects of Violent Media on Aggression in Children and Adults," *Archives of Pediatrics and Adolescent Medicine* 160, no. 4 (2006): 348-52; and Yuko Yamamiya et al., "Women's Exposure to Thin-and-Beautiful Media Images: Body Image Effects of Media-Ideal Internalization and Impact-Reduction Interventions," *Body Image* 2, no. 1 (2005): 74-80.

14) 이 수치는 정확히 알아내기가 쉽지 않다. 사실 우리가 TV를 얼마나 오래 보는가 또는 다른 형태의 미디어나 기술을 얼마나 많이 이용하는가 하는 것은 우리가 어떤 새로운 습관을 들이고 어떤 새로운 장치를 쓰는지에 따라 다르다. 그러니 여기서는 그냥 '우리는 TV를 많이 본다' 정도로 끝내도록 하자.

15) Joan E. Grusec and Paul David Hastings, eds., *Handbook of Socialization: Theory and Research* (New York: Guilford, 2014).

16) James Shanahan and Michael Morgan, *Television and Its Viewers: Cultivation Theory and Research* (New York: Cambridge University Press, 1999); W. James Potter, "Cultivation Theory and Research: A Conceptual Critique," *Human Communication Research* 19, no. 4 (1993): 564-601; W. James Potter, "A Critical Analysis of Cultivation Theory," *Journal of Communication* 64, no. 6 (2014): 1015-36; Michael Morgan, James Shanahan, and Nancy Signorielli, "Growing Up with Television: Cultivation Processes," *Media Effects: Advances in Theory and Research* 3 (2009): 34-49.

17) Rachel I. McDonald and Christian S. Crandall, "Social Norms and Social Influence," *Current Opinion in Behavioral Sciences* 3 (2015): 147-51; Robert B. Cialdini, Carl A. Kallgren, and Raymond R. Reno, "A Focus Theory of Normative Conduct: A Theoretical Refinement and Reevaluation of the Role of Norms in Human Behavior," in *Advances in Experimental Social Psychology*, ed. Mark P. Zanna, vol. 24 (San Diego, CA: Academic Press, 1991); Carl A. Kallgren, Raymond R. Reno, and Robert B. Cialdini, "A Focus Theory of Normative Conduct: When Norms Do and Do Not Affect Behavior," *Personality and Social Psychology Bulletin* 26, no. 8 (2000): 1002-12; Maria Knight Lapinski and Rajiv N. Rimal, "An Explication of Social Norms," *Communication Theory* 15, no. 2 (2005): 127-47; Ernst Fehr and Urs Fischbacher, "Social Norms and Human Cooperation," *Trends in Cognitive Sciences* 8, no. 4 (2004): 185-90; Robert B. Cialdini and Melanie R. Trost, "Social Influence: Social Norms, Conformity and Compliance," in *The Handbook of Social Psychology*, ed. D. T. Gilbert, S. T. Fiske, and G. Lindzey, vol. 2 (New York: McGraw-Hill, 1998).

18) Solomon E. Asch and H. Guetzkow, "Effects of Group Pressure upon the Modification and Distortion of Judgments," in *Groups, Leadership,*

레이트 블루머

and Men: Research in Human Relations, ed. Harold Steere Guetzkow (Pittsburgh: Carnegie Press, 1951); Solomon E. Asch, "Group Forces in the Modification and Distortion of Judgments," Social Psychology 10 (1952): 450-501.

19) Rod Bond and Peter B. Smith, "Culture and Conformity: A Meta-Analysis of Studies Using Asch's(1952b, 1956) Line Judgment Task," Psychological Bulletin 119, no. 1 (1996): 111-37. A caveat: Many other subsequent studies were unable to reproduce Asch's results, to the point that some researchers suggested that the "Asch effect" was a product of the conformist 1950s.

20) Jessica M. Nolan et al., "Normative Social Influence Is Underdetected," Personality and Social Psychology Bulletin 34, no. 7 (2008): 913-23; Wesley P. Schultz, Azar M. Khazian, and Adam C. Zaleski, "Using Normative Social Influence to Promote Conservation Among Hotel Guests," Social Influence 3, no. 1 (2008): 4-23; Rishee K. Jain et al., "Can Social Influence Drive Energy Savings? Detecting the Impact of Social Influence on the Energy Consumption Behavior of Networked Users Exposed to Normative Eco-Feedback," Energy and Buildings 66 (2013): 119-27

21) Robert Cialdini quoted in Nolan et al., "Normative Social Influence Is Underdetected."

22) Todd Rose, The End of Average: How We Succeed in a World That Values Sameness (New York: HarperCollins, 2015).

23) Jane Howard, Margaret Mead: A Life (New York: Ballantine Books, 1989).

24) Gregory S. Berns et al., "Neurobiological Correlates of Social Conformity and Independence During Mental Rotation," Biological Psychiatry 58, no. 3 (2005): 245-53. See also Mirre Stallen, Ale Smidts, and Alan Sanfey, "Peer Influence: Neural Mechanisms Underlying In-Group Conformity," Frontiers in Human Neuroscience 7 (2013):

50; Mirre Stallen and Alan G. Sanfey, "The Neuroscience of Social Conformity: Implications for Fundamental and Applied Research," *Frontiers in Neuroscience* 9 (2015): 337; Juan F. Domínguez D, Sreyneth A. Taing, and Pascal Molenberghs, "Why Do Some Find It Hard to Disagree? An fMRI Study," *Frontiers in Human Neuroscience* 9 (2016): 718.

6장

1)   Charles Duhigg, *The Power of Habit: Why We Do What We Do in Life and Business* (New York: Random House, 2013); Jocko Willink and Leif Babin, *Discipline Equals Freedom* (New York: St. Martin's Press, 2017); Kelly McGonigal, *The Willpower Instinct: How Self-Control Works, Why It Matters, and What You Can Do to Get More of It* (New York: Penguin, 2011); William H. McRaven, *Make Your Bed: Little Things That Can Change Your Life ... and Maybe the World* (New York: Grand Central Publishing, 2017); Jordan B. Peterson, *12 Rules for Life: An Antidote to Chaos* (Toronto: Random House Canada, 2018).

2)   Daniel J. Brown, interview by *Late Bloomers* contributor Susan Salter Reynolds, 2015.

3)   Hans Villarica, "The Chocolate-and-Radish Experiment That Birthed the Modern Conception of Willpower," *Atlantic*, April 9, 2012. See also R. F. Baumeister et al., "Ego Depletion: Is the Active Self a Limited Resource?," *Journal of Personality and Social Psychology* 74, no. 5 (1998): 1252-65; R. F. Baumeister et al., "The Strength Model of Self-Control," *Current Directions in Psychological Science* 16 (2007): 351-55; M. Muraven and R. F. Baumeister, "Self-Regulation and Depletion of Limited Resources: Does Self-Control Resemble a Muscle?," *Psychological Bulletin* 126, no. 2 (2000): 247-59; D. Tice et al., "Restoring the Self: Positive Affect Helps Improve Self-Regulation Following Ego Depletion," *Journal of Experimental Social Psychology* 43, no. 3 (2007):

레이트 블루머

379-84.

4) Sigmund Freud, *The Ego and the Id: Standard Edition*, ed. James Strachey (1923; New York: W. W. Norton, 1960).

5) Kenny Moore, *Bowerman and the Men of Oregon: The Story of Oregon's Legendary Coach and Nike's Cofounder* (Emmaus, PA: Rodale, 2006).

6) Ibid.

7) William Burnett and David John Evans, *Designing Your Life: How to Build a Well-Lived, Joyful Life* (New York: Knopf, 2016).

8) Carsten Wrosch et al., "Giving Up on Unattainable Goals: Benefits for Health?," *Personality and Social Psychology Bulletin* 33, no. 2 (2007): 251-65.

9) 인텔이 원래의 주력 사업이었던 메모리 칩을 그만두기로 결정한 방법에 대한 이야기는 다음을 참조하라. Andrew Grove, Only the Paramentic Survey(New York: Doubleday, 1996).

10) Laura Sydell, "Digital Pioneer Andrew Grove Led Intel's Shift From Chips to Microprocessors," NPR, March 22, 2016, https://n.pr/2MvQCAm.

11) Hal R. Arkes and Catherine Blumer, "The Psychology of Sunk Cost," in *Judgment and Decision Making: An Interdisciplinary Reader*, ed. Terry Connolly, Hal R. Arkes, and Kenneth R. Hammond, 2nd ed. (New York: Cambridge University Press, 2000).

12) Daniel Friedman et al., "Searching for the Sunk Cost Fallacy," *Experimental Economics* 10, no. 1 (2007): 79-104.

13) John W. Payne, James R. Bettman, and Mary Frances Luce, "When Time Is Money: Decision Behavior Under Opportunity-Cost Time Pressure," *Organizational Behavior and Human Decision Processes* 66, no. 2 (1996): 131-52; Robert Kurzban et al., "An Opportunity Cost Model of Subjective Effort and Task Performance," *Behavioral and Brain Sciences* 36, no. 6 (2013): 661-79.

14) 흥미로운 사실이며 또 레이트 블루머들의 입장에선 좋은 소식이기도 하지

만, 나이 든 성인들이 젊은 성인들보다 매몰 비용 오류에 빠질 가능성이 적다고 한다. 그러니까 나이 든 성인들이 젊은 성인들보다 매몰 비용 오류를 범할 가능성이 더 적은 것이다. JoNell Strough et al., "Are Older Adults Less Subject to the Sunk-Cost Fallacy Than Younger Adults?," *Psychological Science* 19, no. 7 (2008): 650-52.

15) Hal R. Arkes and Peter Ayton, "The Sunk Cost and Concorde Effects: Are Humans Less Rational Than Lower Animals?," *Psychological Bulletin* 125, no. 5 (1999): 591.

16) Dan Ariely in Stephen J. Dubner, "The Upside of Quitting," *Freakonomics* (podcast), http://bit.ly/2x8fxoY. See also Dan Ariely, *Predictably Irrational* (New York: HarperCollins, 2008).

17) Seth Godin, *The Dip: A Little Book That Teaches You When to Quit (and When to Stick)* (New York: Penguin, 2007).

18) Steven Levitt in Stephen J. Dubner, "The Upside of Quitting," *Freakonomics* (podcast), http://bit.ly/2x8fxoY.

19) Levitt in ibid.

20) Arkes in ibid.

7장

1) Ellen Hendriksen, "Why Everyone Is Insecure (and Why That's Okay)," *Scientific American*, April 12, 2018, http://bit.ly/2D3sdmv.

2) Anthony D. Hermann, Geoffrey J. Leonardelli, and Robert M. Arkin, "Self-Doubt and Self-Esteem: A Threat from Within," *Personality and Social Psychology Bulletin* 28, no. 3 (2002): 395-408.

3) Matthew D. Braslow et al., "Self-Doubt," *Social and Personality Psychology Compass* 6, no. 6 (2012): 470-82. See also Sean M. McCrea, Edward R. Hirt, and Bridgett J. Milner, "She Works Hard for the Money: Valuing Effort Underlies Gender Differences in Behavioral Self-Handicapping," *Journal of Experimental Social Psychology* 44, no. 2 (2008): 292-311; Leah R. Spalding and Curtis D. Hardin, "Unconscious

레이트 블루머

Un ease and Self-Handicapping: Behavioral Consequences of Individual Differences in Implicit and Explicit Self-Esteem," *Psychological Science* 10, no. 6 (1999): 535-39.

4) Ibid. See also James A. Shepperd and Robert M. Arkin, "Behavioral Other-Enhancement: Strategically Obscuring the Link Between Performance and Evaluation," *Journal of Personality and Social Psychology* 60, no. 1 (1991): 79.

5) Ibid. See also Ryan P. Brown and Robert A. Josephs, "A Burden of Proof: Stereotype Relevance and Gender Differences in Math Performance," *Journal of Personality and Social Psychology* 76, no. 2 (1999): 246.

6) 자기 회의 문제에 맞닥뜨려 많은 사람들은 '과성취'와 '가면 현상' 같은 전략들에 의존하기도 한다. 그러나 레이트 블루머들 사이에서는 이 장에서 언급한 세 가지 전략, 즉 자기 불구화, 타인 과대평가, 고정관념 위협 전략이 가장 널리 쓰이는 듯하다. 특히 과성취 전략은 얼리 블루머들의 전략으로 보인다.

7) Joseph C. Hermanowicz, "Scientists and Self-Doubt Across Strata of Academic Science," *Research in Higher Education* 46, no. 3 (2005): 309-26.

8) Ibid.

9) Meryl Streep, interview by Oprah Winfrey, "Oprah Talks to Meryl Streep, Nicole Kidman and Julianne Moore," *O: The Oprah Magazine*, January 2003.

10) Maya Angelou quoted in Carl Richards, "Learning to Deal with the Impostor Syndrome," *New York Times*, October 26, 2015.

11) Tim Woodman et al., "Self-Confidence and Performance: A Little Self-Doubt Helps," *Psychology of Sport and Exercise* 11, no. 6 (2010): 467-70; Deborah L. Feltz and Jared M. Wood, "Can Self-Doubt Be Beneficial to Performance? Exploring the Concept of Preparatory Efficacy," *Open Sports Sciences Journal* 2 (2009): 65-70; Alison Ede, Philip J. Sullivan, and Deborah L. Feltz, "Self-Doubt: Uncertainty as a Motivating Factor

on Effort in an Exercise Endurance Task," *Psychology of Sport and Exercise* 28 (2017): 31-36.

12) Steven J. Haggbloom et al., "The 100 Most Eminent Psychologists of the 20th Century," *Review of General Psychology* 6, no. 2 (2002): 139. See also "Eminent Psychologists of the 20th Century," *Monitor on Psychology* 33, no. 7 (2002): 29

13) M. G. Lindzey and W. M. Runyan, eds., *A History of Psychology in Autobiography*, vol. 9 (American Psychological Association, 2007).

14) Ibid.

15) Ibid.

16) Albert Bandura, "Self-Efficacy: Toward a Unifying Theory of Behavioral Change," *Psychological Review* 84, no. 2 (1977): 191.

17) Albert Bandura, "Perceived Self-Efficacy in Cognitive Development and Functioning," *Educational Psychologist* 28, no. 2 (1993): 117-48; Albert Bandura, "Self-Efficacy Mechanism in Human Agency," *American Psychologist* 37, no. 2 (1982): 122; Barry J. Zimmerman, "Self-Efficacy: An Essential Motive to Learn," *Contemporary Educational Psychology* 25, no. 1 (2000): 82-91; Alexander D. Stajkovic and Fred Luthans, "Social Cognitive Theory and Self-Efficacy: Implications for Motivation Theory and Practice," *Motivation and Work Behavior* 126 (2003): 140; Dale H. Schunk, "Self-Efficacy and Academic Motivation," *Educational Psychologist* 26, nos. 3-4 (1991): 207-31; Marilyn E. Gist and Terence R. Mitchell, "Self-Efficacy: A Theoretical Analysis of Its Determinants and Malleability," *Academy of Management Review* 17, no. 2 (1992): 183-211; Frank Pajares, "Self-Efficacy Beliefs in Academic Settings," *Review of Educational Research* 66, no. 4 (1996): 543-78; Icek Ajzen, "Perceived Behavioral Control, Self-Efficacy, Locus of Control, and the Theory of Planned Behavior," *Journal of Applied Social Psychology* 32, no. 4 (2002): 665-83; Karen D. Multon, Steven D. Brown, and Robert W. Lent, "Relation of Self-Efficacy Beliefs to Academic Outcomes: A

레이트 블루머

Meta-Analytic Investigation," *Journal of Counseling Psychology* 38, no. 1 (1991): 30; Barry J. Zimmerman, Albert Bandura, and Manuel Martinez-Pons, "Self-Motivation for Academic Attainment: The Role of Self-Efficacy Beliefs and Personal Goal Setting," *American Educational Research Journal* 29, no. 3 (1992): 663-76; Alexander D. Stajkovic and Fred Luthans, "Self-Efficacy and Work-Related Performance: A Meta-Analysis," *Psychological Bulletin* 124, no. 2 (1998): 240; Ralf Schwarzer, ed., *Self-Efficacy: Thought Control of Action* (New York: Routledge, 2014); Maureen R. Weiss, Diane M. Wiese, and Kimberley A. Klint, "Head over Heels with Success: The Relationship Between Self-Efficacy and Performance in Competitive Youth Gymnastics," *Journal of Sport and Exercise Psychology* 11, no. 4 (1989): 444-51.

18) V. S. Ramachandran, *Encyclopedia of Human Behavior* (San Diego, CA: Academic Press, 1994), 4:71-81.

19) James Hardy, "Speaking Clearly: A Critical Review of the Self-Talk Literature," *Psychology of Sport and Exercise* 7, no. 1 (2006): 81-97.

20) Antonis Hatzigeorgiadis et al., "Investigating the Functions of Self-Talk: The Effects of Motivational Self-Talk on Self-Efficacy and Performance in Young Tennis Players," *Sport Psychologist* 22, no. 4 (2008): 458-71; Antonis Hatzigeorgiadis, Yannis Theodorakis, and Nikos Zourbanos, "Self-Talk in the Swimming Pool: The Effects of Self-Talk on Thought Content and Performance on Water-Polo Tasks," *Journal of Applied Sport Psychology* 16, no. 2 (2004): 138-50.

21) Shahzad Tahmasebi Boroujeni and Mehdi Shahbazi, "The Effect of Instructional and Motivational Self-Talk on Performance of Basketball's Motor Skill," *Procedia—Social and Behavioral Sciences* 15 (2011): 3113-17; Judy L. Van Raalte et al., "Cork! The Effects of Positive and Negative Self-Talk on Dart Throwing Performance," *Journal of Sport Behavior* 18, no. 1 (1995): 50; Jennifer Cumming et al., "Examining the Direction of Imagery and Self-Talk on Dart-Throwing Performance

and Self-Efficacy," *Sport Psychologist* 20, no. 3 (2006): 257-74; Antonis Hatzigeorgiadis et al., "Self-Talk and Sports Performance: A Meta-Analysis," *Perspectives on Psychological Science* 6, no. 4 (2011): 348-56; Judy L. Van Raalte et al., "The Relationship Between Observable Self-Talk and Competitive Junior Tennis Players' Match Performances," *Journal of Sport and Exercise Psychology* 16, no. 4 (1994): 400-15; Christopher P. Neck et al., "'I Think I Can; I Think I Can': A Self-Leadership Perspective Toward Enhancing Entrepreneur Thought Patterns, Self-Efficacy, and Performance," *Journal of Managerial Psychology* 14, no. 6 (1999): 477-501; Antonis Hatzigeorgiadis et al., "Investigating the Functions of Self-Talk: The Effects of Motivational Self-Talk on Self-Efficacy and Performance in Young Tennis Players," *Sport Psychologist* 22, no. 4 (2008): 458-71; Eleni Zetou et al., "The Effect of Self-Talk in Learning the Volleyball Service Skill and Self-Efficacy Improvement," *Journal of Sport and Human Exercise* 7, no. 4 (2012): 794-805; Chris P. Neck and Charles C. Manz, "Thought Self-Leadership: The Influence of Self-Talk and Mental Imagery on Performance," *Journal of Organizational Behavior* 13, no. 7 (1992): 681-99; Robert Weinberg, Robert Grove, and Allen Jackson, "Strategies for Building Self-Efficacy in Tennis Players: A Comparative Analysis of Australian and American Coaches," *Sport Psychologist* 6, no. 1 (1992): 3-13; Daniel Gould et al., "An Exploratory Examination of Strategies Used by Elite Coaches to Enhance Self-Efficacy in Athletes," *Journal of Sport and Exercise Psychology* 11, no. 2 (1989): 128-40.

22) Elizabeth Bernstein, "'SelfTalk': When Talking to Yourself, the Way You Do It Makes a Difference," *Wall Street Journal*, May 5, 2014; Kristin Wong, "The Benefits of Talking to Yourself," *New York Times*, June 8, 2017. See also Ethan Kross et al., "Self-Talk as a Regulatory Mechanism: How You Do It Matters," *Journal of Personality and Social Psychology* 106, no. 2 (2014): 304.

레이트 블루머

23) Bernstein, "'SelfTalk.'"

24) Bandura, "Self-Efficacy: Toward a Unifying Theory of Behavioral Change"; Bandura, "Self-Efficacy Mechanism in Human Agency."

25) Ramachandran, *Encyclopedia of Human Behavior*.

26) Amy C. Edmondson, "Framing for Learning: Lessons in Successful Technology Implementation," *California Management Review* 45, no. 2 (2003): 34–54. See also Amos Tversky and Daniel Kahneman, "The Framing of Decisions and the Psychology of Choice," *Science* 211, no. 4481 (1981): 453–58.

27) Robert M. Entman, "Framing: Toward Clarification of a Fractured Paradigm," *Journal of Communication* 43, no. 4 (1993): 51–58; Robert D. Benford and David A. Snow, "Framing Processes and Social Movements: An Overview and Assessment," *Annual Review of Sociology* 26, no. 1 (2000): 611–39; George Lakoff, "Simple Framing," *Rockridge Institute* 14 (2006).

28) Alison Wood Brooks, "Get Excited: Reappraising Pre-Performance Anxiety as Excitement," *Journal of Experimental Psychology: General* 143, no. 3 (2014): 1144.

29) Maxie C. Maultsby, Jr., *Rational Behavior Therapy* (Appleton, WI: Rational, 1990).

30) Carol S. Dweck and Ellen L. Leggett, "A Social-Cognitive Approach to Motivation and Personality," *Psychological Review* 95, no. 2 (1988): 256.

31) Amy C. Edmondson, *Teaming: How Organizations Learn, Innovate, and Compete in the Knowledge Economy* (Hoboken, NJ: John Wiley & Sons, 2012); Amy C. Edmondson, Richard M. Bohmer, and Gary P. Pisano, "Disrupted Routines: Team Learning and New Technology Implementation in Hospitals," *Administrative Science Quarterly* 46, no. 4 (2001): 685–716; Chris Argyris and Donald A. Schön, "Organizational Learning: A Theory of Action Perspective," *Reis*, nos. 77–78 (1997):

345-48.

32) Laura K. Barnard and John F. Curry, "Self-Compassion: Conceptualizations, Correlates, and Interventions," *Review of General Psychology* 15, no. 4 (2011): 289.

33) Mark R. Leary et al., "Self-Compassion and Reactions to Unpleasant Self-Relevant Events: The Implications of Treating Oneself Kindly," *Journal of Personality and Social Psychology* 92, no. 5 (2007): 887.

34) Laura K. Barnard and John F. Curry, "Self-Compassion: Conceptualizations, Correlates, and Interventions," *Review of General Psychology* 15, no. 4 (2011): 289.

35) Kristin D. Neff, Stephanie S. Rude, and Kristin L. Kirkpatrick, "An Examination of Self-Compassion in Relation to Positive Psychological Functioning and Personality Traits," *Journal of Research in Personality* 41, no. 4 (2007): 908-16; Filip Raes, "The Effect of Self-Compassion on the Development of Depression Symptoms in a Non-Clinical Sample," *Mindfulness* 2, no. 1 (2011): 33-36.

36) Juliana G. Breines and Serena Chen, "Self-Compassion Increases Self-Improvement Motivation," *Personality and Social Psychology Bulletin* 38, no. 9 (2012): 1133-43; Jeannetta G. Williams, Shannon K. Stark, and Erica E. Foster, "Start Today or the Very Last Day? The Relationships Among Self-Compassion, Motivation, and Procrastination," *American Journal of Psychological Research* 4, no. 1 (2008).

37) Kristin Neff, "The Space Between Self-Esteem and Self-Compassion: Kristin Neff at TEDx Centennial-ParkWomen," *YouTube*, February 6, 2013, http://bit.ly/2xyNLRV

38) Kristin Wong, "Why Self-Compassion Beats Self-Confidence," *New York Times*, December 28, 2017.

39) Robert I. Sutton, "Why Good Bosses Tune In to Their People," *McKinsey Quarterly*, August 2010, https://mck.co/2MONArc; Antonio Feser, Nicolai Nielsen, and Michael Rennie, "What's Missing in

레이트 블루머

Leadership Development?," *McKinsey Quarterly*, August 2017, https://mck.co/2PPw08f; Bernadette Dillon and Juliet Bourke, "The Six Signature Traits of Inclusive Leadership: Thriving in a Diverse New World," DeLoitte Insights, April 14, 2016, http://bit.ly/2OC9a3Y.

8장

1)   Carliss D. Miller, "A Phenomenological Analysis of the Crabs in the Barrel Syndrome," *Academy of Management Proceedings* 2015, no. 1 (2015); Carliss D. Miller, "The Crabs in a Barrel Syndrome: Structural Influence on Competitive Behavior," *Academy of Management Proceedings* 2014, no. 1. (2014).

2)   Tom Wolfe quoted in David A. Price, "Where Tom Wolfe Got His Status Obsession," *Nieman Storyboard*, July 5, 2016, http://bit.ly/2xbQdh6.

3)   Todd Rose, *The End of Average: How We Succeed in a World That Values Sameness* (New York: HarperCollins, 2015).

4)   Richard Fry, "Americans Are Moving at Historically Low Rates, in Part Because Millennials Are Staying Put," Pew Research Center, February 13, 2017, https://pewrsr.ch/2DdAXX2.

5)   Kimberly Harrington, interview by author, 2018.

6)   Daniel M. Cable and Timothy A. Judge, "Person-Organization Fit, Job Choice Decisions, and Organizational Entry," *Organizational Behavior and Human Decision Processes* 67, no. 3 (1996): 294-311.

7)   Susan Cain, *Quiet: The Power of Introverts in a World That Can't Stop Talking* (New York: Broadway Books, 2013).

8)   Jerome Kagan, *Galen's Prophecy: Temperament in Human Nature* (New York: Basic Books, 1998).

9)   David Dobbs, "The Science of Success," *Atlantic*, December 2009, http://bit.ly/2pc8tmS. For Belsky's work, see Jay Belsky et al., "Vulnerability Genes or Plasticity Genes?," *Molecular Psychiatry* 14, no. 8 (2009): 746; Michael Pluess and Jay Belsky, "Differential Susceptibility

to Rearing Experience: The Case of Childcare," *Journal of Child Psychology and Psychiatry* 50, no. 4 (2009): 396-404; Michael Pluess and Jay Belsky, "Differential Susceptibility to Parenting and Quality Child Care," *Developmental Psychology* 46, no. 2 (2010): 379; and Jay Belsky and Michael Pluess, "Beyond Diathesis Stress: Differential Susceptibility to Environmental Influences," *Psychological Bulletin* 135, no. 6 (2009): 885.

10) 하디는 2000년대 초 포브스 미디어의 샌프란시스코 지국장이었다.

11) Rick Warren, interview by author, 2004.

12) Hal E. Hershfield et al., "Increasing Saving Behavior Through Age-Progressed Renderings of the Future Self," *Journal of Marketing Research* 48 (2011): S23-S37; Hal Ersner Hershfield et al., "Don't Stop Thinking About Tomorrow: Individual Differences in Future Self-Continuity Account for Saving," *Judgment and Decision Making* 4, no. 4 (2009): 280; Hal Ersner Hershfield, G. Elliott Wimmer, and Brian Knutson, "Saving for the Future Self: Neural Measures of Future Self-Continuity Predict Temporal Discounting," *Social Cognitive and Affective Neuroscience* 4, no. 1 (2008): 85-92; Hal E. Hershfield, "Future Self-Continuity: How Conceptions of the Future Self Transform Intertemporal Choice," *Annals of the New York Academy of Sciences* 1235, no. 1 (2011): 30-43; Hal E. Hershfield, Taya R. Cohen, and Leigh Thompson, "Short Horizons and Tempting Situations: Lack of Continuity to Our Future Selves Leads to Unethical Decision Making and Behavior," *Organizational Behavior and Human Decision Processes* 117, no. 2 (2012): 298-310; Jean-Louis Van Gelder et al., "Friends with My Future Self: Longitudinal Vividness Intervention Reduces Delinquency," *Criminology* 53, no. 2 (2015): 158-79.

13) Peter M. Gollwitzer, "When Intentions Go Public: Does Social Reality Widen the Intention-Behavior Gap?," *Psychological Science* 20, no. 5 (2009): 612-18.

레이트 블루머

14) "Frederick W. Smith," FedEx, n.d., http://bit.ly/2QsDfUH.

15) 브랜슨은 실패하여 접은 버진 사업에 대해 신선하리만큼 솔직하다. Jack Preston, "Six Memorable Virgin Fails," Virgin, January 18, 2016, http://bit.ly/2MsUH8H.

16) D. Connor, "Diane Greene, the Humble Executive," Network World, December 26, 2005, http://bit.ly/2CSlMlX.

17) Denise Lee Yohn, "Company Culture Doesn't Need to Be 'Warm and Fuzzy' to Be Effective," Quartz@Work, March 13, 2018, http://bit.ly/2MsDJHs.

18) 개인부터 팀까지의 목표 전념, 그것이 성취와 재정에 끼치는 영향 등, 목표 전념의 다양한 측면들을 조사한 연구는 (수백 가지는 아니더라도) 수십 가지에 이른다. 그 예를 조금 들자면 다음과 같다. Edwin A. Locke, Gary P. Latham, and Miriam Erez, "The Determinants of Goal Commitment," Academy of Management Review 13, no. 1 (1988): 23-39; John R. Hollenbeck and Howard J. Klein, "Goal Commitment and the Goal-Setting Process: Problems, Prospects, and Proposals for Future Research," Journal of Applied Psychology 72, no. 2 (1987): 212; Howard J. Klein et al., "Goal Commitment and the Goal-Setting Process: Conceptual Clarification and Empirical Synthesis," Journal of Applied Psychology 84, no. 6 (1999): 885; John R. Hollenbeck et al., "Investigation of the Construct Validity of a Self-Report Measure of Goal Commitment," Journal of Applied Psychology 74, no. 6 (1989): 951; Howard J. Klein and Jay S. Kim, "A Field Study of the Influence of Situational Constraints, Leader-Member Exchange, and Goal Commitment on Performance," Academy of Management Journal 41, no. 1 (1998): 88-95; VIncent K. Chong and Kar Ming Chong, "Budget Goal Commitment and Informational Effects of Budget Participation on Performance: A Structural Equation Modeling Approach," Behavioral Research in Accounting 14, no. 1 (2002): 65-86; Jerry C. Wofford, Vicki L. Goodwin, and Steven Premack, "Meta-Analysis of the Antecedents of Personal Goal Level and of the

Antecedents and Consequences of Goal Commitment," *Journal of Management* 18, no. 3 (1992): 595-615; Howard J. Klein and Paul W. Mulvey, "Two Investigations of the Relationships Among Group Goals, Goal Commitment, Cohesion, and Performance," *Organizational Behavior and Human Decision Processes* 61, no. 1 (1995): 44-53; Caroline Aubé and VIncent Rousseau, "Team Goal Commitment and Team Effectiveness: The Role of Task Interdependence and Supportive Behaviors," *Group Dynamics: Theory, Research, and Practice* 9, no. 3 (2005): 189; and Gabriele Oettingen et al., "Mental Contrasting and Goal Commitment: The Mediating Role of Energization," *Personality and Social Psychology Bulletin* 35, no. 5 (2009): 608-22.

19) Rebecca Webber, "Reinvent Yourself," *Psychology Today*, May 2014.

20) Ravenna Helson, "A Longitudinal Study of Creative Personality in Women," *Creativity Research Journal* 12, no. 2 (1999): 89-101.

9장

1) "How to Invest Like ... Geraldine Weiss, the Queen of Blue Chip Dividends," *Telegraph*, September 18, 2017.

2) Jonathan Gottschall, *The Storytelling Animal: How Stories Make Us Human* (Boston: Houghton Mifflin Harcourt, 2012); Jonathan Gottschall, "Why Fiction Is Good for You," *Boston Globe*, April 29, 2012.

3) Theodore R. Sarbin, "The Narrative as Root Metaphor for Psychology," in T. R. Sarbin, ed., *Narrative Psychology: The Storied Nature of Human Conduct* (New York: Praeger, 1986); Theodore R. Sarbin, "The Narrative Quality of Action," *Theoretical and Philosophical Psychology* 10, no. 2 (1990): 49-65; Theodore R. Sarbin, "The Poetics of Identity," *Theory and Psychology* 7, no. 1 (1997): 67-82; Joseph De Rivera and Theodore R. Sarbin, eds., *Believed-In Imaginings: The Narrative Construction of Reality* (Washington, DC: American Psychological Association, 1998);

레이트 블루머

Theodore R. Sarbin, "Embodiment and the Narrative Structure of Emotional Life," *Narrative Inquiry* 11, no. 1 (2001): 217–25.

4)   Jerome S. Bruner, *Acts of Meaning* (Cambridge, MA: Harvard University Press, 1990); Jerome S. Bruner, *Actual Minds, Possible Worlds* (Cambridge, MA: Harvard University Press, 2009).

5)   Dan P. McAdams, *Power, Intimacy, and the Life Story: Personological Inquiries into Identity* (New York: Guilford Press, 1988); Dan P. McAdams and E. D. de St. Aubin, "A Theory of Generativity and Its Assessment Through Self-Report, Behavioral Acts, and Narrative Themes in Autobiography," *Journal of Personality and Social Psychology* 62, no. 6 (1992): 1003; Dan P. McAdams, *The Stories We Live By: Personal Myths and the Making of the Self* (New York: Guilford Press, 1993); Dan P. McAdams, "Personality, Modernity, and the Storied Self: A Contemporary Framework for Studying Persons," *Psychological Inquiry* 7, no. 4 (1996): 295–321; Dan P. McAdams, "The Psychology of Life Stories," *Review of General Psychology* 5, no. 2 (2001): 100; Dan P. McAdams, "Personal Narratives and the Life Story," in *Handbook of Personality: Theory and Research*, ed. Oliver P. John, Richard W. Robins, and Lawrence A. Pervin, 3rd ed. (New York: Guilford Press, 2008): 242–62; Dan P. McAdams, "The Psychological Self as Actor, Agent, and Author," *Perspectives on Psychological Science* 8, no. 3 (2013): 272–95.

6)   Sigmund Freud, *The Interpretation of Dreams: The Complete and Definitive Text*, trans. and ed. James Strachey (New York: Basic Books, 2010); Sigmund Freud, *The Standard Edition of the Complete Psychological Works of Sigmund Freud*, trans. and ed. James Strachey (London: Hogarth Press, 1953). See also Donald P. Spence, "Narrative Truth and Theoretical Truth," *Psychoanalytic Quarterly* 51, no. 1 (1982): 43–69.

7)   Michael Murray, "Narrative Psychology and Narrative Analysis,"

in *Qualitative Research in Psychology: Expanding Perspectives in Methodology and Design*, ed. Paul M. Camic, Jean E. Rhodes, and Lucy Yardley (Washington, DC: American Psychological Association, 2003).

8) Paul Ricoeur, "Life in Quest of Narrative," in *On Paul Ricoeur: Narrative and Interpretation* (London: Routledge, 1991). See also Michele L. Crossley, *Introducing Narrative Psychology: Self, Trauma, and the Construction of Meaning* (Philadelphia: Open University Press, 2000); and Michele L. Crossley, "Narrative Psychology, Trauma and the Study of Self/Identity," *Theory and Psychology* 10, no. 4 (2000): 527–46.

9) James W. Pennebaker and Janel D. Seagal, "Forming a Story: The Health Benefits of Narrative," *Journal of Clinical Psychology* 55, no. 10 (1999): 1243–54.

10) Keith Oatley, *Such Stuff as Dreams: The Psychology of Fiction* (Hoboken, NJ: John Wiley & Sons, 2011); Raymond A. Mar and Keith Oatley, "The Function of Fiction Is the Abstraction and Simulation of Social Experience," *Perspectives on Psychological Science* 3, no. 3 (2008): 173–92; Keith Oatley, "A Taxonomy of the Emotions of Literary Response and a Theory of Identification in Fictional Narrative," *Poetics* 23, no. 1 (1994): 53–74; Keith Oatley, "Why Fiction May Be Twice as True as Fact: Fiction as Cognitive and Emotional Simulation," *Review of General Psychology* 3, no. 2 (1999): 101; Raymond A. Mar, "The Neuropsychology of Narrative: Story Comprehension, Story Production and Their Interrelation," *Neuropsychologia* 42, no. 10 (2004): 1414–34; Raymond A. Mar, "The Neural Bases of Social Cognition and Story Comprehension," *Annual Review of Psychology* 62 (2011): 103–34.

11) Howard Suber, *The Power of Film* (Michael Wiese Productions, 2006).

12) Angela L. Duckworth, *Grit: The Power of Passion and Perseverance* (New York: Scribner's, 2016); Angela L. Duckworth et al., "Grit: Perseverance and Passion for Long-Term Goals," *Journal of Personality and Social Psychology* 92, no. 6 (2007): 1087.

13) Ibid.

14) Ibid.

15) Ibid.

16) D. Connor, "Diane Greene, the Humble Executive," *Network World*, December 26, 2005, http://bit.ly/2NIAqk6.

17) Susan Cain, *Quiet: The Power of Introverts in a World That Can't Stop Talking* (New York: Broadway Books, 2013).

18) Kimberly Harrington, interview by author, 2018.

에필로그

1) Rob Price, "The Median Salary at Facebook Is More than $240,000 per Year," *Business Insider*, April 17, 2018.

2) 입사 첫 해에 기본급 12만 달러, 보너스 3만 달러, 스톡옵션 베스팅 4년 정도를 받는 것으로 추정된다.

나이를 뛰어넘어 잠재력을 발휘하는 법
레이트 블루머 Late Bloomers

제1판 1쇄 인쇄 | 2021년 2월　5일
제1판 1쇄 발행 | 2021년 2월 10일

지은이 | 리치 칼가아드
옮긴이 | 엄성수
펴낸이 | 손희식
펴낸곳 | 한국경제신문 한경BP
책임편집 | 이혜영
교정교열 | 한지연
저작권 | 백상아
홍보 | 서은실 · 이여진 · 박도현
마케팅 | 배한일 · 김규형
디자인 | 지소영
본문디자인 | 디자인 현

주소 | 서울특별시 중구 청파로 463
기획출판팀 | 02-3604-590, 584
영업마케팅팀 | 02-3604-595, 583　FAX | 02-3604-599
H | http://bp.hankyung.com　E | bp@hankyung.com
F | www.facebook.com/hankyungbp
등록 | 제 2-315(1967. 5. 15)

ISBN 978-89-475-4688-1　03320